Verhandlungen

des

Fünfundzwanzigsten

Deutschen Juristentages.

Herausgegeben

von

dem Schriftführer-Amt der ständigen Deputation.

Erster Band.

(Gutachten.)

Berlin 1900.

Commissions-Verlag von J. Guttentag, Verlagsbuchhandlung,

G. m. b. H.

Inhaltsverzeichniß.

Gutachten.

(Erster Band.)

I.

Gutachten des Herrn Professor Dr. Weyl in Kiel

über die Frage:

„Welche Stellung ist in dem zu erwartenden Versicherungsgesetze den Versicherungsgesellschaften auf Gegenseitigkeit zu gewähren?"

A.

Bereits auf dem Programme des 24. Juristentages hatte obige Frage gestanden, und Bd. I der Verhandlungen (1897) S. 63—89 enthielt schon ein Gutachten darüber von Professor Dr. Victor Ehrenberg in Göttingen. Die mündliche Erörterung des Themas in den Posener Tagen vom 12. bis 14. September 1898 war jedoch unterblieben[1]).

Inzwischen ist die angedeutete Frage in ein neues Stadium gerückt, indem der im November 1898 erschienene „Entwurf eines Gesetzes über die privaten Versicherungsunternehmungen"[2]) natürlich auch die Versicherungsgesellschaften auf Gegenseitigkeit behandelt.

Seine einschlägigen Bestimmungen unter Berücksichtigung der inzwischen publicirten Kritiken[3]) zu prüfen, betrachte ich heute als meine Hauptaufgabe.

Denn meine Stellung zu dem Thema überhaupt habe ich in Form meines Referats zum 24. Juristentage in Bd. XV des Archivs für Bürgerliches Recht (Berlin 1898) S. 293—319 kenntlich gemacht.

---

[1]) Vgl. Bd. 4 der „Verhandlungen" des 24. Juristentages (1898) S. 142, 350.

[2]) Reichsanzeiger vom 26. Nov. 1898 Nr. 280, Beilage I und II. „Unter Benutzung des amtlichen Schriftsatzes" auch bei R. von Decker, Berlin 1898, erschienen und nach dieser Ausgabe im Folgenden citiert.

[3]) Zum großen Teil (wegen Ehrenberg in der Juristenzeitung und Sievers in Goldschmidt's Zeitschrift vgl. unten S. 6 und S. 4/5) sind diese Kritiken in den zahlreichen Organen für Versicherungswesen enthalten, deren Titel ich deshalb hier,

Ich verweise daher auf die dortigen Ausführungen[4]) und will zur Orientirung nur hervorheben, daß ich — abgesehen von Bemerkungen über die Veranlassungsgründe für meine Publikation (I S. 293—294, III S. 313—315) und von einem kurzen Hinweise auf den Gesetzentwurf (IV S. 315—319) — im eigentlichen Referate (II S. 294—313), welches in einer Anzahl von Thesen (S. 310—313) gipfelte, speciell folgende Punkte erörtert habe: Zunächst (S. 294—296) sprach ich über die stiefmütterliche Behandlung des gesammten Privat-Versicherungsrechts seitens der modernen Gesetzgebung und über die besonders dürftige Behandlung der Versicherung auf Gegenseitigkeit sowohl in der Gesetzgebung wie in der Litteratur (inzwischen ist im Schlußheft des Bd. 48 [Neue Folge Bd. 33,

---

soweit ich sie im Folgenden wiederholt und daher in abgekürzter Form citiren werde, vollständig angeben will. Es kommen insbesondere in Betracht:

„Baumgartner's Zeitschrift" für Versicherungsrecht und -wissenschaft Bd. IV und V, Straßburg (Trübner) 1898 und 1899.

„Deutsche Versicherungs-Zeitung". Organ für das gesammte Versicherungswesen. Eigenthum und Verlag: Dr. A. F. Elsner's Erben in Berlin. Jahrgang 39 (1898) und 40 (1899).

„Masius' Rundschau". Blätter für Versicherungswissenschaft, Versicherungsrecht und bemerkenswerte Vorgänge im Versicherungswesen. Neue Folge, Jahrgang XI, Leipzig (Winterling) 1899.

„Der Versicherungs-Agent". Unparteiisches Fachblatt für Vertreter von Versicherungs-Gesellschaften aller Branchen. Redaktion und Expedition C. L. Winter, Berlin, Jahrg. 10 (1899).

„Vereins-Blatt für deutsches Versicherungswesen". Organ des Verbandes Deutscher Privat-Feuerversicherungs-Gesellschaften, des Vereins Deutscher Lebensversicherungs-Gesellschaften und des Internationalen Transportversicherungs-Verbandes. Verantwortlicher Redakteur: J. Neumann. Jahrgang 27, Berlin 1899.

„Wallmann's Versicherungs-Zeitschrift". Jahrgang 33, Bd. I und II, Gr. Lichterfelde bei Berlin (Wallmanns Verlag und Buchdruckerei) 1899.

Kein erhebliches Material enthalten folgende Organe (1898, 1899):

„Annalen des gesamten Versicherungswesens", herausg. von H. Tarnke, Leipzig (Jüstel und Göttel) Jahrg. 29, 30.

„Ehrenzweig's Assekuranz-Jahrbuch", Wien, Jahrg. 19, 20.

„Saskische Zeitschrift für das Versicherungswesen". Leipzig (Herm. Schulze), Jahrg. 34, 35.

„Versicherungs-Post". Zeitschrift für die Organe der Versicherungs-Gesellschaften. Herausgegeben von Wallmann's Verlag, Groß-Lichterfelde. Jahrg. 3, 4.

„Versicherungs-Presse", herausg. von Lemke, Berlin, Jahrg. 26, 27.

„Versicherungs-Zeitschrift, juristisch-technische", herausg. von Zacharias, Berlin, Jahrg. X und XI.

[4]) Soweit ich im Folgenden auf sie zurückkomme, werde ich lediglich „mein Referat" citiren.

Stuttgart 1899] von Goldschmidt's Zeitschrift für das gesammte Handelsrecht S. 521—589 ein noch vielfach zu erwähnender Aufsatz von Reichsgerichtsrath Dr. Sievers in Leipzig „Der Versicherungsverein auf Gegenseitigkeit im Entwurfe eines Reichsgesetzes über die privaten Versicherungs-Unternehmungen" erschienen). Sodann (S. 296—298) sprach ich über den Rechtscharakter der sog. Gegenseitigkeitsgesellschaften, die zweifellos als „Vereine mit wirthschaftlichem Geschäftsbetrieb" (im Sinne des B.G.B. § 22) aufzufassen sind. Ferner (S. 298—300) über die Nothwendigkeit, die Frage nach der Konzessionswürdigkeit eines geplanten Versicherungsunternehmens auf Gegenseitigkeit und nach der Organisation der Gegenseitigkeitsgesellschaften außer Betracht zu lassen, und endlich (S. 300—301) über die Nothwendigkeit, den inneren Rechtsverhältnissen der Gegenseitigkeitsgesellschaften eine desto eingehendere Prüfung zu widmen, die denn auch unter kritischer Beleuchtung der Bemerkungen von Ehrenberg (und von Dr. Karl Sammer in Masius' Rundschau, Neue Folge, Jahrgang IX, Leipzig 1897, Heft 6/7 S. 175—185) den übrigen Inhalt meines Referates (S. 301—310) bildet.

B.

Auf unsere Frage:

„Welche Stellung ist in dem zu erwartenden Versicherungsgesetze den Versicherungsgesellschaften auf Gegenseitigkeit zu gewähren?"

wird die Antwort erfreulicher Weise dahin lauten dürfen:

„im Wesentlichen die ihnen im Gesetzesentwurfe eingeräumte Stellung".

Zu dieser Antwort (welche eine Kritik und Reformvorschläge betreffs einzelner Punkte nicht ausschließt; vgl. unten sub C 1 u. 2 und sub D) dürften sich sowohl die Theoretiker des Versicherungsrechts wie die Praktiker des Privatversicherungswesens bereitwilligst einigen, denn den einschlägigen Bestimmungen des Entwurfes §§ 15—52, sowie auch § 6 I, §§ 96—98, §§ 105—108, §§ 109, 115 f. ist im Allgemeinen von beiden Seiten Beifall gespendet worden.

Was die Theoretiker des Versicherungsrechts betrifft, so kommen — außer meinen eigenen Bemerkungen S. 316 und 317 des erwähnten Referates, aus denen meine Sympathie für die betreffenden Paragraphen des Entwurfes hervorgeht — die Ausführungen von Ehrenberg und Sievers in Betracht.

Ehrenberg, dessen Uebereinstimmung mit dem Entwurfe schon daraus folgt, daß die Paragraphen des letzteren großen Theils wörtlich übereinstimmen mit Ehrenbergs Thesen[5]) in seinem vorerwähnten Gutachten für den 24. Juristentag (a. a. O. S. 86—89), bemerkt in der von ihm in Jahrgang IV Nr. 6 (Berlin den 15. März 1899) S. 120—123 der „Deutschen Juristen-Zeitung" publizirten Kritik „Zum Entwurf eines Gesetzes über die privaten Versicherungsunternehmungen"[6]) u. A. Folgendes (S. 123 sub II): „Als weitere wichtige Errungenschaft würde uns der zum Gesetz erhobene Entwurf eine Regelung der Versicherungsgesellschaften auf Gegenseitigkeit bringen; damit würde die Kodification unseres gesammten Vereinsrechts ihren Abschluß gefunden haben". — „Die eigentlichen Versicherungsgesellschaften auf Gegenseitigkeit sind ausführlich in den §§ 15—51 geregelt. Soweit angängig, hat der Entwurf sich dabei dem Aktienrecht angeschlossen, im Uebrigen aber gesucht, der eigenthümlichen Natur der Gegenseitigkeitsgesellschaften gerecht zu werden. Dies ist ihm meist gut gelungen." Und Ehrenbergs Urteil über „den Entwurf in seiner Gesammtheit" (S. 123 sub III) schließt mit den Worten: „Trotz seiner Mängel und Lücken ist der Entwurf eine höchst respektable legislatorische Leistung und sehr wohl geeignet, als Grundlage für das herzustellende Reichsgesetz zu dienen."

Sievers, dessen S. 4/5 erwähnter Aufsatz[7]) überwiegend eine systematische Darstellung des im Entwurf für die Gegenseitigkeitsgesellschaften geplanten Rechtszustandes enthält und nur vereinzelte Punkte (vgl. unten sub C 2 d, e, f, h u. k) einer oft sehr wohlwollenden Kritik unterwirft, meint schließlich (S. 589), man „wird zu dem Ergebnisse kommen müssen, daß hier eine gründliche und tüchtige Arbeit vorliegt, die eine wesentliche Lücke unseres Gesellschaftsrechtes in glücklicher und geschickter Weise ausfüllt, und der — von wenigen Anständen abgesehen — nur der Wunsch auf den Weg gegeben werden kann, als wirkliches Gesetz das Licht der Welt zu erblicken und nicht etwa in dem Interessenkampfe, der sich um den übrigen Theil des Entwurfs entspinnen wird, zu scheitern. Eine besondere Anerkennung verdient die klare und durchsichtige Sprache des Entwurfs."

---

[5]) Wegen der Punkte, in denen der Entwurf minder ausführlich ist als die Ehrenberg'schen Thesen vgl. unten sub C 1 e.

[6]) Dieser Aufsatz ist auch abgedruckt in Wallmann's Versicherungs-Zeitschrift vom 20. März 1899, Jahrg. 33 Nr. 71 (Bd. I) S. 1124 ff., und in Masius' Rundschau, Jahrg. XI, Heft 5, Leipzig 1899, S. 133 ff.

[7]) Besprechungen dieses Aufsatzes sind enthalten in Masius' Rundschau Jahrg. XI Heft 9, Leipzig 1899, S. 293—296 (aus der Feder von Sammer) und in Nr. 68 und 69 (S. 517 f. und 523 f.) des 40. Jahrgangs der „Deutschen Versicherungs-Zeitung".

Die Bemerkung Sammer's[8]): „Diesem Urtheile und Wunsche werden alle einsichtigen Männer beipflichten", leitet uns zu den Aeußerungen herüber, welche die Praktiker des Privatversicherungswesens über die uns hier interessirenden Bestimmungen des Entwurfes gethan haben. Auch diese Praktiker, die gegenüber den Theoretikern in jüngster Zeit mehrfach einen recht dünkelhaften Pharisäerstolz an den Tag gelegt und in recht unzarte Worte gekleidet haben[9]), begrüßen die erwähnten Paragraphen als eine reife Frucht von des Lebens goldenem Baum. Denn so heftig und leidenschaftlich ihre Aeußerungen gegen den Entwurf im Allgemeinen und gegen gewisse Grundideen[10]) desselben gewesen sind, so bezeichend ist wegen der Gegenseitigkeitsversicherung neben einer Reihe positiver Aeußerungen nicht zum Wenigsten auch der Umstand, daß die Kritik unsern Theil des Entwurfs vielfach entweder ganz unerörtert gelassen oder doch nur betreffs untergeordneter Einzelpunkte[11]) zum Gegenstande ihrer Bemerkungen gemacht hat.

Durch ihr gänzliches Stillschweigen[12]) spendeten unseren Fragen ihrerseits ein indirektes Lob u. A. nachbenannte Verbände: die Handelskammern von Leipzig[13]), Magdeburg[14]), Münster[15]), Hildesheim[16]), Mülheim-Ruhr[17]), Nürnberg[18]), Augsburg[18]), Colmar-Ober-Elsaß[19]) und Straßburg[20]), die hessische Handelskammer und die Handelskammer für den Kreis Thorn[21]); ferner das Aeltesten-Collegium der Berliner Kauf-

---

[8]) Am Schlusse (S. 296) der in der vorigen Anmerkung erwähnten Besprechung.

[9]) Obiger Vorwurf, zu dem ich mich befugt glaube, weil er nicht etwa in eigener Sache erfolgt, richtet sich gegen die Artikel in der „Deutschen Versicherungs-Zeitung" vom 23. März 1899, Jahrg. 40 Nr. 23 S. 114 ff., und in Wallmann's Versicherungs-Zeitschrift vom 29. März 1899, Jahrg. 33 Nr. 75 (Bd. I, S. 1185 ff.).

[10]) Vgl. unten sub C S. 11.

[11]) Vgl. unten sub C 2.

[12]) Auch Baumgartner läßt in seinen bisher veröffentlichten zwei Artikeln „Der Entwurf eines Reichsversicherungsgesetzes" (Bd. V Heft 1 S. 1—15 und Heft 4/5 S. 353—368 der von ihm herausgegebenen „Zeitschrift für Versicherungs-Recht und -Wissenschaft", Straßburg 1899), denen jedoch noch eine Fortsetzung folgen soll, unsere Fragen unerörtert.

[13]) Vgl. Wallmann's Zeitschrift Jahrg. 33 (1899) Nr. 65 (Bd. I) S. 1020.

[14]) Ebenda S. 1021.

[15]) Ebenda Nr. 68 S. 1067.

[16]) Ebenda S. 1068.

[17]) Ebenda S. 1068/1069.

[18]) Ebenda S. 1069.

[19]) Ebenda Nr. 69 S. 1098.

[20]) Ebenda Nr. 72 S. 1137 ff.

[21]) Ebenda Nr. 65 S. 1021. — Ueber die in Einzelpunkten gegen den Entwurf

mannschaft[22]); der Verein Bremer Seeversicherungs-Gesellschaften[23]); der Vorstand des Vereins Hamburger Assecuradeure[24]); vor Allem aber von Verbänden, welche der Reichsregierung größere, durch Druck bekannt gewordene Eingaben mit ausführlicherer Motivirung ihrer Bedenken unterbreitet haben: der Internationale Transportversicherungs-Verband[25]); dagegen kann man die Denkschrift des Verbandes Deutscher Privat-Feuerversicherungs-Gesellschaften[26]) nicht hierher stellen, da sich die knappe Fassung ihrer Aeußerungen zu §§ 15 bis 52 des Entwurfes mehr aus der Anerkennung besserer Sachlegitimation eines anderen Verbandes erklärt, nämlich des Verbandes Deutscher Feuerversicherungs-Gesellschaften auf Gegenseitigkeit.

Dieser Verband Deutscher Feuerversicherungs-Gesellschaften auf Gegenseitigkeit hat eine große „Denkschrift zu dem Entwurf über die privaten Versicherungs-Unternehmungen" publicirt, deren Verfasser der Syndikus der Versicherungs-Gesellschaft zu Greifswald, Professor Dr. von Marck ist. Aus dieser Denkschrift[27]), die uns später (sub C, insbesondere unter 2a und c) noch mehrfach beschäftigen wird, sei einstweilen nur folgender Passus hervorgehoben (S. 3):

> „Bei unserer hiernach von vornherein im Allgemeinen sympathischen Stellungnahme zu dem Entwurf konnte es zunächst nicht Aufgabe unserer Beschlüsse sein, alle Einzelheiten, denen wir zustimmen, mit einer besonderen Erklärung zu bedenken. Es ist also noch vieles Andere in dem Entwurf anerkennenswerth, als was wir hier besonders aussprechen."

---

gerichteten Gutachten der Handelskammern von Köln, Schweidnitz-Reichenbach-Striegau-Waldenburg und Stuttgart vgl. unten sub C 2 d, h und i.

[22]) Ebenda Nr. 65 S. 1019.

[23]) Ebenda Nr. 68 S. 1098.

[24]) Ebenda S. 1099.

[25]) Seine Eingabe (vom Sommer 1899) ist abgedruckt im Vereins-Blatt für deutsches Versicherungswesen Jahrg. 27 Nr. 7/8, Berlin 1899, S. 191 bis 208 und in Masius' Rundschau Jahrg. XI Heft 8, Leipzig 1899, S. 235—249. (Vgl. auch in Baumgartners Zeitschrift Bd. V Heft 8/9, Nov. 1899, S. 627 ff., sowie Heft 6/7, Sept. 1899, S. 519 f.) — Ueber seine Stellung zu § 52 des Entwurfes unten sub C 1 f.

[26]) Diese Denkschrift ist abgedruckt im Vereins-Blatt für Deutsches Versicherungswesen Jahrg. 27 Nr. 2—4, Berlin 1899, S. 35 ff. und auch in der „Versicherungs-Presse" Jahrg. 27 Nr. 13—26 vom 2. April bis 9. Juli 1899. Ueber die Bemerkungen dieser Denkschrift zu § 18 II unten sub C 2 b.

[27]) Erschienen Greifswald (Abel) 1899, 45 Folioseiten; vgl. auch im „Vereinsblatt" Jahrg. 27 Nr. 5—9 S. 129 ff. — Referirend über die Denkschrift z. B. auch in Wallmann's Versicherungs-Zeitschrift Jahrg. 33 Nr. 89 (Bd. II) vom 3. Mai 1899 S. 1393 ff.

Diesem positiven Lobe sei zunächst das Lob angereiht, welches der vierte mit eingehenderen Erörterungen aufgetretene Verband, nämlich der Verband Deutscher Lebensversicherungs-Gesellschaften[28]), ausgesprochen hat[29]):

„Wir . . . begrüßen es . . . . ., daß der vorliegende Entwurf in dem sehr wichtigen Abschnitt über die „Versicherungsvereine auf Gegenseitigkeit" bereits über das rein öffentlich-rechtliche Gebiet hinausgreift und ausführliche Bestimmungen enthält, welche uns mit geringen Aenderungen geeignet erscheinen, eine ebenso fühlbare wie gefährliche Lücke im bestehenden Privatrecht auszufüllen" [30]).

Hierzu bemerkt ein mit —ll— zeichnender Referent in Wallmann's Versicherungs-Zeitschrift[31]):

„Dem Abschnitt III des Gesetzentwurfes . . . . zollt die Denkschrift ihre freudige Zustimmung, Wir haben dagegen nichts einzuwenden, können vielmehr mit Genugthuung darauf hinweisen, daß auch wir diesem Theil des Gesetzentwurfs stets volle Anerkennung haben angedeihen lassen. Es ist und bleibt der beste Theil des Werks, und das ist im Wesentlichen darauf zurückzuführen, daß er wirkliche Gesetzesbestimmungen enthält. Ueberall, wo der Gesetzgeber positives Recht geschaffen hat, gebührt ihm Lob für seine Arbeit — überall, wo er statt fester Satzungen Willkür und Maßregelung statuirt hat, ist sein Mühen verfehlt" [32]).

---

[28]) Abgedruckt im Vereins-Blatt für Deutsches Versicherungswesen Jahrg. 27 Nr. 10, Berlin 1899 S. 267—284, in Wallmann's Zeitschrift Jahrg. 33 Nr. 149 (Bd. II) vom 25. September 1899 S. 2385—2395 und auch in der Zeitschrift für Versicherungswesen Jahrg. 1899 Nr. 39 und 40 vom 27. September und 4. Oktober 1899.

[29]) Vereins-Blatt a. a. O. S. 268; Wallmann's Zeitschrift a. a. O. S. 2386.

[30]) Ferner heißt es im Vereins-Blatt S. 272, in Wallmann's Zeitschrift S. 2388: „Zu dem Abschnitt III über die „Versicherungsvereine auf Gegenseitigkeit" haben wir im Allgemeinen bereits unsere freudige Zustimmung ausgesprochen". — Wegen der sich anschließenden Bemerkungen zu §§ 16, 18, 38 IV, 42 II und 52 unten sub C 1 c und f., 2 b und f.

[31]) Beilage zu Nr. 149 (Bd. II) des Jahrg. 33 vom 25. September 1899 S. 2406. Ueber die Bemerkungen dieses Artikels zu §§ 16, 18, 21 und 22 des Entwurfs unten sub C 1 c und 2 b, g und c.

[32]) Derselbe Referent sagt ferner in Nr. 33 (Bd. I) des Jahrg. 33 vom 19. December 1898 S. 497: Für den Gesetzgeber habe „kein Zweifel bestanden, daß es in

Mit halbgeöffnetem Visir treten auch die beiden mit —d— bezw. —w. gezeichneten Referenten der „Deutschen Versicherungs-Zeitung“ [33]) zu Gunsten unserer Materie in die Schranken, indem sie sagen:

„Ein hohes Verdienst hat sich der Entwurf durch die Regelung der Verhältnisse der Gegenseitigkeits-Gesellschaften erworben. Der diese Materie behandelnde Abschnitt ist der Glanzpunkt des ganzen Entwurfes, und die Herren Verfasser verdienen Dank und größte Anerkennung, daß es ihnen gelungen ist, diesen so schwierigen Stoff zu kodificiren. Bisher fehlte es an einer gesetzlichen Ordnung der Verhältnisse der Gegenseitigkeits-Gesellschaften. Sie schwebten zwischen Genossenschafts- und Aktiengesetz sozusagen vollkommen in der Luft. Der Entwurf will diesen Zustand beseitigen und einen festen Rechtsboden für diese Gesellschaftsform schaffen, was ihm, wir wiederholen es, glänzend gelungen ist“ [34]). — „Im Allgemeinen muß dieser Versuch als im hohen Grade gelungen bezeichnet werden, wie wir schon s. Z. in unserer Kritik des Reichsversicherungs-Gesetzentwurfes [35]) ausgesprochen haben“ [36]).

Mit voller Bestimmtheit hat auch der General-Sekretair der Hamburger Handelskammer, Dr. jur. Ritter, gelegentlich des deutschen Handelstages betont [37]):

---

der bisherigen Weise mit den Gegenseitigkeits-Gesellschaften um deswillen nicht weiter gehe, weil ihre Rechtsverhältnisse ein gelindes rechtliches Chaos darstellten. Wenn er es sich zur Aufgabe gemacht hat, in dieses Chaos Ordnung zu bringen, so werden ihm dies in erster Linie die Gegenseitigkeits-Gesellschaften selbst Dank wissen. Sie werden fortan eine ganz andere Position einnehmen und namentlich vor gehässigen Anfeindungen geschützt sein“.

[33]) In Nr. 91 des Jahrg. 39 vom 4. Dezember 1898 S. 646 Spalte 2 und in Nr. 68 des Jahrg. 40 vom 14. September 1899 S. 517 Spalte 1.

[34]) Ueber die weiteren Ausführungen der Nr. 91 des Jahrg. 39 S. 646 Sp. 2 und S. 647 vgl. unten sub C 1 c und d, 2 e und h.

[35]) Es ist damit Nr. 91 des Jahrg. 39 gemeint.

[36]) Erwähnt sei noch aus den referirenden Bemerkungen in Ehrenzweig's Assekuranz-Jahrbuch Jahrg. 10, Wien 1899, S. 132 ff. der Satz S. 136: „Im Großen und Ganzen sind diese Vorschläge als annehmbar zu bezeichnen, wogegen wir einzelnen derselben nur mit Vorbehalt zustimmen“. Ferner im „Versicherungs-Agent“ (Berlin, E. L. Winter), Jahrg. 10 Nr. 1 vom 1. Januar 1899 S. 2 Spalte 2: „Muß man die Bestimmungen des vorigen Abschnittes im Allgemeinen als zutreffend bezeichnen, so giebt der vierte Theil des Entwurfs um so mehr Anlaß zu den allerschwersten Bedenken.“

[37]) Vereins-Blatt für Deutsches Versicherungswesen Jahrg. 27 Nr. 2 bis 4 S. 100 f.

„Hier ist es Aufgabe des Reichs, ein dem Aktienrecht ähnliches Gegenseitigkeitsvereinsrecht zu schaffen, und deshalb wird es in den Hansestädten mit derselben Genugthuung begrüßt, wie anderwärts, daß der Entwurf es unternimmt, in im Wesentlichen ganz ausgezeichneter Weise die Rechtsstellung der Gegenseitigkeitsvereine zu ordnen."

Gegenüber solchen Aeußerungen kann man daher die Bemerkung Sammer's[38]) unterschreiben:

„Von allen Seiten wird anerkannt, daß der Entwurf des Reichsversicherungsgesetzes das Recht der Versicherungsgesellschaften auf Gegenseitigkeit in zweckentsprechender Weise feststellt. Nur wenige Bestimmungen des Entwurfs sind in Bezug auf diesen Gegenstand von der Kritik angefochten worden. Es läßt sich daher annehmen, daß die gesetzgeberischen Vorschläge, vielleicht mit einigen kleinen Abänderungen, in das Rechtsleben übergehen werden."

C.

Muß man nun freilich hinter die Schlußbemerkung Sammer's darum ein Fragezeichen setzen, weil die Möglichkeit vorliegt, daß der ganze Entwurf an dem Widerstande gegen einige seiner Fundamentalgedanken (z. B. staatliche Konzessionirung und Ueberwachung; unterbliebene Regelung der privatrechtlichen Seite des Versicherungswesens) scheitert — die jedoch, weil zugleich für die Prämienversicherung geltend, für unsere Spezialfrage außer Betracht bleiben[39]) —, so enthebt uns diese Möglichkeit nicht der Prüfung jener Bestimmungen des Entwurfes über die Gegenseitigkeitsvereine, gegen welche eben die Kritik ihre Bedenken geäußert hat.

Wir werden gut thun, hier die Angelegenheiten von prinzipieller Bedeutung und die nebensächlicheren Punkte zu trennen und zuerst — sub 1 — jene, sodann — sub 2 — diese ins Auge zu fassen. Bei den Erörterungen sub 1 werde ich — um auf diese Weise ein abgeschlossenes Bild oder doch wenigstens eine ausführlichere Skizze des geplanten Rechtszustandes zu bieten — gleichzeitig (sub 1 a, b, d und f) auch diejenigen Grundsteine einzeichnen, welche die Kritik einstimmig als brauchbare Stützen des künftigen Baues betrachtet und höchstens (vgl. unten sub 2) wegen der Ausgestaltung der Einzelheiten bemängelt.

---

[38]) Im Eingange (S. 293) seiner mit S. gezeichneten bereits oben S. 6 Anm. 7 erwähnten Besprechung des Sievers'schen Aufsatzes.

[39]) Vgl. auch mein Referat S. 298/299, 300, 314/315, 316, 317.

1.

Principielle Bedeutung und größere Tragweite haben folgende Umstände:

a) die Qualifikation der Versicherungsgesellschaften auf Gegenseitigkeit als „Vereine";
b) die Erlangung der Rechtsfähigkeit im Augenblicke der Konzessionirung;
c) die Gleichstellung der Versicherungsvereine mit den Kaufleuten;
d) die Anpassung der Versicherungsvereine ans Aktienrecht;
e) das Maaß legislatorischer Behandlung der Sonderrechte der Vereinsmitglieder;
f) die Sonderstellung der „kleinen" Versicherungsvereine.

a.

Zunächst ist es mit Freude zu begrüßen[40]), daß der Entwurf nicht von „Versicherungsgesellschaften auf Gegenseitigkeit", sondern von „Vereinen" spricht. Er trägt damit dem von mir bereits S. 5 hervorgehobenen und S. 296 ff., 316 meines Referates näher begründeten Umstande Rechnung, daß die rechtliche Konstruktion in der That nur zu Ungunsten der Sozietät und zu Gunsten des Vereinscharakters erfolgen darf. — Die Definition des Begriffes solcher Vereine in § 15 ist durchaus zureichend[41]).

b.

Sodann ist es durchaus richtig[42]), daß ein solcher Versicherungsverein (laut § 15 des Entwurfes) „durch die von der Aufsichtsbehörde ertheilte Erlaubniß zum Geschäftsbetriebe" ohne Weiteres die Rechtsfähigkeit

---

[40]) Dies thut auch die Denkschrift des Verbandes Deutscher Feuerversicherungs-Gesellschaften auf Gegenseitigkeit S. 34. Vgl. übrigens zu obigem Punkte auch —ll— in Wallmann's Zeitschrift Jahrg. 33 Nr. 33 (Bd. I) vom 19. December 1898 S. 498/99.

[41]) Die von mir in These b1 (S. 309, 310) eingestellte Definition des Begriffes der „Versicherung auf Gegenseitigkeit" selber kann der Wissenschaft überlassen werden und im Gesetz unterbleiben.

[42]) Dies billigt auch Ehrenberg in der Juristen-Zeitung a. a. O. S. 123 Sp. 2; ferner —ll— in Wallmann's Versicherungs-Zeitschrift Jahrg. 33 Nr. 33 S. 498 und Einhauser in Schaeffles Zeitschr. f. d. gesammte Staatswissenschaft, Jahrg. 55, Tübingen 1899, S. 297.

erlangt. Daß die Frage nach der Konzessionsbedürftigkeit der Gegenseitigkeitsvereine hier nicht erörtert werden darf, wurde bereits hervorgehoben (oben S. 11).

c.

Dagegen läßt sich über § 16 des Entwurfes, über seinen Inhalt und seine Formulirung streiten. Zunächst herrscht offenbar Uneinigkeit darüber, ob durch ihn den Gegenseitigkeitsvereinen Kaufmannsqualität beigelegt worden ist oder nicht.

Jenes nehmen Sievers[43]) und mit ihm der Referent in der Deutschen Versicherungs-Zeitung[44]) an; dieses die „Erläuterungen" zum Entwurfe[45]) und mit ihnen Ehrenberg[46]); ferner die Erklärung des Verbandes Deutscher Lebensversicherungs-Gesellschaften[47]), sowie Ritter[48]) und Sammer[49]).

In der That ergiebt die Formulirung des § 16 meines Erachtens nicht, daß die Vereine Kaufmannsqualität haben; denn „Kaufmann" ist nach § 1 Abs. I des H.G.B. vom 10. Mai 1897, wer ein „Handelsgewerbe" betreibt, und als Handelsgewerbe wird die Gegenseitigkeitsversicherung im Entwurfe eben nicht bezeichnet. Es ist für die Versicherungsvereine nur vorgesehen worden, daß sie in einzelnen Punkten wie Kaufleute behandelt werden sollen, und da dieser Zustand bloß „anscheinender Kaufmannsähnlichkeit"[50]) durchaus den Wünschen der Interessentenkreise entspricht[51]), so wird sich gegen den Inhalt des § 16 zunächst (vgl. aber unten sub 2a und c) nichts einwenden lassen.

---

43) Sievers a. a. O. (oben S. 4/5) S. 532 ff.

44) In Jahrg. 39 Nr. 69 S. 523 Spalte 2.

45) Erläuterungen S. 62 f.

46) Ehrenberg in der Juristen-Zeitung a. a. O. (oben S. 6) S. 123 Spalte 2.

47) Vereins-Blatt a. a. O. (oben S. 9 Anm. 28) S. 272, Wallmann's Zeitschr. a. a. O. (Jahrg. 33 Nr. 149) S. 2388. Vgl. auch Wallmann's Zeitschr. ebenda Beilage S. 2407.

48) a. a. O. (oben S. 10 Anm. 37) S. 101.

49) a. a. O. (oben S. 6 Anm. 7) S. 294.

50) Denkschr. des Verbandes Deutscher Feuerversicherungsgesellschaften auf Gegenseitigkeit S. 41.

51) Ebenda S. 35/36; Erklärung des Verbandes Deutscher Lebensversicherungs-Gesellschaften im Vereins-Blatt S. 272, in Wallmann's Zeitschr. S. 2388; Deutsche Versicherungs-Zeitung Jahrg. 39 Nr. 91 S. 646 Sp. 3, Jahrg. 40 Nr. 69 S. 523 Sp. 2.

Was die Formulirung[52]) betrifft, so ziehe ich den Vorschlag in meinem Referate S. 308/309 und die These b 2 (S. 310) zwar nicht gänzlich zurück, will sie aber angesichts der Befürchtung der Gegenseitigkeitsvereine, es könne aus der Qualifikation ihres Betriebes als Gewerbe ihre Steuerpflicht gefolgert werden[53]), gern[54]) dahin modificirt wissen:

„Der Betrieb der Versicherungsvereine auf Gegenseitigkeit gilt als Handelsgewerbe im Sinne des Handelsgesetzbuchs vom 10. Mai 1897 Buch I §§ 8—104 und Buch III."

d.

Die Anpassung der Gegenseitigkeitsvereine an's Aktienrecht (§§ 33 ff. des Entwurfs) findet im Princip — wegen einzelner Konsequenzen vgl. unten sub 2d, e und f — ebenfalls von den meisten[55]) Seiten Billigung und zwar in ausdrücklicher Weise nicht nur in meinem Referate (S. 316), sondern auch z. B. in Wallmann's Versicherungs-Zeitschrift[56]).

e.

Ueber die Sonderrechte der Mitglieder eines Versicherungsvereins (vgl. mein Referat S. 301 ff.) und ihre Regelung im Entwurfe

---

[52]) Darüber, daß die Ausschließung von §§ 1—7 H.G.B. in § 18 des Entwurfes entbehrlich ist, vergl. mein Referat S. 319.

[53]) Vgl. z. B. Denkschr. des Verbandes Deutscher Feuerversicherungs-Gesellschaften auf Gegenseitigkeit a. a. O. und auch Wallmann's Zeitschr. Jahrg. 33 Nr. 33 S. 499.

[54]) Zu Gunsten einer Harmonie mit § 1 des neuen Handelsgesetzbuchs; vgl. mein Referat S. 309, während Sievers S. 534 eine Anlehnung an das Genossenschaftsgesetz § 17 II vorschlägt.

[55]) Kritisch insbesondere die Denkschr. des Verbandes Deutscher Feuerversicherungs-Gesellschaften auf Gegenseitigkeit S. 34—37.

[56]) Vgl. daselbst Jahrg. 33 Nr. 33 S. 498: „Wo es nur irgend angeht, ist das Handelsgesetzbuch, sind die für Aktien-Gesellschaften geltenden Bestimmungen auch für die Gegenseitigkeits-Gesellschaften in Wirkung gebracht. In dieser Erzielung möglichst großer Gleichmäßigkeit in der Konstruktion, der thunlichsten Uebereinstimmung im geltenden Recht muß ein großer Vorzug des Gesetzes erkannt werden." — Ebenda Jahrg. 33 Nr. 36 S. 546 f.: „Im Uebrigen ist der Verfasser mit gutem Erfolg bemüht gewesen, die Regelung aller dieser Dinge, soweit es irgend angeht, in Einklang zu bringen mit den gleichartigen, für die Aktien-Gesellschaften erlassenen Bestimmungen. Ganz besonders tritt dies anerkennenswerthe Bestreben noch hervor, wo es sich um die innere Verfassung der Versicherungs-Vereine auf Gegenseitigkeit handelt, und um die Rechte, Pflichten und Verantwortlichkeiten, wie sie den einzelnen Organen zugewiesen sind. Die Vorschriften lauten so homogen, daß wir füglich davon absehen können, sie an dieser Stelle noch besonders zu besprechen."

äußern sich nur Ehrenberg und Sievers[57]). — Ehrenberg (a. a. O. S. 123 Spalte 2) meint: „Bezüglich der Frage, welche Rechte der Mitglieder als Sonderrechte (im Sinne des B.G.B. § 35) zu betrachten sind, hat der Entwurf fast dieselbe Zurückhaltung beobachtet, wie das H.G.B. bei den Actiengesellschaften, lediglich das Recht auf gleiche Behandlung aller Mitglieder ist ausdrücklich als Sonderrecht anerkannt (§ 21). Man kann es begreifen, daß der Verfasser des Entwurfs davor zurückgeschreckt ist, in dieses juristische Wespennest zu greifen; aber es ist dadurch eine recht bedauerliche Lücke[58]) entstanden, die hoffentlich noch ausgefüllt wird". — Sievers (S. 574 ff.)[59]) erblickt darin keinen Fehler des Entwurfs, da er annimmt (S. 575): „daß das Thema weder in seinen theoretischen Grundlagen genügend ausgereift, noch in den praktischen Konsequenzen soweit übersehbar ist, daß der Gesetzgeber hier bereits mit Erfolg vorgehen könnte", und da er ferner (a. a. O.) „ein irgendwie dringliches, praktisches Bedürfniß zu einer in's Einzelne gehenden gesetzgeberischen Regelung" kaum anerkennen zu dürfen meint (weil die bisherige Judikatur hier bereits zu im Ganzen befriedigenden Ergebnissen gelangt sei). — Diese und die übrigen Ausführungen von Sievers zu der in Rede stehenden Frage haben viel Bestechendes: Will man sich ihnen aber nicht anschließen, so wird man auch Sievers insofern als Vertheidiger der von Ehrenberg und in meinem Referat dargestellten Einzelsätze betrachten dürfen, als er (S. 574) bekennt, daß er die Sätze Ehrenberg's in der Mehrzahl für sachlich richtig hält und als Richter den Einzelfall nach Ehrenberg's Postulaten entscheiden würde; denn auch Sievers erblickt darin immerhin (S. 580/581) „Leitsätze, die aus der Natur des Vereins als einer auf dem Grundsatze der Gegenseitigkeit beruhenden Versicherungsanstalt folgen". Meinerseits würde ich freilich im Falle einer Kodifikation der Sonderrechte an den Modifikationen fest-

---

[57]) Und über Sievers referirend Samver a. a. O. S. 296.

[58]) Ein großer Theil der Ehrenberg'schen Thesen in seinem oben S. 1 erwähnten Gutachten und ein großer Theil meiner Thesen findet darum im Entwurfe keinen entsprechenden Paragraphen; vgl. mein Referat S. 316 ff. und Sievers S. 574.

[59]) Höchstens folgenden Satz empfiehlt Sievers (S. 577): „daß eine Bestimmung ungültig ist, wonach sich ein Mitglied im Voraus allen zu beschließenden Aenderungen der Satzung oder der Versicherungsbedingungen unterwirft." Es entspräche diese Norm Ehrenberg's These 3 (S. 87) und meiner These b 3 (S. 310). Wenn Sievers andererseits S. 581 betont, es bedürfe keines „besonderen Ausspruchs darüber, daß, wo ein Sonderrecht verletzt ist, dem betreffenden Mitgliede zur Wahrung seines Rechtes eine Klage zur Seite steht", so deckt sich diese Auffassung mit den Bemerkungen in meinem Referate S. 302.

halten, die ich in meinem Referate (S. 301 ff.) betreffs der Ehrenberg'schen Thesen vorgeschlagen habe[60]).

f.

Die Sonderstellung der „kleinen Versicherungsvereine", d. h. der „Vereine, die bestimmungsgemäß einen sachlich, örtlich oder hinsichtlich des Personenkreises engbegrenzten Wirkungskreis haben" (§ 52 I) — ein in meinem Referate noch nicht vorgesehener Punkt — wird im Allgemeinen[61]) sympathisch begrüßt[62]). Denn sie „schafft in zweckmäßiger Weise einen ähnlichen Gegensatz wie er zwischen Vollkaufleuten und Minderkaufleuten[63]) besteht"[64]). Beispiele sind[65]) die örtlichen Krankenkassen, Sterbekassen, Wittwenkassen und Feuerkassen für engere Berufskreise (z. B. für Geistliche und Lehrer); die Diätenversicherungen für Geschworene, die lokalen Casko-Versicherungsvereine, die sogenannten Totenladen und Kuhgilden. Wegen dieser Vereine hebt Sievers (S. 535) mit Recht hervor: „Die Mitglieder stehen, anders wie bei den Großbetrieben, in der Regel in näheren Beziehungen zu einander, so daß der gesellschaftliche[66]) Charakter vorwiegt"[67]).

---

[60]) Auf die Sonderrechte beziehen sich meine Thesen b 3 bis 11. Vgl. zu These 3 die vorige Anmerkung, zu These 4 insbesondere §§ 38 u. 40 des Entwurfs, zu These 5 insbesondere § 21 I, zu These 8 insbesondere § 37, zu These 11 insbesondere § 46.

[61]) Gegen § 52 I wird nur in der Deutschen Versicherungs-Zeitung Jahrg. 40 Nr. 69 S. 523 Spalte 2 und 3 protestirt, weil auch ihnen und gerade ihnen gegenüber die Ueberwachung durch die staatliche Aufsichtsbehörde unentbehrlich sei. — Der Internationale Transport-Versicherungsverband sagt (vgl. Vereins-Blatt Jahrg. 27 Nr. 7/8 S. 207 sub 3 und Baumgartner's Zeitschrift für Versicherungsrecht und -wissenschaft Bd. V, Straßburg 1899, S. 628 sub 3) im Rahmen seiner Bemerkungen über die Staatsaufsicht: „Zu einem Mißtrauen gegen die derzeitig bestehenden kleinen Casko-Versicherungsvereine auf Gegenseitigkeit ist kein Anlaß gegeben. Diese Vereine haben insofern segensreich gewirkt, als dadurch den Rhedern kleiner, nicht mehr ertragfähiger Segelschiffe die von ihnen gewünschte Gelegenheit zu einer für ihre Zwecke ausreichenden Versicherung geboten ist."

[62]) Die Ausschließung dieser kleinen Vereine von der Kompetenz des Gesetzes wird in Wallmann's Zeitschrift Jahrg. 33 Nr. 33 S. 498 als ganz in der Ordnung betrachtet; „sie gehören nicht hierher, ihre Hereinbeziehung würde der Wichtigkeit des Gegenstandes nicht angemessen sein".

[63]) Vgl. H.G.B. 1897 §§ 1 ff. und § 4.

[64]) Ehrenberg in der Juristen-Zeitung a. a. O. S. 123 Sp. 1; vgl. Sievers S. 535.

[65]) Vgl. Ehrenberg a. a. O., Sievers a. a. O. und Deutsche Versicherungs-Zeitung Jahrg. 40 Nr. 69 S. 523 Sp. 2.

[66]) Wenn die Erläuterungen zum Entwurf S. 83 mit ganz ähnlichem Wortlaut schließlich sagen: „der Vereinscharakter wiegt vor", so ist dabei, wie es scheint, mehr an die „allgemeinen Vorschriften des bürgerlichen Vereinsrechts" gedacht, von welchen a. a. O. gleichfalls gesprochen wird.

[67]) Unrichtig ist es, wenn in Ehrenzweig's Assecuranz-Jahrbuch Jahrg. 20, Wien 1899, S. 136 die Ansicht ausgesprochen wird, das Gesetz wolle die kleinen

2.

Einige der nunmehr zu erörternden zehn Nebenfragen, betreffs deren die Kritik sich zu den Bestimmungen des Entwurfes geäußert hat, stehen im engeren Zusammenhang mit den sub 1 besprochenen sechs Hauptfragen; andere stehen damit nur in losem Zusammenhange; ihre Erörterung soll am Schluß dieses Abschnittes erfolgen.

a.

Daß die Versicherungsvereine ins Handelsregister einzutragen sind (§ 29 I des Entwurfs), ist eine Konsequenz ihrer Gleichstellung mit den „Kaufleuten" (vgl. oben sub 1 c), wird aber vom Verbande deutscher Feuerversicherungsgesellschaften auf Gegenseitigkeit[68]) gerügt, weil diese Gesellschaften „keine Kaufleute seien und es auch nicht sein wollen, weil sie kein Handelsgewerbe treiben und schon darum nicht ins Handelsregister gehören". Es wird daher für die Gegenseitigkeitsgesellschaften die Einrichtung eines besonderen für sie ausschließlich bestimmten Registers empfohlen, das vom Handelsrichter in Personalunion zu führen sei.

Hiergegen ist zunächst zu bemerken, daß, wie auch ein Referat in der Deutschen Versicherungs-Zeitung (Jahrg. 40 Nr. 32 vom 30. April 1899 S. 250) hervorhebt, die Vereine durch die Eintragung ins Handelsregister nicht, wie die Denkschrift anzunehmen scheint, ohne Weiteres Kaufleute werden; sie würden unter den Voraussetzungen des H.G.B. § 2 („in kaufmännischer Weise eingerichteter Geschäftsbetrieb") durch die (obligatorische) Eintragung allerdings Kaufmannsqualität erhalten, sofern nicht eben die Anwendbarkeit des H.G.B. § 2 durch § 16 des Entwurfs positiv ausgeschlossen würde. Sodann ist davor zu warnen, zu den vielen Registern, welche der Amtsrichter bereits zu führen hat und zu denen nach dem 1. Januar 1900 auch die Vereinsregister (B.G.B. § 21, §§ 55 ff.) und die Güterrechtsregister (B.G.B. §§ 1558 ff.) treten, noch ein neues Register zuzufügen, bloß um den Befürchtungen der Versicherungsvereine betreffs ihrer Heranziehung zur Gewerbesteuer vorzubeugen[69]).

Vereine „der nach Maßgabe des Reichsversicherungsgesetzes auszuübenden Aufsicht der Landesbehörden überlassen, welche Instanzen sich aber bisher als unfähig erwiesen, der Winkelassekuranz zu steuern". § 52 I schließt nur gewisse Bestimmungen des Abschnitt III aus, während die „Beaufsichtigung der Versicherungsanstalten" in Abschnitt V behandelt wird.

[68]) Denkschr. a. a. O. S. 35/36.

[69]) Vgl. auch Denkschr. des Verbandes Deutscher Privat-Feuerversicherungs-Gesellschaften (Vereins-Blatt Jahrg. 27 Nr. 2—4 S. 52): „Bei

b.

Gleichviel nun, ob die Eintragung ins Handelsregister oder in ein besonderes, neu zu schaffendes Register (oder etwa ins Vereinsregister des B.G.B. § 21, §§ 55 ff.) erfolgt, so „muß" dem Namen des Vereins noch § 18 II Satz 2 des Entwurfs „die Bezeichnung als eingetragener Versicherungsverein auf Gegenseitigkeit (e. V. a. G.) beigefügt sein". — Zu dieser Bestimmung, die übrigens für die „kleineren Vereine" (oben sub 1 f) nicht in Aussicht genommen worden ist (vgl. § 52 I), haben sich der Verband Deutscher Lebensversicherungs-Gesellschaften[70]) und der Verband Deutscher Privat-Feuerversicherungs-Gesellschaften[71]) geäußert. Beide geben zu, daß die Hervorhebung des Gegenseitigkeitscharakters der Vereine in der Firma (durch den Zusatz „auf Gegenseitigkeit") nothwendig sei — und in der That wird man diese Vereine anhalten müssen, stets eine Warnungstafel mit sich zu führen —, halten dies aber für genügend und meinen, die Eintragung des Vereins in der Firma zu erwähnen, sei entbehrlich. Die Abkürzung „e. V. a. G." „ist und bleibt dem Publikum unverständlich"[72]) und würde sich bei der verhältnißmäßig kleinen Zahl der Gegenseitigkeitsvereine „schwerlich so einleben ... wie dies bei der entsprechenden Bezeichnung der eingetragenen Genossenschaften der Fall ist"[73]).

c.

Von den Konsequenzen, welche die Gleichbehandlung der Gegenseitigkeitsvereine mit den Kaufleuten (oben sub 1c) ergiebt, will der Verband deutscher Feuerversicherungs-Gesellschaften auf Gegenseitigkeit[74]) nicht bloß die der Heranziehung der Vereine zur Einkommen- und Gewerbesteuer (vgl. oben S. 14) abgelehnt wissen, sondern er spricht auch eine „Verwahrung" dagegen aus, „daß der 7. Abschnitt des I. Buches des H.G.B. über die Handlungsagenten auf die Versicherungsagenten entsprechende Anwendung finde." So lange aber für dieses Postulat keine Motivirung erfolgt, wird man es unberücksichtigt lassen dürfen[75]).

---

einer anderen Gelegenheit hat der Verband die Führung besonderer Register für die Versicherungs-Unternehmungen (neben den Handelsregistern) befürwortet. Aus Zweckmäßigkeitsgründen ist er zu der Ansicht gelangt, diese Forderung fallen zu lassen."

[70]) Vereinsblatt a. a. O. S. 272 und Wallmann's Zeitschr. a. a. O. S. 2388 f.

[71]) Vereinsblatt Jahrg. 27 Nr. 2—4, Berlin 1899, S. 52.

[72]) Denkschr. der Feuerversicherungs-Gesellschaften a. a. O.

[73]) Erklärung der Lebensversicherungs-Gesellschaften a. a. O.

[74]) Denkschr. S. 41.

[75]) Auch Sievers, dem (vgl. S. 527 Anm. 2 seines Aufsatzes) obige Denkschrift bereits vorlag, berücksichtigt diesen Protest nicht, sagt vielmehr S. 533: „Insonderheit werden .... auch die §§ 84—92 über die Handlungsagenten auf den Agenten des Gegenseitigskeitsvereins zu beziehen sein."

d.

Bemerkenswerther sind einige Einwendungen, welche sich auf die Anpassung der Gegenseitigkeitsvereine an die Aktiengesellschaften beziehen und es rügen, daß der Entwurf hier nicht konsequent genug ist.

In der That unterbricht der Entwurf den parallelen Lauf der Linien zunächst dahin, daß er das Konkurrenzverbot im § 33 Nr. 1 etwas anders gestaltet hat als H.G.B. § 236 I[76]). Hiergegen sprechen sich Sievers[77]) und vor Allem die Handelskammer für die Kreise Schweidnitz, Reichenbach, Striegau und Waldenburg zu Reichenbach[78]) aus; letztere indem sie meint, die Erstreckung des Verbotes auf das ganze Handelsgewerbe sei zu weitgehend: „Gerade bei Versicherungs-Vereinen auf Gegenseitigkeit dürften die Vorstandsmitglieder sehr häufig Gewerbetreibende sein; es erscheint dies aber auch wegen der größeren geschäftlichen Sachkenntniß durchaus wünschenswert. Der Entwurf unterwirft auch nicht alle Gewerbetreibenden der Einwilligung des Aufsichtsrathes, sondern nur die Handelsgewerbetreibenden. Warum aber gerade diese sich weniger für das Vorstandsamt eignen als andere Gewerbtreibende, ist durchaus nicht ersichtlich. Auch geht das Handelsgewerbe so vielfach in andere Gewerbe über, daß die Unterscheidung von Handelsgewerbe und anderen Gewerben vielfach schwierig sein dürfte. Wir sind daher der Ansicht, daß in diesen Paragraphen die Worte „weder ein Handelsgewerbe betreiben oder“[78a]) zu streichen sind“. — Sievers' Erörterungen richten sich nicht gegen die Ausdehnung des Konkurrenzverbotes auf das Handelsgewerbe, sondern gegen seine Ausdehnung auf die Zugehörigkeit zum Aufsichtsrath eines Konkurrenzunternehmens. An sich hält er diese Bestimmung für „sachlich gerechtfertigt“; er bezweifelt aber, ob sie wichtig genug sei, um eine durch die Eigenartigkeit des Versicherungsrechts oder des Gegenseitigkeitsvereins nicht bedingte „Aenderung der handelsrechtlichen Grundsätze auf dem vorliegenden Spezialgebiet zu rechtfertigen“.

In beiden Fragen glaube ich den Bedenken gegen den Entwurf beitreten zu sollen[79]).

---

[76]) Nicht § 231 I, wie es bei Sievers S. 546 zweimal heißt.

[77]) Sievers § 546 f.

[78]) In Wallmanns Zeitschrift Jahrg. 33 Nr. 68 vom 13. März 1899 Bd. I S. 1068.

[78a]) Obige Formulirung stimmt allerdings nicht mit demjenigen überein, was die Handelskammer sagen will.

[79]) Alsdann beschränkt sich freilich das Konkurrenzverbot des § 33 Nr. 1 auf die Zugehörigkeit zum Vorstande eines anderen gleichartigen Versicherungsvereins.

e.

Viel erheblicher und wichtiger ist der andere Punkt, bezüglich dessen die Abweichung vom Aktienrecht gerügt wird. Es ist dies der Umstand, daß der Entwurf im § 28 als Organe des Versicherungsvereins zwar ebenso wie H.G.B. §§ 231 ff., 243 ff. zunächst einen Vorstand und einen Aufsichtsrath, als oberstes Organ dagegen nicht, wie H.G.B. §§ 250 ff., eine Generalversammlung, sondern nach Ermessen der Satzung eine „Versammlung von Mitgliedern oder Vertretern, Bankausschüsse oder dergleichen" in Aussicht nimmt.

Als Verteidiger dieser Idee begegnen (neben den Erläuterungen zum Entwurf S. 73) nur Ehrenberg[80]), Einhauser[81]) und Sammer[82]). Im Uebrigen ist dagegen ein wahrer Sturm der Entrüstung

---

[80]) Ehrenberg sagt in der Juristen-Zeitung a. a. O. S. 123 Sp. 2: „Vor Allem ist es dankenswerth, daß die Organisation der Gegenseitigkeitsgesellschaften nicht einfach in die Schablone der Aktiengesellschaft gepreßt, sondern als „oberstes Organ" auch eine andere Gestaltung als die völlig unbrauchbare „Generalversammlung" zugelassen hat." Gegen Ehrenberg insbesondere der mit -w gezeichnete Artikel in der Deutschen Versicherungs-Zeitung Jahrg. 40 Nr. 23 (vom 23. März 1899) S. 114.

[81]) Einhauser in der Zeitschr. für die gesammte Staatswissenschaft, herausgegeben von Schaeffle, Jahrg. 55 Heft 2, Tübingen 1899, S. 298 (vgl unten Anm. 89): „Nicht minder wird es anzuerkennen sein, daß der Entwurf sich von einem naheliegenden schablonisirenden Verfahren freihielt, die Bestimmung des „obersten Organs" des Vereins dem Statut überließ und nicht eine Generalversammlung vorschrieb; thatsächlich würde, da die Versicherten sich in der Regel nicht als Mitglieder fühlen und nicht Zeit, Lust und Geld zu weiten Reisen haben, durch eine solche Bestimmung die oberste Leitung einer weitverzweigten Gesellschaft in die Hände einer zufälligen, am Ort des Vereinssitzes anwesenden, kleinen, oft unzuverlässigen Minderheit gelegt sein. Unsere ältesten Gegenseitigkeits-Gesellschaften (Gothaer, Rostocker, Vaterl. Feuer-Vers.-G. u. s. f.) haben denn auch keine Generalversammlung, sondern einen ein für alle Male gewählten und sich durch Kooptation ergänzenden Ausschuß oder einen Bankvorstand, der sich z. B. aus den Vertretern gewisser Interessentenvereinigungen (Handelskammern) zusammensetzt."

[82]) Sammer, a. a. O. S. 294/295: „Uns scheint der Entwurf weise zu verfahren, indem er den Vereinen freie Hand in der Gestaltung des obersten Organs läßt und die Erhaltung bewährter Einrichtungen ermöglicht. Praktisch dürfte der Unterschied zwischen Vereinen mit der Mitglieder-Versammlung und Vereinen mit einer Mitglieder-Vertretung als oberstem Organ darin zum Ausdruck kommen, daß bei ersterer der Aufsichtsrath, bei letzterer das oberste Organ von größerer Bedeutung ist. Da der Aufsichtsrath eigentlich nur die Kontrole zu führen, das oberste Organ aber den Willen des Vereins darzustellen hat, lassen sich grundsätzliche Bedenken gegen die Hebung der Stellung des obersten Organs nicht geltend machen."

losgebrochen, der in mehr[83]) oder weniger[84]) deutlicher Form nicht sowohl gegen den Entwurf wie gegen die Gothaer Bankausschüsse wüthet, welche als „aus der Kindheit des Versicherungswesens stammende Institutionen" [85]) bezeichnet werden, deren Mitglieder, um „das Heft der Macht über die Gesellschaft nicht aus den Händen zu geben" [86]), „sich hermetisch vor jedem erfrischenden Luftzuge, der in den Gesellschaftsorganismus dringen könnte, auf das Aengstlichste abschließen" [87]) und durch welche „bekanntlich die Rechte aller der nicht in Weimar, Gotha und Erfurt wohnenden Mitglieder, also die erdrückende Majorität, aufs Empfindlichste in der Richtung, Einfluß auf die Selbstverwaltung ihres Unternehmens auszuüben, beschnitten" [88]) werden.

Die „Erläuterungen" stützen sich namentlich auf die Erwägung[89]), daß die Mitglieder eines Versicherungsvereins doch zu indolent seien, um ihre Befugnisse in einer Generalversammlung geltend zu machen. Gegen diesen Vorwurf, der schließlich auch bei Aktiengesellschaften nicht unangebracht wäre, bemerkten nun die Gegner des § 28, meines Erachtens mit Recht, der Entwurf[90]) wolle „offenbare Ungerechtigkeiten" fort-

---

[83]) Deutsche Versicherungs-Zeitung Jahrg. 33 Nr. 91 S. 647 Spalte 1 und Jahrg. 40 Nr. 68 S. 517 Spalte 3, S. 518 Spalte 1 und 2. — Versicherungs-Agent, Jahrg. 10 Nr. 1 S. 2 Spalte 1. Ferner der oben Anm. 80 erwähnte gegen Ehrenberg gerichtete Artikel in der Deutschen Versicherungs-Zeitung.

[84]) Wallmanns Versicherungs-Zeitung Jahrg. 33 Nr. 36 S. 547: „Sollte es sich etwa darum handeln, die Bankverfassung zweier unserer ältesten und größten Versicherungs-Gesellschaften auf Gegenseitigkeit zu retten, nun, so lasse man sie ihnen doch in Gottes Namen." — Ebenda Nr. 149 S. 2407: „Man sieht, vor wem die Verbeugungen gemacht werden, und es mag dabei sein Bewenden haben, denn die Frage ist nebensächlich und birgt keine sonderlichen Gefahren in sich. Auch vertrauen wir, daß noch in letzter Stunde irgendwo der gesunde Sinn durchbrechen, Veraltetes beseitigen und auch den Gegenseitigkeits-Vereinen eine einheitliche, zeitgemäße und die Interessen aller Beteiligten wahrende Verfassung geben wird."

[85]) Wallmanns Zeitschrift Jahrg. 33 Nr. 36 S. 547.

[86]) Deutsche Versicherungs-Zeitung Jahrg. 40 Nr. 68 S. 518 Spalte 1.

[87]) Ebenda.

[88]) Ebenda Nr. 23 S. 114.

[89]) Gegen die Anschauungen der Erläuterungen S. 73, die in dem oben Anmerk. 81 gebrachten Citat aus Einhauser's Aufsatz ziemlich wortgetreu wiedergegeben sind, auch die Denkschr. des Verbandes deutscher Feuerversicherungs-Gesellschaften auf Gegenseitigkeit S. 35.

[90]) Es findet sich sogar direkt gegen die preußische Regierung die Bemerkung ausgesprochen, daß „der Einfluß der Gothaer Herren bei den Verfassern des Entwurfs und bei den preußischen Aufsichtsbehörden kein geringer zu sein scheine" (Deutsche Versicherungs-Zeitung Jahrg. 40 Nr. 68 S. 517 Spalte 1), und

bestehen lassen[91]); er gebe „kleinlichen Kirchthurmsrücksichten" Folge[92]); er schaffe für die Mitglieder selber durch die grundsätzliche Entziehung persönlicher Mitwirkung in den Vereinsangelegenheiten eine „capitis diminutio"[93]); er sanktionire eine „Durchbrechung des Gegenseitigkeitsprinzips[94]) und begehe einen „Verstoß gegen die Logik" dieses Prinzips „an sich"[95]); anstatt die Betheiligung der Mitglieder zu wecken, erstícke er sie von vornherein[96]); er beseitige das Uebel nicht, sonder mache es konstitutionell[97]), während es seine Aufgabe gewesen wäre, auf neue Mittel und Wege zu sinnen, wie man den Mitgliedern die Ausübung ihres Stimmrechtes „bequemer, mundgerechter und wünschenswerter" gestalten könnte[98]).

f.

Das „oberste Organ" betreffen auch die Ausstellungen, welche zu §§ 38 IV und 42 II Satz 1 des Entwurfes gemacht worden sind. Der Verband deutscher Lebensversicherungs-Gesellschaften[99]) bemängelte es, daß nach dem Wortlaute des § 38 IV (§ 42 II), wonach für gewisse Beschlüsse des obersten Organs eine Dreiviertelmehrheit „der erschienenen Mitglieder des obersten Organs" erforderlich sein soll, nicht blos die nicht erschienenen Mitglieder, sondern auch deren Bevollmächtigte ausgeschlossen seien, und schlägt daher die allgemeine Fassung vor: drei Viertheile „der abgegebenen Simmen". Sievers[100]) rügt es — gleichfalls mit gutem Grunde —, daß § 38 IV unmotivirte Abweichungen vom Recht der Aktiengesellschaften, der Genossenschaften und der Gesellschaften mit beschränkter Haftung bietet[101]), indem er der Satzung für gewöhnliche

---

(ebenda Jahrg. 39 Nr. 91 S. 647 Spalte 1), daß der Eindruck entstehe, „als ob den Verfassern des Entwurfs Beamte der Gothaer Bank bei dieser Bestimmung geholfen haben".

[91]) Wallmann's Zeitschr. Jahrg. 33 Nr. 36 S. 547.

[92]) Deutsche Versicherungs-Zeitung Jahrg. 40 Nr. 68 S. 518 Spalte 2.

[93]) Sievers S. 553.

[94]) Deutsche Versicherungs-Zeitung a. a. O.

[95]) Ebenda.

[96]) Sievers a. a. O.

[97]) Ebenda.

[98]) Wallmann's Zeitsch. a. a. O. S. 548.

[99]) Im Vereins-Blatt a. a. O. S. 273; in Wallmann's Zeitschr. a. a. O. S. 2389.

[100]) Sievers S. 558.

[101]) Wegen § 38 II und III unter sub 2 k. — Zu § 40, der auf § 38 I bis III Bezug nimmt, hat die vom Ausschuß des Deutschen Handelstages

Satzungsänderungen die Aufstellung besonderer Erfordernisse der Beschlüsse gestattet.

g.

Was man dem § 28 des Entwurfs zum Vorwurf macht, daß er bestehende Mißverhältnisse aufrecht erhalte und sanktionire, statt auf Abhilfe bedacht zu sein (vgl. oben sub e), macht man mutatis mutandis auch dem § 21 II zum Vorwurfe, der die Versicherungsvereine ausnahmsweise auch zur Prämienversicherung zuläßt, aber die Voraussetzungen nicht in die Form fester Regelung durch das Gesetz [102]) bringt, sondern dem diskretionären, jederzeit widerruflichen Ermessen der Aufsichtsbehörde anheimstellt. Dieser von den Erläuterungen (S. 67—68) nicht näher motivirten Vorschrift ist mit Fug entgegengehalten worden [103]), daß sie „der Willkür Thür und Thor öffnen würde" [104]).

h.

Auch gegen die vom Entwurf getroffene Regelung der mit der Nachschußpflicht zusammenhängenden Fragen sind Bedenken [105]) geltend gemacht.

Gegen § 24 I Nr. 1 wenden die Handelskammer zu Köln [106]) und die Handels- und Gewerbekammer zu Stuttgart [107]) ein,

---

zur Vorbereitung der Verhandlungen (am 22. März 1899) am 16. Febr. 1899 eingesetzte Kommission gemeint: „Zu beanstanden ist, daß nur das oberste Organ eines Gegenseitigkeitsvereins die allgemeinen Versicherungsbedingungen soll ändern dürfen". (Vgl. Wallmann's Zeitschr. Jahrg. 33 Nr. 58 S. 908 und Deutsche Versicherungs-Zeitung Jahrg. 40 Nr. 14 S. 93.)

[102]) Wallmann's Zeitschr. Jahrg. 33 Nr. 33 S. 500 und Nr. 149 Beilage S. 2407: „Man mag den Prozentsatz der Versicherungen gegen feste Prämie einschränken oder ausdehnen, man mag ihn in Verhältniß setzen zu dem Gesammt-Versicherungsbestand, zu der Höhe der Prämienreserve oder zu der Höhe des Sicherheitsfonds, zu der Höhe des Gründungskapitals oder der Summe der Aktiva — immer muß verlangt werden, daß er gesetzlich festgelegt werde."

[103]) Wallmann's Zeitschr. a. a. O. S. 2407.

[104]) Zu beachten ist, daß „kleine Vereine" (§ 52 I d. Entw., oben sub 1 f) zur Prämienversicherung nicht zugelassen werden.

[105]) Der Bestimmung des § 45 III wird freilich allseitig Lob gespendet. Vgl. Wallmann's Zeitschr. Jahrg. 33 Nr. 36 S. 545—546; Deutsche Versicherungs-Zeitung Jahrg. 39 Nr. 91 S. 646 Spalte 3; Versicherungs-Agent Jahrg. 10 S. 2 Spalte 2.

[106]) In Wallmann's Zeitschr. Jahrg. 33 Nr. 64 (vom 3. März 1899) S. 1004, und in der Deutschen Versicherungs-Zeitung Jahrg. 40 Nr. 63 (vom 27. August 1899) S. 490.

[107]) In Wallmann's Zeitschr. Jahrg. 33 Bd. I Nr. 48 (vom 25. Januar 1899) S. 757.

daß erfahrungsgemäß Gegenseitigkeitsvereine, welche Beiträge unter Vorbehalt von Nachschüssen erheben, die ersteren oft so gering bemessen, daß die letzteren unverhältnißmäßig hoch steigen; unter derartigen Erscheinungen leide aber das Vertrauen des Publikums zum Versicherungswesen überhaupt; daher müsse bestimmt werden, „daß die Beiträge stets so hoch zu bemessen sind, daß sie zur Deckung der erfahrungsmäßig zu erwartenden Ausgaben hinreichen“ [108]); es seien „die Prämientarife derart festzustellen, daß sie nach dem Ermessen der Aufsichtsbehörde als hinreichend zur Deckung der Ausgaben erachtet werden“ [109]). — So sehr ich nun einerseits zufolge persönlicher recht unangenehmer Erfahrungen bei einer Fahrradversicherungsgesellschaft auf Gegenseitigkeit (welche zur Vermeidung von Nachschüssen die Jahresprämie plötzlich von $1^1/_2$ pCt. auf 5 pCt. vom Versicherungsobjekte erhöhen zu müssen glaubte) in obige Klage einzustimmen geneigt bin und das Mißtrauen des Publikums gegen derartig vorgehende Gesellschaften beobachten konnte, so fraglich erscheint es mir, ob auch die Aufsichtsbehörde bei der Konzessionsertheilung immer in der Lage sein wird, die angedeutete Wahrscheinlichkeitsrechnung mit einiger Sicherheit anzustellen; gerade bei dem häufigen Auftauchen ganz neuer Versicherungszweige (z. B. gegen Einbruchsdiebstahl, gegen Beschädigung durch Blitzgefahr oder Elektrizität) würden die rechnerischen Grundlagen, zunächst wenigstens, so unzuverlässig sein, daß die Aufsichtsbehörde durch ihre Entscheidung leicht entweder die Mitglieder des Versicherungsvereins und den Kredit derartiger Vereine oder den um seine Konzession bittenden Verein kränken könnte. — Betreffs älterer Versicherungsideen wird man freilich der beantragten Erweiterung des § 24 I Nr. 1 zustimmen dürfen.

Gegenüber § 24 II Satz 1 des Entwurfs wird zweierlei geltend gemacht: Erstens [110]) wird betont, die der Satzung eingeräumte Befugniß, die Höhe des Nachschusses zu limitiren, führe „in das Lager der Gesellschaften mit beschränkter Haftpflicht, von denen der Entwurf nichts wissen will“ [111]), und Versicherungsvereine, die eine derartige Anordnung in ihren Satzungen enthalten, könnten „leicht an Kredit und folglich an der Entwickelung ihres Geschäftes Einbuße erleiden [112]); auch biete eine solche Beschränkung der Nach-

---

[108]) Kölner Handelskammer a. a. O.

[109]) Stuttgarter Handels- und Gewerbekammer a. a. O.

[110]) Vgl. Deutsche Versicherungs-Zeitung Jahrg. 40 Nr. 69 S. 524 Spalte 2.

[111]) Vgl. in dieser Richtung zustimmend dieselbe Zeitschrift Nr. 91 S. 646 Spalte 3.

[112]) Wallmann's Zeitschr. Jahrg. 33 Nr. 36 S. 545; vgl. Deutsche Versicherungs-Zeitung Jahrg. 39 Nr. 91 S. 646 Spalte 3.

schußpflicht eine Abweichung vom Prinzip der Gegenseitigkeit und es müsse daher umgekehrt das Gesetz auf dem Standpunkte unbeschränkter Haftpflicht der Vereinsmitglieder verharren[113]). — Zweitens wird hervorgehoben, daß, wenn das Gesetz der Satzung den Ausschluß oder die Beschränkung der Nachschußpflicht gestatten wolle, alsdann zusätzlich das Statut dazu genöthigt werden müsse, daß es „entweder von vornherein die Höhe der Ersatzansprüche von der Höhe der verfügbaren Mittel abhängig macht oder doch für den Fall der Unzulänglichkeit der Mittel eine nachträgliche Herabsetzung der an sich in voller Höhe begründeten Ansprüche vorschreibt"[114]). „Dieser Ergänzung des Entwurfs ist beizupflichten, da, wenn er einmal die Beseitigung der Nachschußpflicht überhaupt gestattet, und andererseits den Höchstbetrag des Nachschusses festsetzt, sich jene Eventualitäten mit zwingender Notwendigkeit ergeben müssen"[115]).

Bei der Wahl zwischen dem ersten, radikaleren Antrage und dem zweiten milderen wird man sich wohl jenem anschließen, wenn man in Erwägung zieht, daß auch derjenige Versicherungsverein, welcher die Höhe der Ersatzansprüche limitirt, wenig Zutrauen Seitens des Publikums genießen dürfte.

i.

Der Mangel gesetzlicher Abgrenzung und die Unterstellung der Angelegenheit unter diskretionäres Ermessen der Aufsichtsbehörde ist es auch, was mehrfach[116]) zu Tadeln gegen die Bestimmungen über den **Gründungsfonds** und die eventuelle Abstandnahme von seiner Bildung (§ 23 des Entwurfs) Veranlassung gegeben hat. Man wird sich der **Handelskammer zu Köln** anschließen dürfen, welche sagt[117]): „Die hier im Interesse der Gegenseitigkeits-Gesellschaften eingefügte Ausnahmebestimmung ist sachlich unbegründet und auch bedenklich, weil sie die Zuverlässigkeit der Geschäftsführung beeinträchtigt. Die übrigens auch sehr unbestimmt gehaltene Ausnahmebestimmung sollte daher wegfallen"[118]).

---

[113]) **Wallmann's** Zeitschr. a. a. O.

[114]) **Sievers** S. 569.

[115]) **Deutsche Versicherungs-Zeitung** Jahrg. 40 Nr. 69 S. 524 Spalte 1.

[116]) Vgl. **Wallmann's** Zeitschr. Jahrg. 33 Nr. 36 S. 546 und Beilage zu Nr. 149 S. 2407.

[117]) **Wallmann's** Zeitschr. Jahrg. 33 Nr. 64 (vom 3. März 1899) S. 1004.

[118]) Den Gründungsfonds betreffen auch gewisse Modificationen, welche nach der „Versicherungs-Post" (herausg. von Wallmann's Verlag, Groß-Lichterfelde) Jahrg. 3 Nr. 48 (vom 3. März 1899) der **Deutsche Landwirthschaftsrath** in seiner 32. Plenarversammlung vom 22. Febr. 1899 auf Antrag des Referenten, des Geh. Oekonomierath Professor **von Langsdorff** in Dresden vorschlägt. Danach

k.

Nur gegen die verfehlte Ausdrucksweise, nicht gegen den darunter gemeinten Rechtsgedanken richten sich Sievers'[119]) Ausführungen zu § 47 II, wo er (in Uebereinstimmung mit H.G.B. §§ 292 Nr. 3, 307 II, Genossenschaftsgesetz vom 1. Mai 1889 § 98 — nicht § 101, wie es bei Sievers S. 586 heißt — und Gesetz, betreffend die Gesellschaften mit beschränkter Haftung vom 20. April 1892 § 60 Nr. 4, aber in Abweichung vom B.G.B. § 42 I) nicht gesagt wissen will, daß der Verein mit der Eröffnung des Konkurses „die Rechtsfähigkeit verliere", sondern korrekter, daß er „aufgelöst" werde. — Im Wesentlichen gegen die unklare Ausdrucksweise des Entwurfs richtet sich ferner die von Sammer[120]) nicht gebilligte Polemik Sievers'[121]) gegen § 38 II und III des Entwurfs.

Beide Angelegenheiten sind nicht von erheblicher Bedeutung.

D.

Ueberblicken wir die Ergebnisse unserer Prüfung der sechs Hauptfragen (sub C 1) und der 10 Nebenfragen (sub C 2), so ist das Resultat folgendes:

1.

Wegen der Hauptfragen 1 a (Vereinscharakter der Gegenseitigkeitsversicherungseinrichtungen); 1 b (Erlangung der Rechtsfähigkeit im Augenblick der Konzessionirung); 1 d (Anpassung der Versicherungsvereine an's Aktienrecht); und 1 f (Sonderstellung der „kleinen" Versicherungsvereine) stehe ich vollständig auf dem Boden des Entwurfs; desgleichen — vorbehaltlich anderer Formulirung der betreffenden Bestimmung — wegen der Gleichstellung der Versicherungsvereine mit den Kaufleuten (C 1 c); neutral verhalte ich mich wegen des Maßes legislatorischer Behandlung der Sonderrechte der Vereinsmitglieder (C 1 e).

---

soll § 22 II einen Zusatz erhalten: „Insoweit der Gründungsfonds nicht voll eingezahlt, sondern nur durch Wechsel gedeckt wird, ist die Sicherheit des hinterlegten Wechsels nachzuweisen"; § 22 V a. a. O. soll danach lauten: „Eine Tilgung des Gründungsfonds darf nur aus den Jahreseinnahmen und nur insoweit erfolgen, als die der Tilgung entsprechenden Summen der nach § 36 zu bildenden Rücklage hinzugeschrieben sind".

[119]) Sievers S. 585 f.

[120]) Sammer S. 295.

[121]) Sievers S. 550 f. Ihm zustimmend die „Deutsche Versicherungs-Zeitung" Jahrg. 40 Nr. 69 S. 524 Spalte 1.

2.

Wegen der Nebenfragen 2 a (Eintragung der Vereine in's Handelsregister) und 2 c (Anwendung der Vorschriften des H.G.B. über die Handlungsagenten auf die Agenten der Gegenseitigkeitsvereine) stehe ich gleichfalls auf dem Boden des Entwurfs; hingegen trete ich (wenn ich von der mehr redactionellen Frage 2 k absehe) in allen anderen Nebenpunkten auf die Seite der Opposition, d. h. auch ich meine: der Gegenseitigkeitscharakter eines Vereins muß in der Firma deutlicher als durch die Abkürzung e. V. a. G. zu Tage treten (2 b); das Konkurrenzverbot ist nicht auf Handelsgewerbebetrieb überhaupt und auf Zugehörigkeit zum Aufsichtsrath eines Konkurrenzunternehmens zu erstrecken (2 d); als oberstes Organ hat die Generalversammlung (statt der Bankausschüsse u. dgl.) zu fungiren (2 e), eventuell muß aber innerhalb des obersten Organs die Dreiviertelmehrheit der „abgegebenen" Stimmen entscheiden, und ein Grund für diesbezügliche Sondervorschriften im Statut liegt nicht vor (2 f); die Voraussetzungen der Zulassung zur Prämienversicherung müssen gesetzlich geregelt werden (2 g); die Limitirung der Ersatzansprüche im Falle der Zulässigkeit eines Ausschusses oder einer Beschränkung der Nachschußpflicht ist im Statut genauer zu regeln, besser wird aber von dieser Möglichkeit statutarischer Beschränkung bezw. Ausschlusses der Nachschußpflicht Abstand genommen, und für ältere Versicherungszweige sind die Prämientarife von der Aufsichtsbehörde derart festzustellen, daß der Gefahr einer späteren Nachschußerhebung möglichst vorgebeugt wird (2 h); endlich muß die Bildung eines Gründungsfonds obligatorisch bleiben (2 i).

3.

Das G e s a m m t e r g e b n i ß — von der Aufstellung neuer Thesen betreffs derjenigen Punkte, in denen ich mich dem Entwurf nicht anzuschließen vermag, nehme ich Abstand — geht, wie schon sub B S. 5 ausgesprochen wurde, dahin:

den Gegenseitigkeitsvereinen ist im künftigen Versicherungsgesetze im Wesentlichen diejenige Stellung zu gewähren ist, welche der Entwurf für sie bereits in Aussicht genommen hat.

II.

Gutachten des Herrn Geh. Regierungsrath Dr. Daude in Berlin

über die Frage:

Empfiehlt es sich, die strafrechtliche Verfolgung der Verletzung des Urheberrechts nach dem Vorbilde des österreichischen Gesetzes vom 26. December 1895 (§ 51) auf wissentliche Eingriffe einzuschränken?

Das Deutsche Reichsgesetz, betreffend das Urheberrecht an Schriftwerken, Abbildungen, musikalischen Compositionen und dramatischen Werken vom 11. Juni 1870 enthält im § 18 folgende Bestimmungen:

„Wer vorsätzlich oder aus Fahrlässigkeit einen Nachdruck (§§ 4 ff.) in der Absicht, denselben innerhalb oder außerhalb des Norddeutschen Bundes (Deutschen Reiches) zu verbreiten, veranstaltet, ist den Urheber oder dessen Rechtsnachfolger zu entschädigen verpflichtet und wird außerdem mit einer Geldstrafe bis zu Eintausend Thalern bestraft.

Die Bestrafung des Nachdrucks bleibt jedoch ausgeschlossen, wenn der Veranstalter desselben auf Grund entschuldbaren, thatsächlichen oder rechtlichen Irrthums in gutem Glauben gehandelt hat.

Kann die verwirkte Geldstrafe nicht eingetrieben werden, so wird dieselbe nach Maßgabe der allgemeinen Strafgesetze in eine entsprechende Freiheitsstrafe bis zu sechs Monaten umgewandelt.

Statt jeder 2c. 2c."

Das Gesetz vom 11. Juni 1870 hat mit diesen Bestimmungen die in der früheren deutschen Gesetzgebung unentschieden gebliebene Streitfrage, ob neben der vorsätzlichen auch die fahrlässige Begehung eines Nachdrucks unter Strafe gestellt sei, klar und unzweideutig zur Entscheidung gebracht.

Für Preußen insbesondere war weder in dem Nachdrucksgesetz vom 11. Juni 1837 (G.S. S. 165), noch in irgend einem der später ergangenen ergänzenden Gesetze ausdrücklich ausgesprochen, ob zum Thatbestande des verbotenen Nachdrucks in subjectiver Beziehung die wissentliche Verletzung eines fremden Urheberrechts erforderlich sei, oder ob auch die Fahrlässigkeit bestraft werden solle. Nur in Betreff der Verbreitung des verbotenen Nachdrucks hatte das Gesetz vom 11. Juni 1837 bestimmt ausgesprochen, daß nur die wissentliche Verbreitung verboten sei, zur Entschädigung verpflichten und neben der Confiscation auch eine Geldstrafe von 50 bis 1000 Thalern nach sich ziehen solle.

Immerhin nahmen die meisten Rechtslehrer an, daß sowohl der wissentliche als auch der fahrlässige Nachdruck strafbar sei und eine Ersatzverbindlichkeit begründe. Insbesondere war es Waechter, der in seinem Verlagsrecht die Strafbarkeit auch des fahrlässigen Nachdrucks sowohl nach den Bundesbeschlüssen als auch nach den meisten damaligen Particular-Gesetzgebungen für gegeben hielt. (Vergl. Waechter, Verlagsrecht 1857, S. 623, 667, 702 und Jolly, Lehre vom Nachdruck 1852 S. 92, 256 ff.). Für die preußische Gesetzgebung hatte denn auch das Obertribunal nach mannigfachem Schwanken in dem Erkenntniß vom 8. Mai 1863 sich dahin ausgesprochen, daß nicht nur der dolose, sondern auch der kulpose Nachdruck strafbar sei (Oppenhoff, Rechtsprechung des Obertribunals, Bd. 3, S. 440), und so konnten denn auch die Motive zum Entwurf unseres jetzigen Nachdrucksgesetzes mit Recht die Eingangs angeführte Strafbestimmung des § 18 Abs. 1 damit rechtfertigen, daß die Strafe beim dolosen und kulposen Nachdruck den übereinstimmenden Ansichten der Schriftsteller in dieser Materie entsprechend ausgesprochen worden sei (Stenograph. Berichte über die Verhandlungen des Reichstages des Nordd. Bundes, I. Legislaturperiode, Session 1870, Bd. 3, S. 135).

Bereits in der Reichstagscommission entstanden allerdings Differenzen darüber, ob die Bestrafung nicht auf den vorsätzlichen Nachdruck zu beschränken sei, oder ob es nicht wenigstens dem Ermessen des Richters anheimgegeben werden solle, bei fahrlässigem Nachdruck auf Strafe zu erkennen oder nicht zu erkennen (Stenograph. Berichte ebenda, Bd. 4, S. 540, 541). Die Anträge, welche in dieser Richtung gestellt waren, wurden jedoch von der Mehrheit der Commission abgelehnt. Man hielt es für bedenklich, „sich durch Beschränkung der Strafe auf den dolus von dem Boden des bisher, mit Ausnahme Bayerns[1]), allgemein gül-

[1]) Art. 37 des bayerischen Nachdrucksgesetzes vom 28. Juni 1865 lautete: „Wer einen Nachdruck ausführt, ist, wenn er dabei mit Vorsatz handelt oder sich einer

tigen deutschen Rechts zu entfernen. Der Nachdrucker werde die Vorsätzlichkeit seines Vergehens immer leugnen; habe er ein Werk verlegt, dessen Schutzfrist noch nicht abgelaufen sei, so werde er behaupten, daß er sich über den Zeitpunkt des Todes des Autors oder des ersten Erscheinens des Buches geirrt habe; sei das Buch eine widerrechtliche Compilation aus einem anderen, so werde er leugnen, daß er dieses Bewußtsein gehabt habe u. s. w. Es werde in vielen Fällen schwer, ja unmöglich sein, dem Angeklagten den Vorsatz nachzuweisen, wo doch die gröbste Beschädigung fremder Rechte vorläge. Von Jemandem, der ein Schriftwerk verlege oder verlegen lasse, könne gefordert werden, daß er auf einem Gebiete, wo ihm die Möglichkeit einer Collision mit fremden Rechten wohlbekannt sei, auch die einem umsichtigen Manne gebührende Sorgfalt anwende, um die Collision und damit die Beeinträchtigung Dritter zu vermeiden. Lasse er es an dieser Sorgfalt fehlen, verbinde er sich gleichsam die Augen vor den Thatumständen, über die er mit wenig Mühe Erkundigungen einziehen könne, so sei diese Gleichgültigkeit gegen die vom Staate festgestellte Ordnung eben ein strafbarer Akt."

Auch bei der zweiten Berathung des Gesetzentwurfes im Plenum gelangte ein Antrag des Abgeordneten Dr. Endemann (Stenograph. Berichte, Bd. II, S. 834), der dahin ging, den Begriff des fahrlässigen Nachdrucks, insofern auch dieser einer Criminalstrafe verfallen solle, aus dem Gesetze hinwegzuräumen, nicht zur Annahme. Der Endemann'sche Antrag fand zwar von verschiedenen Seiten Unterstützung. Der Abgeordnete Meyer-Thorn (Stenograph. Berichte, Bd. II, S. 836) erkannte an, daß auch der aus Fahrlässigkeit begangene Nachdruck die Entschädigung zur Folge haben müsse, sprach sich aber mit Entschiedenheit gegen eine Bestrafung desselben aus, da im allgemeinen Strafgesetzbuch keine einzige aus Fahrlässigkeit gegen das Eigenthum begangene Handlung mit Strafe bedroht sei, wenn nicht etwa, wie z. B. bei der fahrlässigen Brandstiftung, ein besonderer Gesichtspunkt wie der der öffentlichen Ordnung oder der Gemeingefährlichkeit concurrire. Der Abgeordnete Dr. Bähr (Stenograph. Berichte ebenda S. 837) hielt dagegen auch für die Fälle des fahrlässigen Nachdrucks eine Bestrafung für gerechtfertigt und zwar im Wesentlichen, weil es schwer sei, Fälle der Fahrlässigkeit von dem bösen Vorsatz zu unterscheiden. Durch unser ganzes Recht gehe der Satz, daß gewisse Fälle der Fahrlässigkeit, die der sogenannten groben culpa,

---

Fahrlässigkeit schuldig macht, jeden einzelnen Beeinträchtigten vollständig zu entschädigen verpflichtet. Trifft den Nachdrucker kein Verschulden, so haftet er für den Schaden nur bis zum Belaufe seiner Bereicherung. Wer einen Nachdruck vorsätzlich ausführt, wird überdies an Geld bis zu 1000 Gulden bestraft u. s. w."

absichtlichen rechtswidrigen Handlungen gleichgestellt würden, und gerade die nahe Verwandtschaft dieser Fälle mit dem dolus mache es nöthig, auch den fahrlässigen Nachdruck in die Bestrafung mit einzubegreifen. Auch der Abgeordnete Lasker (Stenograph. Berichte ebenda S. 893) verhielt sich grundsätzlich nicht ablehnend gegen eine Bestrafung des fahrlässigen Nachdrucks; er wollte nur die im Entwurf des Gesetzes vorgeschlagenen und später im Gesetz beibehaltenen Worte „aus Fahrlässigkeit" durch die Worte „unter Vernachlässigung der gewöhnlichen Vorsicht" ersetzt wissen, um statt des auf verschiedene Civilrechte verschiedener Länder nicht passenden technischen Ausdrucks „Fahrlässigkeit" das, was man in Wirklichkeit unter Fahrlässigkeit verstehe, d. h. eben die Vernachlässigung der gewöhnlichen Vorsicht auch in das Gesetz aufzunehmen.

Die Bestimmung des Regierungsentwurfs, welche sowohl den vorsätzlichen als auch den fahrlässigen Nachdruck unter Strafe stellte, wurde also nach Ablehnung des Endemann'schen Antrages zum Gesetz erhoben. Sie hat bis heute bestanden und ihre Anwendung hat in der praktischen Rechtsprechung zu irgend welchen Bedenken keine Veranlassung gegeben.

Erst in der neuesten Zeit ist diese Bestimmung wieder von Neuem zum Gegenstand mehrfacher Erörterungen gemacht worden. Man erachtet es für inconsequent, daß unser geltendes Recht zwar bei den Verletzungen des Urheberrechts an Schriftwerken und Werken der bildenden Künste (§ 18 Gesetz vom 11. Juni 1870; § 16 Gesetz vom 9. Januar 1876), an Photographien (§ 9 Gesetz vom 19. Januar 1876) und an Mustern und Modellen (§ 14 Gesetz vom 11. Januar 1876) die vorsätzliche und fahrlässige Begehung, bei den Verletzungen des Patentrechts (§§ 35, 36 Patentgesetz vom 7. April 1891) und den Vergehen gegen das Gebrauchsmusterschutzgesetz vom 1. Juni 1891 dagegen nur die vorsätzliche Begehung mit Strafe bedroht. Man bemängelt die theoretische Berechtigung der Strafbarkeit der Fahrlässigkeit beim Nachdruck und verwirft den für diese Strafbarkeit im Jahre 1870 besonders hervorgehobenen Grund der schwierigen Abgrenzung von dolus und Fahrlässigkeit bei den hier in Rede stehenden Vergehen und verweist endlich auf die Bestimmungen des neuen österreichischen Gesetzes über das Urheberrecht vom 26. December 1895, nach welchem lediglich der wissentliche Eingriff in ein fremdes Urheberrecht unter Strafe gestellt ist.

Auch der vor Kurzem veröffentlichte, im Reichsjustizamt ausgearbeitete Entwurf eines neuen Deutschen Reichsgesetzes, betreffend das Urheberrecht an Werken der Litteratur und der Tonkunst hat die rein fahrlässigen Verletzungen des Urheberrechts aus dem Kreise der strafbaren Handlungen ausgeschlossen. Die Frage der Bestrafung des fahrlässigen Nachdrucks wird damit sicherlich bei der Revision des deutschen Urheberrechts zu einer brennenden werden, so daß sich eine Erörterung der Frage rechtfertigt:

Empfiehlt es sich, die strafrechtliche Verfolgung der Verletzung des Urheberrechts nach dem Vorbilde des österreichischen Gesetzes vom 26. Dezember 1895 (§ 51) auf wissentliche Eingriffe einzuschränken?

Das österreichische Gesetz, betreffend das Urheberrecht an Werken der Litteratur, Kunst und Photographie vom 26. December 1895 (R.G.B. 197) bestimmt im § 21:

„Wer unbefugt, das ist ohne Zustimmung des Urhebers, seines Rechtsnachfolgers (§§ 15—16) oder des zur Wahrnehmung der Rechte des Urhebers Berechtigten (§ 11) eine durch das gegenwärtige Gesetz dem Urheber ausschließlich vorbehaltene Verfügung über das Werk trifft, begeht einen Eingriff und wird nach Maßgabe der bestehenden allgemeinen und der in diesem Gesetze enthaltenen besonderen Bestimmungen verantwortlich",

und § 51 verordnet:

„Wer wissentlich einen Eingriff (§ 21) in ein Urheberrecht begeht oder wissentlich Erzeugnisse eines solchen Eingriffes entgeltlich verbreitet, macht sich eines Vergehens schuldig und wird an Geld von 100 fl. bis 2000 fl. oder mit Arrest von einem bis zu sechs Monaten bestraft."

Betrachtet man zunächst die wichtigsten anderen außerdeutschen Gesetzgebungen, so ist die Strafbarkeit des fahrlässigen Nachdruckes allerdings ebenfalls ausgeschlossen im belgischen Gesetz vom 22. März 1886, dessen Art. 22 lautet[2]):

„Toute atteinte *méchante ou frauduleuse* portée au droit de l'auteur constitue le délit de contrefaçon.

Ceux, qui avec connaissance, vendent, exposent en vente . . . . . dans un but commercial les objets contrefaits, sont coupables du même delit",

und im holländischen Gesetz zur Regelung des Urheberrechts vom 28. Juni 1881, welches im Art. 18 bestimmt:

„Unbeschadet der Ansprüche nach bürgerlichem Recht, die aus jeder Verletzung des Urheberrechts hervorgehen, wird derjenige, welcher absichtlich das Urheberrecht verletzt, mit Geldbuße von mindestens 50 cts. bis zu 2000 Gulden bestraft."

---

[2]) Lyon-Caen et Delalain, Propriété littéraire et artistique, B. I, S. 170 ff.

Dagegen ist nach englischem Recht bei dem Veranstalter des Nachdrucks der Vorsatz nicht zur Bedingung der action on the case gemacht, die Wissentlichkeit hier vielmehr nur für den Verkäufer von Nachdrucksexemplaren gefordert:

"That is any person shall, in any part of the British dominions, after the passing of this act, print or cause to be printed, either for sale or exportation, any book in which there shall be subsisting copyright, without the consent in writing of the proprietor thereof, or shall import for sale or hire any such book so having been unlawfully printed from parts beyond the sea, or, knowing such book to have been so unlawfully printed or imported, shall sell, publish, or expose to sale or hire, or cause to be sold, published, or exposed to sale or hire, or shall have in his possession, for sale or hire, any such book so unlawfully printed or imported, without such consent as aforesaid, such offender shall be liable to a special action on the case at the suit of the proprietor of such copyright, to the brought in any court of record in that part of the British dominions in which the offence shall be committed" (5 u. 6 Vict. c. 45 Sect. 15).

Auch in der tabellarischen Uebersicht "of all the penalties under all the Acts", welche dem Select Committee of the House of Lords on the Copyright Bill and the Copyright (Amendement) Bill, Session 1898, von Mr. Edward Cutlen eingereicht ist, findet sich ausdrücklich hervorgehoben, daß printing for sale or exportation *"with or without scienter"* eine action on the case nach sich ziehe (Report. Appendix S. 249).

Nach französischem Recht wird hinsichtlich der Strafbarkeit des Nachdrucks (contrefaçon) grundsätzlich kein Unterschied zwischen Vorsatz und Fahrlässigkeit gemacht. Der Code pénal bestimmt im Art. 425 ganz allgemein:

„Toute édition d'écrits, de composition musicale, de dessin, de peinture ou de toute autre production imprimée ou gravée en entier ou en partie, au mépris des lois et règlements relatifs à la proprieté des auteurs, est une contrefaçon; et toute contrefaçon est un délit."

Einzelne französische Schriftsteller, wie Chauveau Adolphe und Faustin Hélie und Lyon-Caen und Delalain fordern allerdings zur Bestrafung der contrefaçon eine „intention frauduleuse" oder eine „mauvaise foi"; diese Forderung wird aber von anderen Schriftstellern ebenso entschieden bestritten, und im Allgemeinen kann man wohl auch heute noch mit Recht behaupten, daß die Fahrlässigkeit beim Nachdruck auch in Frankreich bestraft wird; der Nachdrucker muß den Beweis führen, daß er in gutem Glauben gehandelt habe, und daß sein Irrthum in Betreff der Rechte des Klägers unvermeidlich gewesen sei (Annales de la propriété industrielle II p. 226. Juin 1867. Paris).

Nach italienischem Recht ist ferner die Strafbarkeit des fahrlässigen Nachdrucks gesetzlich nicht ausgeschlossen, und positiv anerkannt ist dieselbe endlich in dem dänischen Gesetz vom 29. December 1857 (Art. 20, 21), sowie in dem norwegischen Gesetz vom 8. Juni 1876 (Art. 21).

Unter diesen Umständen wird man jedenfalls zunächst nicht behaupten können, daß die jetzige deutsche Nachdrucks-Gesetzgebung, wenn sie neben dem vorsätzlichen auch den fahrlässigen Nachdruck strafrechtlich verfolgt wissen will, anderen Gesetzgebungen gegenüber einen durchaus isolirten und veralteten Standpunkt einnimmt. Es kann sich vielmehr nur fragen, ob sonst zwingende Gründe dazu vorhanden sind, bei einer Revision des deutschen Urheberrechts diesen Standpunkt der jetzigen deutschen Gesetzgebung zu verlassen und nach dem Vorgange der neuen österreichischen Gesetzgebung die Verfolgung des fahrlässigen Nachdrucks nur im Wege der Civilklage zuzulassen.

Derartige zwingende Gründe dürften in der That nicht vorliegen.

Vor Allem kann die theoretische Berechtigung der Strafbarkeit auch der fahrlässig begangenen Vergehen gegen das Urheberrecht nicht wohl in Zweifel gezogen werden.

Wie der Thatbestand einer jeden strafbaren Handlung in subjectiver Beziehung durch eine dem Thäter zurechenbare Schuld bedingt wird, so muß allerdings auch zum Thatbestand einer strafbaren Verletzung des Urheberrechts (Nachdruck, Nachbildung) in subjectiver Beziehung erfordert werden, daß dem Thäter das Geschehene, die Rechtsordnung Verletzende im Sinne des Rechts zur Last gelegt, d. h. zur Schuld zugerechnet werden kann. Allein wie bei vielen anderen Vergehen kann diese zurechenbare Schuld auch bei den Vergehen gegen das Urheberrecht sowohl auf rechtswidrigen Vorsatz als auf Fahrlässigkeit beruhen, und in beiden Fällen ist theoretisch eine criminalrechtliche Verfolgung an sich nicht ausgeschlossen. Bedenken gegen die Bestrafung der Fahrlässigkeit kann man nur haben, wenn man, wie es s. Z. bei der Berathung des Reichsgesetzes vom 11. Juni 1870 der Abgeordnete Dr. Meyer (Thorn) gethan, die Vergehen gegen das Urheberrecht lediglich als Vergehen gegen das

Eigenthum, als Vermögensdelikte betrachtet. Hätten sie ausschließlich diese Eigenschaft, so würde man allerdings fahrlässige Handlungen kaum bestrafen können, da unser positives Recht sonst keine gegen das Eigenthum aus Fahrlässigkeit begangene Handlungen mit Strafe bedroht, sofern nicht dabei der besondere Gesichtspunkt der „gemeinen Gefahr", wie z. B. bei der Brandstiftung, concurrirt. Allein die Vergehen gegen das Urhebeberrecht sind eben keine bloßen Vermögensdelikte, sondern sie richten sich ganz wesentlich auch gegen die Person. Das Recht des Urhebers ist nach den deutschen Reichsgesetzen vom 11. Juni 1870 und vom 9., 10. und 11. Januar 1876 keineswegs ein nur vermögensrechtliches, sondern unsere Urheberrechtsgesetze schützen ganz wesentlich auch die persönlichen Interessen des Urhebers ohne Rücksicht darauf, ob durch den Nachdruck oder die Nachbildung ein vermögensrechtlicher Schaden entstanden ist oder auch nur zu befürchten war. Dieses individualrechtliche Moment im Urheberrecht ist heute allgemein anerkannt und insbesondere auch bei den Berathungen des neuen österreichischen Urhebergesetzes vom 26. December 1895 wiederholt betont worden. In den erläuternden Bemerkungen zu der Regierungsvorlage (vergl. Nr. 142 der Beilagen zu den stenograph. Protocollen des Herrenhauses, XI. Session) ist ausdrücklich hervorgehoben, daß das Urheberrecht nicht ausschließlich den Charakter eines Vermögensrechts habe, sondern daß es auch dahin ziele, die Persönlichkeit des Urhebers, nämlich seine rein litterarischen und künstlerischen Interessen an dem Werke zu schützen, daß das Urheberrecht also auch die Natur eines Individualrechts besitze. Bei der Herrenhaus-Debatte sprach der Berichterstatter Dr. Exner die bedeutungsvollen Worte: „Das Urheberproduct ist nicht bloß ein Vermögensobject des Urhebers, das Product unserer geistigen Arbeit ist mehr als ein Stück unseres Vermögens, es ist im geistigen Sinne unser Kind, ein Stück von uns selbst, und es giebt andere, viel zartere Fäden als das pecuniäre Interesse, welche uns mit diesem Kinde und seinem künftigen Schicksale verknüpfen. Die Summe dieser zarteren Fäden nenne ich die individualrechtlichen Bestandtheile des Urheberrechts (Berathungen des Herrenhauses, 40. Sitzung der XI. Session vom 6. März 1894).

Verletzungen dieses Individualrechtes des Urhebers sind also Vergehen gegen die Persönlichkeit des letzteren, und wie sonst im gemeinen Strafrecht Vergehen gegen die Person in vielen Fällen nicht nur dann, wenn sie vorsätzlich begangen, sondern auch, wenn sie auf schuldhafte Fahrlässigkeit zurückzuführen sind, mit criminalrechtlicher Strafe bedroht werden, so können auch der strafrechtlichen Verfolgbarkeit der aus Fahrlässigkeit begangenen Vergehen gegen die Individualrechte des Urhebers grundsätzliche Bedenken nicht entgegengestellt werden.

Das österreichische Gesetz vom 26. December 1895 hat diese Consequenzen aus der individualrechtlichen Natur des Urheberrechts nicht gezogen, es will nicht jeden, sondern nur den wissentlichen Eingriff in das Urheberrecht criminalrechtlich geahndet wissen. In den erläuternden Bemerkungen der Regierungsvorlage ist die Ausschließung der strafrechtlichen Verfolgung der fahrlässigen Eingriffe nicht besonders begründet, und auch aus den späteren Berathungen der Regierungsvorlage lassen sich stichhaltige Gründe für diese Ausschließung nicht entnehmen. Man hat sich in Oesterreich offenbar von der Auffassung, daß das Urheberrecht im Resultat doch ein Vermögensrecht sei, noch nicht genügend loslösen können. Man hat deshalb gerade den civilrechtlichen Schutz des Urheberrechts nachdrücklicher wie den strafrechtlichen Schutz hervorheben wollen und hat in Folge dessen in Anlehnung an das ältere österreichische Nachdrucksrecht[3]) die Fahrlässigkeit straflos gelassen, obwohl es auch nicht an Stimmen fehlte, die nach dem Vorbild des deutschen Rechts auch die Bestrafung der Fahrlässigkeit verlangten.[4])

Man hat also in Oesterreich einfach den alten, dort praktisch bewährten Rechtszustand gewahrt, und man sollte auch bei uns an dem Rechtszustand, der sich bei uns bewährt hat, nicht rütteln!

Zunächst soll man nicht auf die vermeintliche Inconsequenz verweisen, daß bei uns bei den Verletzungen des Urheberrechts an Schrift- und Kunstwerken, an musikalischen Werken, an Photographien und Ge-

---

[3]) Das Oesterr. Strafgesetz über Verbrechen, Vergehen, Uebertretungen vom 27. Mai 1852 bestimmte im § 467: „Jeder unbefugte Nachdruck und jede demselben in den Gesetzen gleichgeachtete Vervielfältigung oder Nachbildung eines literarischen oder artistischen Productes ist auf Verlangen des Beeinträchtigten als ein Vergehen zu ahnden, und soll nebst dem, daß die vom Gesetze bestimmte civilrechtliche Entschädigung Platz zu greifen hat, an demjenigen, welcher dieselbe veranstaltet oder zu deren Ausführung wissentlich mitgewirkt hat, oder mit deren Erzeugnissen wissentlich Handel treibt, außer dem Verfalle (Confiscation) der vorhandenen Exemplare 2c. 2c. mit einer Geldstrafe von 25—1000 Gulden oder im Falle der Zahlungsunvermögenheit mit Arrest von 5 Tagen bis zu 6 Monaten, und in Fällen der Wiederholung oder nach vorangegangener wenigstens zweimaliger Bestrafung auch mit Verlust des Gewerbes bestraft werden."

[4]) Wie Benedikt (Bemerkungen über das Urheberrecht und den Gesetzentwurf der österreichischen Regierung. Wien, 1893, S. 51) berichtet, hatte s. Z. der Journalisten- und Schriftstellerverein Concordia in Wien dem Herrenhause eine Petition eingereicht, in welcher sie nach dem Vorbild des Deutschen Urheberrechtsgesetzes vom 11. Juni 1870 auch die Bestrafung des fahrlässigen Eingriffs in ein fremdes Urheberrecht verlangte.

schmacksmustern die vorsätzliche und die fahrlässige, bei den Vergehen gegen das Patentgesetz und gegen das Gebrauchsmustergesetz aber nur die vorsätzliche, wissentliche Begehung mit Strafe bedroht werde.

Das Patentgesetz vom 7. April 1891 läßt allerdings die Bestrafung wegen Verletzung eines fremden Patentrechts nur dann eintreten, wenn der Thäter wissentlich widerrechtlich gehandelt hat, und ebenso soll nach dem Gebrauchsmusterschutzgesetz vom 1. Juni 1891 ein nur aus Fahrlässigkeit begangenes Vergehen gegen dieses Gesetz eine criminalrechtliche Bestrafung nicht nach sich ziehen.

In dieser Ausschließung der strafrechtlichen Verfolgbarkeit der Fahrlässigkeit liegt aber hier durchaus keine Inconsequenz. Die individualrechtliche Seite des Urheberrechts tritt auf dem Gebiete der Erfindungen und des Gebrauchsmusterschutzes mehr oder weniger in den Hintergrund. Das literarische, musikalische oder künstlerische Werk hat einen ausgesprochen individuellen Charakter, den es auch nach seiner Veröffentlichung behält. Der Zweck des Patentes und des Gebrauchsmusterschutzes ist dagegen wesentlich die practische Ausnutzung und wirthschaftliche Verwerthung der Erfindung, bei der das individuelle Recht des Erfinders sich wesentlich als ein Vermögensrecht darstellt. Eingriffe gegen dieses Vermögensrecht hat der Gesetzgeber daher mit Recht nur dann mit criminalrechtlicher Strafe bedroht, wenn sie wissentlich begangen sind. Zudem hat man, wie in der Begründung des Entwurfs des Patentgesetzes vom 25. Mai 1877 ausdrücklich hervorgehoben ist, den gewerblichen Verkehr vor den Belästigungen und vor der Unsicherheit schützen wollen, welchen derselbe ausgesetzt sein würde, wenn die Bevölkerung und namentlich das Handel und Gewerbe treibende Publikum über den Inhalt und die Tragweite der bestehenden Patente, um der Gefahr gerichtlicher Bestrafung und einer unter Umständen sehr weit reichenden civilrechtlichen Haftung enthoben zu sein, jederzeit sich in Kenntniß zu erhalten hätte.[5])

Diesen Rücksichten auf das Handel und Gewerbe treibende Publicum hat das Reichsgesetz vom 11. Juni 1870 dadurch ausreichend Rechnung getragen, daß es im § 25 eine Bestrafung wegen Verbreitung von Nachdrucksexemplaren nur dann eintreten läßt, wenn der Thäter die

---

[5]) Vergl. Materialien zum Patentgesetz vom 25. Mai 1877 zu § 31, S. 35. Bei den Verhandlungen der Enquête in Betreff der Revision des Patentgesetzes im Jahre 1886 ist die Frage, ob auch die aus Fahrlässigkeit begangenen Patentverletzungen zu bestrafen seien, ebenfalls mit Rücksicht darauf verneint worden, daß eine Erweiterung der Strafbestimmungen über die wissentliche Gesetzesverletzung hinaus eine zu große Härte für den Verkehr enthalten würde.

Verbreitung vorsätzlich, d. h. mit dem Bewußtsein bewirkt hat, daß das von ihm verbreitete Werk einen Nachdruck enthalte. „Bei der mannigfaltigen Ausstattung unseres Büchermarktes mit den verschiedenartigsten literarischen Erzeugnissen", so wird in der Begründung des Reichstags-Entwurfs zutreffend hervorgehoben, „ist es für den Sortiments-Buchhändler unmöglich, zu wissen oder zu erfahren, ob ein Werk ganz oder theilweise Nachdruck eines anderen sei. Selbst bei erweisbarer Fahrlässigkeit kann es meist nur als eine culpa levis angesehen werden, wenn er die Möglichkeit, sich über die Nachdrucks-Qualität zu informiren, versäumt hat. Das ganze, schon ohnehin zeitraubende Geschäft des Sortiments-Buchhändlers würde schwer belastet und darum kostspieliger werden, wenn demselben für jeden Artikel seines Vertriebes eine Erkundigungspflicht in Betreff der Nachdrucks-Qualität auferlegt würde."

Eine äußere Nothwendigkeit für die Bestrafung der fahrlässigen Verbreitung von Nachdrucksexemplaren hat das Gesetz vom 11. Juni 1870 also mit vollem Rechte verneint.

Anders liegt die Sache jedoch bei der Veranstaltung oder Veranlassung des Nachdrucks selbst. Practische Gründe und billige Rücksichten auf die eigenartigen Verhältnisse und Bedürfnisse des deutschen Buchhandels lassen hier die strafrechtliche Verfolgbarkeit auch des fahrlässigen Nachdrucks als unabweisbare Nothwendigkeit erscheinen. Notorisch ist der Buchhandel in Deutschland bei weitem mehr entwickelt als in anderen Ländern, und die nothwendige Folge davon ist, daß kaum auf einem vnderen gewerblichen Gebiete der Concurrenzkampf mehr als hier sich entfaltet hat. Die Auswüchse dieses Kampfes zeigen sich tagtäglich im Buchhandel ebenso sehr wie bei dem Kunst- und Musikalienhandel. Ueberall werden die Rechte des Urhebers und des Verlegers durch unbefugte Ausbeutung fremder Geistesarbeit und unlauteres Geschäftsgebahren gewissenloser und gewerbsmäßiger Nachdrucker geschädigt.

Eine ausreichende, dem öffentlichen Rechtsbewußtsein und den berechtigten Interessen des Urhebers und des Verlegers Genüge leistende Reaction gegen diese Schädigungen kann nur durch die strafrechtliche Verfolgbarkeit jedes, auch des fahrlässigen, widerrechtlichen Eingriffes in ein fremdes Urheberrecht geboten werden.

Das eben ist die practische Seite der Sache!

Langjährige practische Erfahrungen als Staatsanwalt und als Mitglied der Königl. preußischen Sachverständigen-Vereine haben den Verfasser dieser Zeilen gelehrt, wie schwer es oft in Nachdrucks- und Nachbildungssachen ist, den Vorsatz des Thäters festzustellen, und wie häufig und gern die Nachdrucker und Nachbildner jedenfalls die Vorsätzlichkeit ihrer Handlungsweise ableugnen. Wollte man für alle diejenigen Fälle, in denen der Vorsatz des Nachdruckers nicht zur richterlichen Ueberzeugung nachgewiesen werden kann, Straflosigkeit des Nachdruckers eintreten lassen und den Geschädigten lediglich auf die Civilklage verweisen, so würde der practische Erfolg voraussichtlich der sein, daß die bei weitem größte Mehrzahl aller Eingriffe in fremde Urheberrechte überhaupt ungesühnt bleiben und dem gewerbsmäßigen Nachdruck Thür und Thor geöffnet sein würde. Denn die Civilklage allein kann nach Lage der Verhältnisse keinen genügenden Schutz gewähren. Es ist notorisch, daß Zwangsvollstreckungen gegen die meist vermögenslosen gewerbsmäßigen Nachdrucker der Regel nach fruchtlos ausfallen, und daß der durch das üble Handwerk der Nachdrucker geschädigte Verleger in den meisten Fällen außer dem Schaden, den er durch den Nachdruck erlitten, auch noch die Kosten des Prozesses tragen muß. Bei der Schwierigkeit einer processualischen genauen Berechnung des durch den Nachdruck entstandenen Schadens bietet zur Zeit meistens nur die Möglichkeit der Zuerkennung einer Buße die Handhabe zur Erlangung eines Schadensersatzes. Eine Buße kann aber nur neben einer Strafe erkannt werden, und wenn wegen fahrlässigen Nachdrucks fernerhin nicht mehr auf Strafe erkannt werden sollte, so würde damit auch die Möglichkeit der Zuerkennung einer Buße in den Fällen des fahrlässigen Nachdrucks wegfallen, was im Interesse der durch den Nachdruck geschädigten Urheber und Verleger ernstlich zu bedauern sein würde. Seitens der berufensten Vertreter des deutschen Buchhandels ist denn auch stets darauf hingewiesen, daß die Interessen dieses Buchhandels die strafrechtliche Verfolgbarkeit auch des fahrlässigen Nachdrucks nothwendig erfordern. Der im Jahre 1893 von dem Börsenverein der deutschen Buchhändler ernannte außerordentliche Ausschuß für Revision der Gesetze über das Urheberrecht hat sich aus practischen Gründen dringend für die Beibehaltung der Bestrafung des fahrlässigen Nachdrucks ausgesprochen (Publicationen des Börsenvereins der deutschen Buchhändler. IX. Beiträge zum Urheberrecht. Leipzig 1896. S. 80), und in gleicher Weise hat dieser Ausschuß bei seiner im October 1899 stattgehabten Berathung des im Reichsjustizamts ausgearbeiteten Entwurfs eines neuen Urheberrechtsgesetzes die Zulässigkeit der Bestrafung des fahrlässigen Nachdrucks auf das Wärmste befürwortet.

Niemals hat sich seitens der Buchhändler eine Stimme gegen die Strafbarkeit der Fahrlässigkeit erhoben, und dieser Umstand sollte uns der deutlichste Beweis dafür sein, daß die diesbezüglichen Vorschriften unserer heutigen Nachdrucksgesetze durchaus und voll dem Bedürfniß des deutschen Buch-, Kunst- und Musikalienhandels entsprechen. Zu einer Abänderung dieser Vorschriften nach dem Vorbild der neuen österreichischen Gesetzgebung liegt um so weniger Veranlassung vor, als in Oesterreich selbst sich bereits gewichtige Stimmen gegen die Beschränkung der strafrechtlichen Verfolgbarkeit auf wissentliche Eingriffe erhoben haben.

Wir können unsere Erörterungen nicht besser beschließen, als mit den eigenen Worten von Ludwig Mitteis, der als hervorragender Kenner des Urheberrechts in seiner zum siebenzigsten Geburtstage Unger's im Jahre 1898 verfaßten Festschrift „Zur Kenntniß des literarisch-artistischen Urheberrechts nach dem Oesterreichischen Gesetz vom 26. Dezember 1895" die Vorschrift des § 51 des letztgedachten Gesetzes folgender, nicht gerade besonders günstigen Kritik unterwirft: „Vorausgesetzt wird im § 51 ein wissentlicher Eingriff, eine Bestimmung, welche wohl dem älteren österreichischen Nachdrucksrecht entspricht, practisch aber wegen der Schwierigkeit, die grobe Fahrlässigkeit und den Dolus von einander abzugrenzen, nicht unbedenklich ist. Unbedingt richtig war es, beim Vertrieb die Fahrlässigkeit straflos zu lassen, da dem Buch- und Kunsthandel die Prüfungspflicht hinsichtlich der Legitimität der ihm zugehenden Producte sehr schwer fallen dürfte; bei der Vervielfältigung, Nachbildung und selbst bei der Aufführung wäre es kaum zu hart gewesen, eine derartige Pflicht zu statuiren und wenigstens ihre gröbliche Verletzung criminell zu ahnden. Gegenwärtig ist es möglich, daß ein Verleger, der ein ursprünglich anonym erschienenes, später durch Eintragung des Autornamens in das Urheberrecht alethonym gewordenes Werk schon im einunddreißigsten Jahr nach dem Erscheinen abgedruckt hat, sich darauf beruft, er habe diese Eintragung übersehen — oder wohl gar von der Einführung des Registers keine Kenntniß gehabt. Selbst die Theorie des dolus eventualis hilft hier nicht; denn gegenüber dem positiven Erforderniß des Wissens von der Widerrechtlichkeit darf dieser Begriff nicht gehandhabt werden."

Druck von Leonhard Simion in Berlin SW.

Verhandlungen

des

Fünfundzwanzigsten

Deutschen Juristentages.

Herausgegeben

von

dem Schriftführer-Amt der ständigen Deputation.

Zweiter Band.

(Gutachten.)

Berlin 1900.

Commissions-Verlag von J. Guttentag, Verlagsbuchhandlung,

G. m. b. H.

Inhaltsverzeichniß.

Gutachten.

(Zweiter Band.)

III.

Gutachten des Herrn Geheimen Rath Dr. Wach in Leipzig

über die Frage:

Empfiehlt es sich, das Universitätsstudium und den Vorbereitungsdienst der Juristen gemeinsam für das Deutsche Reich zu ordnen?

Das Gerichtsverfassungs-Gesetz des Reichs enthält in wenigen Paragraphen (§ 2—5) die fundamentalen Vorschriften über den Erwerb der Fähigkeit zum Richteramt. Es ist bekannt, daß sie, wie der ganze erste Titel, auf Antrag der Reichsjustizcommission nicht ohne Widerspruch der Bundesregierungen Aufnahme gefunden haben. Man ging davon aus, daß ohne eine einheitliche Regelung der Voraussetzungen für das richterliche Amt, dem sich das des Staatsanwalts und die Qualification zur Rechtsanwaltschaft hinzugesellte, die deutsche Gerichtsorganisation der wesentlichen Grundlage entbehre. Die aus der Rücksicht auf die Justizhoheit der Gliedstaaten erhobenen Bedenken wurden als unbegründet bekämpft und von den verbündeten Regierungen nicht aufrecht erhalten.

Die Debatte innerhalb der Reichsjustizcommission berührte zahlreiche Detailfragen. Schon damals wurde von einem allgemeinen Prüfungsgesetz, von einem Zwischenexamen, von der etwaigen Einschiebung einer praktischen Beschäftigung in die Universitätszeit, ihrer Ausdehnung auf vier Jahre, von der Gestaltung des akademischen Unterrichts, der Aufnahme der Staatswissenschaften in denselben, von der Zweckmäßigkeit und Nothwendigkeit des Vorbereitungsdienstes beim Anwalt gesprochen. Aber man begnügte sich mit dem zulässigen Mindestmaß der Normirung, alles Andere dem Landesgesetz oder der Justizverwaltung und der Zukunft überlassend. Reichsrechtlich ist die richterliche Qualification — abgesehen von G.V.G. § 4 — demnach nur bedingt durch die Ablegung der beiden Prüfungen, deren erster ein mindestens dreijähriges Studium der Rechtswissenschaft, und deren zweiter ein mindestens dreijähriger Vorbereitungsdienst vorangehen muß. Dieser Dienst muß bei den Gerichten und beim Rechtsanwalt gethan werden. Der Dienst bei der Staatsanwaltschaft ist facultativ, ebenso der Verwaltungsdienst bis zur Maximaldauer eines Jahres.

In diesem weiten Schema haben sich die Dinge in den deutschen Bundesstaaten mannigfaltig entwickelt. Es bestehen Verschiedenheiten hinsichtlich der Dauer sowohl der Universitäts- wie der Vorbereitungszeit. Die Studien- und Prüfungsordnungen weichen erheblich von einander ab; nicht minder die Vorschriften über den Gang des Vorbereitungsdienstes. Die Publikation des Bürgerlichen Gesetzbuchs hat zu Veränderungen, insbesondere der Studien- und Prüfungsordnungen, Veranlassung gegeben. Auf eine Uebersicht der Einzelnheiten muß in dem engen Rahmen des Gutachtens verzichtet werden. Auf Wichtiges ist später einzugehen.

Die Frage nach einer eingehenderen reichsgesetzlichen Regelung der juristischen Vorbereitung, als solche im Gerichtsverfassungs-Gesetz Platz gefunden hat, ist seit langer Zeit gestellt. Schon im Jahre 1878 beschäftigte sich der deutsche Juristentag mit ihr. Die vierte Abtheilung hatte beschlossen:

> „reichsgesetzliche Vorschriften über das juristische Studium und über die juristischen Prüfungen sind ein dringendes Bedürfniß".

Mehrere dahin zielende Detailvorschläge waren gemacht. Dem Plenum wurde darüber durch Generalstaatsanwalt von Schwarze nur berichtet; eine Berathung fand nicht statt. In der Folgezeit ist der Gegenstand wiederholt literarisch behandelt worden — wenn auch weniger mit der Spitze der reichsgesetzlichen Unification als des Reformbedürfnisses, — und zwar insbesondere für Preußen. Eine neue Fluthwelle von Erörterungen über die Neuordnung der juristischen Studien löste das Bürgerliche Gesetzbuch aus. Am 23. März 1896 vereinigte der allseitige Wunsch nach Verständigung die deutschen Rechtslehrer zu einer Conferenz in Eisenach. Man war geleitet von der Erkenntniß, daß hohe ideale Interessen in Frage standen, daß die Einheit unserer deutschen Rechtswissenschaft und unseres Juristenstandes auch fernerhin die Uebereinstimmung in den Lehrplänen der Universitäten erheische — und daß es gelte, durch rechtzeitige Verständigung einem vielleicht kurzsichtigen bureaukratischen Reglementiren entgegen zu treten. Die einmüthig gefaßten Beschlüsse enthielten sich alles überflüssigen Details, ließen der Individualität und Erfahrung Spielraum und gipfelten einerseits in der Beschränkung des römischen und deutschen Rechts auf die Stellung propädeutischer Disciplinen, andererseits in der scharfen Accentuirung der systematischen Darstellung des vom 1. Januar 1900 ab geltenden Privatrechts.

Der demgemäß veränderte Rechtsunterricht hat nun seit mehreren Semestern in allen deutschen Ländern begonnen und wohl auch regierungsseitig hier und da eine mehr oder weniger detaillirte — bis zur Stundenzahl der Vorlesungen gehende — Reglementirung erfahren. Dementsprechend ist das neue Recht Prüfungsgegenstand geworden.

Zugleich aber ist die Frage nach der reichsgesetzlichen Regelung der juristischen Vorbereitung von Neuem lebendig geworden. Der deutsche Anwaltstag hatte sie bereits für seine Berliner Versammlung auf der Tagesordnung und hat sie in Mainz am 8. September 1899 verhandelt. Auf Grund der Referate der Justizräthe Dr. Goldschmidt und Dr. Klöppel gelangte man zu der einstimmig angenommenen Resolution:

> „Der 14. deutsche Anwaltstag zu Mainz empfiehlt die baldige Neuregelung des juristischen Universitätsstudiums, des Vorbereitungsdienstes und des Prüfungswesens im Wege der Reichsgesetzgebung."

Wie hat sich der deutsche Juristentag zu dieser Frage zu stellen?

Man könnte meinen, die Antwort sei zu gewinnen, wie das Facit eines einfachen Rechenexempels. „Ohne einen deutschen Juristenstand kein deutsches bürgerliches Gesetzbuch, ohne einen deutschen Juristenstand kein deutsches Recht." Also einheitliche deutsche, d. h. reichsgesetzliche Regelung der juristischen Ausbildung. So sprach man auf dem Mainzer Anwaltstag und von keiner Seite hat sich Widerspruch erhoben. Allein so einfach ist die Sache nicht. Der Schluß ist keineswegs zwingend. Wir haben ein deutsches bürgerliches Gesetzbuch; wir haben es durch den deutschen Juristenstand. Also giebt es einen solchen, obschon wir der reichsgesetzlich gewünschten Regelung entbehren. Man wird sich darüber klar werden müssen, ob für eine solche die Dinge reif sind — und ob nicht von ihr mehr zu fürchten als zu hoffen ist. Wenn irgend etwas geeignet ist, Zweifel an dieser Spruchreife und dem glücklichen Erfolg reichsrechtlicher Experimente auf diesem Gebiet anzuregen, so sind es gerade die noch mehrfach zu berührenden Akten des Mainzer Anwaltstages.

I.

Die juristische Vorbereitung zerfällt in Universitätsstudium und Vorbereitungsdienst (G.V.G. § 2), in theoretische und praktische Vorbildung; und so sicher die Theorie nicht unpraktisch und die Praxis nicht unwissenschaftlich, ja das Bildungsziel ein einheitliches sein soll, so wird sich doch nicht leugnen lassen, daß die Bildungsmittel hier wie dort verschieden sind und daß Gedanken einer gewissen Verschmelzung beider Bildungsstadien etwa durch zeitweise Abwechslung zwischen dem einen und anderen über die erste Keimperiode nicht hinausgekommen sind. Freilich war diese natürliche Verschiedenheit traditionell zur tiefen und schier unüberbrückbaren Kluft, zum schweren Nachtheil für das Rechtsleben im größten Staate Deutschlands erweitert. Warum es so gekommen, darüber kann man Lehrreiches und Ausführliches lesen in dem Gutachten, das Gneist im Jahre 1878 für den deutschen Juristentag erstattete, und in Professor Goldschmidt's gründlichem Buch über „Rechtsstudium und Prüfungsordnung". Daß es so war, ist notorisch und wurde mir bereits in meiner Studienzeit klar, in welcher sich der fröhliche Bruder Studio des federleichten Examens, zu welchem die Vorbereitung aus Fragebüchlein genügte, getrösten durfte; — und wurde mir zur erschreckenden Deutlichkeit, als mir, dem damaligen Bonner Professor, einer der hervorragendsten Praktiker sagte: „Mir sind die Referendare die liebsten, welche auf der Universität nichts gelernt haben". Und was sollte auch das — höchst oberflächliche — Wissen des Referendars vom gemeinen Recht dem landrechtlichen oder französisch-rechtlichen Praktiker? Das geltende Recht wurde kaum geprüft, geschweige denn studirt. Die deutsche Wissenschaft aber fand nach wie vor ihren Nährboden und ihr Arbeitsfeld vor Allem im gemeinen Rechte. Die gemeinrechtliche Rechtswissenschaft ist die deutsche Rechtswissenschaft und ihre Arbeit war es, deren Nutzbarmachung den hervorragenden Werken über die partikularen Gesetzbücher Werth verlieh. Jetzt vollzieht sich derselbe Werdegang auf dem Gebiete des Civilrechts, den wir auf dem des Prozesses und Strafrechts durchgemacht haben. „Durch das römische Recht über das römische Recht hinaus." Und so wird von nun an der junge Jurist auf der Universität das geltende Recht erlernen; was er lernt, wird den Werth der unmittelbaren Anwendbarkeit besitzen. Durch den Einsturz des gemeinen und des particulären Rechtes wird jene Kluft zwischen Theorie und Praxis geschlossen werden, welche man in den gemeinrechtlichen Gebieten und wir dürfen sagen auch in Sachsen nicht kannte. Es wird die nachtheilige Rückwirkung schwinden, welche die altpreußischen Zustände auf die annectirten gemeinrechtlichen Territorien geübt haben. Es wird mit der steigenden Erkenntniß von dem Werth einer sorgfältigen akademischen Bildung sich die Intensität der ersten Prüfung heben und damit wiederum der viel vermißte Fleiß der Studirenden sich einstellen. Und so wird auf der Bahn fortgeschritten werden, auf der wir in Sachsen schon seit lange uns befinden. Ohne ruhmredig zu sein

— denn es handelt sich um die Macht der Verhältnisse, — darf ich es sagen, daß die in Preußen vielbeklagten Uebelstände sich hier nicht fühlbar gemacht haben.

So darf man hoffnungsvoll in die Zukunft schauen, wenn man das Ziel des Universitäts-Unterrichts klar und fest im Auge behält. Dieses ist und bleibt — einfach ausgedrückt — Kenntniß und Verständniß der gesammten Rechtsordnung in ihrem inneren Zusammenhang, ihren Grundbegriffen und Instituten, Kenntniß und methodische Behandlung der Quellen, Schulung in der Handhabung der Begriffe. Die Lehrmethode ist eine dreifache, die des systematisch-dogmatischen Vortrages, der Exegese und der praktischen Uebung. Daß dabei der historische Charakter des Gegenstandes wie seine Eigenschaft als eine Vernunftschöpfung, also seine mit dem Gemeinschaftsleben gegebene Nothwendigkeit und immanente Zweckbestimmung im großen Ganzen, wie in den Einzelnerscheinungen voll zur Geltung kommen muß, daß alle öde, blutleere, begriffsspintisirende Scholastik, aller wortklaubender Buchstabencultus verbannt sein soll, bedarf keines weiteren Wortes. Für die Erhabenheit und Wichtigkeit des Gegenstandes Geist und Herz gewinnen, den Verstand zur Mitarbeit zwingen, durch diese die freudige Aneignung des Stoffes, die geistige Selbständigkeit und Freiheit fördern und so dem Schüler das unentbehrliche Rüstzeug brauchbaren Wissens und Könnens auf den Lebensweg mitgeben, das ist die Aufgabe.

Unter den Lehrmethoden bedürfen zwei einer näheren Beleuchtung: die Exegese und das sogenannte Praktikum, jene allzu sehr vernachlässigt, dieses erst in neuerer Zeit allseitig eingeführt. Die Exegese und zwar die methodische Schulung exacter Auslegung moderner Gesetze muß auf der Universität gründlicher als bisher gelehrt werden. Wohl gemerkt: „moderner Gesetze“, nicht etwa des corpus iuris civilis oder canonici. Gewiß, auch diese ist nützlich, um den Studirenden mit diesen wichtigen Quellen der Vergangenheit bekannt zu machen; aber nothwendig ist vor Allem, daß er lerne, mit dem geltenden Gesetze umzugehen. Gewiß sind die Auslegungsformen, die extensive, rescriptive Interpretation, die Analogie gemeingültig. Aber es wäre ein großer Irrthum, zu glauben, daß die Auslegung moderner constitutioneller Gesetze und die der Pandekten gleicher Regel folge. Die Verschiedenartigkeit des Objekts zwingt zu eigenartiger Behandlung. Daß diese exakt sei, ist für uns eine Lebensbedingung. Und unglaublich ist es, wie elementar oft die Verstöße sind, die auf diesem Gebiete selbst von Stellen aus begangen werden, die davor völlig geschützt sein sollten, wie der Werth des Wortes verkannt und überschätzt, wie ungenügend oft der Sprachgebrauch gewürdigt, das Schwergewicht verschiedener Gesetze zu einander abgewogen, die Analogie gehandhabt oder auch nicht gehandhabt wird. Unzählige Controversen wurzeln in der Unsicherheit der Hermeneutik. Daher muß der Studirende mit der Eigenart ihres Gegenstandes, ihren Mitteln, ihrem Ziel genau bekannt gemacht werden, und das nicht in abstracto, sondern in unmittelbarer, concreter Anwendung, in exegetischen Uebungen. Er muß in die Werkstätte der Gesetzgebung eingeführt werden, den Werth der sogenannten Materialien, das Verhältniß etwaiger verschiedener Entwürfe zu einander, das der Redaction zum Willen, das Verhältniß von Form und Inhalt kennen lernen; er muß in den Zusammenhang des Gesetzes, in seinen Sprachgebrauch eindringen, die geistige Operation der Interpretation an verschiedenartigen, lehrreichen Beispielen mitmachen. Dazu sind die gelegentlichen Ausführungen in Vorlesungen nicht ausreichend. Es bedarf selbständiger die systematischen dogmatischen Vorträge ergänzender exegetischer Vorlesungen.

Ueber Werth und Wesen der praktischen Uebungen sind offenbar in weitesten fachgenössischen Kreisen unrichtige Vorstellungen verbreitet. Dafür ist mir der schlagendste Belag das erwähnte Gutachten und der Bericht Klöppel's und der Umstand, daß von keiner Seite auf dem Anwaltstag sich gegen dessen diesbezügliche Ausführungen Einwendung erhoben hat. Sie greifen die Praktika mit großer Schärfe als eine Entartung, ein „Ansinnen von heilloser Verkehrtheit an den Rechtsunterricht“, als „Anweisung zu Fertigkeiten“, ein „unwissenschaftliches schablonenhaftes Abrichten zu vorschnellem Absprechen“ an. Ich weiß nicht, ob es Docenten giebt, deren praktische Uebungen von diesem aus dem Munde eines akademischen Lehrers doppelt schwer wiegenden Tadel getroffen werden, aber ich möchte es bezweifeln; denn selten wohl ist unbegründeterer Tadel mit gleicher Bestimmtheit ausgesprochen. Das Wesen der Sache, wie sie gedacht ist und sein sollte, ist dabei völlig verkannt.

Es mag gestattet sein, zunächst ein Stück eigener Lebenserfahrung mitzutheilen. Ich habe als Student praktische Uebungen nicht mitgemacht — man kannte sie damals in Berlin, Heidelberg, Königsberg, wo ich studirte, kaum — oder legte doch keinen Werth auf sie. Als junger Doctor lernte ich sie bei Briegleb kennen und habe aus ihnen größten Nutzen gezogen; erst durch sie gewann ich Verständniß für den Prozeß und wurde in mir die Freude an dem Rechtsstoffe lebendig. Als Docent habe ich dann fast ausnahmslos jedes Semester praktische Uebungen gehalten und zwar abwechselnd im Strafrecht und im Civilprozeß, nicht, weil ich dazu verpflichtet war, sondern weil ich sie als wichtiges wissenschaftliches Bildungsmittel erkannt hatte. Und dieser mein Standpunkt hat sich mehr und mehr befestigt und ist gekräftigt worden durch die durchaus freiwillige eifrige Theilnahme meiner Praktikanten und durch viele mir gewordene Zeugnisse derselben, welche mit meinen bei Briegleb gemachten Erfahrungen übereinstimmen.

Ein weder durch den, den Vortrag unterbrechenden Dialog oder zeitweise zu veranstaltende Repetitorien zu hebender pädagogischer Mangel der Vorlesungen liegt in ihrer Einseitigkeit, der rein receptiven Aufgabe der Studirenden — und zwar einer Receptivität, die ganz auf sich selbst gestellt ist. Der Docent lehrt, der Student hört, schreibt und soll häuslich verarbeiten, hülflos auf sich selbst angewiesen, ohne Anleitung, wie man arbeitet, rettungslos etwaigen Irrungen und Mißverständnissen preisgegeben. Und ein zweiter Mangel liegt in der Anschauungslosigkeit der Hörer. Sie ist in keiner Wissenschaft so fühlbar, wie in der unsrigen — und kann nur unzulänglich durch eingestreute, erläuternde Beispiele ausgeglichen werden.

In beiden Richtungen ist das Praktikum nothwendige Ergänzung des theoretischen Vortrags. Von einer Anweisung zu Fertigkeiten, einem schablonenmäßigen unwissenschaftlichen Abrichten, einer Anleitung zu vorschnellem Aburtheilen über „fertig vorgelegte Rechtsfälle" ist schlechterdings keine Rede. Allerdings müssen die Rechtsfälle fertig vorgelegt werden, denn eine wissenschaftliche Anleitung „für das erste und wichtigste Erforderniß der Rechtsanwendung", um mit Klöppel zu reden: nämlich für „die Gestaltung des Rechtsfalls aus dem Gewirr widerstreitender Parteibehauptungen, unsicherer Zeugnisse und unklarer Urkunden" findet im akademischen Unterricht mangels des thatsächlichen Materials keine Stätte; wäre m. E. ohnedies eine gänzlich zwecklose Anticipation der Praxis. Wesentliches und Unwesentliches zu unterscheiden, in den Thatsachen die Merkmale des Rechtsbegriffs und ihre Rechtswirkungen erkennen, die verfügbaren Rechtsbehelfe zu entdecken: zu allem dem nöthigt der sogenannte „fertige Rechtsfall". Er giebt Anschauung, er zwingt zur Vergegenwärtigung der einschlagenden Rechtsmaterien, er drängt aus der rein receptiven Position heraus zur Selbstthätigkeit, zur Verarbeitung, Prüfung und damit zur Aneignung des Gehörten, zur Klärung der Gedanken, die mit der Nöthigung zum schriftlichen Ausdruck verbunden ist. Die auf Grund vielseitiger Bearbeitung desselben Falles erfolgende Besprechung führt zu einem so erschöpfenden Durchdenken desselben, wie es weder auf einer Anwaltsexpedition, noch für gewöhnlich im Berathungszimmer des Gerichts möglich ist; sie — und die Marginalnote des censirenden Professors — hebt die oft erstaunlichen Mißverständnisse, die sich in den

Köpfen der Studirenden festgenistet haben; sie stimulirt den thätig Mitarbeitenden zu neuen Anstrengungen und weckt die Freude am Gegenstand. Das sind sichere Resultate. Und in der That, — wer in so behandelten praktischen Uebungen nichts lernt, nicht wissenschaftlich fortschreitet, an dem ist Hopfen und Malz verloren.

So bilden die Praktiker ein wichtiges und unentbehrliches Glied in der Kette der Lehrmittel. Aber wer bürgt uns dafür, daß, wenn das Reich unseren Unterricht regelt, es nicht über sie zur Tagesordnung übergeht und die oben erörterten Exegetica völlig unbeachtet läßt?

II.

Die Lehrdisciplinen stehen dank unseren Eisenacher Beschlüssen fest, — abgesehen etwa von den noch später zu berührenden sogenannten Staatswissenschaften. Nur etwa um die Ausdehnung der einen oder anderen Vorlesung, um die Gliederung des großen Stoffes des Civilrechts in zwei oder mehrere Vorlesungen, um die Eingliederung oder Sonderbehandlung gewisser Stoffe, um die zweckmäßige Reihenfolge der Materien im Studiengang kann es sich fragen. Was sollte hier die Reichsgesetzgebung? Soll sie uns die Studienordnung und die Stundenzahl der Vorlesungen vorschreiben? Daran denkt sicherlich Niemand. Es gilt, auf diesem Gebiet erst Erfahrungen zu machen und dabei kommt so viel Individuelles zur Geltung, daß alles Reglementiren, als mit der wissenschaftlichen Natur des Unterrichts und der Freiheit der Wissenschaft schlechthin unvereinbar, zurückgewiesen werden muß. So wird es doch ganz von der Persönlichkeit des Docenten abhängen, ob er einen Stoff in wöchentlich 4 oder 6, in 8 oder 10 Stunden ersprießlich und seiner wissenschaftlichen Anschauung entsprechend behandeln kann; und so wird die Zusammensetzung einer Facultät dafür entscheidend, ob das bürgerliche Recht in zwei oder drei Vorlesungen dargestellt wird.

Auch im Studiengang ist die streng bindende Marschroute vom Uebel. Da lassen sich vielfache Variationen denken. Gewiß wird die civilistische Schulung im Allgemeinen der publicistischen und wiederum die historische der dogmatischen, das Theoretikum dem Praktikum vorausgehen. Aber weshalb soll nicht im ersten Semester mit Erfolg Strafrecht oder Staatsrecht gehört werden können, wenn gerade die Person des Lehrers dazu auffordert? Werden doch die Staatswissenschaften mit Vorliebe in die ersten Semester verlegt — obschon sie m. E. besser an den Schluß des juristischen Studiums treten. Weshalb soll Civilprozeß nicht nach den propädeutischen civilistischen Disciplinen und dem ersten Teil des bürgerlichen Rechts mit Erfolg studirt werden? Ist doch die Kenntniß des Prozesses wiederum ein wichtiges Vehikel für das Verständniß des Civilrechts und hängt doch alles davon ab, was der Lehrer voraussetzt und wie er seinen Vortrag einrichtet.

Man kommt daher vernünftiger Weise auf diesem Gebiet über die allgemeine Aufzählung der Disciplinen (einschließlich des partikulären öffentlichen und privaten Rechts) und über Rathschläge, mit welchen sich beispielsweise die Leipziger Juristenfacultät unter Billigung des Ministeriums begnügt hat, nicht hinaus. Man hüte sich davor, mehr und mehr dem Universitäts-Unterricht den Charakter des Schulmäßigen zu geben. Wir haben genug der Schule und wollen Männer, nicht Schulknaben. Deutschland ist groß geworden in der Zeit der akademischen Freiheit; wir können es nicht bessern, indem wir der geistigen Unselbständigkeit und der Schablone opfern.

Bleibt — was die Vorbereitung auf der Universität anbetrifft — ein Doppeltes: die Frage des Zwischenexamens und der Studienzeit. Von dieser zuerst, da jenes im Zusammenhang mit dem Prüfungswesen erörtert werden mag.

Wieviel ist für die Verlängerung der Studienzeit, die das Gerichtsverfassungs-Gesetz auf das Mindestmaß von 3 Jahren beschränkt, gesprochen und geschrieben worden![1]) Es ist insbesondere von preußischen Facultäten und zahlreichen Theoretikern das Quadriennium gefordert[2]). Aber immer wieder fragt man nach dem Warum? Warum soll der talentvolle, fleißige, vielleicht unbemittelte Student, wenn er in drei Jahren sich die erforderlichen Kenntnisse anzueignen vermag — und daß so etwas ausnahmsweise vorkommt, kann ich aus Erfahrung bezeugen — gezwungen werden, länger das kostspielige Studium fortzusetzen? Etwa, weil es weniger Begabte und Unfleißigere und Bemitteltere giebt? Selbstverständlich darf das Militairjahr nicht in die Studienzeit eingerechnet werden[3]). Aber es giebt solche, die nicht dienstpflichtig sind, und andere, die ihrer Dienstpflicht erst nach bestandenem ersten Examen genügen.

Die Eisenacher Conferenz hat als fünfte These den Satz votirt: „Nach Aufnahme des Bürgerlichen Gesetzbuchs über die Lehrgegenstände

---

[1]) Ueber dasselbe gehen hinaus nur Baden mit $3^1/_2$ Jahre und Bayern mit 4 Jahre Studienzeit, doch sind von diesen 4 Jahren nur 3 Jahre obligatorisch dem Rechtsstudium gewidmet.

[2]) Vgl. Goldschmidt, Rechtsstudium S. 325 f.

[3]) So auch der Juristentag, 1878, Verh. S. 238. Das Gegentheil ist eine Umgehung des Reichsgesetzes; denn während der Militairdienstzeit giebt es kein „Studium" (G.V.G. § 2, Abs. 2).

bedarf es eines mehr als dreijährigen Rechtsstudiums". Sicherlich wird das die Regel sein; umsomehr, als praktische Uebungen im Lehrplan obligatorisch gemacht werden. Allein, warum dazu ein Gesetzesausspruch? Man lasse doch Jeden seine Haut zum Markte tragen und sorge für eine ernste Prüfung. Damit ist Alles gethan. In Sachsen gilt, obschon auch die Staatswissenschaften Gegenstand der Prüfung sind, keine Sondervorschrift. Es wird lediglich in dem „Rathschlag" der Facultät für die Studirenden gesagt: „Auf das akademische Studium sind zweckmäßig mindestens sieben Semester zu verwenden und zwar sieben wirkliche Studiensemester, also ohne Einrechnung des Militairjahres und solcher Semester, welche etwa durch ganz in sie hineinfallende Uebungen zersplittern oder zu stark verkürzt werden". In der That ist es eine sehr seltene Erscheinung, daß man sich in Sachsen mit dem Triennium begnügt.

Die Begründung des gesetzlichen Quadrienniums, welche Goldschmidt, a. a. O. S. 325 f., und Andere den specifisch preußischen Verhältnissen entnehmen, könnte doch nur ein Landes- nicht ein Reichsgesetz motiviren. Meines Erachtens giebt es allein ein durchschlagendes Argument für die Aenderung des G.V.G. § 2, Abs. 2, Satz 1: nämlich den Nachweis, daß der Lehrstoff in 6 Semestern nicht zu bewältigen sei. Dieser Nachweis ist zwar für den Durchschnitt, aber nicht schlechthin zu führen[1]).

Ich halte also dafür, daß man G.V.G. § 2 unverändert belassen und damit der Landesgesetzgebung anheimstellen solle, ob sie den etwa territorial hervorgetretenen Uebelständen durch Verlängerung der Studienzeit begegnen wolle. Am wirksamsten wird es geschehen durch den Nachdruck der erschwerten Prüfung.

III.

Das Verlangen nach reichsgesetzlicher Prüfungsordnung scheint wohl motivirt. Die durch das zweite Examen erlangte richterliche Qualification ist nach G.V.G. § 5 gemeingültig für ganz Deutschland, wenn auch § 3 bezüglich der ersten in irgend einem Bundesstaat bestandenen Prüfung nur der Justizverwaltungsbehörde das Recht giebt, zum Vorbereitungsdienst zuzulassen und die im anderen Bundesstaat zugebrachte Vorbereitungszeit im eigenen anzurechnen.

Allerdings ist sofort einzuwenden: diese Bestimmungen bestehen trotz aller partikulärer Prüfungsordnungen und sind gegeben trotz des diffe-

---

[1]) So auch der Juristentag, 1878, Verh. S. 238.

rentesten Landesrechts. Die jetzige Einheit des bürgerlichen Rechts beseitigt nur einen Angriffspunkt und schafft keineswegs ein Ergänzungsbedürfniß. Während man bisher hätte anzweifeln können, ob es rationell sei, daß der landrechtliche Jurist zum Richteramt auch in Sachsen oder Württemberg und umgekehrt der hier approbirte in Preußen befähigt sei, wird solches der Verschiedenartigkeit der Rechtsgebiete entnommene Bedenken vom 1. Januar 1900 ab grundlos oder doch in erheblichstem Maße abgeschwächt. Welche Logik fordert denn nun zufolge der Unification des Civilrechts die Unification des Prüfungswesens? Die Antwort ist: die Logik der Thatsachen, welche auf Unification hindrängt, die Partikularitäten grundlos erscheinen läßt.

Ist dem wirklich so? Ich verneine die Frage zur Zeit.

Es handelt sich um die Zahl der Prüfungen, ihre Organisation, ihren Gegenstand, ihre Form. Auf eine eingehende Erörterung aller dieser weitgreifenden Themata verzichte ich um so lieber, als meine Aufgabe zugespitzt ist auf die Opportunität oder gar Nothwendigkeit reichsgesetzlicher Regelung.

Die Zahl der Prüfungen. Sollen es zwei, sollen es drei sein? Das ist die Frage des leidigen Zwischenexamens; — bekanntlich reden ihm Viele das Wort — und ist es eingeführt in Bayern wie in Oesterreich. Es wird eingeschaltet in die Studienzeit und hat vorzüglich die propädeutischen Disciplinen zum Gegenstand. Auch die vierte Abtheilung des Juristentages hatte 1878 beschlossen: es empfehle sich, in der Mitte des akademischen Studiums ein Tentamen einzuschalten, auf welches wenigstens noch zwei Studiensemester zu folgen hätten. Motiv? Zwang zur Arbeit, zur Vorbereitung für das Folgende.

Die Sache ist doch recht problematisch. Ich will nicht das mir höchst Unsympathische der überwuchernden Examina betonen, — obschon die damit zusammenhängenden Uebelstände schwer genug wiegen und man die geistige Freiheit und Entwickelung der Persönlichkeit sicherlich auf diesem Wege mehr schädigt als fördert. Es genüge, auf Folgendes hinzuweisen. Wie man auch den Stoff des „Tentamens“ bemessen will, immer nöthigt dasselbe zur Aufstellung einer festen Studienordnung, einer ganz gebundenen Marschroute für den Studirenden. Daß Mancherlei dagegen spricht, führte ich schon aus. Des Weiteren wird diese Zwischenprüfung, zumal keinesfalls ihre Gegenstände von dem zweiten Examen ausgeschieden werden können, eine grundsätzlich höchst oberflächliche sein. Das Verständniß für die Rechtsordnung entwickelt sich naturgemäß erst allmählich und wird auch den historischen Disciplinen gegenüber anfänglich nur kümmerlich sein. Das Niveau wird sich auf dem einer Semestralprüfung, einer Art Abfragen des sogenannten Heftes, halten, wie es für die Erlangung von Stipendien hier und da üblich ist. Und wenn nicht, so wird die Prüfung ungerecht und gefährlich. Dazu kommt — und das ist das Wichtigste, — daß die für das deutsche Volks- und Staatsleben so überaus bedeutsame akademische Freizügigkeit, der Austausch zwischen Nord und Süd ernstlich bedroht wird. Der Student sucht naturgemäß die Lehrer, welche ihn prüfen — und nur Akademiker könnten die Zwischenprüfung abhalten. So wird er von vornherein auf den Landesuniversitäten haften bleiben, auf denen er die Prüfung ablegen will. Schon jetzt darf man mit Sicherheit voraussagen, daß die bayerische Zwischenprüfung die bayerischen Juristen in die blauweißen Grenzpfähle bannen wird.

Wenn also etwas Heilsames auf diesem Gebiet geschehen sollte, so könnte es nur in der Richtung geschehen, daß man dieses Tentamen gänzlich verbietet. Und ich will nicht verhehlen, daß ich an der Legalität der bayerischen Einrichtung schon nach der jetzigen Rechtslage ernstlich zweifle. Denn G.V.G. § 2 sagt: „Die Fähigkeit zum Richteramt wird durch die Ablegung zweier" — also nicht dreier — „Prüfungen erlangt." Allerdings stellt der § 2 Minimalforderungen auf, aber doch nur in den Absätzen 2 und 3. Das sagt Absatz 4 ganz bestimmt. Dagegen ist es nicht in das Belieben der Landesgesetzgebung gestellt, die Zahl der Prüfungen beliebig zu verändern. Die Frage des Zwischenexamens ist in der Reichsjustiz-Commission eingehend erörtert worden. „Ganz entschieden" verwahrte sich dagegen der Regierungsrath Hagens mit dem Hinweis, daß damit ein gewisser Kollegienzwang und eine Gefahr für die Lernfreiheit verbunden sei. Ganz bestimmt spricht § 2, Abs. 1, und § 3 von der „ersten" Prüfung. So kann die Landesgesetzgebung sie nicht zu einer *zweiten* machen. Ich halte daher die gegentheilige bayerische Vorschrift für null und nichtig. Aber wie dem auch sei, auf keinen Fall wäre eine Prüfungsordnung des Reichs zu billigen, welche solche Einrichtung verallgemeinerte.

Die *Organisation* des Prüfungswesens ist in Deutschland buntscheckig genug und es wäre sicherlich wünschenswerth, daß das richtige Princip zum Durchbruch käme. Aber welches ist das? Ich habe in Preußen, in Württemberg und in Sachsen an der ersten Staatsprüfung theilgenommen und stehe nicht an — obschon ich pro domo zu sprechen scheine — das System der Facultätsprüfung unter Betheiligung eines Regierungscommissars für das allein rationelle zu erklären. Die Gründe liegen so sehr auf der Hand und sind so oft ausgesprochen, daß es kaum nöthig ist, sie zu wiederholen. Das Examen ist ein specifisch wissenschaftliches, — also müssen die Männer der Wissenschaft prüfen. Die Lehrenden sind naturgemäß die Prüfenden. Die Controle und die Berichterstattung schafft sich das Justizministerium durch seinen Commissar. Und dieses System verbürgt die nöthige Gründlichkeit, Sachgemäßheit und Freiheit des Examens; jedes andere ist ungesund und gefährlich. Es führt zu jener Einpaukerei nach gesammelten Examens-Erfahrungen, dem geistlosen Frag- und Antwortspiel, zu Anforderungen, die dem Unterricht nicht entsprechen, und Schlimmerem. Mit manchem recht ergötzlichen Stücklein ließe sich hier aufwarten. Allein wer bürgt dafür, daß das Reich dem richtigen Princip gegen die weit verbreiteten ungenügenden Einrichtungen zum Siege verhelfen werde. Wenn Preußen, welches selbstverständlich die entscheidende Rolle hat, sich dem zuneigen wollte, würde es genügende Veranlassung gehabt haben, mit seiner Tradition zu brechen. Also droht vom Reich einstweilen nicht Verbesserung, sondern Verschlimmerung.

Für eine Aenderung der Organisation der zweiten Prüfung ist keinerlei Veranlassung gegeben.

Die Prüfungsgegenstände differiren in den verschiedenen Bundesstaaten naturgemäß im Punkte des partikularen öffentlichen und privaten Rechts, überdies insofern, als die sogenannten Staatswissenschaften mehr oder weniger hereingezogen oder ganz ausgeschieden werden. Daß eine Unification im letzteren Punkte im Hinblick auf etwa bestehende Verwaltungsexamina nicht ganz ohne Schwierigkeit wäre, liegt auf der Hand. Andererseits ist bekannt, daß gerade von den Vertretern der Staatswissenschaften energisch auf die stärkere Betonung ihrer Disciplinen im ersten juristischen Staatsexamen hingewirkt wird. Doch ist einleuchtend, daß darin ein ausreichendes Motiv für eine Reichsexamens-Ordnung nicht gefunden werden kann. Der juristische Gehalt der Prüfung giebt zu ihr schlechterdings keinen Anlaß. Denn dieser stellt sich — abgesehen vom Partikularrecht — in der Zukunft überall im Wesentlichen gleich.

Vollends grundlos wäre eine Normirung der Details im Punkte der Form von Reichs wegen. Ob mündlich und schriftlich, ob letzteres in Clausur oder häuslich, als sogenannte wissenschaftliche Arbeit oder in Bearbeitung von Rechtsfällen oder einzelnen Fragen — alles das sind im Fluß begriffene, der weiteren Erfahrung zu überlassende Dinge. Ebenso, wenn auch aus anderen Gründen unthunlich, ist eine reichsrechtliche Bestimmung des Gewichtes, welches den einzelnen Disciplinen zukommen soll, der Zeitdauer der schriftlichen und mündlichen Prüfung, der Zahl der Examinatoren, der Art der Abstimmung u. s. w. Das Alles muß der Landesjustizverwaltung überlassen bleiben und zwar für die erste wie für die zweite Prüfung.

IV.

Es erübrigt die Erörterung des **Vorbereitungsdienstes**.

Ueber diesen Gegenstand ließen sich Bücher schreiben. Das Erste und Wichtigste ist, das Verhältniß des Studiums zum Vorbereitungsdienst zu bestimmen. Obschon der Zweck einheitlich ist, sind doch die Aufgaben verschieden. Der Vorbereitungsdienst kann nicht leisten, was der Universität obliegt — und umgekehrt. Das hat man leider zu lange in Preußen verkannt. Man bildete sich ein — und Mancher glaubt es noch heute, — der Vorbereitungsdienst sei die eigentliche, ja alleinige Ausbildung; auf der Universität werde Brauchbares nicht gelernt. Der wenige Gedächtnißkram, der für das Examen nothwendig, sei durch Repetitorien anzueignen. So war's in Preußen zu meiner Studentenzeit — ich sprach bereits davon, — und davon klingt noch Manches nach.

Aber der Vorbereitungsdienst kann die versäumte theoretische Bildung nicht geben; nur nebenher gehendes häusliches Studium könnte hier nachhelfen. Der Vorbereitungsdienst schafft Anschauung, praktische Detailkenntniß, Uebung, fördert die Einsicht und das Können, aber er gewährt keine zusammenfassende, begriffsmäßige Erkenntniß des Rechtsbaues, seines inneren Zusammenhangs, des Wesens der einzelnen Rechtsinstitutionen, keine Herrschaft über das Ganze. Die Arbeit in der Praxis bleibt immer in gewissem Sinne Gelegenheitsarbeit, Casuistik — und kann daher nie die systematische Verarbeitung des Rechtsstoffs ersetzen. Ja für gewisse doch unentbehrliche Wissensgebiete, wie die des öffentlichen Rechtes, ist sie schlechterdings steril. Das wird jeder Einsichtige bestätigen. Und zweifellos wird der theoretisch gut Vorgebildete mit unvergleichlich größerem Erfolg in der Praxis wirken als der Unwissende. Daher bilden die Blätter der preußischen Geschichte über dieses Kapitel ein schweres Schuldconto der verantwortlichen Persönlichkeiten, welche die Mißachtung des Universitäts-Unterrichts direct oder indirect gefördert haben und als Ersatz Steine statt Brot boten.

Ich darf wiederholt auf **Gneist**'s und **Goldschmidt**'s Darstellung zum Beleg verweisen und auf die klassische und vernichtende Schilderung seiner Vorbereitungszeit, welche Fürst **Bismarck** im ersten Bande seiner „Gedanken und Erinnerungen“ giebt. Im Uebrigen läßt man besser Recriminationen, wo man auf guten Willen hofft und glaubt, hoffen zu dürfen. Ist man doch, scheint's, jetzt allgemein zur Erkenntniß des Werthes eines sorgfältigen Universitäts-Studiums gekommen, — und hört man doch mit Vorliebe darüber klagen, daß es hier an dem nöthigen Fleiß und Eifer fehle. Wie dem abzuhelfen, davon sprach ich schon. Die ernste wohl organisirte erste Prüfung, welche den Nachweis einer gründlichen allgemeinen juristischen Bildung fordert, hilft allem Uebel ab. Denn die Bildungsmittel bietet die Universität in ausreichendem Maße. Anders steht es mit der praktischen Vorbereitung. Es ist ein zweifelloses Verdienst des Mainzer Anwaltstages, mit Entschiedenheit auf die Reformbedürftigkeit hingewiesen zu haben. Der Referent sagt, daß er die Klagen über die Ausbildung der Referendare in Preußen für berücksichtigenswerth und begründet erachte. „Vor allen Dingen" — führt er aus — „muß der Mißbrauch verschwinden, der bisher bei der Ausbildung der jungen Juristen insofern getrieben wurde, als der Ausbildungszweck zwar nicht vollständig, aber doch sehr stark in den Hintergrund getreten ist, und zur Perception gelangt sind gewisse fiscalische Interessen, die meines Erachtens mit der Ausbildung der jungen Juristen nichts zu thun haben." Dieses gewichtige Zeugniß blieb unwidersprochen. — Vor wenigen Tagen brachte die angesehene Presse eine Schilderung der Repetitorien in Berlin, durch welche die lückenhaften Kenntnisse — nach siebenjähriger Vorbereitung! — für das zweite Examen zurecht geflickt werden und knüpfte daran unliebsame Betrachtungen. Und es wird sich nicht leugnen lassen, daß nicht nur in Preußen, aber vor Allem dort, die Resultate der praktischen Ausbildung der jungen Juristen unbefriedigend sind. Dafür dient als zwar äußerlicher aber immerhin sprechender Beleg die Statistik der Resultate der zweiten Prüfung. Preußen zeigt eine gewisse Constanz insofern, als die Zahl der in der zweiten Prüfung Durchgefallenen sich auf der Höhe von 17—19 pCt. hält[1]) und damit so ziemlich die ungünstigste Position hat. Die Berichte des Präsidenten der Justizprüfungs-Commission an den Justizminister bestätigen das. Im Jahre 1895 klagt er über die bisweilen geradezu unbegreiflichen Mängel der schriftlichen Arbeiten, das Zurückbleiben der letzteren hinter den mündlichen Leistungen.

Die Gründe für diese Thatsachen können unmöglich in der Kürze der Vorbereitungszeit liegen. Wo sind sie zu suchen? In der Vernachlässigung des Universitäts-Studiums? Gewiß zum Theil, — aber doch nur zum Theil; denn es wird uns ja versichert, daß es besonders an den schriftlichen praktischen Arbeiten im zweiten Examen fehlt! Dieser Defect muß im System der Vorbereitung liegen.

Aus G.V.G. § 2, Abs. 3 ist ersichtlich, daß der Vorbereitungsdienst „bei den Gerichten und bei den Rechtsanwälten" die Regel bilden soll; der Dienst beim Staatsanwalt und in der Verwaltung wird nur zugelassen. In den Berathungen der Reichsjustiz-Commission wurden ein-

[1]) Daß das früher nicht besser, ja ungünstiger gewesen, zeigt **Werner**: Die Vorbereitung z. höheren Justizdienst, 1890, S. 30.

gehend die Bildungsmittel des Vorbereitungsdienstes debattirt. Es wurde von verschiedenen Seiten betont, daß das mündliche Verfahren an solchen wesentlich ärmer sei als das schriftliche. Professor Marquardsen erklärte zwar, er fasse die Thätigkeit beim Gericht als die Hauptsache, so zu sagen als das Centrum, die bei Staats- und Rechtsanwalt nur als die beiden Flügel dieses Centrums. Daher hatte er beantragt, nur die erstere für obligatorisch, die übrige für facultativ zu erklären. Aber man trat ihm fast allgemein entgegen. Schwarze sagte: „Man würde weder einen tüchtigen Advokatenstand, noch einen tüchtigen Richterstand haben, wenn nicht der Kandidat zur Uebung in beiden Branchen gezwungen würde." Dem schloß sich Abg. Herz an unter scharfer Betonung, daß die gerichtliche Beschäftigung nur noch beim Amtsgericht instructiv sei. Abg. von Puttkammer erklärte: „Wo mündliches Verfahren bestehe, werde überall das Hauptgewicht der Ausbildung der Rechtskandidaten auf deren Thätigkeit bei den Advokaten gelegt." Das bestätigte auch Reichensperger, indem er die Unentbehrlichkeit des Anwaltsdienstes hervorhebend folgerte, daß dieser nicht bloß facultativ sein dürfe. Uebereinstimmend äußerte sich Miquel („am Meisten lerne der Rechtskandidat bei einem tüchtigen Anwalt") und Gneist, — und so wurde der Commissionsbeschluß gegen Marquardsen in der zweiten Lesung festgehalten.

Mit dieser Entstehungsgeschichte und doch auch mit der Fassung des Gesetzes steht nicht im Einklang das geringe Gewicht, welches mehrere deutsche Staaten auf den Anwaltsdienst legen. Preußen widmet ihm den achten Theil des Vorbereitungsdienstes (6 Monate), ebenso Baden (4 Monate), Bayern, Mecklenburg, Sachsen-Weimar, Braunschweig den sechsten (6 Monate), Württemberg von 3 Jahren mindestens 4 Monate, Elsaß-Lothringen, je nachdem die Referendarzeit $3^1/_2$ oder 4 Jahre dauert, den siebenten oder achten Theil; nur Sachsen gestattet nach ununterbrochenem zweijährigem Gerichtsdienst ausgedehnte Beschäftigung beim Rechtsanwalt, während Hessen dafür den dritten Theil der Vorbereitungszeit bestimmt.

Mit größter Entschiedenheit ist gegen das preußische System Front gemacht auf dem Mainzer Anwaltstag. Goldschmidt führte aus, daß dem Vorbereitungsdienst in der Rechtsanwaltschaft ein viel zu geringer Raum gewidmet sei, daß sie das nothwendige und unerläßliche Durchgangsstadium für das Richteramt bilde, und ihr daher nach zweijährigem Vorbereitungsdienst und unmittelbar danach einzuschaltendem zweiten Examen noch eine zweijährige Anwaltthätigkeit folgen müsse, nach deren Ablauf erst die richterliche Befähigung zu verleihen sei. Dabei wurde von beiden Referenten das englische Muster gepriesen. Und wenn auch über die Einzelvorschläge nicht abgestimmt und vereinzelt der Gedanke des Durchgangs durch die Anwaltschaft beanstandet wurde, so war offenbar darüber Einmüthigkeit, „daß die Beschäftigung in der Rechtsanwaltschaft einen ungleich größeren Raum erhalten müsse“.

Dem wird zuzustimmen sein.

Wie oft ist es gesagt, daß das mündliche Verfahren weniger Bildungselemente für den jungen Juristen bietet als das schriftliche. In gründlicher und überzeugender Weise hat das Gneist in dem wiederholt erwähnten Gutachten für den Juristentag an der Geschichte der preußischen Verhältnisse, insbesondere am Gegensatz der altländischen und französischrechtlichen Gebiete dargelegt. Das wichtige Erziehungsmittel des alten Referates ist im Wesentlichen dahin. Der Gerichtshof hat die Verhandlung gehört, — er bedarf nur ausnahmsweise bei verwickelter und mehrfach vertagter Sache einer Vergegenwärtigung des Stoffes durch ein Mitglied. Und da ist in Civilsachen der sorgfältig ausgearbeitete Thatbestand. Er ist die beste Unterlage der Berathung. Ihn auszuarbeiten, ist selbstverständlich der Referendar nur in der Lage, wenn er der ganzen Verhandlung von vornherein mit der Weisung zukünftiger Bearbeitung der Sache gefolgt ist. Bei größeren, häufiger vertagten Sachen ist schon der Wechsel der Referendare dafür ein nicht unwesentliches Hinderniß. Immerhin läßt sich der Referendar in Civil- und auch in Strafsachen in der streitigen Gerichtsbarkeit unter guter Anleitung mit Erfolg beschäftigen. Nur suche man diese Thätigkeit nicht wesentlich in dem leidigen Protocolliren und den öden Kostenfestsetzungen, der Erledigung von Armenrechtsgesuchen u. dergl. Auch das will gelernt, aber nicht bis zur Routine oder zu geisttötendem Einerlei getrieben sein. Das Protocolliren ist nur als Feststellung von Aussagen und als Uebung in den Vorschriften, was zu protocolliren, lehrreich, sonst eine nichtige Thätigkeit. Und vollends, wenn der Vorsitzende dictirt. Stundenlang kann der Protocollant gedankenlos während der mündlichen Verhandlung in Civilsachen assistiren, ohne dabei Wesentliches zu versäumen. Instructiv ist, abgesehen von der Urtheilsthätigkeit, die Arbeit in Beschwerdesachen. In Zwangsvollstreckungssachen und in den verschiedenen Zweigen der freiwilligen Gerichtsbarkeit ist ausreichende Orientirung zu erstreben, aber nicht Fertigkeit. Gewiß ist auch hier das Maß der Geschäftskenntniß unentbehrlich, welches das Einarbeiten in die Details aus eigener Kraft ermöglicht und vor schweren Fehlern schützt; aber das, was man Geschäftsgewandheit nennt, muß späterer Zeit vorbehalten werden. An Bildungselementen ist dieses Gebiet der richterlichen Thätigkeit verhältnißmäßig arm. Die Beschäftigung im staatsanwaltlichen Dienst ist förderlich, wenn sie sich nicht in mechanischen Dingen verliert, sollte aber erst in die spätere Zeit verlegt und womöglich als amtsanwaltlicher Dienst geordnet werden.

Besonders fruchtbar aber ist die Arbeit beim Anwalt. Ich gehe nicht so weit, die Rechtsanwaltschaft für den natürlichen Durchgangspunkt für den Richterstand zu erklären, und ich darf bemerken, daß auch in neulicher Verhandlung der Leipziger Juristischen Gesellschaft, welche aus Mitgliedern des höchsten Gerichtshofs, der Reichsanwaltschaft, des hiesigen Land- und Amtsgerichts, der Rechtsanwaltschaft bei diesen Gerichten und den Mitgliedern der Juristenfacultät gebildet wird, jener Gedanke keine Billigung fand. Zumal die englischen Verhältnisse sind nicht mustergültig und dulden keine Uebertragung. Allein die Vielseitigkeit der Anwaltsaufgabe, der Verkehr mit dem Publikum, die Verantwortlichkeit einer hier möglichen selbständigen Thätigkeit des älteren Referendars — das Alles sind Züge, welche dieses Arbeitsfeld zu einem besonders fruchtbaren machen. Nur setze man den Referendar nicht sofort durch zu knappes Bemessen dieser Dienstzeit matt. Ein Semester ist werthlos; es reicht kaum zur Orientirung, geschweige denn zur Einarbeitung aus. Mit einem Referendar, der flüchtige Gastrolle giebt, kann sich der Anwalt ernsthaft nicht beschäftigen. In einem halben Jahr wird nicht einmal ein gewöhnlicher Prozeß von der Instruction bis zu Ende geführt werden. Schulmeisterei und Uebungen am Phantom im Anwaltsbureau sind nicht der Zweck, sondern nützliche praktische Selbstthätigkeit. Je mehr Nutzen die Arbeit des jungen Juristen dem Anwalt bringt, desto mehr wird Jener lernen. Dafür ist erforderlich: 1. daß der Referendar bereits durch Gerichtsdienst vorgebildet ist, und 2. daß er mindestens ein Jahr beim Anwalt verbleibt. So ist's in Sachsen üblich und daher wird hier ebenso sehr der tüchtige Referendar vom Anwalt gesucht, wie der Anwaltsdienst von Jenem. Und daher honorirt der Anwalt seinen Referendar, ein höchst wichtiges Vehikel der Ausbildung. Denn selbstverständlich wird für dieses Honorar auch nutzbringende Arbeit erwartet. In allen diesen Stücken geht die preußische Ordnung gänzlich fehl.

Wie die Anleitung des Referendars im Gericht und beim Anwalt methodisch und organisatorisch am wirksamsten zu gestalten ist, darüber mich des Näheren zu verbreiten, giebt mir mein Thema keinen Anlaß, obschon der Punkt höchst wichtig und die Versuchung zur Kritik des Gegenwärtigen groß ist. Es bedarf keines Wortes, daß die Ausbildung am besten beim kleinen Amtsgericht und in erster und der Berufungs-

Instanz in Civilsachen beim Landgericht sich vollzieht, und daß eine **methodische Schulung** unter intensiver Anleitung stattfinden muß. Nur noch Eines — die Dauer der Vorbereitungszeit muß berührt werden.

Es ist eine psychologische Thatsache, daß das Uebermaß der Zeit für eine Aufgabe eher schädlich als nützlich ist. Die Zeit muß so bemessen sein, daß sie für den durchschnittlich Begabten hinreicht, um bei angestrengtem Fleiß sein Ziel zu erreichen. Und diese Anstrengung und Concentration soll ebenso sehr beim Anleitenden, wie beim Lernenden vorausgesetzt werden. Jeder andere Maßstab ist der der Bummelei und führt zur sträflichen Vergeudung der edelsten Lebensjahre, der Jahre, in denen das Fundament des Lebens gelegt werden soll. Hält man jenen richtigen Maßstab fest, so wird man mit voller Sicherheit die reichsgesetzlichen 3 Jahre (G.V.G. § 2, Abs. 3) für völlig ausreichend erkennen. Der längere Zeitraum ist lediglich Concession an die im Vorstehenden gekennzeichnete preußische Tradition. Süddeutschland und mehrere norddeutsche Staaten haben ihn nicht acceptirt. Von den drei Jahren ist mindestens ein Jahr beim Anwalt zuzubringen und zwar nach ununterbrochenem $1^1/_2$jährigen Dienst bei den Gerichten. Das letzte halbe Jahr kann bei der Staatsanwaltschaft bezw. dem Untersuchungsrichter verwendet werden. Der Verwaltungsdienst darf an diesem Bildungsgang nichts abbrechen; soll es stattfinden, so kann das nur durch Verlängerung des dreijährigen Zeitraums geschehen.

V.

Das Resultat der vorstehenden Ausführungen ist:

> die Frage: „Empfiehlt es sich, das Universitäts-Studium und den Vorbereitungsdienst der Juristen gemeinsam für das Deutsche Reich zu ordnen?"

ist zu verneinen. Dagegen empfiehlt es sich, den Gerichtsverfassungs-Gesetz § 2 zu nachdrücklicherer Geltung zu verhelfen, indem:

1. die landesgesetzliche Einführung eines dritten Examens ausdrücklich ausgeschlossen,

und

2. vorgeschrieben wird, daß von dem in dreijährigen dem Vorbereitungsdienst bestimmten Zeitraum mindestens ein Jahr „bei den Rechtsanwälten" zu verwenden ist.

IV.

Gutachten des Herrn Kammergerichtsraths Dr. Kronecker zu Berlin

über die Frage:

„Wie ist im Strafprozeß der Gerichtsstand der begangenen That hinsichtlich der Vergehen der Presse zu regeln?“[1])

I.

Es ist streitig, wo eine strafbare Handlung im Sinne des § 7 Str.P.O. begangen ist. Ueberwiegend wird diese Frage des Prozeßrechts ebenso entschieden wie die Frage nach dem Begehungsort im Sinne des

[1]) Vgl. über den Begehungsort im Allgemeinen und über den Ort der begangenen That im Besonderen namentlich die Lehr- und Handbücher des Strafrechts von Berner 18. A. S. 248, H. Meyer 5. A. S. 142, von Liszt 9. A. S. 130 ff. (mit eingehender Darlegung der verschiedenen Ansichten), Merkel S. 276, Hälschner Bd. 1 S. 152, Binding Bd. 1 S. 416 ff., von Holtzendorff Bd. 2 S. 47 (Schwarze), Seuffert, Strafgesetzgebung der Gegenwart, Bd. 1 S. 29; die Commentare zum Str.G.B. (bei § 3) von Olshausen 5. A. S. 55 ff., Oppenhoff 13. A. S. 28 ff., von Schwarze 5. A. S. 44 f., Frank S. 19 f.; die Lehr- und Handbücher des Strafprozeßrechts von Geyer S. 366 ff., Ullmann S. 186 und in von Holtzendorff's Handb. Bd. 1 S. 154, von Kries S. 168, Bennecke S. 84, Glaser 2 S. 177 ff., bes. S. 186 ff. (auf S. 177 reiche Literaturangaben), Birkmeyer S. 187 f.; die Commentare zur Str.P.O. bei § 7 von Löwe 9. A. S. 214 f. (über Preßsachen S. 979 f.); Stenglein 3. A. S. 115 f., John Bd. 1 S. 205 ff., bes. S. 217 ff. (sehr eingehend), Keller 2. A. S. 11 ff.; die Lehr- und Handbücher des Preßrechts und Commentare zum Reichspreßgesetz von Thilo S. 203, Marquardsen S. 235 ff., von Liszt S. 145 ff., Koller S. 136 ff., Berner S. 279, Klöppel S. 318 ff., 324 ff., 440 ff.; von Schwarze 2. A. S. 165 ff., 3. A. (Appelius) S. 146 ff., 194 ff.; Kayser in von Holtzendorff's Handb. des Strafr. Bd. 4 S. 567; von Lilienthal, Ort der begangenen Handlung (1890), Bulling, der örtliche Gerichtsstand in Preßstrafsachen (1894); dazu die Kritik von Meves, Goltd. Arch. Bd. 42 S. 467 und die anonyme Besprechung im „Deutschen Wochen-

materiellen Rechts, insbesondere des § 3 Str.G.B.[2]). Ihre Beantwortung kann schon dann schwierig werden, wenn die Thätigkeit des Handelnden aus nur einem Akte besteht. Es kann hier vorkommen, daß jene Thätigkeit in einem Gerichtsbezirk stattfindet, daß aber andere zum Thatbestande gehörige Umstände in einem andern eintreten. Hierbei können wieder insofern Verschiedenheiten eintreten, als a) die gesammte „Handlung“ aus einem Vorgange, der sich auf der Grenze zweier Gerichtsbezirke zuträgt oder in beide erstreckt, oder b) aus mehreren Vorgängen besteht, von denen die Thätigkeit des Handelnden den ersten bildet. In beiden Fällen können folgende Orte als Orte der begangenen Handlung in Frage kommen:

1. der Ort der Körperbewegung (der Standort des Thäters zur Zeit der That);

2. der Ort, wo die Thätigkeit der von dem Handelnden in Bewegung gesetzten Kräfte beendet ist;

3. der Ort, wo die Thätigkeit des Handelnden das Object getroffen hat.

Vielfach werden die Orte zu 2 und 3 als stets identisch behandelt[3]). Das ist aber nicht immer der Fall. Bei einem Giftmord z. B. fällt der

---

blatt“ vom 1. August 1895 S. 366 ff.; Beling in der Zeitschrift für Strafrechtswissenschaft Bd. 17 S. 315 ff.; die Artikel von Stenglein, von Bar, Birkmeyer in der „Deutschen Juristen-Zeitung“ 1898 S. 500 ff., 1899 S. 96 ff., 301 ff.; Verhandlungen der Reichsjustizcommission und des Reichstags bei Berathung der R.Str.P.O. Prot. S. 4, 17—24, 781—783, wiederholte Berathung S. 2—4; Sten. Berichte S. 392—399, 951—954, Hahn, Mat. 2. A. S. 551, 562—568, 1215—1217, 1630—1632, 1693—1706, 2046—2052; Verhandlungen des 15. Juristentages Bd. 1 S. 60—71 (Gutachten von Liszt's) Bd. 2 S. 262—286 (Berathungen der 3. und 4. Abth.) S. 349 f. (Referat Stenglein's im Plenum). Diese Aufzählung macht natürlich keinen Anspruch auf eine auch nur annähernde Vollständigkeit. Die meisten hier aufgezählten Schriften werden im Folgenden nur mit dem Namen des Verfassers angeführt.

[2]) So auch das Reichsgericht (Entsch. Bd. 15 S. 232, 23 S. 157); anders z. B. Bennecke und Binding.

[3]) So z. B. von Frank S. 19, anscheinend auch vom Reichsgericht. Dieses läßt in dem Urtheil vom 24. Juni 1884 (Entsch. Bd. 11 S. 20) die That da begangen sein, wo sie „dasjenige Rechtsgut, durch dessen absichtliche oder fahrlässige Verletzung der staatliche Strafanspruch hervorgerufen wird, getroffen hat“. Diese Entscheidung verweist aber ohne weiteren Zusatz auf die Urtheile vom 13. März 1880 und 3. Februar 1881 (Entsch. Bd. 1 S. 274, 3 S. 316), in denen der Ort zu 2 als maßgebend erklärt wird. Ebenso wird in dem Urtheil vom 17. Juni 1892 (Entsch. Bd. 23 S. 157) der Ort zu 2 neben dem Standort des Thäters als Begehungsort aufgeführt und doch auf obiges Urtheil (Bd. 11 S. 20) ohne weiteren Zusatz verwiesen.

Ort, wo das Gift beigebracht wird, unter 3, dagegen derjenige, wo der Vergiftete stirbt, unter 2, weil bis dahin die vom Thäter in Bewegung gesetzte Kraft (das Gift) fortwirkt. Bei brieflichen Beleidigungen fällt der Ort, wo der Brief, etwa durch die Post, dem Beleidigten übergeben wird, unter 2, derjenige, wo der Beleidigte ihn liest, unter 3. Im letzteren Falle tritt die Bedingung zu 3 später ein als die zu 2; im ersteren verhält sich die Sache umgekehrt.

4. Der Ort, wo die strafbare Handlung vollendet, das heißt der gesetzliche Thatbestand durch Verwirklichung des letzten hierzu erforderlichen Merkmals abgeschlossen wird. Dieser Ort kann mit 2 (wie beim Giftmord) oder mit 3 (wie bei Beleidigungen) zusammenfallen, aber auch von beiden verschieden sein, z. B. wenn Jemand von einer tödtlichen Kugel in A. getroffen wird und in B. stirbt[4]). Den Eintritt dieses letzten Thatbestandsmerkmals bezeichnet man[5]) strafrechtlich als den Erfolg[6]) einer Handlung. Allerdings fällt dieser häufig mit dem Erfolg im Sinne des Lebens nicht zusammen. Der Erfolg einer üblen Nachrede ist im strafrechtlichen Sinne schon gegeben, wenn diese zur Kenntniß eines Dritten gelangt ist, im Sinne des gewöhnlichen Sprachgebrauchs erst dann, wenn die üble Nachrede dem Rufe des Beleidigten geschadet hat.

Endlich kann hier in Betracht kommen:

5. der Ort, an welchem, nachdem die Strafthat im Rechtssinne vollendet ist, die durch den Thäter in Bewegung gesetzten Kräfte

---

[4]) Es können auch alle 4 Orte verschieden sein. Der Erpresser giebt den Drohbrief in A. (1) zur Post; der Adressat empfängt ihn in B. (2), liest ihn in C. (3) und sendet das verlangte Geld in D. (4) ab.

[5]) Im Gegensatz zu der „Thätigkeit" (zu 1) und der „Zwischenwirkung" oder dem „Zwischenerfolg" (zu 2 und 3).

[6]) Im weiteren Sinne, also sowohl die unmittelbare „Wirkung" als den „entfernteren Erfolg" umfassend, der bei einzelnen Strafthaten zur Vollendung einer Handlung oder zur Begründung eines straferhöhenden Umstandes ist. In diesem weiteren Sinne wird das Wort „Erfolg" in § 46 Nr. 2 Str.G.B. gebraucht. Hat Jemand den eine Drohung im Sinne des § 253 Str.G.B. enthaltenden Brief abgesandt, ihn aber, bevor der Adressat davon Kenntniß erlangte, zurückgeholt, so greift der erwähnte Strafaufhebungsgrund Platz. Dasselbe würde bei brieflichen Beleidigungen der Fall sein, wenn hier der Versuch strafbar wäre. Daß bei diesem Vergehen die Kenntnißnahme zum Erfolg gehört, wird von Birkmeyer (Deutsche Jur.-Ztg. 1899 S. 302) zu Unrecht bestritten. Die dort gemachte Vergleichung mit dem Diebstahl paßt nicht; beim Diebstahl besteht in den regelmäßigen Fällen die eigene Thätigkeit (Körperbewegung) des Handelnden nicht nur im Ausstrecken der Hand, sondern in der Wegnahme, bei der Beleidigung nur in der Aeußerung und der behufs Mittheilung dieser Aeußerung an Dritte vorgenommenen Thätigkeit, nicht aber auch in der Kenntnißnahme durch einen Dritten.

anderweit in Wirksamkeit treten und in Folge dessen der Thatbestand des betreffenden Verbrechens oder Vergehens von Neuem vollendet wird. Beispiele: eine Höllenmaschine, die bereits im Hafen von Hamburg einmal explodirt ist und dort Menschen getödtet hat, explodirt dort nochmals und tödtet eine im Bezirk von Altona befindliche Person; eine beleidigende Druckschrift, die durch einen vom Verleger hierzu veranlaßten Sortimenter bereits an eine Reihe von Personen versandt ist, wird von demselben oder einem anderen Sortimenter weiter verbreitet (Beendigung, im Gegensatz zur Vollendung)[7]).

Die erwähnte Frage wird noch verwickelter, wenn zu einer Strafthat mehrere Thätigkeitsakte des Handelnden gehören (wie beim Betrug die Vorspiegelung einer falschen Thatsache und die Vermögensbeschädigung), oder wenn ein fortgesetztes Vergehen vorliegt. Letzterer Fall unterscheidet sich von dem bei Nr. 5 behandelten dadurch, daß dort eine Thätigkeit und mehrere Erfolge, hier mehrere Thätigkeiten mit mehreren Erfolgen vorliegen. Weitere Schwierigkeiten ergeben sich in den Fällen der Theilnahme. Bei der Mitthäterschaft werden häufig die Orte der Körperbewegungen der Thäter auseinanderfallen, während der Ort des Zwischenerfolges wie der des Erfolges ein einheitlicher ist. Für den Anstifter kann als Ort des Erfolges sowohl derjenige in Betracht kommen, wo der Angestiftete seine Thätigkeit ausübt, als derjenige, wo die That vollendet wird.

Die Frage nach dem Gerichtsstand der begangenen That ist sehr verschieden beantwortet worden. Viele Schriftsteller sehen nur den Ort zu 1 (den der Körperbewegung) als Begehungsort an[8]), manche die Orte zu 1—3 (die der Körperbewegung und des Zwischenerfolges)[9]). Dies ist auch im Allgemeinen die Ansicht des Reichsgerichts[10]). Einzelne er-

---

[7]) Diese vom Reichsgericht (Entsch. Bd. 23 S. 360) zuerst aufgestellte Unterscheidung wird von Klöppel (S. 441 f.) ohne Grund bekämpft. Ohne eine solche Unterscheidung ist auch der Begriff des fortgesetzten Vergehens nicht denkbar.

[8]) So namentlich Hugo Meyer, Hälschner, Beling, Bulling, Seuffert, Merkel, Geyer, Keller. Dieser Auffassung hat sich das Institut de droit international angeschlossen, indem es am 7. September 1883 auf Antrag von Bar's die These aufstellte: „La compétence territoriale de la loi pénale est celle du pays, où se trouve le coupable lors de son activité criminelle“ (annuaire 7 année, Munich 1885, S. 123 ff.).

[9]) So besonders Löwe S. 214 und von Liszt's Lehrbuch in den früheren Auflagen.

[10]) Vgl. Urth. vom 17. Juni 1892 (Entsch. Bd. 23 S. 157) und die dort angeführten früheren Urtheile. Der Ort zu 4 (der des Enderfolges) wird ausdrücklich für belanglos erklärt in dem Urtheil vom 25. September 1884 (Entsch. Bd. 11

achten nur den Ort des Enderfolges als maßgebend [11]); Manche hingegen sehen sämmtliche Orte zu 1—5, Einzelne sogar auch die von dem Werkzeug der That (z. B. dem beleidigenden Briefe) durchlaufene Strecke als Ort der begangenen Handlung an [12]).

Ich halte die erste Ansicht für richtig und glaube, daß als Begehungsort nur der Standort des Thäters zur Zeit der That angesehen werden kann. Für die Gründe verweise ich auf die eingehenden Ausführungen von Bulling und Beling. Nur diese Ansicht entspricht dem Sprachgebrauch; nur diese dem in § 3 Str.G.B. zum Ausdruck gelangten Territorialitätsprinzip; nur wenn diese Auffassung zu Grunde gelegt wird, harmoniren § 2 und 3 Str.G.B. mit einander.

Es kann jedoch hierauf nicht ankommen, da das Reichsgericht die oben erwähnte entgegenstehende Auffassung in fester Rechtsprechung angenommen hat und eine Aenderung der Gesetzgebung oder der Praxis in diesem Punkte nicht zu erwarten ist.

II.

Um die Frage nach dem Begehungsort für Preßvergehen beantworten zu können, wird in erster Linie festzustellen sein, welche Strafthaten als Preßvergehen anzusehen sind. Hierher gehören zunächst die im Preßgesetz selbst unter Strafe gestellten Verstöße gegen die daselbst in §§ 6—11, 14—17 aufgeführten Ordnungsvorschriften (Preßpolizeidelikte). Welche anderen Strafthaten zu den Vergehen der Presse zu rechnen sind, ist zweifelhaft. Die Motive zum Preßgesetz [13]) erklären es für selbstverständlich, daß die preßrechtliche Verantwortlichkeit nur insoweit Platz greift, als der Thatbestand einer strafbaren Handlung ohne Zuhülfenahme anderer subjectiver Belastungsmomente schon objectiv aus dem Inhalt der Druckschrift erkennbar ist. Im Gesetz selbst wird der Abschnitt III überschrieben: „Verantwortlichkeit für die durch die Presse begangenen strafbaren Handlungen. Nach § 20 Abs. 1 bestimmt sich die Verantwortlichkeit für Handlungen, deren Strafbarkeit durch den Inhalt einer Druckschrift begründet wird, nach den allgemeinen Strafgesetzen. § 21 beginnt mit den

S. 246 f.), wo es S. 247 heißt: „Bezüglich der Frage, an welchem Orte die Handlung als begangen erscheint, kommt der hierdurch bewirkte Erfolg (die Vermögensbeschädigung) nicht mehr in Betracht".

[11]) So von Liszt 9. A. S. 132.

[12]) So Olshausen S. 36, Binding (dieser S. 423 mit einer Einschränkung betreffs der Transitvergehen), von Lilienthal S. 19.

[13]) Goltd. Arch. Bd. 22 S. 173.

Worten: „Begründet der Inhalt einer Druckschrift den Thatbestand einer strafbaren Handlung . . .“ Endlich regelt § 22 die Verjährung der Strafverfolgung derjenigen Strafthaten, welche durch die Verbreitung von Druckschriften strafbaren Inhalts begangen sind. Hält man diese verschiedenen aber offenbar gleichbedeutenden Formeln neben einander, so wird man zu dem Ergebniß kommen müssen, daß unter Preßvergehen außer den Preßpolizeidelikten lediglich solche Strafthaten zu verstehen sind, bei denen zu dem strafbaren Inhalt nur noch die Verbreitung hinzukommen muß, um den strafbaren Thatbestand herzustellen, nicht aber diejenigen, bei denen zur Erfüllung des Thatbestandes noch ein weiteres Moment erfordert wird. Denn nur bei ersteren wird die Strafbarkeit durch den Inhalt der Druckschrift, bei letzteren dagegen nicht durch diesen Inhalt allein, sondern durch denselben nur in Verbindung mit dem weiter dazu kommenden Umstand begründet[14]). Somit gehören z. B. Betrug und Erpressung nicht zu den Preßvergehen, wenn auch die falsche Vorspiegelung oder Drohung mittels der Presse bewirkt wird.

Eine eigenartige Stellung nimmt in dieser Beziehung das Vergehen der Beleidigung ein, wobei nicht bloß die §§ 185 ff., sondern auch die qualificirten Fälle der §§ 95, 97, 99, 101, 103, 104 Str.G.B. in Betracht kommen. Diese Strafthaten können unstreitig durch die Presse begangen werden. Nun nimmt das Reichsgericht an, zum Thatbestand der Beleidigung gehöre die Feststellung, daß der Ausdruck der Nicht-

---

[14]) Für die hier vertretene Meinung namentlich Klöppel S. 299 ff., Koller S. 130 ff., von Liszt, Preßr. S. 141 ff., Löning, strafrechtliche Haftung des verantwortlichen Redacteurs, S. 98 f. Dagegen u. a. Honigmann, Verantwortlichkeit des Redacteurs, S. 83 ff., Appelius S. 133 ff., Oetker, zur Lehre von den Preßvergehen, Goltd. Arch. Bd. 26 S. 249 ff., bes. 256. Die von Appelius S. 134 gemachte Unterscheidung zwischen „Begründung“ und „Vollendung“ der Strafbarkeit findet im Gesetz keinen Anhaltspunkt. Daß auch die Redactoren des Preßgesetzes die hier vertretene Meinung getheilt haben, ergiebt sich aus der folgenden Mittheilung des damaligen Abgeordneten Dr. Schwarze, welcher stellvertretender Vorsitzender der Reichstags-Commission und Mitglied der Redactions-Commission war (Comm. 2. A. S. 118): „In der Commission kam eine Aenderung der Fassung (des § 20) in Frage, weil das in § 184 Str.G.B. bedrohte Delikt (Verbreitung unzüchtiger Schriften) erst mit der Verbreitung, nicht bereits mit der Anfertigung u. s. w. vollendet sei und sonach die Strafbarkeit nicht durch den Inhalt begründet werde. Allein man gab diesem Bedenken keine weitere Folge, weil jedes durch die Presse begangene Delict erst durch die Veröffentlichung vollendet werde und weil in der Verbreitung zwar die Vollendung, der strafbare Charakter aber in dem Inhalt der Schrift liege“.

achtung zur Kenntniß eines Andern gelangt ist[15]). Für diese Auffassung bieten, wie Klöppel[16]) zutreffend hervorhebt, die gesetzlichen Vorschriften keinen Anhalt; vielmehr ergeben die §§ 186, 187, 200 Str.G.B., welche ebenso wie § 22 des Preßgesetzes von einer durch Verbreitung von Schriften u. s. w. begangenen Beleidigung sprechen, das Gegentheil. Die Beleidigung erfordert nur die rechtswidrige Kundgebung der Nichtachtung eines Andern, welche einer Privatperson oder aber der Oeffentlichkeit gegenüber erfolgen kann. Etwas Weiteres ist hierfür nicht erforderlich[17]). Die Praxis verfährt auch trotz der erwähnten Reichsgerichtsentscheidung durchweg nach der hier vertretenen Ansicht; Anklagen und Urtheile wegen Preßbeleidigungen werden regelmäßig nur damit begründet, daß eine Druckschrift ganz oder theilweise beleidigenden Inhalts veröffentlicht worden ist, ohne daß je hinzugefügt wird, daß irgend Jemand von dem beleidigenden Inhalt der Druckschrift Kenntniß genommen habe. Darnach wird bei Preßbeleidigungen ebenso wie bei allen anderen Preßdelicten der Thatbestand durch die Verbreitung einer Druckschrift strafbaren Inhalts erschöpft. Eine scheinbare Ausnahme bildet der im Reichstage bei Berathung der Strafprozeßordnung von dem Regierungs-Commissar Hanauer[18]) erwähnte in der Praxis sehr seltene Fall, daß die durch die Presse verübte Beleidigung vermöge ihrer von dem Urheber absichtlich gewählten Fassung nur von einer bestimmten Person oder einem bestimmten Personenkreise als solche erkannt werden kann. In diesem Falle ist allerdings die Beleidigung erst mit der Kenntnißnahme Seitens dieser Personen vollendet. Es liegt aber hier in Wirklichkeit kein Preßvergehen vor; denn das Vergehen ist nicht dadurch begangen, daß die Druckschrift im Sinne des Preßgesetzes verbreitet, das heißt einer unbestimmten Mehrheit von Personen zugänglich gemacht[19]), sondern dadurch, daß sie zur Kenntniß bestimmter Personen gelangt ist.

---

[15]) Entsch. Bd. 23 S. 159; ebenso Olshausen S. 716, Anm. 6a. Offenbar unrichtig ist es, wenn Oetker S. 256 hier die „recipirende Thätigkeit des Destinatärs" fordert. Ob der „Destinatär" oder ein Anderer Kenntniß nimmt, ist für den Thatbestand der Beleidigung unerheblich.

[16]) S. 441.

[17]) Etwas anders Stenglein (Deutsche Jur.-Ztg. 1898 S. 503): „Indem das Gesetz in die Verbreitung das entscheidende Moment legt, präsumirt es die Kenntnißnahme, sobald verbreitet ist".

[18]) Sten. Ber. S. 394 f., Hahn S. 1697. Vgl. unten bei Anm. 30 ff.

[19]) So mit Recht das Urtheil des Reichsgerichts vom 28. September 1880 (Entsch. Bd. 2 S. 270 f.).

Bei Feststellung des Begehungsorts für Preßvergehen ist zu berücksichtigen, daß hier eine Reihe von Vorgängen in Betracht zu ziehen sind, welche theils, wie die Herstellung des Manuskripts durch den Verfasser und die Abgabe an den Redacteur oder Verleger, vor der Veröffentlichung, theils, wie die Ausgabe der Zeitung durch die Post an den Abonnenten, des Buches durch den Sortimenter an den Besteller, nachher liegen; ferner ist hier zu erwägen, daß eine große Anzahl von Personen, nicht nur die in § 21 des Preßgesetzes bezeichneten (der verantwortliche Redacteur, Verleger, Drucker und gewerbsmäßige Verbreiter), sondern auch der Verfasser, Einsender, Setzer, Corrector[20]), nicht gewerbsmäßige Verbreiter und noch Andere als Theilnehmer in Frage kommen können.

Eine gesetzliche Bestimmung über den Gerichtsstand der begangenen That bei Preßvergehen besteht nicht. Nach § 21 des Rechtshülfegesetzes vom 21. Juni 1869 sollte bei Anwendung der Vorschriften über die Auslieferung angenommen werden, daß eine mittels der Presse begangene strafbare Handlung nur an dem Ort verübt sei, an welchem das Preßerzeugniß erschienen ist. Eine derartige Bestimmung ist in das Reichspreßgesetz nicht übergegangen. Der bereits oben erwähnte § 22, welcher die Verjährung der durch Verbreitung von Druckschriften strafbaren Inhalts begangenen Strafthaten regelt, ergiebt jedoch, daß für die Vollendung von Preßvergehen der Moment der Verbreitung maßgebend sein sollte. Darnach würde als Begehungsort der Ort der Verbreitung anzusehen sein und zwar der Ort, von wo aus die Verbreitung erfolgt, nicht aber diejenigen Orte, nach denen hin die Verbreitung geschehen ist. Daß dies auch bei Abfassung des Preßgesetzes beabsichtigt worden ist, ergiebt sich aus den Bearbeitungen der bei der Berathung betheiligten damaligen Abgeordneten Klöppel, Marquardsen, Thilo und Schwarze. Das folgt auch daraus, daß bei der entgegengesetzten Auffassung die Absicht des § 22, eine kurze Verjährungsfrist zu schaffen, nicht erreicht werden würde[21]). Im Wesentlichen übereinstimmend spricht sich im Anschluß an seine früheren unter der Herrschaft des preußischen Preßgesetzes[22])

---

[20]) Vgl. über die Strafbarkeit des Correctors das Urtheil des Reichsgerichts vom 16. Februar 1891 in der Sache wider Weber und dazu meinen Artikel im „Deutschen Wochenblatt" 1891 Nr. 23 S. 267 f.

[21]) Vgl. Appelius in der „Deutschen Jur.-Ztg." 1896 S. 214 f. (theilweise abweichend).

[22]) § 32: „Die Strafbarkeit wegen eines durch die Presse begangenen Vergehens oder Verbrechens beginnt mit der Veröffentlichung des Preßerzeugnisses."

gefällten Urtheile das Obertribunal auch für das Reichspreßrecht dahin aus:[23])

„daß der Thatbestand eines durch die Presse begangenen Vergehens mit der Veröffentlichung bezw. Verbreitung des Preßerzeugnisses vollendet sei und daß der Umstand, daß eine bereits verbreitete Druckschrift demnächst auch in einem anderen Orte vorgefunden und in Beschlag genommen worden, nicht mehr einen Theil des strafbaren Thatbestandes selbst, sondern eine Folge desselben darstellt und daher an sich nicht geeignet sei, den Gerichtsstand der begangenen That zu begründen".

In demselben Sinne sprechen sich für das Preßrecht, außer den oben genannten Commentatoren, auch mehrere von denjenigen Schriftstellern aus, welche für das übrige Recht ebenso wie das Obertribunal[24]) den Erfolg für die Frage nach dem Begehungsort ausschließlich oder mit als maßgebend erachten[25]).

Bei Berathung der Strafprozeßordnung wurde von den Abgeordneten Wolffson und Schwarze zu § 1 des Entwurfs (§ 7 des Gesetzes) folgender Zusatz beantragt:[26])

„Soweit die Verantwortlichkeit des Verfassers, Herausgebers, Redacteurs, Verlegers oder Druckers in Frage steht, wird angenommen, daß eine Handlung, deren Strafbarkeit durch den Inhalt eines Preßerzeugnisses begründet wird, nur an dem Orte verübt sei, an welchem das Preßerzeugniß erschienen ist".

Dieser Antrag wurde von den Regierungsvertretern bekämpft. Insbesondere hob Geheimrath Hanauer Folgendes hervor:

1.[27]) Der Antrag harmonire nicht mit § 14 des Preßgesetzes und hindere überhaupt die Verfolgung ausländischer Druckschriften, mindestens soweit sie im gewöhnlichen Postverkehr ins Inland gelangten[28]).

Dieser Einwurf ist zutreffend.

---

[23]) Erk. vom 16. September 1875 (Oppenhoff Bd. 16 S. 584).

[24]) Vgl. die bei Zimmerle, Strafrechtspraxis S. 5, aufgeführten Entscheidungen.

[25]) So von Liszt, Reichspreßr. S. 146 und Strafr. 9. A. S. 133 Nr. 6 und Anm. 5, Berner, Preßr. S. 279, Stenglein, Jur.-Ztg. 1898, John S. 217 ff.

[26]) Prot. S. 18, Hahn S. 563.

[27]) Comm. Bericht 1. Lesung S. 19, wiederholte Berathung S. 2 f., Sten. Ber. S. 396, Hahn S. 564, 1630, 1699.

[28]) Der selbständige Verbreiter sollte nach dem von Schwarze erläuterten Sinne des Antrags nach den allgemeinen Vorschriften behandelt werden.

2.[29]) Bei gewissen Vergehen (z. B. §§ 85, 110, 184 Str.G.B.) könne schon die Verbreitung von Schriften schlechthin, nicht erst die Veröffentlichung durch die Presse den Thatbestand erfüllen. Eine Veröffentlichung im eigentlichen Sinne brauche also, um die Strafbarkeit zu begründen, gar nicht erfolgt zu sein; deshalb könne nicht das Gericht ausschließlich zuständig sein, in dessen Bezirk die Schriften zuerst erschienen sind.

Diese Ausführung erscheint verfehlt. Wird die strafbare Schrift vor der Veröffentlichung durch die Presse anderweit, z. B. in Form einer an die Redactionen versandte metallographirte Correspondenz (§ 13 des Preßgesetzes) verbreitet, so wäre diese Verbreitung auch nach dem Antrag Wolffson-Schwarze ein besonderes in seinem eigenen Gerichtsstande zu verfolgendes Delict, während für das demnächst durch den Inhalt des später erscheinenden Preßerzeugnisses begründete Vergehen der Ort des Erscheinens maßgebend sein würde.

3.[30]) Ein vom Ausgabeort verschiedener Gerichtsstand sei bei denjenigen Preßvergehen wünschenswerth, bei denen die „Tendenz des Reates" auf diesen andern Ort gerichtet sei. Wenn z. B. ein Münchener in einer in Frankfurt a. M. erscheinenden, in München verbreiteten Zeitung einen andern Münchener beleidige, so sei München der vom Thäter gewählte Handlungsort; es müsse daher dort ein Gerichtsstand begründet sein. In diesem Zusammenhange erörtert der Regierungs-Commissar auch den oben bei Anm. 18 erwähnten Fall. Wenn ferner Jemand in einer in Berlin erscheinenden in Frankfurt a. M. verbreiteten Zeitung eine Klasse der Frankfurter Bevölkerung zu Gewaltthätigkeiten anreize, so sei die Anreizung erst in Frankfurt vollendet, dieses also der gegebene Gerichtsstand.

Bezüglich des Vergehens gegen § 130 Str.G.B. ist die Auffassung des Regierungs-Commissars unrichtig. Derartige Strafthaten sind vollendet, sobald die Anreizung der Allgemeinheit zugänglich gemacht ist; daß sie zur Kenntniß einer bestimmten Person gelangt ist oder gar auf Jemanden eine Wirkung ausgeübt hat, ist nicht erforderlich[31]). Aber auch Beleidigungen durch die Presse sind, wie bereits oben ausgeführt, abgesehen von dem bei Anm. 18 hervorgehobenen Falle, mit dem ersten Verbreitungsakt vollendet. Der Ort, auf den die „Tendenz des Reates" gerichtet ist, kann hier nicht in Betracht kommen; denn diese Tendenz

[29]) Prot. S. 18 f., Hahn S. 563 f.

[30]) Prot. 2. Lesung S. 782, Hahn S. 1216.

[31]) So mit Recht das Urtheil des Reichsgerichts vom 22. Mai 1896 (Entsch. Bd. 28 S. 389).

(die beabsichtigte Wirkung) ist nicht gleichbedeutend mit dem Erfolg und deshalb für die Frage nach dem Gerichtsstand der begangenen That unerheblich. Man kann aus Zweckmäßigkeitsgründen an derartigen Orten einen Gerichtsstand zulassen; das ist aber kein Gerichtsstand der begangenen That. Anders ist das Ergebniß, wenn man neben dem Ort des Erfolges auch den Ort der Beendigung (oben I Nr. 5) als Begehungsort ansieht; dann kann allerdings bei Preßbeleidigungen — ohne Rücksicht auf die „Tendenz des Reates" — jeder Ort, nach welchem hin verbreitet ist, als Ort der begangenen That angesehen werden[32]).

4.[33]) Bei Vergehen gegen die §§ 114, 240, 241 Str.G.B. könne die Drohung oder Bedrohung durch die Presse erfolgen. Dann sei aber nicht der Erscheinungsort, sondern der Ort der Wirkung als Begehungsort anzusehen.

Diese Fälle kommen aber überhaupt nicht in Betracht, weil hier, wie oben ausgeführt, gar keine Preßvergehen vorliegen.

Der Antrag Wolffson-Schwarze wurde von der Commission einstimmig angenommen. Im Plenum führte der Abgeordnete Hänel[34]) aus, daß nach Hanauer's Aeußerungen die größte Gefahr einer mißbräuchlichen Anwendung des Gerichtsstandes der begangenen That gegeben sei. Hierauf erwiderte der Regierungs-Commissar:

> „Ich habe den einen Fall der Beleidigung in der Art auseinandergesetzt, daß ich ausnahmsweise den Ort der Begehung verlegt habe nicht an den Ort des Erscheinens der Zeitung, und zwar ausnahmsweise deswegen, weil ich besondere Umstände vorgesehen habe, nach welchen die Beleidigung am Orte des Erscheinens gar nicht begangen werden konnte, indem besondere Personal- oder lokale Verhältnisse der Sachlage und der Absicht gemäß in Frage kommen, welche das Begehen der Beleidigung an jenem Orte, die Kundgabe an betreffende Personen dort unmöglich machen, sohin aber als Ausnahmefall und nicht als Regel."

Darnach hat der Vertreter der Regierung seine vorher geäußerte Auffassung (oben Nr. 3), nach welcher ein Gerichtsstand für Preßbeleidigungen überall da begründet sein sollte, wohin die „Tendenz des Reates" ging, fallen gelassen. Nach dieser neuen, im Plenum abgegebenen und deshalb in stenographischer Form vorliegenden Erklärung sollte bei dem häufigsten Preßvergehen, der Beleidigung, der Gerichtsstand der

---

[32]) Vgl. gegen Hanauer die zutreffende Ausführung John's S. 224 ff.

[33]) Sten. Ber. S. 395, Hahn S. 1698.

[34]) Sten. Ber. S. 396 f., Hahn S. 1701.

begangenen That regelmäßig am Erscheinungsort begründet sein. Eine Ausnahme sollte nur in dem sehr seltenen Falle Platz greifen, wo die Beleidigung nur an einem bestimmten, von dem Erscheinungsort verschiedenen Orte als solche erkannt und deshalb nur als an diesem, nicht aber am Erscheinungsort begangen angesehen werden kann. Nachdem in 2. Lesung trotzdem der Antrag Wolffson-Schwarze als § 7 Abs. 2 Str.P.O. genehmigt, demnächst aber von der Regierung für unannnehmbar erklärt worden war, beantragten die Vertreter der Mehrheit die Streichung des Abs. 2. Diesen Antrag bekämpfte der Abgeordnete Frankenburger[35]. Würde Abs. 2 beseitigt, so führte er aus, dann könne ein forum delicti commissi überall angenommen werden, wo die Verbreitung eines Preßerzeugnisses stattgefunden habe. Dann sei es aber, wie auch Lasker früher anerkannt habe, mit der Sicherheit der Presse zu Ende. Hiergegen machte Lasker geltend, auch nach Streichung des Abs. 2 könnten bei Preßvergehen ebensowenig wie bei anderen Strafthaten mehrere fora delicti commissi vorhanden sein; nach den Erklärungen des Regierungs-Commissars würde für Preßsachen nur in ganz vereinzelten, außergewöhnlich liegenden Fällen ein anderer Gerichtsstand als der des Erscheinungsorts begründet sein. Dieser Erklärung wurde von keiner Seite widersprochen; es erfolgte die Streichung des Abs. 2.

Hiernach ist sowohl bei Abfassung des Preßgesetzes als bei der der Strafprozeßordnung davon ausgegangen worden, daß als Ort der begangenen That in Preßsachen regelmäßig der Erscheinungsort oder der Ort, von dem aus die Verbreitung erfolgte[36], anzusehen ist.

Im Gegensatz hierzu hat das Reichsgericht in seinem Urtheil vom 17. Juni 1892[37] ausgesprochen, daß der Gerichtsstand der begangenen That in Preßsachen überall begründet ist, wo eine Verbreitung der Druckschrift stattgefunden hat. Damit ist für die Presse der bei den Verhandlungen über die Strafprozeßordnung stets abgelehnte und als gefährlich bezeichnete „ambulante" oder „fliegende" Gerichtsstand geschaffen; die Möglichkeit, ein Preßvergehen außerhalb des Erscheinungsorts zu verfolgen, welche nach der Erklärung des Regierungs-Commissars Hanauer eine ausnahmsweise sein sollte, ist eine ausnahmslose geworden.

---

[35]) Sten. Ber. S. 591 ff., Hahn S. 2046 ff.

[36]) Beide Orte werden in der Verhandlung und in der Rechtsprechung des Obertribunals (vgl. bei Anm. 23) als durchweg identisch betrachtet; sind es aber nicht immer. Siehe unten.

[37]) Entsch. Bd. 23 S. 155 ff.

Dieses Urtheil ist sowohl in der Tagespresse und auf dem 6. Journalistentage in Zürich als in der Fachliteratur[38]) lebhaft angefochten worden.

Das Urtheil führt in seiner Begründung auch den oben als unhaltbar bezeichneten Satz an, für (öffentliche) Beleidigungen, und somit auch für Preßbeleidigungen, bestehe das Erforderniß, daß die Beleidigung zur Kenntniß eines Andern gebracht werde. In der Hauptsache aber stützt sich die Entscheidung auf die vom Reichsgericht aufgestellte Lehre vom Thatort im Allgemeinen. Diese geht, wie oben ausgeführt, dahin, daß die That nicht nur dort begangen ist, wo der Thäter sich zur Zeit der That befand, sondern auch an jedem Orte, wo die von ihm in Bewegung gesetzten Kräfte thätig geworden sind; die Thätigkeit dieser Kräfte dauere über die juristische Vollendung (Erfüllung des Thatbestandes) hinaus, bis der letzte vom Thäter mittelbar oder unmittelbar veranlaßte Verbreitungsakt abgeschlossen sei (Beendigung im Gegensatz zur Vollendung).

Demgegenüber bestreitet Stenglein[39]), daß bei periodischen Zeitschriften die Post eine „vom Thäter in Bewegung gesetzte Kraft" sei; nicht der Zeitungsverleger wende sich an die Post und ersuche sie um Absatzvermittlung, sondern die Post bestelle beim Verleger die bei ihr bestellte Anzahl von Exemplaren und mache mit der Vermittlung des Absatzes ein selbständiges auf Gewinn berechnetes Speditionsgeschäft. Beim Sortimenter sei es ebenso, wenn er beim Verleger bestelle; übernehme er fest, so schließe er selbständig ab, sei aber keine vom Verleger in Bewegung gesetzte Hülfskraft. Als solche könne er nur erscheinen, wenn er à condition empfange.

Zutreffend bezeichnet von Bar diese Unterscheidungen als civilistisch und für das Strafrecht unverwerthbar. Der Verleger übergiebt die betreffende Nummer der periodischen Druckschrift der Post, dem Zeitungsspediteur oder Colporteur, damit die Nummer weiter verbreitet werde; ist dies geschehen, so sind Post, Zeitungsspediteur und Colporteur die vom Verleger in Bewegung gesetzten Kräfte gewesen. Aus demselben

[38]) Vgl. namentlich die Anm. 1 angeführte Schrift von Bulling, ferner Klöppel S. 440 f., die Aufsätze in der „Deutschen Jur.-Ztg." von Stenglein (1898 S. 500 ff.) und von Bar (1899 S. 95 ff.), beide mit verschiedener Begründung. Für die Entscheidung Appelius in der 3. Aufl. von Schwarze's Comm. S. 194 ff. de lege lata auch Birkmeyer in der „Deutschen Jur.-Ztg." 1899 S. 301 ff. und die anonyme Kritik der Bulling'schen Schrift im „Deutschen Wochenblatt" 1895 S. 366 ff.; Löwe, Comm. 9. A. S. 979 ff.

[39]) S. 502.

Grunde ist bei nicht periodischen Druckschriften der Sortimenter die vom Verleger in Bewegung gesetzte Kraft. Ebenso ist das Verhältniß zwischen dem Redacteur, Herausgeber oder Verfasser einerseits und dem Verleger andererseits. Auf Grund welches civilrechtlichen Verhältnisses zwischen den handelnden Personen die Verbreitung erfolgt, ist für das Strafrecht gleichgültig. Unerheblich ist auch für die hier vorliegende Frage, inwieweit die als „Kräfte" thätigen Personen ihrerseits strafrechtlich verantwortlich sind.

Stenglein führt weiter aus, der Thäter müsse die Kräfte mit dem Bewußtsein und dem Willen in Bewegung setzen, daß sie zur Erfüllung des Thatbestandes führen; hierbei dürfe ihm diese nicht in den allgemeinsten Umrissen vorschweben. Es genüge nicht, daß der Thäter annehme, daß Abnehmer oder Abonnenten irgendwo und irgendwie Kenntniß vom Inhalt nehmen. Man könne den Thäter nicht dafür verantwortlich machen, daß die Ablieferung an einem ihm vielleicht unbekannten Orte an einen ihm unbekannten Abnehmer erfolge.

Mit Recht erachtet von Bar auch diese Ausführung als verfehlt. Der Verleger führt durch seine Thätigkeit eine Verbreitung an möglichst vielen Orten, eine Ablieferung an möglichst viele Personen herbei. Dieser Erfolg ist von ihm gewollt und beabsichtigt; daher ist auch die Verbreitung an jedem einzelnen Orte, die Ablieferung an jede einzelne Person gewollt, und zwar direct, nicht eventuell.

Die Auffassung des Reichsgerichts ist daher, wenn man die von diesem Gerichtshof aufgestellte, meiner Meinung nach unzutreffende Lehre vom Thatort zugiebt, eine durchaus folgerichtige, so sehr auch das Ergebniß mit den Absichten der Redactoren des Preßgesetzes und mit der Entstehungsgeschichte der Strafprozeßordnung im Widerspruch steht. Eine Aenderung in der Rechtsprechung des Reichsgerichts ist nicht zu erwarten.

III.

Es fragt sich jetzt, ob der durch die erwähnte Rechtsprechung geschaffene „fliegende" Gerichtsstand der Presse de lege ferenda gerechtfertigt ist.

Glaser[40]) führt aus, es komme bei Bestimmung des Gerichtsstandes der begangenen That hauptsächlich darauf an, ein Merkmal der Zuständigkeit zu finden, welches:

a) verhindert, daß unter allzu vielen Gerichten willkürlich eine Auswahl getroffen werden kann;

[40]) Handb. Bd. 2 S. 179.

b) in der Mehrzahl der Fälle leicht auffindbar ist;

c) bewirkt, daß dasjenige Gericht zuständig wird, welches rascher, leichter und erfolgreicher einschreiten kann als jedes andere, und dessen Einschreiten

d) am wirksamsten dem psychischen Eindruck des Verbrechens entgegentritt.

Ich möchte c dahin fassen: „welches am leichtesten und sichersten den Thatbestand feststellen kann“. Daneben wird

e) darauf zu sehen sein, daß dem Angeklagten nicht eine weitere Reise als nöthig zugemuthet wird.

Nun ermöglicht der fliegende Gerichtsstand der Presse allerdings eine umfassende Berücksichtigung der Momente c und d. Bringt ein Berliner Blatt eine Mittheilung aus Elberfeld, durch welche ein dortiger Industrieller im Sinne des § 186 Str.G.B. beleidigt wird, so verdient eine Verhandlung in Elberfeld vor derjenigen in Berlin bei weitem den Vorzug. In ersterem Falle erfolgt die Entscheidung durch das mit den örtlichen Verhältnissen vertraute Gericht, welches die Zeugen selbst sieht und hört, während das Berliner Gericht mit den Verhältnissen unbekannt ist und sich außerdem meist mit dem höchst mangelhaften Auskunftsmittel commissarischer Vernehmungen begnügen würde. Hierzu kommt, daß eine Verurtheilung durch das örtliche Gericht einen größeren Eindruck macht als die durch ein fremdes. Noch schärfer würden diese Momente in dem von dem Regierungs-Commissar Hanauer hervorgehobenen Falle zur Geltung kommen, nämlich dann, wenn die Beleidigung nur in Elberfeld als solche verständlich wird. Aber über das durch solche Fälle unleugbar klargestellte Bedürfniß, unter Umständen einen von dem Erscheinungsort verschiedenen Gerichtsstand herzustellen, geht die Rechtsprechung des Reichsgerichts weit hinaus. Sie schafft, obwohl sie in der Begründung auf die allgemein gültigen Rechtsgrundsätze zurückgeht, im Ergebniß ein Ausnahmerecht zu Ungunsten der Presse. Der Rechtsschutz des § 16 Satz 2 des Gerichtsverfassungsgesetzes, nach welchem Niemand seinem ordentlichen Richter entzogen werden darf, geht der Presse thatsächlich verloren, da nach dem vom Reichsgericht aufgestellten Satze nahezu jedes deutsche Gericht für jedes Preßvergehen zuständig ist. Es wird damit in den meisten Fällen dem Erforderniß zu e, durchweg aber demjenigen zu a nicht genügt. Die Nachtheile dieses Zustandes liegen auf der Hand. Es ist die Möglichkeit gegeben, daß die Justizverwaltung eines deutschen Staats für eine bestimmte Sache ein bestimmtes Gericht, bei welchem, wenn der Fall zweifelhaft liegt, eine Verurtheilung, wenn er unzweifelhaft liegt, eine besonders strenge Bestrafung zu erwarten ist, für die

Verhandlung und Entscheidung auswählt. Daß das thatsächlich je vorgekommen ist, wird sich nicht feststellen lassen; unerwünscht ist aber schon, daß die Gefahr einer solchen Auswahl als Agitationsstoff verwerthet werden kann. Schwerer noch wiegt eine zweite Möglichkeit. Nach der Rechtsprechung des Reichsgerichts kann in Preßsachen jeder Staatsanwalt im Deutschen Reiche Anklage erheben, welcher für einen der Orte zuständig ist, nach denen hin die Druckschrift verbreitet ist. Nun kann es vorkommen, daß der Staatsanwalt des Erscheinungsorts und fast alle anderen Staatsanwälte nichts Strafbares in einer Druckschrift finden und nicht einschreiten, während nur ein Staatsanwalt, vielleicht an einem ganz entlegenen Orte, wohin nur ein einzelnes Exemplar der Druckschrift gedrungen ist, Anklage erhebt und möglicher Weise eine Verurtheilung erzielt. Auf diese Weise wird die Möglichkeit einer Anklageerhebung und Verurtheilung in Preßsachen bedeutend gesteigert.

Eine anderweite Regelung des Gerichtsstandes der begangenen That in Preßsachen ist hiernach wünschenswerth. Bulling, der den Standort des Thäters zur Zeit der That als maßgebend erachtet, sieht demgemäß als Gerichtsstand an:[41])

für den Einsender den Ort, von wo aus die Einsendung bewirkt ist;
für den Redacteur den Ort der Redaction;
für den Verleger den Sitz des Verlagsgeschäfts;
für den Drucker den Ort der Druckerei;
für den Verbreiter (z. B. den Sortimenter) den Sitz seiner geschäftlichen Thätigkeit;
für den Herausgeber den Ort, von wo aus er das Manuskript eingesendet hat.

Durch Anwendung des § 13 Str.P.O. gelangt Bulling zu einem gemeinsamen Gerichtsstand.

Zweckmäßiger dürfte es jedoch sein, einen solchen gemeinsamen Gerichtsstand für alle bei einem Preßvergehen Betheiligten im Gesetz selbst zu bestimmen. Als solcher kommt in Betracht der Erscheinungs- oder Ausgabeort und der unter Umständen hiervon verschiedene Ort, von welchem aus verbreitet ist. Der Sinn und Zusammenhang des Preßgesetzes und der Wortlaut des § 22 sprechen dafür, daß dieses Gesetz das Moment der Verbreitung als maßgebend angesehen hat. Hiernach würde bei möglichster Anlehnung an das bestehende Recht der letztere Ort in Betracht kommen. Nun kann es aber im Einzelfalle schwierig

---

41) S. 26.

werden, den Beginn der Verbreitung und damit den Ort, von wo aus verbreitet ist, festzustellen[42]). Es ist z. B. zweifelhaft, ob als Verbreitung anzusehen ist:

1. eine buchhändlerische Anzeige;
2. die Mittheilung des Inhalts;
3. die Abgabe an nur eine Person;
4. die Mittheilung der Schrift im vertraulichen Kreise;
5. die Abgabe eines Pflichtexemplars (z. B. an Bibliotheken, an eine Polizeibehörde);
6. die Versendung seitens des Verlagsbuchhändlers an den Sortimenter;
7. die Aufgabe zur Post;
8. die Abgabe an den Austräger.

Diese Schwierigkeiten machen es wünschenswerth, nicht den Ort, von wo aus verbreitet ist, sondern den, im Zweifel nach § 6 des Preßgesetzes zu bestimmenden Ausgabe- oder Erscheinungsort als Ort der begangenen That in Preßsachen anzusehen[43]).

Es fragt sich aber, ob diese Regel ausnahmslos festzuhalten ist.

Nach einer Mittheilung im „Deutschen Wochenblatt" vom 1. August 1895 (Nr. 31 S. 368) hat die Reichstags-Commission, welche im Winter 1894—1895 die damals vorliegende Strafprozeßnovelle berieth, folgende Fassung vorgeschlagen:

„Bildet der Inhalt einer im Inlande erscheinenden periodischen Druckschrift den Thatbestand einer strafbaren Handlung, so ist, so-

---

[42]) Vgl. über den Begriff der Verbreitung das Liszt'sche Gutachten und die Verhandlungen des 15. deutschen Juristentages Bd. 1 S. 60 ff., 2 S. 262 ff. (über die Schwierigkeit der Bestimmung des Verbreitungsorts besonders Stenglein ebenda S. 264 ff.), die Commentare zum Str.G.B. von Olshausen S. 438 Anm. 10 zu § 110, Frank S. 143 f., Oppenhoff 13. A. S. 246 f. Anm. 14 und 17 zu § 85; von Liszt, Strafr. 9. A. S. 399; John in von Holtzendorff's Handb. des Strafr. Bd. 3 S. 98; Kayser, ebenda Bd. 4 S. 566 ff.; Klöppel, Reichspreßr. S. 152 ff.; von Liszt, Reichspreßr. S. 149 ff.; Berner, Preßr. S. 167 ff. (sehr eingehend); die Commentare zum Reichspreßgesetz von Schwarze 2. A. S. 8 ff., Appelius S. 10 ff., Koller S. 16 ff., Marquardsen S. 55 ff.; die Urtheile des Reichsgerichts vom 28. September 1880, 5. October 1882, 28. September 1883, 6. November 1884, 23. December 1886 (Entsch. Bd. 2 S. 270, 7 S. 113, 9 S. 71; Rechtspr. Bd. 6 S. 703 ff., 8 S. 786).

[43]) Für den Erscheinungsort de lege ferenda die erwähnten Artikel v. Bar's und Birkmeyer's, sowie Klöppel in den Verhandlungen des 15. Juristentages Bd. 2 S. 266 ff.; für den Ort, von dem aus verbreitet ist, Liszt und Stenglein, ebenda Bd. 1 S. 60 ff., 262 ff. und die Mehrheit der 3. Abtheilung dieses Juristentages; für eine Regelung im Sinne Bulling's Meves in Goltd. Arch. Bd. 42 S. 467.

weit die Verantwortlichkeit des Verfassers, Herausgebers, Redacteurs, Verlegers oder Druckers in Frage steht, der Gerichtsstand der begangenen That nur bei demjenigen Gericht begründet, in dessen Bezirk die Druckschrift erschienen ist. Die Fälle der Verfolgung im Wege der Privatklage, sowie diejenigen, in welchen die strafbare Handlung in der selbständigen Verbreitung der Druckschrift besteht, werden durch diese Vorschrift nicht berührt."

Ich habe diesen Vorschlag in den Drucksachen des Reichstages nicht gefunden, halte ihn aber für sehr beachtenswerth. Darnach soll obige Regel folgenden Beschränkungen unterliegen. Sie soll sich

1. nur auf periodische und
2. nur auf inländische Druckschriften beziehen;
3. (ebenso wie nach dem Antrag Wolfffson-Schwarze) nur Platz greifen, soweit die Verantwortlichkeit des Verfassers, Herausgebers, Redacteurs, Verlegers oder Druckers in Frage steht, also nicht z. B. soweit diejenige des Einsenders, der das Manuskript nicht verfaßt hat, des Setzers, Correctors oder des Verbreiters in Betracht kommt;
4. die Regel soll ausgeschlossen bleiben bei Verfolgungen im Wege der Privatklage und
5. soweit die strafbare Handlung in der selbständigen Verbreitung einer Druckschrift besteht.

Die Einschränkungen zu 1 und 3 halte ich für unzweckmäßig, die zu 4 theilweise, die zu 2 und 5 vollständig für gerechtfertigt.

Zu 1. Die Uebelstände des fliegenden Gerichtsstandes sind für nicht periodische Druckschriften, namentlich, wenn es sich um weit verbreitete Flugschriften handelt, genau dieselben, wie für periodische. Der Verfasser des Artikels im „Deutschen Wochenblatt" führt aus, bei derartigen Druckschriften sei der „ambulante" Gerichtsstand sachlich gerechtfertigt. Wenn z. B. ein Agitator in einem oberschlesischen Industriebezirk in Berlin ein verleumderisches Schriftstück gegen einen oberschlesischen Großindustriellen verfasse, drucken lasse und an die oberschlesischen Arbeiter versende, sei es sachgemäß, die Verhandlungen bei dem betreffenden oberschlesischen Gericht stattfinden zu lassen. Letzteres ist richtig, rechtfertigt aber weder den fliegenden Gerichtsstand, noch eine verschiedenartige Behandlung periodischer und nicht periodischer Druckschriften; der Fall kann betreffs einer Zeitungsnummer ebenso liegen.

2. Die Unterscheidung zwischen in- und ausländischen Druckschriften erscheint mir angemessen. Ausländische Schriften würden sonst (wenn

nicht Fall 5 vorliegt) in Deutschland gar nicht verfolgt werden können. Andererseits wird in den meisten Fällen die Verbreitung auf deutschem Boden keine sehr große und die Gefahr des ambulanten Gerichtsstandes daher keine erhebliche sein, abgesehen von revolutionären oder anarchistischen Druckschriften, bei denen es eines besonderen Rechtsschutzes durch Beseitigung des fliegenden Gerichtsstandes kaum bedarf.

3. Es liegt kein sachlicher Grund dafür vor, warum zwar der Verfasser eines Artikels, nicht aber z. B. auch der Einsender, welcher nicht Verfasser ist, am Ausgabeorte abgeurtheilt werden soll. Auch für den Verbreiter ist eine Ausnahmestellung nur dann gerechtfertigt, wenn die strafbare Handlung in der selbständigen Verbreitung (unten Nr. 5) besteht, nicht aber dann, wenn der Verbreiter (z. B. der Commissionär, Colporteur, Zeitungsspediteur, Sortimenter) nach dem regelmäßigen Verlauf der Dinge nur als Theilnehmer an der Strafthat des Verfassers, Herausgebers oder Redacteurs erscheint. Allerdings würde in diesem Falle der Gerichtsstand für den Verbreiter schon aus § 13 Str.P.O. am Erscheinungsort begründet sein.

4. Bei der Verfolgung im Wege der Privatklage wird insoweit eine Ausnahme zu machen sein, als Jemand, der durch eine in einer entfernten Stadt erscheinende an seinem Wohnort verbreitete Druckschrift beleidigt wird, mit seiner Klage nicht an jenes entfernte Gericht verwiesen werden darf, sondern berechtigt sein muß, an seinem Wohnort zu klagen. Das ist um so nothwendiger, als das persönliche Erscheinen des Privatklägers vom Gericht angeordnet werden kann und in diesem Falle das Nichterscheinen als Zurücknahme der Klage gilt. Von dieser Befugniß machen die Gerichte mit Recht umfassenden Gebrauch, namentlich in den Fällen des § 186 Str.G.B., wo eine Aufklärung durch persönliche Befragung des Beleidigten besonders oft nöthig wird. Es ist nun ungerechtfertigt, dem Privatkläger in solchen Fällen eine vielleicht weite Reise zuzumuthen; deshalb muß er an seinem Wohnort klagen dürfen. Dagegen ist es nicht sachgemäß, weiter zu gehen, und es mit dem oben erwähnten Vorschlage in Privatklagesachen bei dem fliegenden Gerichtsstande zu belassen.

5. Ist die Verbreitung nicht im regelmäßigen Betriebe der Zeitungsspedition oder des Buchhandels, sondern außerhalb desselben erfolgt, — hat z. B. ein Agitator die beleidigende Zeitungsnummer von Hand zu Hand weiter gegeben oder ein bei der buchhändlerischen Herstellung einer Flugschrift Unbetheiligter diese durch die Post versandt, so ist ein selbständiges Vorgehen vorhanden. Es liegt dann kein Grund vor, den Ausgabeort der Druckschrift als Ort der begangenen That anzusehen.

Ein Bedürfniß für eine Ausnahme von der gedachten Regel liegt ferner:

6. in dem mehrfach besprochenen Falle vor, wenn die Druckschrift oder der strafrechtlich in Betracht kommende Theil derselben Personen, Vorgänge oder Verhältnisse an einem bestimmten Orte oder doch in einem bestimmten Bezirk betrifft. Hier kann es, wie oben dargelegt, für die Wahrheitsermittelung wie für die Wirkung der Bestrafung zweckentsprechend sein, die Verhandlung und Entscheidung dem Gericht des betreffenden Orts zu übertragen. Es dürfte sich empfehlen, diese Entscheidung nicht der Staatsanwaltschaft, sondern dem Reichsgericht zu überlassen, damit die Interessen des Staats, der Verletzten und der Angeklagten gleichmäßig gewahrt werden.

Hiernach würden sich folgende Thesen empfehlen:

1. Begründet der Inhalt einer im Inlande erschienenen Druckschrift den Thatbestand einer strafbaren Handlung, so ist für alle Theilnehmer der Gerichtsstand der begangenen That nur bei demjenigen Gericht begründet, in dessen Bezirk die Druckschrift erschienen ist.

2. Bis zum Gegenbeweise gilt als Erscheinungsort der auf der Druckschrift angegebene Wohnort des Druckers und, wenn sie für den Buchhandel oder sonst zur Verbreitung bestimmt ist, der auf der Druckschrift angegebene Wohnort des Verlegers oder beim Selbstvertriebe der Druckschrift der auf derselben angegebene Wohnort des Verfassers oder Herausgebers. Sind mehrere derartige Orte auf der Druckschrift angegeben, so gilt jeder derselben als Erscheinungsort.

3. Bezieht sich der strafbare Inhalt der Druckschrift auf Personen, Zustände oder Vorgänge an einem bestimmten Ort oder in einem bestimmten Bezirk, so kann auf Antrag der Staatsanwaltschaft das Reichsgericht die Verhandlung und Entscheidung der Sache dem für diesen Ort oder Bezirk zuständigen Gericht übertragen.

4. Eine Privatklage wegen einer zu 1 bezeichneten strafbaren Handlungen kann auch an demjenigen Ort angestellt werden, wo der Privatkläger zur Zeit des Erscheinens der Druckschrift seinen Wohnsitz oder in Ermangelung eines solchen seinen ständigen Aufenthalt hatte.

5. Diejenigen Fälle, in welchen die strafbare Handlung in der selbständigen Verbreitung der Druckschrift besteht, werden durch die Bestimmung zu 1 nicht berührt.

V.

Gutachten des Herrn Professors Dr. L. Mitteis in Leipzig

über die Frage:

„Inwieweit sind an die Veröffentlichung von Briefen ohne die Einwilligung des Verfassers beziehungsweise seiner Erben, Rechtsnachtheile zu knüpfen?"

Die Frage, inwiefern der unbefugten Verfügung über fremde Briefe, insbesondere der Veröffentlichung derselben zu begegnen sei, hebt sich in der urheberrechtlichen Literatur dieses Jahrhunderts als ein ebenso wichtiges wie ungelöstes Problem deutlich hervor. [1]) Wissenschaft und Rechtsprechung haben sich in gleichem und reichem Maße mit demselben beschäftigt und eine Fülle von Rechtsfragen zu Tage gefördert. In einzelnen Punkten ist auch schon eine Art von Communis opinio erzielt worden; aber das Problem in seiner Totalität ist nur selten scharf erfaßt worden.

Die Gesetzgebungen beginnen erst in neuester Zeit der Brieffrage eine erhöhte Aufmerksamkeit zuzuwenden, wobei natürlich der allerdings längst bekannte und von dem hier zu erörternden Gegenstand ganz verschiedene Schutz des Briefverschlusses gegen unbefugte Eröffnung (sog. Brief- und Schriftengeheimniß) nicht in Betracht gezogen ist. Ohne eine präcise Regelung im Gesetzgebungswege dürfte aber das Recht der Briefe noch lange der genügenden Sicherheit und Stärke ermangeln. Vor Allem wird nach dem Satze nulla poena sine lege das Recht der Praxis nicht im Stande sein, selbst gegen die empörendste Verletzung fremder Interessen mit der vom Rechtsgefühl oft dringend geforderten

---

1) Weitaus die bedeutendste Arbeit hierüber ist Kohler's „Recht an Briefen" (Archiv für bürgerl. Recht 7, 94—147), auf welche hier ein für allemal verwiesen wird. Daselbst auch reiche Nachweisungen über die Praxis.

öffentlichen Strafe einzuschreiten. Aber auch die civile Schadenersatzklage, die ja vielfach gegen unsere Contraventionen schon heute zugelassen wird, muß auf eine feste gesetzliche Basis gestellt werden, wenn die in Brieffragen heute herrschende bedenkliche Rechtsunsicherheit endgiltig beseitigt werden soll.

Was eine vollbefriedigende Lösung des Briefproblems bis heute verzögert und namentlich seine gesetzliche Regelung ausgeschlossen hat, scheint mir — ganz abgesehen von der nicht gerechtfertigten aber um so häufiger vorkommenden Scheu die heikle Grenzlinie zwischen Recht und Moral, zwischen Rechtsverletzung und Indiscretion zu betreten, um die es sich hier für den Juristen so oft handelt — Folgendes zu sein. Die Briefverletzung liegt zwischen zwei Rechtsgebieten in der Mitte, welche zwar keineswegs Gegensätze sind, in der wissenschaftlichen und gesetzgeberischen Behandlung aber doch zumeist getrennt werden, zwischen dem allgemeinen Civil- und Strafrecht einerseits und dem speciellen Urheberrecht andererseits. Soweit es sich um den urheberrechtlichen Gehalt der Briefe handelt, gehört sie diesem, soweit in der Verfügung über den Brief eine anderweite Rechtsverletzung liegt, jenem an. Eine solche Situation pflegt der Behandlung einer Frage sehr ungünstig zu sein, weil sie nur zu leicht den negativen Competenzconflict hervorruft, und das hat sich in unserem Fall wenigstens insoweit bewahrheitet, als die allgemeine Civilrechtstheorie und die „bürgerlichen Gesetzbücher" an der Verletzung des Briefrechts als etwas specifisch Autorrechtlichem unbekümmert vorübergehen. Die Urheberrechtslehre hat es sich allerdings nicht so leicht gemacht, sondern sich mit der Sache unleugbar recht eingehend befaßt; dennoch ist auch hier die Doppelnatur des Briefproblems nicht immer richtig gewürdigt worden.

I.

Urheberrecht und Individualrecht. Literarische Briefe.

1. Man muß in der Rechtsstellung, welche der Urheber eines Geisteswerks diesem gegenüber einnimmt, zweierlei Interessengruppen scharf unterscheiden, die reinen Urheberrechte und die Individualrechte. Ich habe diesen Gegensatz, der von **Kohler** zuerst in umfassender Weise zum wissenschaftlichen Ausdruck gebracht worden ist, in meiner Abhandlung über das österreichische Urhebergesetz von 1895[2]) einer eingehenden Neu-

[2]) Zur Kenntniß des literarisch-artistischen Urheberrechts nach dem österreichischen Gesetz vom 26. Dezember 1895, in der Festschrift der Wiener Juristenfacultät für Josef Unger (1898) S. 91—110.

darstellung unterzogen, und kann mich hier auf das dort Gesagte berufen.

Reine Urheberrechte sind danach diejenigen Befugnisse, welche durch selbständige geistige Schöpfungsthätigkeit begründet werden und die Herrschaft des Autors über sein Werk sichern; Individualrechte dagegen jene, welche nicht sowohl eine durch die geistige Schöpfung begründete Beziehung des Autors zu seinem Werke zum Gegenstand haben, sondern den Schutz seiner anderweitigen persönlichen Interessen.

Beispielsweise ist es ein Urheberrecht, wenn die Veröffentlichung, Vervielfältigung, Uebersetzung eines Schriftwerks u. dgl. dem Autor vorbehalten ist, denn alles dies soll ihm die ungeschmälerte Bestimmung über die Verwendung seines Geistesproduktes sichern. Ebenso ist das Recht der Aufführung oder Bearbeitung bei einem dramatischen oder musikalischen Werk, das der Nachbildung bei einem Gemälde oder einer Statue ein wahres Urheberrecht.

Das Individualrecht dagegen reagirt gegen Eingriffe, welche nicht das Verhältnis von Werk und Autor berühren und durch dieses bedingt sind, sondern die literarische und künstlerische oder auch nur die rein menschliche Persönlichkeit des Autors als solche verletzen. Wird z. B. eine Copie mit der Meistersignatur versehen, so ist das Recht des Künstlers am Originalwerk dadurch nicht im mindesten alterirt, wohl aber wird sein künstlerischer Name gefährdet, wenn stümperhafte Machwerke unter seiner Firma verbreitet werden. Aehnlich stände es, wenn die mangelhafte Uebersetzung eines Romans als vom Autor herrührend oder genehmigt bezeichnet würde.

Praktisch nun ist die Unterscheidung von Urheber- und Individualrechten hauptsächlich deshalb äußerst wichtig, weil das Individualrecht zu seinem Bestand eine geistige Schöpfungsthätigkeit, wie sie zum Entstehen eines Autorrechts die erste Bedingung ist, nicht erfordert; auch an einer Contractsurkunde, einem Wäschzettel, einer Schneiderrechnung, welche gewiß keinen literarischen Charakter beanspruchen, können Individualrechte begründet sein.

2. Die Unterscheidung zwischen autorrechtlichem und individualrechtlichem Schutz ist, wie ich schon oben andeutete, erst neueren Datums und, wie ich jetzt hinzufügen muß, noch immer nicht genügend anerkannt und verwerthet. Das hat auf die Behandlung der Brieffrage in der urheberrechtlichen Literatur verwirrend eingewirkt. In den gesammten älteren Bearbeitungen dieser Materie wird die Frage einfach so gestellt, ob an Briefen ein Urheberrecht besteht oder nicht. Wenigstens gilt dies von der deutschen Jurisprudenz, während man der französischen

das Zeugnis ausstellen muß, daß sie von jeher die über das Urheberrecht hinausreichende Seite der Frage richtig erkannt hat. Derzeit beginnt allerdings auch in Deutschland die richtige Erkenntniß große Fortschritte zu machen.

In der That liegt nämlich die Sache so, daß der Schutz des Briefes gegen Mißbrauch durchaus nicht bedingt ist durch ein daran bestehendes Autorrecht. Die Veröffentlichung eines Briefes kann, auch wenn und wo sie keinerlei Eingriff in ein Autorrecht enthält, doch immer eine flagrante Verletzung anderweitiger individualer Interessen oder, um ein gebräuchliches Synonym zu verwenden, „Persönlichkeitsrechte“ bedeuten.

Richtigerweise sind daher zwei Möglichkeiten zu unterscheiden. Einmal kann der Brief Gegenstand eines wahren Autorrechts sein und wird dann nach den bezüglichen Specialrechtssätzen geschützt; zum Anderen kann ihm die autorrechtliche Qualification fehlen, dann bestimmt sich seine Schutzfähigkeit nach den Grundsätzen über den Schutz der in ihm verkörperten Persönlichkeit seines Verfassers.[3])

Aus dem Gesagten ergiebt sich sofort, daß die an die Spitze gestellte Unterscheidung zwischen Autor- und Individualrechtsschutz für die richtige Beantwortung unserer Hauptfrage von großer Bedeutung ist. Ohne dieselbe läßt sich der wahre Inhalt derselben garnicht richtig erfassen. Denn erst wenn man diese Unterscheidung festhält, erkennt man, daß sie in Wahrheit in zwei ganz verschiedene Fragen zerfällt, nämlich 1) in wieweit literarische und 2) in wieweit nicht literarische Briefe gegen Veröffentlichungen geschützt werden sollen. Der erstere Punkt aber wird schon im geltenden Recht mit überwiegender Mehrheit im Sinne eines absoluten Schutzes entschieden.

Daß ein literarisches Werk heute auch gegen unbefugte Veröffentlichung geschützt werden muß, steht nämlich in der deutschen Literatur fest, obwohl es im geltenden Reichsgesetz von 1870 nicht ausdrücklich gesagt ist. Für Oesterreich ist es sogar durch das Gesetz von 1895 ausdrücklich codificirt worden.

---

[3]) Die praktische Tragweite dieser Unterscheidung ist aber für das geltende Recht jedenfalls die, daß der autorrechtliche qualificirte Brief und nur dieser gegen unbefugte Veröffentlichung und Vervielfältigung schon jetzt den verschärften Rechtsschutz genießt, den die Beschlagnahme des unrechtmäßigen Nachdrucks mit sich bringt. Gegen den Mißbrauch des nicht autorrechtlichen Briefes kann eine Beschlagnahme derzeit nicht angerufen werden, oder doch nur unter den besonderen Bedingungen, unter denen eine „einstweilige Verfügung“ (C.P.O. § 814) zulässig ist. Es wird hierfür in der Regel ein dingliches Recht am Briefkörper in Anspruch genommen sein müssen.

Es kann sich daher höchstens um die — früher bekanntlich oft verneinte — Frage handeln, ob der Brief ein literarisches Werk überhaupt darstellen kann. Auch in dieser Beziehung nähert man sich immer mehr der Einigkeit. Während man früher oft den Briefen, als Trägern von blos thatsächlichen Mittheilungen, den autorrechtlichen Charakter schlechtweg absprach, dringt gegenwärtig immer deutlicher der Gedanke durch, daß eine generelle und schablonisirende Behandlung dieses Punktes unzulässig ist und vielmehr jeder Brief nach seinem eigenthümlichen Inhalt und Character beurtheilt werden muß. Danach soll der Alltagsbrief, welcher nur dem geschäftlichen und geselligen Verkehr dient und dessen Thatsachen, Bedürfnisse und Empfindungen zum Ausdruck bringt, keines Autorschutzes fähig sein. Gegenstand eines eigentlichen Autorrechts wird dagegen derjenige Brief, der sich über den ephemeren Gesichtskreis erhebt und die selbständige Behandlung wissenschaftlicher, künstlerischer, ästhetischer, religiöser, politischer und anderer Probleme zum Gegenstand hat, mithin eine in sich selbst ruhende geistige Production bedeutet.[4])

---

[4]) Diese individualisirende Behandlung mag freilich ihre praktischen Schwierigkeiten haben; dieselben sind so groß, daß z. B. das neue österreichische Urhebergesetz schlechthin darauf verzichten zu sollen geglaubt hat, den einzelnen Brief (anders die Briefsammlung) als mögliches Object des Urheberrechts zu bezeichnen. Dies bedeutet jedoch eine unverzeihliche Bankrotterklärung der Rechtsordnung. Freilich haben die Herrenhausmotive des genannten Gesetzes dieselbe sehr geschickt zu verdecken gesucht, indem sie die Bemerkung einflechten: „Zweifelsohne kann der Urheber zur Herstellung eines Werkes der Literatur sich der Briefform bedienen (Romane in Briefen u. s. w.), in welchem Falle für die rechtliche Behandlung des Werkes diese Form gleichgültig ist." Indessen ist es offenbar, daß diese clausula salvatoria, auf die man sich offenbar unbequemen Recriminationen gegenüber zu berufen gedachte, die eigentliche Frage umgeht. Nicht darum kann es sich ja handeln, ob Romane in Briefen, wie Goethes „Werther", oder die „offenen Briefe", oder die „Juniusbriefe", oder die „Chemischen Briefe" von Justus Liebig literarische Werke sind, woran ja Niemand gezweifelt hat, schon deswegen nicht, weil hier gar keine Briefe im wahren Sinne vorliegen, sondern ob wirkliche, d. h. zunächst regelmäßig für den Druck nicht bestimmte Briefe als literarische Werke geschützt werden können.

Es sollte aber auch daran, wenn die oben genannten inhaltlichen Bedingungen vorliegen, gar kein Zweifel sein.

Die gegentheilige Meinung führt zu den unerträglichsten Folgerungen. Eine wissenschaftliche Abhandlung, in einen Brief eingeflochten, würde schutzlos bleiben; wäre dieselbe Abhandlung ohne die obligate Begrüßungsformel und Datirung der Briefe in das Couvert gelegt und übersandt worden, so wäre ihr literarischer Charakter erhalten geblieben. Ein Brief, der allmählich in gereimte oder metrische Form übergeht oder vielleicht sogar gleich in solcher beginnt, ein Brief mit eingelegten musikalischen Kompositionen u. s. w., das Alles würde erbarmungslos aus dem Autorrecht gestrichen werden müssen. Und warum? Weil man dem Richter

Dies wird denn unzweifelhaft auch der Standpunkt des künftigen deutschen Urhebergesetzes sein, wie sich schon jetzt aus dem Entwurf ersehen läßt. (S. unten.) Und damit ist bezüglich aller literarisch qualificirten Briefe die Eingangs aufgeworfene Frage sofort bejahend beantwortet. Sie werden so wenig unbefugt veröffentlicht werden dürfen, wie literarische Werke überhaupt.

Insbesondere ist für sie schon heute anzunehmen und wird unzweifelhaft auch ins künftige Recht übergehen, daß die Veröffentlichung, wenn sie im Wege des Druckes erfolgt, der Beschlagnahme unterliegt, also der schärfsten Waffe des Autors.

II.

Briefsammlungen.

Ebenso einfach und, schon durch die Stellungnahme der bisherigen Praxis vorgezeichnet, scheint mir die Beantwortung der Frage nach der Veröffentlichung von Sammlungen fremder Briefe.

a) Daß die fertiggestellte Sammlung von Briefen — eigenen oder fremden — Urheberrechtsobject ist, steht allgemein fest. Es beruht dies darauf, daß, wie immer man über den Einzelbrief denken mag, die Herstellung einer Collection von Briefen immer eine ordnende und redigirende Thätigkeit voraussetzt, von welcher es allgemein anerkannt ist, daß sie an der Collection als Ganzen ein Urheberrecht erzeugt. Es ist hier das Autorrecht des Redacteurs, welches geschützt wird.

b) Eine andere Frage geht dahin, ob die Veranstaltung einer Sammlung fremder Briefe ihrem Verfasser gegenüber erlaubt ist.

Die Frage ist gegenstandslos, wo es sich um Briefe von literarischem Charakter handelt, die auch als einzelne nicht nachgedruckt werden dürften; dagegen überaus praktisch gegenüber solchen Briefen, die literarischen Inhalt nicht haben, sondern nur als biographische oder historische Zeugnisse über die Person ihres Verfassers und seine Umgebung in Betracht kommen.

---

nicht die Fähigkeit zutraut, die freie geistige Production von einer leeren alltäglichen Plauderei oder vom banausischen Geschäftsstyl zu unterscheiden. Es muß aber auch hier gründlich gebrochen werden mit jenem Regime, welches die öffentlichen Einrichtungen nicht auf das Vertrauen, sondern auf das Mißtrauen basirt, und welches lieber die herrlichsten Erzeugnisse menschlichen Gedankenaustausches für vogelfrei erklärt, als dem Richter jenen Spielraum des Ermessens giebt, der nun einmal immer und überall ihm gelassen werden muß. Mit Recht hat denn auch die neuere Literatur dieser Latitude immer Rechnung getragen und die urheberrechtliche Qualification der Briefe für eine quaestio facti erklärt.

An sich würde hier die Veröffentlichung der einzelnen Stücke keinen Eingriff in ein Urheberrecht bilden, da an ihnen ein solches nicht besteht, sondern sie könnte höchstens nach Umständen das Persönlichkeitsrecht des Autors verletzen, insofern sie ihn durch ihre Indiscretion compromittirt oder anderweitig schädigt. Und darum greift, rein theoretisch betrachtet, auch die Zusammenfassung einer Mehrzahl von Briefen zu einer Sammlung zunächst nur in das Recht der Persönlichkeit ein. Aber sie thut es sehr viel intensiver als die Publication von einzelnen Stücken; denn sie macht den Briefsteller zum Objekt einer öffentlichen Schaustellung, die er wider seinen Willen gewiß sich nicht gefallen zu lassen braucht. Darum verletzt sie das Persönlichkeitsrecht selbst dann, wenn jedes einzelne der gesammelten Stücke durchaus harmloser Natur ist, so daß seine vereinzelte Veröffentlichung nach geltendem Recht durchaus erlaubt wäre. Das ist denn auch von jeher anerkannt worden, am frühesten in der englischen und französischen Praxis.

Indessen diese heute schon vorhandene Anerkennung durch die Jurisprudenz ist praktisch nicht genügend. Denn was vermag sie dem Verfasser der also bloßgestellten Briefe zu geben? Sie giebt ihm, was das Jus commune der Persönlichkeit allenfalls geben kann: einen Anspruch auf Verbot und Entschädigung. Das scheint sehr viel; aber es ist doch nur der hinkende Bote der Gerechtigkeit. Ist einmal der Briefsteller durch die unerlaubte Sammlung öffentlich compromittirt, so giebt es kein Verbot, das dies ungeschehen macht, und keine Entschädigung, die entschädigt. Darum muß dem Briefsteller außer dem späten Repressivschutz des Jus commune auch das rasche Präventivmittel des Jus singulare der Autoren zur Verfügung gestellt werden. Dazu aber ist, wenn es sich, wie hier vorausgesetzt, um bloße Alltagsbriefe handelt, die Jurisprudenz allein nicht im Stande; denn Autor ist der Verfasser der Briefe eben eigentlich doch nicht. Darum muß hier eine specielle gesetzliche Bestimmung eingreifen, welche auch dem Nichtautor die Beschlagnahme zugänglich macht. Ja dieser scheinbare Bruch in die Rechtsconsequenz ist auch vom autorrechtlichen Standpunkt keine allzu große Anomalie. Man muß nur bedenken, daß ohne die Saisirung die rechtswidrige Sammluug faktisch doch auf dem Büchermarkt bleibt; dadurch aber wird jede zukünftige rechtmäßige Sammlung, die zu veranstalten der Briefsteller oder sein Erbe vielleicht im Sinne hat, von vornherein ausgeschlossen. Dem unbefugten Herausgeber geschieht mit der Beschlagnahme kein Unrecht; wer eine solche Sammlung unrechtmäßig veranstaltet und damit fremde Briefe auf den Literaturmarkt wirft, für den sie nicht bestimmt waren, der muß sich eben gefallen lassen, daß die Repressivmaßregeln gegen ihn angewendet werden, welche der literarische Markt gegen unehrenhaftes Gehaben aufstellt. Mit vollem Recht hat daher das österreichische Gesetz in § 24 lit. 2 die unbefugte Herausgabe einer Sammlung fremder Briefe mit der Rechtsfolge einer Urheberrechtsverletzung bedroht.

Immerhin also bedarf dieser Punkt einer besonderen gesetzlichen Feststellung; denn, wie gesagt, daß Briefe, die an und für sich keine Geisteswerke sind, gegen unbefugte Zusammenfassung gleich solchen durch Beschlagnahme und die sonstigen Specialnormen des Autorrechts geschützt werden, kann die Rechtsprechung ohne besonderen Anhalt im Gesetz nicht annehmen.

III.

Der Schutz der nichtliterarischen Briefe.

Auch wenn der Brief nicht als literarisches Object in Betracht kommt, umschließt er doch vielfach Rechtsgüter, welche dem unbefugten Zugriff nicht preisgegeben sein können. Es ist dabei ein doppeltes zu unterscheiden.

Einmal ist der Brief der Träger thatsächlicher Mittheilungen, welche, weil an eine bestimmte Person gerichtet, ihrer Natur nach vertraulich sind.

Andererseits ist er als Ganzes, als Schriftstück eine Lebensäußerung seines Verfassers, welche schon ihrer subjectiven individuellen Form nach diesem angehört und ein Stück seiner Persönlichkeit repräsentirt. Er ist Geist von unserm Geiste und vermag, bald in gebrochenen Splittern, bald in ungetrübter Reinheit das geistige Bild des Briefstellers wiederzuspiegeln.

In jeder dieser Richtungen kann er Gegenstand unzarter, gewissenloser und frevelhafter Angriffe werden, gegen welche schon ein primitiver gesellschaftlicher Anstand, mehr und mehr aber auch die verfeinerte Rechtsordnung sich zu wehren pflegt.

I. Betrachten wir zunächst diese zweite Seite des Briefs, also seine Eigenthümlichkeit, ein Niederschlag und gewissermaßen ein Momentbild der geistigen Persönlichkeit seines Verfassers zu sein.

Dieses Bild ist eines ähnlichen Schutzes bedürftig wie das Portrait der körperlichen Erscheinung, bezüglich dessen man ja einig ist, es vor Mißbrauch zu bewahren. Bei dem Portrait wird schon in der deutschen Praxis eine Veröffentlichung gegen den Willen des Portraitirten für unzulässig erklärt — man denke nur an die Entscheidungen gegen die in das Sterbezimmer des Fürsten Bismarck eingedrungenen Photographen — und das österreichische Gesetz hat in § 13 sie sogar ausdrücklich verboten.

Aehnlich sollten aber auch die Briefe gegen die wörtliche Wiedergabe geschützt werden. Freilich gilt das nicht blos von Briefen, sondern ebenso auch von andern Aufzeichnungen persönlicher Natur, wie Tagebüchern; ja selbst Rechnungsbücher und Contraktsurkunden können unter Umständen einen derart persönlichen Character haben — man denke an einen Contract, wodurch jemand sein uneheliches Kind in Pflege giebt — daß sie unter Schutz gestellt zu werden verdienen. Aber danach ist hier nicht gefragt; um so mehr ist an dieser Stelle zu erörtern, in welchem Umfang die Indiscretion gegen fremde Briefe zu verbieten ist, wobei ich, um Mißverständnisse zu vermeiden, nochmals betone, daß hier nur von der wörtlichen Wiedergabe derselben, also vom Schutz der Form des Briefs die Rede ist; vom Briefinhalt ist im nächsten Abschnitt zu sprechen.

Zunächst ist nun klar, daß man hier auf alle Fälle gewisse Schranken zu beobachten haben wird. Als beinahe selbstverständlich wird es gelten können, daß nicht jeder unzarte Gebrauch, der mit dem Brief gemacht wird, die Reaction der Rechtsordnung hervorrufen kann. Ein bestimmtes Verbot würde sich darum von vornherein nur an Veröffentlichungen im eigentlichen Sinne knüpfen lassen. Fremde Briefe unberufenen Augen im vertraulichen Kreise zugänglich zu machen, kann zwar ein social sehr unanständiges Vergehen bilden, aber doch nur unter besonderen Umständen; in der überwiegenden Mehrzahl der Fälle aber ist es durchaus harmlos. Aber auch in den Fällen, wo es nicht harmlos ist, wäre es oft widersinnig, eine Verfolgung eintreten zu lassen, weil durch das gerichtliche Einschreiten die Interessen des Briefstellers noch vielmehr verletzt werden, als es durch die bisherige Indiscretion geschehen ist. Bisher haben fünf bis sechs Personen sich über meine thörichten Briefe belustigt; jetzt soll die ganze Welt erfahren, daß dies der Fall gewesen ist! Nur wo eine eigentliche Beleidigung im Sinne des Strafgesetzes gewollt und erfolgt ist — ein Begriff der ja nach Reichsstrafrecht ohnedies gewiß nicht zu enge ist — wird man Verfolgung eintreten lassen können; dazu genügt aber eben schon das Strafgesetz.

Eine besondere Frage ist die, inwiefern Briefe im Civil- oder Strafprozesse vor Gericht vorgelegt werden dürfen. Dieser, namentlich in der französischen Spruchpraxis außerordentlich oft behandelte Punkt[5])

---

[5]) Wer z. B. die Rév. Per. von Dalloz durchgeht, findet, daß der größere Theil der Entscheidungen in Briefsachen (Registertitel: Lettre missive) sich hierauf bezieht. Reichliches Material hieraus hat Kohler a. a. O. 130—138 zusammengestellt.

gehört jedoch überhaupt nicht ins materielle, sondern ins Prozeßrecht und kann nur im Zusammenhang mit diesem ausreichend erörtert werden. Eine allgemeine Regel über diesen Punkt läßt sich höchstens in einer Civilprozeßordnung aufstellen.

Jedes hier auszusprechende Verbot des materiellen Rechts wird sich also nur gegen die eigentliche Veröffentlichung von Briefen richten können. Nach einem solchen Verbot allerdings besteht ein dringendes Bedürfniß.

Fälle, wo durch Veröffentlichung von Briefen Indiscretionen begangen werden, kommen überaus häufig vor. Am gefährlichsten ist die Veröffentlichung durch den Druck, aber auch daß jemand durch Vorlesung von Briefen in Versammlungen oder öffentlichen Verhandlungen[6]) und dergl. dem Verfasser zu nahe tritt, ist möglich und bedeutet einen Uebelstand, gegen den Abhilfe getroffen werden muß. Darüber glaube ich, ist kein Wort zu verlieren. Ich erinnere mich z. B., daß die Gegner eines sehr berühmten Componisten denselben dadurch lächerlich zu machen gesucht haben, daß sie verschiedene Briefe von ihm mit allerdings recht kindischen Wünschen nach seidenen Kniehöschen und dergl. in den Zeitungen zum Abdruck brachten, und ich glaube nicht, daß dies mit seiner Einwilligung geschehen ist. Auch sonst ist es sehr zu beklagen und energisch abzustellen, wenn nach dem Tode berühmter Männer übereifrige Verehrer, oder solche, die sich mit seinem Umgang brüsten wollen, seine Briefe ohne Einwillung seiner Erben der Oeffentlichkeit preisgeben.[7]) Es wäre ein Leichtes dies des Näheren auszuführen und durch zahlreiche Beispiele zu belegen; aber die Namhaftmachung bestimmter noch in frischer Erinnerung lebender Fälle wäre odios und die älteren Fälle der Art sind in den Monographien über das Urheberrecht (z. B. Klostermann, geistiges Eigenthum 1, 314—328) so leicht zugänglich, daß es genügt hierauf zu verweisen. Auch widerstrebt es mir, diesen im allgemeinen Rechtsbewußtsein längst entschiedenen Punkt nochmals zu erörtern; ich halte es für genügend, hier einige Entscheidungen französcher Gerichtshöfe wiederzugeben, welche zeigen, daß die französische Praxis schon seit einem halben Jahrhundert mit musterhafter Consequenz und Klarheit den privaten Charakter jedes Briefs aufrechtzuhalten und jede unbefugte Veröffentlichung zu inhibiren weiß.

---

[6]) Wo freilich oft die leider grenzenlose Rede-Immunität der Abgeordneten die Verfolgung unpraktisch machen wird.

[7]) Mir sind zwei Fälle bekannt, wo die gewöhnlichen, schmeichelhaften Dankschreiben, mit denen literarische Dedicationen quittirt zu werden pflegen, von den Empfängern einer nächsten Publication beigedruckt wurden, und zwar ohne jede Erlaubniß. Und das ist noch relativ ungefährlich.

Tribunal civil de la Seine, du 8 août 1849, Cour de Paris, du 11 décembre 1850, Dalloz, R. P. 51. 2. 1.

(Collet c/ hérit. Récamier et B. Constant.)

„Toute lettre confidentielle contient virtuellement, et à défaut d'expressions contraires, la condition qu'elle ne pourra être publiée sans le consentement de son auteur ou de ses héritiers; par suite celui à qui ces lettres ont été adressées, ni son légataire universel, ni même le mandataire, que ce détenteur a chargé de les publier, ne peuvent user de ce droit sans le consentement de l'auteur des lettres. . . .

Celui à qui des copies de lettres confidentielles ont été remises par la personne à qui elles avaient été adressées pour les publier, après le décès de celle-ci, doit, sur l'opposition à la publication de la part des héritiers de l'auteur et de ceux du mandant, et alors que la publication est ainsi devenue impossible, en faire la remise aux héritiers de la personne de qui il les tient (c. civ. art. 1937).

La publication par la voie de la presse et en feuilletons peut être considérée comme n'étant pas dans les intentions du possesseur d'un écrit qui l'a remis à un tiers afin qu'il en fasse l'usage le plus honorable pour la mémoire de son auteur, le mode le plus conforme à cette intention.“ (Res. par les premiers juges.)

Cour de Bordeaux, du 2 août 1882, Dalloz, R. P. 84. 2. 59.

„Une lettre missive appartient exclusivement à son auteur qui demeure le maître d'en étendre ou d'en limiter la publicité;

Par suite, un tiers, quelque soit le moyen par lequel une lettre missive est parvenue entre ses mains, ne peut, sans une autorisation directe et formelle de l'auteur de cette lettre, lui donner une publicité contraire à sa destination ou dépassant les limites auxquelles l'auteur avait voulu la restreindre;

Spécialement, une lettre-circulaire destinée par son auteur à un certain nombre de ses concitoyens et à la publication, de laquelle il avait d'ailleurs renoncé, ne peut être publiée et distribuée sans autorisation par un tiers aux électeurs d'un canton, sans que ce tiers soit passible de dommages-intérêts envers l'auteur de l'écrit.“

Tribunal civil de la Seine, du 11 mars 1897, Dalloz, R. P. 98. 2. 360.

(Veuve Maurice Sand et C. Lévy c/ Mariéton et Havard.)

„Le droit de publier des lettres missives n'appartient qu'à celui qui les a écrites, et qui est toujours libre d'exercer ce droit quand il le juge à propos, pourvu qu'il ne compromette pas, par cette publication, le nom ou les intérêts du destinataire;

le droit, tout personnel qu'il est, passe aux héritiers de l'écrivain et peut être transmis par eux, à titre onéreux ou gratuit, à un tiers qui l'exercera à leur place.

En conséquence, l'auteur des lettres ou ses ayants cause peuvent s'opposer à leur publication, soit dans un intérêt pécuniaire, soit dans un intérêt moral, dont ils restent juges, à moins, dans ce dernier cas, qu'il ne résulte de la volonté manifestée par l'auteur, qu'il ne voyait pas d'inconvénient à cette publication;

Ils ont aussi qualité pour poursuivre civilement la contrefaçon; Mais toute citation empruntée à ces lettres, comme à une oeuvre littéraire quelconque, ne constitue pas une contrefaçon; il est, en effet, légitime et légal de citer un ou plusieurs passages d'un ouvrage, soit pour le discuter, soit pour en tirer argument au profit d'une opinion ou d'une doctrine, et il convient d'apporter dans l'appréciations de ces questions, qui touchent aux droits les plus respectables de la critique historique ou littéraire, la plus large tolérance;

La contrefaçon commence là où les emprunts faits à l'oeuvre d'autrui sont notables et dommageables, c'est à dire, assez étendus pour tenir lieu, dans une large mesure, de l'ouvrage lui même, dont ils sont tirés, et de nature à détourner le lecteur de la pensée de lire cet ouvrage."

Trib. civ. de la Seine, du 2 décembre 1864, Dalloz, R. P. 64. 3. 112.

(Léon Lacordaire c/ abbé Peyrreyve et Douniol.)

. . . „l'héritier n'est pas juge absolu de l'opportunité de la publication des lettres émanées de son auteur; son opposition à la vente d'un volume contenant la reproduction d'un choix de ces lettres, doit, dès lors être rejetée, si la publication émane d'un *légataire particulier des papiers personnels* à l'amitié duquel le défunt s'en est rapporté de l'usage qui serait fait de ses lettres, et alors que (d'après l'appréciation du tribunal) cette publication . . . . ne saurait être qu'honorable pour la mémoire du défunt.

Man kann sich mit diesen in großer Klarheit vorgetragenen Grundsätzen ohne Weiteres einverstanden erklären. Insbesondere betont die letztere dieser Entscheidungen — vom 2. Dezember 1864 — sehr richtig den oft übersehenen Punkt, daß die ausnahmsweise Gestattung der Publikation eines Briefes nicht nothwendig von den Erben des Verfassers, wenn dieser verstorben ist, auszugehn braucht, sondern hierzu auch andere Personen legitimirt sein können, wo denn die Erben höchstens gegen eine mißbräuchliche Ausnutzung ihrer Legitimation einschreiten dürfen. So ist es z. B., wenn Jemand einen Testamentsvollstrecker oder eine andere Person mit der Verwaltung seines geistigen Nachlasses betraut hat. Ich habe diesen Punkt in meiner Skizze des österreichischen Urheberrechtes (Wiener Festgabe für Josef Unger S. 114, 115) zur Darstellung gebracht.

Nur in einer Beziehung ist Einsprache zu erheben, nämlich gegen die Bemerkung des Seinetribunals (vom 11. März 1897), daß Citate aus Briefen erlaubt seien. Das enthält eine ganz ungehörige Ausdehnung des sonst freilich zum gestatteten usus publicus gehörigen Citationsrechts. Es ist dabei übersehen, daß dieses, wo die Autorgesetze es gewähren, immer ein veröffentlichtes Werk voraussetzt. Es auf Privatbriefe zu erstrecken hieße, was man mit der einen Hand gegeben hat, mit der andern wieder nehmen.

Dagegen ist eine andere Einschränkung des Veröffentlichungsverbotes allerdings nothwendig. Die Veröffentlichung muß erlaubt sein, wo besondere Interessen sie gebieterisch erheischen. Hierher gehört insbesondere die Abwehr unbegründeter Angriffe. Es empfiehlt sich, dies im Gesetz ausdrücklich auszusprechen und sich nicht etwa auf die allgemeinen Grundsätze der Nothwehr zu verlassen. Die hier in Betracht kommenden Verhältnisse sind besonderer Natur; man würde einem verfeinerten Ehrgefühl oft nicht gerecht werden, wenn jeweils ein „rechtswidriger" Angriff auf die Ehre erfordert würde, um eine abwehrende Publikation zu decken. Schon die leiseste Berührung des Ehrenpunktes wird sie unter Umständen decken. Hier stehen besondere sociale Anschauungen in Frage.

Damit kann ich diese Seite des Gegenstandes als erledigt ansehen. Ich halte also eine Vorschrift, welche die wörtliche Veröffentlichung fremder Briefe ohne Einwilligung des Urhebers oder seiner Rechtsnachfolgers verbietet, für unbedingt wünschenswerth.

Das unentbehrliche Correlat einer derartigen Bestimmung muß natürlich sein, daß eine solche Publikation gleich einem Nachdruck — obwohl sie einen solchen, da es sich um ein literarisches Werk nicht handeln muß, vielleicht nicht darstellt — der Beschlagnahme unterworfen wird. Sonst ist das Gesetz ein Messer ohne Klinge[8]).

---

[8]) S. oben S. 48.

IV.

Der Schutz der Briefe als Träger thatsächlicher Mittheilungen.

II. Wir betrachten nunmehr den Schutz der einzelnen im Brief enthaltenen Mittheilungen. Auch in dieser Beziehung steht der Brief nicht allein, so wenig wie in der oben erörterten (oben S. 50), sondern ist nur eine besondere Gattung der Urkunde schlechthin. Was im Folgenden von ihm gesagt ist, kann auf jede Urkunde, deren Bestimmung ebenso discret ist, wie die des Briefes, angewendet werden, und ist auch in der ausländischen Gesetzgebung thatsächlich schon auf sie miterstreckt worden.

Die ursprünglichste Figur des Rechtsschutzes für das Geheimniß der thatsächlichen Mittheilungen ist hier die, daß der äußere Verschluß der Briefurkunde gegen widerrechtliche Eröffnung gesichert wird. Dieses Verschlußgeheimniß erscheint in den mitteleuropäischen Verfassungen aus der Mitte dieses Jahrhunderts als eine Magna charta der staatsbürgerlichen Sicherheit, bei der man, wie beim Schutz des Hausrechts, wohl hauptsächlich an Uebergriffe der Behörden denkt. Das ist die primitivste Abwehr gegen die primitivste Form des Angriffes.

Aber freilich ist sie in keiner Weise genügend; sie erfaßt nicht das Wesen der Sache. Sie schützt die Schale, nicht den Kern. Freilich wird wer Briefe unbefugt eröffnet, sie regelmäßig auch lesen und von dem Gelesenen einen unbefugten Gebrauch machen wollen. Aber merkwürdigerweise wird in den uns hier zunächst liegenden Gesetzen, dem deutschen Reichsstrafgesetz § 299 und dem österreichischen Gesetz vom 6. April 1870 § 1[9]) gerade dieses wesentliche Thatbestandsmerkmal garnicht hervorgehoben. Das hat freilich nichts zu sagen, wenn man sich, wie das gewöhnlich zutrifft, den unbefugten Leser als mit dem unbefugten Eröffner identisch oder doch im Einverständnis stehend, also als seinen Mitschuldigen vorstellt. Wo das aber ausnahmsweise nicht zutrifft, mag der Leser, der an der widerrechtlichen Eröffnung nicht mitschuldig ist, vom

---

[9]) Doch ist letzteres noch immer glücklicher gefaßt als das Reichsgesetz, weil es von „Verletzung des Geheimnisses durch Eröffnung" spricht, sodaß man die Kenntnißnahme vom Inhalt als Thatbestandsmerkmal in das Gesetz hineininterpretiren kann (so Finger öst. Straf-R. 2 S. 165). Nach deutschem Reichsstrafrecht ist sie nicht erforderlich. Und nach beiden Gesetzen ist jedenfalls sie allein und ohne Beseitigung des Verschlusses zur Strafbarkeit nicht genügend; so z. B. wenn der uneröffnete Brief der Röntgen-Photographie unterzogen wird. — Ueber die Unzulänglichkeit des bestehenden Schutzes von Privatgeheimnissen s. vor Allem Binding Grundriß des Strafrechts (1896) S. 50—52.

Standpunkt der Gesetze über das Briefgeheimniß mit dem Brief verfahren wie er will, ihn erreicht ihr Arm nicht mehr.

Die Vollständigkeit des Rechts erheischt, diese unvollkommenen Normen zu ergänzen. Es müssen Bestimmungen geschaffen werden, welche auch die nachträgliche Ausnutzung der durch die widerrechtliche Eröffnung geschaffenen Situation verbieten. Das muß unzulässig sein, daß Jemand, der vielleicht einer Siegeleröffnung ängstlich aus dem Wege gegangen war, nunmehr, wenn ein Anderer dieses Odium auf sich genommen hat, in pharisäischer Weise den schutzlos gewordenen Brief ausplündert.

Eine derartige Bestimmung findet sich jetzt z. B. im mexikanischen Strafgesetzbuch vom 7. Dezember 1891, Art. 764:

„Die Privatperson, welche zum Nachtheile eines Andern böslicherweise ganz oder theilweise den Inhalt einer telegraphischen Depesche oder eines Briefs oder Briefbündels, die ungehörigerweise eröffnet worden sind, in Kenntniß dieses Umstandes enthüllt oder veröffentlicht, trifft Geldstrafe von 25—200 Pesos und 2 Monate Haft.

Ist der Schuldige dieselbe Person, welche den Brief oder das Briefbündel geöffnet hat, so häuft sich das Vergehen der Correspondenzverletzung mit dem der Verletzung von Geheimnissen."

Ist man aber einmal soweit, dann liegt es nahe, noch einen Schritt weiter zu gehen. Ist der Angriff auf das Briefgeheimniß nicht mehr bloß wegen seiner Form — der Verschlußverletzung — sondern auch dem gegenüber strafbar, der nicht selbst den Verschluß verletzt hat, dann muß consequent die Verschlußverletzung überhaupt in den Hintergrund treten und dafür dasjenige in den Mittelpunkt gestellt werden, was das Wesentliche ist, die Verletzung des Geheimnisses als solchen. Das ist denn auch geschehen im Code pénal Hongrois des criminels délits vom 28. Mai 1898, Art. 327:

Celui qui sciemment et sans y être autorisé, ouvre une lettre, un écrit scellé ou un télegramme, adressé à autrui, ainsi que celui qui s'empare d'une lettre ou d'un télegramme même non fermés adressés à autrui pour en connaître le contenu, ou celui qui dans une intention semblable et sans droit les remet à autrui, commet un délit et sera puni au maximum de huit jours de prison et de cent florins d'amende.

Celui qui publie un secret dont il a eu connaissance de manière indiquée ci-dessus, ou s'en sert pour nuire à l'expéditeur ou au destinataire des lettres, écrits ou télegrammes, sera puni au maximum de trois mois et de mille florins d'amende.

Bulgarisches Strafgesetzbuch vom 2. Februar 1896, Art. 309.

„Mit Gefängniß bis zu sechs Monaten oder mit Geldstrafe bis zu 500 Lev wird bestraft.

(1. Wer einen Brief, ein Telegramm oder geschlossene Schriftstücke, die an einen Anderen gerichtet sind, unbefugt eröffnet;)

2. Wer sich in den Besitz fremder, auch etwa gefundener Briefe oder Telegramme setzt, um deren Inhalt kennen zu lernen oder aber zu diesem Zweck einem Anderen solche Briefe oder Telegramme ausliefert.

Wer ein in dieser Weise zu seiner Kenntniß gebrachtes Geheimniß veröffentlicht oder etwas aus diesen Briefen oder Telegrammen zum Schaden des Absenders oder Adressaten ausnutzt, wird mit Gefängniß bis zu einem Jahre bestraft."

Diese Normen des ungarischen und bulgarischen Strafgesetzes gehen über die obcitirten des mexikanischen sehr wesentlich hinaus. Während Mexiko noch in hergebrachter Weise von der ungehörigen Eröffnung des Briefes ausgeht, wird hier schon dann gestraft, wenn jemand sich des Briefes, mag er auch unverschlossen gewesen sein, widerrechtlich bemächtigt, sei es daß er ihn selbst zu lesen oder ihn einem Dritten auszuliefern beabsichtigt.

Außerdem bildet die Veröffentlichung des so erlangten Briefinhalts nicht blos einen Qualificationsgrund, wenn sie durch den ersten Nehmer erfolgt, sondern sie ist auch ein selbstständiges[10]) Delict in der Person desjenigen, der sich den Brief ausliefern läßt, und Beides gilt nicht blos von der Veröffentlichung, sondern auch von jeder anderen dolosen Verwerthung des auf solche Weise erschlichenen Briefgeheimnisses.

Wenn nun, was wohl keiner weiteren Erörterung bedarf, diese Maßnahmen der modernsten Strafgesetzgebung volle Billigung und Nachahmung verdienen, so werden wir damit allerdings über das eigentliche Thema dieses Gutachtens hinausgeführt; denn dieses lautet blos auf die Veröffentlichung fremder Briefschaften. Aber die Dinge lassen sich eben nicht so vollkommen isoliren.

Dabei ist aber anderseits klar, daß die angeführten Gesetze auf unsere Frage keine erschöpfende Antwort geben. Denn sie betreffen nur

---

[10]) Ob und inwieweit derjenige, welcher den widerrechtlich ergriffenen Brief sich vom Ergreifer ohne Veröffentlichungs- oder sonstige Schädigungsabsicht ausliefern läßt, nach den Normen des ungarischen und bulgarischen Strafrechts als secundär Schuldiger erscheint, steht hier nicht zu erörtern.

jene Verletzung des Briefgeheimnisses[11]), welche durch dritte, vom Empfänger verschiedene Personen und gegen dessen Willen vollzogen werden. Es bleibt noch die Frage, inwiefern eine Verletzung des Briefgeheimnisses durch diesen selbst hintangehalten werden kann?

In dieser Richtung scheint mir eine besondere briefrechtliche Bestimmung weder nöthig noch möglich zu sein.

Dem Empfänger gegenüber gibt es kein besonderes Briefgeheimniß. Natürlich können auch ihm die Eröffnungen, die der Brief enthält, nur unter der ausdrücklichen oder stillschweigenden Voraussetzung unbedingter Geheimhaltung erfolgt sein. Aber es steht dann nicht anders, als wenn seine vertrauliche Kenntniß auf irgend einer andern Form der Mittheilung, insbesondere der mündlichen, beruhen würde.

In wie fern also sein Verhalten, das unter den allgemeinen Begriff des Bruchs der Verschwiegenheit, nicht unter einen besonderen Gesichtspunkt der briefrechtlichen Contravention fällt, rechtswidrig ist, darüber können nur die generellen Normen entscheiden. Diese bringen es gleichzeitig mit sich, daß hier nicht blos das dem Urheber des Briefs zustehende Rechtsgut auf Wahrung seines Geheimnisses geschützt wird, sondern unter Umständen der Schutz der Geheimnisse eines Dritten eingreift. So wird nicht nur die Preisgebung der Privatangelegenheiten des Clienten durch den Sachwalter als das Vergehen der Untreue, sondern es wird auch die Enthüllung von brieflich in Erfahrung gebrachten Staatsgeheimnissen den Thatbestand des Landesverraths, die Aufdeckung der Krankheitsgeschichte eines Dritten, in dessen Interesse der Briefsteller sich an den Arzt wendet, das Delict der §§ 300 R.-St.-G., 498 österr. St.-G.-B. u. s. w. begründen. Nach gleichen Grundsätzen bestimmt sich auch die civilrechtliche Schadenersatzpflicht.

Anderseits ist es von diesem Standpunkt aus offenbar, daß hinwiederum nicht jede Indiscretion des Briefempfängers verboten sein kann. Ein formeller Schutz jeder Privatmittheilung ist eben unmöglich, wenn das sociale Leben und die individuelle Freiheit nicht in unerträgliche Fesseln geschlagen werden soll. Ich habe nicht die genügende criminalistische Erfahrung, um bestimmt zu wissen, ob die strafrechtliche

---

[11]) Dabei bemerke ich, daß der Begriff des Geheimnisses nicht voraussetzt, daß Geheimhaltung ausdrücklich auferlegt ist. Anderseits ist aber ebenso natürlich, daß bei ganz gleichgiltigen Mittheilungen eine stillschweigende Gestattung der Weiterverbreitung angenommen werden kann. Ich halte es nicht für nothwendig, die Grenzlinie zwischen beiden Dingen näher zu verfolgen. Wo ich im folgenden von der Pflicht zur Geheimhaltung eines Briefinhaltes spreche, ist natürlich immer vorausgesetzt, daß derselbe seiner Natur nach ein vertraulicher ist.

Praxis nicht an einzelnen Puncten den bestehenden criminellen Schutz gegen Indiscretion ungenügend erscheinen läßt; eine allgemeine Rechtspflicht der Briefempfänger dürfte aber das Strafrecht weder heute noch jemals postuliren. Und vom civilistischen Standpunkt reichen jedenfalls die bei richtiger Handhabung sehr umfassenden Normen des deutschen B.G.=B., insbesondere des § 826 („Wer in einer gegen die guten Sitten verstoßenden Weise einem Anderen vorsätzlich Schaden zufügt" u. s. w) zu jeder irgendwie wünschenswerthen Deckung der Interessen der Briefsteller vollkommen aus.

Es macht bei der Behandlung dieser Frage auch keinen Unterschied, ob die Enthüllung des Briefinhaltes privatim oder öffentlich erfolgt ist. Auf diesem Standpunkt stehen jedenfalls die bestehenden Gesetze bezüglich des Verraths, des Verschwiegenheitsbruchs der Aerzte, Sachwalter u. s. w.

Man könnte nun allerdings daran denken, wenigstens die *öffentliche*, unbefugte Bekanntgabe des Briefinhaltes allgemein und jedermann zu verbieten. In der That ist dies der Standpunkt des Urheberrechts-Entwurfs für das Deutsche Reich von 1899, welcher in § 44 II bestimmt:

„Das Gleiche (d. h. Geldstrafe bis 1500 Mark und Schadenersatzpflicht) gilt, wenn Jemand vorsätzlich solche Privatbriefe, Tagebücher oder persönliche Aufzeichnungen anderer Art, an denen ein geschütztes Urheberrecht nicht besteht und die noch nicht erlaubter Weise veröffentlicht worden sind, wörtlich oder dem Inhalte nach unbefugt öffentlich mittheilt."

Es ist bei der Erörterung dieses Vorschlags zunächst von der *wörtlichen* Verlautbarung des fremden Briefs abzusehen, welche nach der hier getroffenen Stoffanordnung im vorigen Paragraphen selbstständig erörtert worden ist.

Was aber die bloße Veröffentlichung des Briefinhalts betrifft, so scheint mir der Vorschlag des Entwurfs gänzlich unannehmbar.

Es soll danach das Briefgeheimniß schlechthin geschützt werden gegen Veröffentlichung. Was mir durch einen Brief oder durch sonstige schriftliche Aufzeichnungen bekannt geworden ist, darf ich ohne specielle Erlaubniß nicht publiciren. Sofort erhebt sich die Gegenfrage: Warum nur das durch *schriftliche Aufzeichnung* bekannte? Warum nicht auch die *mündliche* Mittheilung?

Sowie man das Geheimniß als solches zu schützen beginnt, findet man ja kein Ende.

Ja, wenn noch die schriftliche Mittheilung sich von der mündlichen so prägnant abheben würde, daß man sie stets genau unterscheiden könnte! Aber nicht einmal das ist der Fall. Vielmehr ist es überaus häufig, daß wir uns hinsichtlich einer bestimmten Mittheilung gar nicht erinnern können, ob wir sie durch Privatgespräch oder durch Correspondenz erhalten haben. Wieviel erfährt nicht ein im öffentlichen Leben stehender Mann; er muß nun, wenn er davon jemals öffentlichen Gebrauch macht, auf zehn Jahre zurück — denn so lange dauert der Schutz des § 44 — sich genau erinnern, ob die Mittheilung eine mündliche war, dann kann er davon Gebrauch machen soviel er will, oder eine schriftliche, dann muß er sie geheim halten. Und wie wenn dieselbe Person ihm ihre Mittheilungen zweimal gemacht hat, einmal mündlich, einmal schriftlich? Dabei muß man noch bedenken, daß § 44 nicht blos dem Briefempfänger, sondern auch jedem Dritten ein Verbot setzt. Wenn mir also Meier Abends bei Bier mittheilt, Müller habe ihm dies oder jenes geschrieben, so ist das ein Briefgeheimniß auch für mich, der ich den Brief nie gesehen habe und mich am andern Morgen natürlich nicht mehr erinnern kann, auf welche Quellen Meier seine Neuigkeiten zurückgeführt hat.

Außerdem fragt sich: Gehört zur Verletzung des § 44 II, daß die Veröffentlichung unter (directer oder indirecter) Bezeichnung des Mittheilenden erfolgt ist, oder ist nicht einmal dies erforderlich? Der Entwurf schweigt darüber. Nun sind zwei Dinge möglich. Entweder man erachtet § 44 nur dann anwendbar, wenn der Mittheilende bezeichnet ist, dann ist er so gut wie werthlos; denn offenbar genügt zur Schädigung desselben in vielen Fällen schon die objective Bekanntgabe der Nachricht, z. B. der Redner in einer Versammlung weist darauf hin, daß „eine Gesellschaft" ein Hotel in einer bestimmten Gegend bauen will. Das kann genügen, um ihr den Ankauf der erforderlichen Bauparzellen sofort wesentlich zu vertheuern. Oder man sieht von der Bezeichnung des Mittheilenden ab; dann ist — theoretisch — ein System des Totschweigens etablirt, wie es nicht vollständiger gewünscht werden kann. Denn dann darf überhaupt keiner mehr ohne besondere Erlaubniß öffentlich etwas vorbringen, was man ihm oder einem Dritten schriftlich mitgetheilt hat.

Zum Glück wird dieses Totschweigen praktisch nicht so vollkommen sein, als es theoretisch sein müßte. Denn auf privatem Weg darf nach wie vor — von besonderen Umständen (s. oben S. 58) abgesehen — Jeder straflos von fremden Schriften erzählen. Das pflegt in der Regel zur Herstellung der Publicität vollauf zu genügen: denn die Fama hat Flügel. Gerade daran zeigt sich aber wiederum, daß die Regel des

§ 44, von allem andern abgesehen, auch ganz werth- und zwecklos ist; sie trifft nur die grobe, directe Veröffentlichung, nicht jene ebenso gefährliche, oder wegen ihrer Uncontrolirbarkeit noch viel gefährlichere, welche durch die Mittheilung von Mund zu Mund, durch Gerücht und Gerede hergestellt wird. Diese letztere aber treffen zu wollen, ist überhaupt nicht thunlich, wo nicht etwa ein besonderes Verpflichtungsverhältniß besteht, wie beim Arzt, Rechtsanwalt u. s. w., oder der Verbreiter des Briefinhalts seine Kenntniß von demselben auf vitiöse Weise (oben S. 56 fg.) erlangt hat. Darum lasse man getrost die unpractische und gefahrdrohende Vorschrift des § 44 II, fallen. Hier hilft am besten der Selbstschutz, schwerwiegende Neuigkeiten vor indiscreten Händen überhaupt zu verbergen; und auf den werden kluge Leute sich auch in Hinkunft in erster Linie verlegen.

Das Gesammtresultat dieses Abschnittes läßt sich daher folgendermaßen zusammenfassen.

Schon soweit der Brief nicht als Originalstück in Betracht kommt, sondern nur als Träger thatsächlicher Mittheilungen, schon soweit also nur das sachliche Briefgeheimniß in Betracht kommt, sind die bestehenden strafrechtlichen Normen des deutschen und österreichischen Rechts zum Schutz dieses Geheimnisses unzulänglich und bedürfen einer Vervollständigung.

Jedoch gilt dies nur bezüglich dritter, von Adressaten verschiedener Personen. In Hinsicht auf Indiscretionen, welche der Adressat selbst gegenüber dem Briefsteller begeht, ist eine allgemeine Repression überhaupt unzulässig und dürften die bestehenden Gesetze über Bestrafung des in speciellen Verpflichtungsverhältnissen begangenen Geheimnißbruchs oder Verraths ausreichen.

Gegenüber Dritten dagegen muß jede Verletzung des Briefgeheimnisses dann als verboten und strafbar gelten, wenn sie sich den Zugang zum Inhalt des Briefes nur auf vitiöse Weise verschaffen können, sei es nun, daß sie den Brief selbst in unerlaubter Weise eröffnen, sei es auch nur, daß sie einen rechtmäßig eröffneten oder nie verschlossen gewesenen Brief eigenmächtig lesen oder zu diesem Zweck einem Andern ausliefern oder den ausgelieferten annehmen. Daß dieses zum Zweck der Veröffentlichung geschieht, soll kein Thatbestandsmerkmal bilden, wohl aber einen besonderen Qualificationsgrund. Ebenso kann es ein neues selbstständiges Delict bilden, wenn dritte Personen den durch eine der bezeichneten strafbaren Handlungen ihnen zugänglich gewordenen Briefinhalt veröffentlichen oder sonst böswillig ausnutzen.

V.

Die Stellung des Deutschen Urheber-Gesetzentwurfs. Endresultat.

Zum Schluß sei kurz erörtert, wie sich zu den besprochenen Fragen der „Entwurf eines Gesetzes betr. das Urheberrecht an Werken der Literatur und Tonkunst" für das Deutsche Reich[12]) verhält,

1) Dieser Entwurf enthält, wie das Reichsgesrtz von 1890, keine Aufzählung der schutzfähigen Autorwerke. Daß daher Briefe auch als literarische Werke in Betracht kommen können, wie oben ausgeführt wurde, ist nicht ausdrücklich gesagt. Indessen ergiebt es sich einerseits aus § 44, II, welcher spricht von „solchen Privatbriefen, an denen ein geschütztes Urheberrecht nicht besteht", und ist außerdem angesichts der allgemeinen Bestimmung des § 44, II für unsere Frage gleichgültig.

2) Denn diese Gesetzesstelle[13]) verbietet schlechthin, daß Jemand Privatbriefe (oder Tagebücher und persönliche Aufzeichnungen andrer Art) ohne Einwilligung des Verfassers und des Eigenthümers der Schrift wörtlich oder dem Inhalt nach öffentlich mittheilt.

Diese Vorschrift ist zu billigen, insoweit als es sich um die wörtliche Mittheilung handelt; es ist zu begrüßen, daß damit nicht blos, wie im österreichischen Gesetz, unbefugte Briefsammlungen, sondern auch eigenmächtige Einzelpublicationen ausgeschlossen sind.

Anzuerkennen ist auch, daß neben der Zustimmung des Verfassers jene des Eigenthümers der Schrift erfordert wird. Denn auch dieser wird häufig durch die Bloßstellung der Briefe sehr peinlich berührt sein.

Richtig ist ferner, daß das Verbot cessiren soll[14]), wenn die Veröffentlichung der Briefe zur Wahrnehmung berechtigter Interessen erfolgt. Für bedenklich dagegen halte ich es, daß auch die Widerlegung einer öffentlich aufgestellten Behauptung eine gerechte Ausnahme vom Verbot bilden soll. Es würde sich darüber noch reden lassen, wenn es sich um Behauptungen handelte, die vom Verfasser des Briefes selbst ausgehen. Wenn dagegen jede Behauptung eines Dritten genügt, ist das ganze

---

[12]) Beilage zum Reichsanzeiger vom 13. Juli 1899.

[13]) Der Wortlaut ist auf S. 59 abgedruckt.

[14]) § 44, Abs. 3: „Die Vorschriften der Abs. 1, 2 finden keine Anwendung, soweit die Mittheilung zur Widerlegung einer öffentlich aufgestellten Behauptung oder zur Wahrnehmung berechtigter Interessen erfolgt, oder wenn seit dem Tode des Verfassers der Schrift zehn Jahre abgelaufen sind.

Verbot practisch entwerthet. Von allen inhaltlichen Bedenken zu geschweigen, wie leicht könnte sich da Jemand, der das Verbot umgehen will, einen „Gegner" bestellen, der ihm diese Behauptung pünktlich liefert. Solche „Anzapfungen" werden ja alle Tage verabredet. Diese Ausnahme muß also unbedingt verschwinden.

3) Unbedingt zu billigen ist es wiederum, daß der Entwurf in § 44 gegen eine solche verbotene Veröffentlichung die Beschlagnahme zur Verfügung stellt. Davon darf unter keinen Umständen abgegangen werden.

4) Dagegen ist es abzulehnen, wenn der Entwurf auch eine nicht wörtliche, sondern nur dem Inhalt nach erfolgte Veröffentlichung aus fremden Briefen prohibirt.

5) Vorschriften wie jene des mexikanischen, bulgarischen und ungarischen Strafgesetzbuchs über die Verletzung des Briefgeheimnisses oder Ausnutzung des verletzten enthält der Entwurf nicht, außer soweit sie in dem Veröffentlichungsverbot § 44, II mitgegeben sind. Der Gedanke war wohl der, jene Vorschriften einer Revision des Strafgesetzbuchs zu überlassen. Indessen halte ich es nicht für unthunlich, auch diese Materie in das Urhebergesetz einzubeziehen, wenigstens provisorisch, bis eine Reform des allgemeinen Strafrechts erfolgen kann. Es läßt sich kaum behaupten, daß sie weniger hierher passen sollte, als die sonstigen für nicht autorrechtliche Briefe getroffenen Schutzbestimmungen.

Auf Grund des Gesagten kann ich nunmehr mein Gutachten über die an mich gestellte Frage dahin abgeben:

Es empfiehlt sich, die unbefugte Veröffentlichung fremder Briefe, auch wenn sie nicht schon als literarische Werke nach den allgemeinen Grundsätzen des Urheberrechts gegen eine solche geschützt sind, dann zu untersagen, wenn sie eine wörtliche Wiedergabe enthält. Als unbefugt soll eine Veröffentlichung gelten, wenn sie ohne Zustimmung des Verfassers und des Eigenthümers der Briefe erfolgt.

Die Wiedergabe soll jedoch erlaubt sein, wenn sie zur Wahrnehmung berechtigter Interessen erfolgt, oder wenn seit dem Tode des Verfassers zehn Jahre abgelaufen sind.

Ebenso soll auf bloße öffentliche Mittheilungen über den Inhalt der Briefe ein Rechtsnachtheil nicht gesetzt werden, soweit dieselben nicht ein specielles Delict begründen, wie Bruch der ärztlichen, amtlichen oder sonst besonders vorgeschriebenen Pflicht zur Verschwiegenheit.

Die nach Absatz 1 verbotene Veröffentlichung wäre mit Geldstrafe bis zu 1500 Mark, sowie Beschlagnahme und Vernichtung etwaiger mechanischer Vervielfältigungen zu bedrohen.

Außerdem empfiehlt sich, in ein zukünftiges Strafgesetzbuch, oder wenn dieses nicht vorher zu Stande käme, im Gesetz über das Urheberrecht die Bestimmung aufzunehmen:

Wer sich fremder, wenn auch unverschlossener Briefe, Telegramme, Aufzeichnungen oder sonstiger Schriftstücke bemächtigt, um deren Inhalt kennen zu lernen, oder sie dritten unberechtigten Personen auszuliefern, imgleichen wer eine in dieser Weise erlangte Mittheilung veröffentlicht oder zum Nachtheil des Verfassers oder anderer Personen ausnutzt, wird bestraft.

VI.

Gutachten des Herrn Rechtsanwalt Dr. jur. Haissiant in Bromberg

über die Frage:

Wie ist den Unzuträglichkeiten zu begegnen, welche sich aus den neuerdings hervorgetretenen Meinungsverschiedenheiten zwischen dem Reichsgericht und dem Preußischen Gerichtshofe für Kompetenzkonflikte für die Rechtsverfolgung ergeben?

Jede Behörde im Staate hat einen im geschriebenen oder ungeschriebenen Rechte fixirten Geschäftskreis, welcher gleichzeitig die Zuständigkeit für den einzelnen Fall bestimmt. In älterer Zeit, wo die Staatsmaschine sich mit wenigen Organen begnügt, pflegen Streitigkeiten darüber, zu welchem Geschäftskreise eine einzelne Angelegenheit gehört, insbesondere ob dieselbe von den Gerichten erledigt werden solle, seltener zu sein. — Im modernen Verfassungsstaat erscheint überall die Forderung einer weitgehenden Arbeitstheilung für die Organe der staatlichen Thätigkeit; Verwaltung und Rechtsprechung werden derartig getrennt, daß beide selbstständig und völlig unabhängig von einander den Kreis ihrer Angelegenheiten in besonderem Instanzenzuge erledigen. — Einzelne Staaten haben für das Gebiet der Verwaltung unter Ausscheidung der reinen Verwaltungsangelegenheiten ein Verfahren vor Verwaltungsgerichten eingeführt (Administrativjustiz). Theoretisch pflegt man den ordentlichen Gerichten, abgesehen von Strafsachen, die Entscheidung von Streitigkeiten aus dem Gebiete des Privatrechts (droit contencieux) zuzuweisen, während das öffentliche Recht den Geschäftskreis der Verwaltungsbehörden und Verwaltungsgerichte bildet (droit administratif, droit contencieux administratif). Allein die Grenzen zwischen Privatrecht und öffentlichem Recht sind an sich nicht bestimmt, auch dadurch vielfach verwischt, daß das staatliche oder politische Interesse vielfach dahin geführt hat, gewisse Streitigkeiten privatrechtlicher Art (bürgerliche Rechtsstreitigkeiten) den Verwaltungsbehörden oder Verwaltungsgerichten zu übertragen. — Es ist daher ganz natürlich, daß es im einzelnen Falle recht zweifelhaft sein kann, ob eine Sache von den Gerichten (im ordentlichen Rechtswege) oder von den Verwaltungsbehörden bezw. Verwaltungsgerichten zu entscheiden ist, wer also zur Entscheidung kompetent ist. Der Streit um die Zuständigkeit zur Entscheidung im einzelnen Falle (Kompetenzkonflikt) kann sich nach zwei Richtungen bewegen: Die verschiedenen Behörden nehmen sämmtlich die Entscheidung der Sache als zu ihrem Geschäftskreise gehörig für sich in Anspruch, dann spricht man von positivem Kompetenzkonflikt; oder sämmtliche überhaupt in Frage kommenden Behörden lehnen die Entscheidung ab, weil jede eine andere Behörde für zuständig erachtet, alsdann ist ein negativer Kompetenzkonflikt vorhanden. — Beide Konflikte finden dadurch ihre Erledigung, daß im Wege eines geordneten Verfahrens die zuständige Behörde ermittelt wird.

Die Erledigung des Konflikts ist je nach den einzelnen Ländern sehr verschieden geordnet. In Frankreich, Italien und Spanien erfolgt die Entscheidung der Kompetenzkonflikte durch den Staatsrath, in England durch die Reichsgerichte, in Nordamerika durch die Justizbehörden, in Rußland durch gemischte Komissionen, welche bei den Gerichten gebildet werden, in Belgien und Holland durch den Kassationshof, in den meisten Kantonen der Schweiz durch den sogenannten Großen Rath.

Im älteren deutschen Rechte galt allgemein der Grundsatz, daß die über Züständigkeitsfragen ergangenen gerichtlichen Entscheidungen auch für die Verwaltungsbehörden bindend waren. Mit der Ausbildung einzelner Territorien und mannigfaltiger deutscher Partikularrechte hat sich auch in der Zeit vor Erlaß der Reichsjustizgesetze (1879) die Erledigung von Kompetenzstreitigkeiten sehr verschieden gestaltet. — Die größeren Einzelstaaten haben meist besondere Behörden geschaffen, welche aus Richtern und Verwaltungsbeamten zusammengesetzt als Kompetenzgerichtshöfe entscheiden, während vereinzelt nach dem Vorbilde von anderen Ländern eine Abtheilung des höchsten Gerichtshofes (Bayern) oder eine zu diesem Zwecke geschaffene Verwaltungsinstanz entstehende Konflikte regelt; einzelne deutsche Staaten entbehren überhaupt einer solchen Instanz; für diese bleibt es daher bei der allgemeinen Regel, daß die Entscheidungen der ordentlichen Gerichte, welche über Kompetenzstreitigkeiten ergehen, auch für die Verwaltungsbehörden des eigenen Landes bindend sind. — Aus dem Nebeneinanderbestehen von Reich und Einzelstaat ergiebt sich die Möglichkeit folgender Kompetenzkonflikte:

1. zwischen Gerichten und Verwaltungsbehörden einschließlich der Verwaltungsgerichte innerhalb der einzelnen Bundesstaaten;
2. zwischen Gerichten und Verwaltungsbehörden (Verwaltungsgerichten) verschiedener Bundesstaaten;
3. zwischen Gerichten eines Bundesstaates und den Reichsverwaltungsbehörden;
4. zwischen den Verwaltungsbehörden (Verwaltungsgerichten) eines Bundesstaats und dem Reichsgerichte;
5. zwischen Reichsverwaltungsbehörden und dem Reichsgericht.

Die Streitigkeiten zu 1 sind auf dem Boden des öffentlichen Rechts des Einzelstaats zu lösen. Ebenso wenig interessiren uns hier die Streitigkeiten zu 2; hier stehen sich die betheiligten Staaten als selbstständige Persönlichkeiten des Völkerrechts gegenüber, für welche eine gemeinschaftliche höhere Instanz nicht existirt. Diese Streitigkeiten können nur im Wege des Vertrages oder der Vermittelung durch den Bundesrath (Art. 76 der Reichsverfassung) ihre Erledigung finden. Dagegen sind die Fälle zu 3 bis 5 auf dem Boden des Reichsrechtes zu lösen.

Da sowohl das gesammte bürgerliche Recht als auch der Civilprozeß zu den Gegenständen der Reichsgesetzgebung gehören, (Art. 4 Nr. 13 der Reichsverfassung) so mußte das Reich bei Regelung der Gerichtsorganisation und des gerichtlichen Verfahrens in Civilsachen Stellung zu der Frage der Kompetenzkonflikte nehmen. — Es kommt in Betracht zunächst § 17 des Gerichts-Verfassungs-Gesetzes, welcher bestimmt:

Die Gerichte entscheiden über die Zulässigkeit des Rechtwegs.

Die Landesgesetzgebung kann jedoch die Entscheidung von Streitigkeiten zwischen den Gerichten und den Verwaltungsbehörden oder Verwaltungsgerichten über die Zulässigkeit des Rechtswegs besonderen Behörden nach Maßgabe der folgenden Bestimmungen übertragen:

1. Die Mitglieder werden für die Dauer des zur Zeit ihrer Ernennung von ihnen bekleideten Amtes oder, falls sie zu dieser Zeit ein Amt nicht bekleiden, auf Lebenszeit ernannt.

   Eine Enthebung vom Amte kann nur unter denselben Voraussetzungen wie bei den Mitgliedern des Reichsgerichts stattfinden.
2. Mindestens die Hälfte der Mitglieder muß dem Reichsgerichte oder dem obersten Landesgerichte oder einem Oberlandesgerichte angehören. Bei Entscheidungen dürfen Mitglieder nur in der gesetzlich bestimmten Anzahl mitwirken. Diese Anzahl muß eine ungerade sein und mindestens fünf betragen.

3. Das Verfahren ist gesetzlich zu regeln. Die Entscheidung erfolgt in öffentlicher Sitzung nach Ladung der Parteien.
4. Sofern die Zulässigkeit des Rechtswegs durch rechtskräftiges Urtheil des Gerichts feststeht, ohne daß zuvor auf die Entscheidung der besonderen Behörde angetragen war, bleibt die Entscheidung des Gerichts maßgebend.

Im Anschlusse hieran gewährt § 17 des Einführungsgesetzes zum Gerichts-Verfassungs-Gesetz den Bundesstaaten das Recht, die Erledigung ihrer Kompetenzkonflikle unter Zustimmung des Bundesraths durch Kaiserliche Verordnung auf das Reichsgericht zu übertragen, ein Recht, wovon jedoch bisher nur die freie Hansastadt Bremen (V. O. v. 26. 9. 1879 R.G.Bl. S. 298) Gebrauch gemacht. Auch soll die nach den Vorschriften des Gerichts-Verfassungs-Gesetzes erforderliche Aenderung bezüglich der Einrichtung und des Verfahrens bestehender Behörden, welchen bisher die Erledigung der Kompetenzkonflikte oblag, durch landesherrliche Verordnung eingeführt werden können, falls diese Neuorganisation nicht bis zum Inkrafttreten des Gerichts-Verfassungs-Gesetzes durch Landesgesetz möglich war.

In Preußen war das Verfahren zur Entscheidung von Kompetenz-Konflikten vor dem Jahre 1879 dahin geregelt, daß der Präsident und eine Anzahl von Mitgliedern des Staatsraths (9), von denen fünf Justizbeamte und vier Verwaltungsbeamte sein mußten, als — „Gerichtshof zur Entscheidung der Kompetenz Konflikte" nach näherer Bestimmung des Gesetzes vom 8. April 1847 die zwischen Gerichten und Verwaltungsbehörden entstehenden Streitigkeiten erledigte. — Da sowohl die Zusammensetzung als auch das Verfahren nicht den oben angeführten Bestimmungen des Gerichts-Verfassungs-Gesetzes entsprach, ein vorgelegter Gesetzentwurf aber die Zustimmung des Landtages nicht fand, so wurde im Anschluß an § 17 Abs. 2 des Einführungs-Gesetzes zum Gerichts-Verfassungs-Gesetz beides durch Königliche Verordnung vom 1. August 1879 neu geordnet; der Gerichtshof entscheidet wie früher sowohl bei positiven wie bei negativen Kompetenzkonflikten.

In den letzten Jahren ist es wiederholt vorgekommen, daß der Preußische Gerichtshof für Kompetenzkonflikte nach rechtskräftiger Abweisung von Klagen im ordentlichen Rechtswege, welche wegen Unzulässigkeit des Rechtsweges erfolgten, und nach erfolgloser Beschreitung des Verwaltungsweges seitens der Parteien den Rechtsweg für zulässig erklärte und unter Aufhebung der in letzter Instanz ergangenen Urtheile des Reichsgerichts auf Fortsetzung des gerichtlichen Verfahrens erkannte.

Das Reichsgericht lehnte jedoch in diesen Fällen die Fortsetzung des Verfahrens ab, indem es seine vom Kompetenz-Gerichtshofe aufgehobene Entscheidung als endgiltige ansah, welche einer Aufhebung überhaupt nicht unterliegen könne.

Um ein zutreffendes Urtheil über die Frage zu gewinnen, empfiehlt es sich, zunächst auf die einzelnen Sachen näher einzugehen. Es sind von derartigen Fällen des negativen Kompetenz-Konflikts dem Verfasser nur 3 bekannt geworden, welche sämmtlich in den gedruckten Entscheidungen des Reichsgerichts keine Aufnahme gefunden haben.

a) In Sachen der katholischen Kirchengemeinde Rietschütz ·/. v. Schmettow IV. 7. 1899 hat der IV. Civilsenat durch Urtheil vom 4. Mai 1899 erkannt:

> Der Antrag, die Beklagte der Revision für verlustig zu erklären, ist unzulässig; die entstandenen Kosten werden der Klägerin auferlegt.

Der Thatbestand ergiebt folgenden Sachverhalt.

Die Beklagte ist Patronin der katholischen Kirche in Rietschütz und als solche vertragsmäßig verpflichtet, die nothwendigen Pfarrbauten auszuführen.

Im Jahre 1891 wurde nach der Behauptung der klagenden Kirchengemeinde der Bau eines neuen Brunnens auf dem Pfarrhofe zu Rietschütz nothwendig.

Die Klägerin ließ im Jahre 1892 den Neubau ausführen, und da derselbe angeblich seinen Zweck nicht erfüllte, im Sommer 1893 einen zweiten Brunnen errichten. Die Kosten des letzten Baues mit 315 Mark klagte sodann die Klägerin gegen die Beklagte ein.

In diesem Prozesse erging in der Revisionsinstanz ein Urtheil des Reichsgerichts vom 1. April 1897, durch welches die Klage wegen Unzulässigkeit des Rechtsweges zur Zeit abgewiesen wurde. Die Unzulässigkeit des Rechtsweges wurde darauf gegründet, daß die nach den §§ 707 bis 709 Theil II Titel 11 Allgemeinen Landrechts erforderliche Entscheidung der Verwaltungsbehörde über die Nothwendigkeit und Art des Baues bisher nicht getroffen sei. Die Verwaltungsbehörde hatte eine solche Entscheidung abgelehnt und lehnte sie auf wiederholtes Anrufen endgültig ab, weil sie nicht zuständig sei. Die Klägerin erhob gemäß § 21 der Verordnung vom 1. August 1879 den negativen Kompetenzkonflikt. Der Preußische Gerichtshof zur Entscheidung der Kompetenzkonflikte erkannte unterm 25. Juni 1898 für Recht:

> daß ein negativer Kompetenzkonflikt für vorliegend und der ordentliche Rechtsweg für zulässig zu erachten und unter Auf-

hebung der Entscheidung des Reichsgerichts vom 1. April 1897 die Sache zur anderweiten Verhandlung und Entscheidung an das Reichsgericht zu verweisen.

Darauf lud die Klägerin die Beklagte zur mündlichen Verhandlung vor das Reichsgericht. Vor dem in Folge dieser Ladung anberaumten Termine nahm die Beklagte die Revision zurück. In dem Termine beantragte die allein erschienene Klägerin,

die Beklagte der Revision für verlustig zu erklären und sie in die Kosten zu verurtheilen.

b) In Sachen der Katholischen Kirchengemeinde Gr. Samoklensk wider Poll 427/98 hat derselbe IV. Civilsenat gleichfalls am 4. Mai 1899 dahin erkannt:

die anderweitige Verhandlung und Entscheidung über die Revision wird für unzulässig erklärt; die entstandenen Kosten werden der Klägerin auferlegt.

Der Entscheidung liegt folgender Thatbestand zu Grunde.

Die Klage betrifft den von dem Beklagten als Patron zu leistenden Beitrag von $^2/_3$ der Kosten des im Jahre 1891 und 1892 an Stelle der alten abgebrochenen Kirche ausgeführten Neubaues der Kirche. Nach Angabe der Klägerin stellt sich dieser Beitrag auf . . Mk. 12 327,75
und da der Beklagte bisher erst . . . . „ 5 900,—
gezahlt hatte, ging der Klageantrag auf Verurtheilung
zur Zahlung von . . . . „ 6 427,75
Von dieser Summe sprach das Landgericht der Klägerin „ 1 821,86
zu, wies aber die Klägerin mit der Mehrforderung von „ 4 605,89
ab. Auf die Berufung der Klägerin, die ihre Klageforderung noch um Mk. 68,10 als den Beitrag des Beklagten zu den Kosten einer Glockenreparatur erweitert hatte, erkannte das Berufungsgericht der Klägerin außer diesen Mk. 68,10 für Glockenreparatur ferner noch statt der ihr vom Landgerichte zugesprochenen Mk. 1821,86 vielmehr Mk. 3749,54 zu und hielt im Uebrigen die Abweisung der Klägerin aufrecht.

Als gegen dieses Berufungsurtheil die Klägerin Revision und der Beklagte unter Erhebung des Einwands der Unzulässigkeit des Rechtswegs Anschlußrevision eingelegt hatte, wies das Reichsgericht durch Urtheil vom 15. Februar 1897 die Revision der Klägerin zurück und hob auf die Anschlußrevision des Beklagten das Berufungsurtheil insoweit auf, als es das landgerichtliche Urtheil zu Ungunsten des Beklagten abgeändert hatte.

Die Entscheidung des Revisionsurtheils war damit begründet, daß, weil bezüglich des Neubaues der Kirche die nach § 50 Nr. 4 des

Gesetzes vom 20. Juni 1875 und Artikel I der Verordnung vom 27. September 1875 erforderliche ministerielle Genehmigung nicht ertheilt und bezüglich der Glockenreparatur weder die vorgängige Benachrichtigung des Beklagten, noch auch die Genehmigung der geistlichen Oberen gemäß §§ 700, 707 Theil II Titel 11 des Allgemeinen Landrechts erwiesen, der Rechtsweg zur Zeit unzulässig sei.

Als hierauf nach Rechtskraft dieses Urtheils der Kultusminister es ablehnte, die Genehmigung zu dem Neubau der Kirche zu ertheilen, weil er davon ausging, daß zu Ersatzneubauten eine ministerielle Genehmigung überhaupt nicht erforderlich sei, gelangte auf den Antrag der Klägerin die Sache vor den Preußischen Gerichtshof zur Entscheidung der Kompetenzkonflikte und dieser erließ, indem er die Ansicht des Ministers theilte, am 25. Juni 1898 folgendes Urtheil:

> daß ein negativer Kompetenzkonflikt im Sinne des § 21 der Verordnung vom 1. August 1879 für vorliegend, daher der ordentliche Rechtsweg für zulässig zu erachten und unter Aufhebung des betreffenden Theils der Entscheidung des Reichsgerichts die Sache zu anderweiter Verhandlung und Entscheidung an das Reichsgericht zu verweisen. —

Auf die Ladung der Klägerin, die ihren früheren Revisionsantrag aufrecht erhalten, während der Beklagte seine Anschlußrevision zurückgenommen, hat dann vor dem Reichsgericht eine mündliche Verhandlung stattgefunden, die auf die Frage der Zulässigkeit eines weiteren Verfahrens vor dem Reichsgerichte und auf den hierzu erforderlichen Sachvortrag beschränkt wurde.

c) In Sachen der Dorfgemeinde Blankenberg ·/. Moritz 147—1899 hat der V. Civilsenat am 10. Juni 1899 beschlossen:

> Die Zustellung (eines Urtheils des Preußischen Gerichtshofs für Kompetenzkonflikte vom 14. Januar 1899) wird wegen Unzulässigkeit des weiteren gerichtlichen Verfahrens abgelehnt.

Der Beschluß basirt auf nachstehendem Sachverhalte.

Von der Gemeinde Blankenberg, welche sich geweigert hatte, für ihren Bezirk einen Nachtwächter zu bestellen, weil sie den Beklagten hierzu für verpflichtet erachtete, waren seitens des zuständigen Amtsvorstehers die durch die zwangsweise Bestellung erwachsenen Kosten von Mk. 104,63 im Verwaltungszwangsverfahren eingezogen worden.

Die Gemeinde hatte darauf unter Wiederholung ihrer Behauptung, daß dem Beklagten die Sorge für den Nachtwachtdienst in der Gemeinde obliege, diesen im Wege des Civilprocesses auf Erstattung der gezahlten Summe in Anspruch genommen, wogegen Beklagter Widerklage mit dem

Antrage erhob, die Gemeinde zur Anerkennung, daß er zur Bestellung des Gemeinde-Nachtwächters nicht verpflichtet sei, zu verurtheilen. Nachdem in erster Instanz das Landgericht in Neuruppin die Klage abgewiesen und die Klägerin nach dem Widerklageantrage verurtheilt, in zweiter Instanz das Kammergericht in Berlin umgekehrt unter Abweisung der Widerklage nach dem Klageantrage erkannt hatte, sind auf die Revision des Beklagten durch Urtheil des fünften Civilsenats des Reichsgerichts vom 22. April 1891 beide Vorderurtheile aufgehoben und ist sowohl bezüglich der Klage wie bezüglich der Widerklage der Rechtsweg für unzulässig erklärt worden, da es sich um einen Streit handle, der zwischen Mitgliedern einer früheren kommunalen Gemeinschaft über eine im öffentlichen Recht begründete Verpflichtung zu einer Gemeindelast geführt werde und daher nach § 34 des Preußischen Gesetzes über die Zuständigkeit der Verwaltungs- und Verwaltungsgerichtsbehörden vom 1. August 1883 im Verwaltungsstreitverfahren zu erledigen sei. Klägerin beschritt daraufhin diesen Weg, das Preußische Oberverwaltungsgericht erkannte indessen in der Revisionsinstanz durch Urtheil vom 12. Juli 1893 auf Unzulässigkeit des Verwaltungsstreitverfahrens, weil nach § 5 des Preußischen Gesetzes vom 11. Mai 1842 über die Zulässigkeit des Rechtsweges in Beziehung auf polizeiliche Verfügungen für den vorliegenden Fall der ordentliche Rechtsweg gegeben sei. Demzufolge wandte sich bereits damals die Klägerin an den Preußischen Gerichtshof zur Entscheidung der Kompetenzkonflikte mit dem Antrage, den ihrer Ansicht nach vorliegenden negativen Konflikt zu entscheiden. Der Gerichtshof wies jedoch den Antrag als verfrüht zurück, da nicht nachgewiesen sei, daß außer den Verwaltungsgerichten auch die Verwaltungsbehörden, als welche im vorliegenden Falle die Auseinandersetzungsbehörden für gutsherrlich-bäuerliche Regulirungen (Generalkommissionen) in Betracht kämen, ihre Unzuständigkeit ausgesprochen hätten. Letzteres geschah, nachdem Klägerin dieser Weisung gemäß die Sache auch noch bei der Generalkommission in Frankfurt a. O. und in der Berufungsinstanz bei dem Oberlandeskulturgericht in Berlin anhängig gemacht hatte, durch das Urtheil des letzteren Gerichts vom 10. Dezember 1897, welches in Rechtskraft überging. Auf den nunmehr von der Klägerin erneut gestellten Antrag auf Entscheidung des Konflikts fällte der Kompetenzgerichtshof unter dem 14. Januar 1899 folgendes Urtheil:

„daß der Rechtsweg in dieser Sache für zulässig zu erachten, „daher das Urtheil des Reichsgerichts vom 15. (soll heißen 22.) „April 1891 aufzuheben und die Sache zur anderweiten Ver„handlung und Entscheidung an das Reichsgericht zu verweisen."

Der Gerichtshof hielt seine Zuständigkeit zur Entscheidung nunmehr nach § 21 Absatz 1 der Preußischen Verordnung betreffend die Kompetenzkonflikte zwischen den Gerichten und Verwaltungsbehörden vom 1. August 1879 dadurch für gegeben, daß einerseits die ordentlichen Gerichte und andererseits die Verwaltungsgerichte und Verwaltungsbehörden endgiltig ihre Unzuständigkeit ausgesprochen hätten. In der Sache selbst schloß sich der Gerichtshof bezüglich der Frage, ob im vorliegenden Falle der ordentliche Rechtsweg oder das Verwaltungsstreitverfahren Platz greife, den die ersten Alternative bejahenden Ausführungen des Oberverwaltungsgerichts an und erachtete demgemäß auf Grund des § 21 Absatz 4 der citirten Verordnung, die Aufhebung der entgegenstehenden reichsgerichtlichen Entscheidung für geboten.

Eine Ausfertigung dieses Urtheils nebst den Prozeßakten wurde von dem Königlich Preußischen Herrn Justizminister unter Bezugnahme auf § 17 Absatz 2 der mehrerwähnten Verordnung dem Herrn Staatssekretär des Reichsjustizamts übersandt. Letzterer sandte die Urtheilsausfertigung und die Proceßacten ohne weitere Bemerkungen mittels Schreibens vom 19. April 1899 an den Herrn Präsidenten des Reichsgerichts, von welchem die Sache geschäftsordnungsmäßig an den Fünften Civilsenat gelangt ist.

Das Reichsgericht hat seine ablehnende Auffassung durch eine einschränkende Auslegung des § 17 Gerichts-Verfassungs-Gesetz begründet. Danach entschieden die Gerichte über die Zulässigkeit des Rechtsweges. —

Allerdings übertrage Absatz 2 unter gewissen Normativbestimmungen die Entscheidung von Kompetenzstreitigkeiten besonderen Behörden. Bei der Auslegung sei aber davon auszugehen, daß die Worte in Absatz 2 „Verwaltungsbehörden und Verwaltungsgericht" sich nur auf die Organe der einzelnen Bundesstaaten, nicht aber auf Reichsbehörden beziehen könne. — Der Ausdruck „Gerichte" könne daher auch nur auf die Landesgerichte bezogen werden. — Gegen eine Ausdehnung auf das Reichsgericht spreche auch die Vorschrift über die Zahl der Richter, welche mindestens 5 betragen solle, da die Senate des Reichsgerichts in einer Besetzung von 7 Mitgliedern entscheiden (§ 140 G.V.G.); man könne daher nur an eine Behörde nach Art der Oberlandesgerichte denken, welche in Collegien von 5 Mitgliedern ihre Entscheidung fällen (§ 124 G.V.G.). Bremen habe die Entscheidung seiner Kompetenzkonflikte dem Reichsgericht übertragen; es müßte zu großen Unzuträglichkeiten führen, wenn ein Senat als Bremischer Kompetenzgerichtshof den Entscheidungen eines andern Senats oder sogar des Plenums sollte entgegentreten können. Auch solle das Reichsgericht die Rechtseinheit der deutschen Rechtsprechung wahren. Das Reichsgericht sei nicht durch die einzelnen Bundesstaaten zum höchsten

Instanzgericht bestellt worden, sondern leite seine Gerichtsgewalt von der Justizhoheit des Reiches ab, welches, soweit die Zuständigkeit der Reichsgesetzgebung und Reichsverwaltung reicht, den einzelnen Staaten übergeordnet sei. Da Entstehungsgeschichte und Wortlaut gegen die Unterordnung des Reichsgerichts unter ein Landesgericht sprächen, so hätte es einer ausdrücklichen reichsgesetzlichen Vorschrift bedurft, um einen solchen Eingriff in die Rechtssphäre des Reichsgerichts zu rechtfertigen.

In allen drei oben angeführten Fällen handelt es sich um den negativen Kompetenzkonflikt, nachdem die Gerichte und in letzter Instanz das Reichsgericht sich für unzuständig erklärt hatten.

Ist es zutreffend, daß ein Landeskompetenzgerichtshof deshalb ein ergangenes Urtheil des Reichsgerichts nicht aufheben kann, weil hierin ein Eingriff in die Befugnisse der den Bundesstaaten übergeordneten Reichsbehörde gesehen wird, so müßte sich das Reichsgericht auch beim positiven Kompetenzkonflikt ablehnend verhalten. Der Eingriff in das Gebiet der reichsrichterlichen Thätigkeit bleibt derselbe, sei es, daß das Reichsgericht sein Urtheil bereits gefällt, sei es, daß die Sache durch Einlegung der Revision an das Reichsgericht gelangt oder überhaupt revisibel ist; denn immer soll die Thätigkeit des Reichsgerichts durch das Dazwischentreten des Kompetenzkonfliktsgerichts des Einzelstaats unmöglich gemacht werden. — Schließt man sich der Rechtsanschauung des Reichsgerichts an, so müßte jede Art des Kompetenzkonflikts von vornherein immer dann ausgeschlossen sein, wenn es sich um eine Sache handelt, welche nach den Vorschriften der Reichsjustizgesetze zur Entscheidung an das Reichsgericht gelangen kann, ohne daß es darauf ankommt, ob die Sache auch wirklich beim Reichsgerichte anhängig geworden ist.

Das Reichsgericht hat aber diese Konsequenz nicht gezogen. — In dem Beschlusse, welcher in dem oben unter c mitgetheilten Falle ergangen ist, wird ausdrücklich als bisherige Praxis des Reichsgerichts beim positiven Kompetenzkonflikt bezeugt, daß stets das weitere Verfahren in der Revisionsinstanz eingestellt wurde, sobald nach Einlegung der Revision eine Verwaltungsbehörde den Kompetenzkonflikt erhoben und der Kompetenzkonfliktsgerichtshof den Rechtsweg für unzulässig erklärt hatte. —

Dieselbe Ansicht finden wir noch in einer zweiten Entscheidung ausgesprochen, welche vom III. Senat in einer hessischen Rechtssache gefällt ist (Entscheidungen Bd. 25 S. 418):

„Entscheidet sich der Verwaltungsgerichtshof für die Unzulässig-
„keit des Rechtsweges, so sind die ordentlichen Gerichte nicht
„weiter mit der Sache befaßt."

Hier wurde also die Entscheidung des Kompetenzkonfliktsgerichtshofs als bindend respektirt, obwohl durch dieselbe das in Aussicht stehende Urtheil vereitelt wurde. Allein auch bei der Behandlung des positiven Kompetenzkonflikts ist der höchste Gerichtshof dem aufgestellten Grundsatze, daß die Entscheidung des Kompetenzkonfliktsgerichtshofs für ihn bindend sei, nicht immer treu geblieben, wie ein Urtheil desselben III. Senats des Reichsgerichts vom 25. März 1884 ergiebt. Der Thatbestand dieses Urtheils ist folgender:

„Der von der Klägerin erhobenen Negatorienklage hat die beklagte Gemeinde die proceßhindernde Einrede der Unzulässigkeit des Rechtsweges entgegengesetzt, indem sie behauptete, der über die Grundstücke der Klägerin führende Weg, durch dessen Benutzung von seiten der Mitglieder der beklagten Gemeinde die Klägerin ihr Eigenthum verletzt erachtet, sei ein öffentlicher Weg, es sei vom Amte Hildesheim am 11. November 1882 eine Entscheidung ergangen, welche die Oeffentlichkeit des fraglichen Weges ausspreche, und es könne eine solche polizeiliche Verfügung im Wege des Processes nicht angefochten werden. Das Landgericht hat die Einrede verworfen und das Berufungsgericht die von der Beklagten eingelegte Berufung zurückgewiesen. Nachdem von der Beklagten die Revision gegen das Urtheil des Oberlandesgerichts eingelegt war, erhob die Landdrostei zu Hildesheim Kompetenzkonflikt und wurde das Verfahren in Gemäßheit des § 7 der Königl. Verordnung vom 1. August 1879 ausgesetzt. — Der Gerichtshof zur Entscheidung der Kompetenzkonflikte zu Berlin erkannte durch Urtheil vom 12. Januar 1884, „daß der Rechtsweg in dieser Sache für zulässig und der erhobene Kompetenzkonflikt daher für unbegründet zu erachten sei.“

Die Beklagte nahm das Verfahren wieder auf und beantragte in dem zur Verhandlung der Revision angesetzten Termine, das angefochtene Urtheil des Berufungsgerichtes vom 10. Mai 1883 aufzuheben und die Klage wegen definitiver oder zeitiger Unzulässigkeit des Rechtsweges abzuweisen. Die Revision wurde als unbegründet zurückgewiesen.

In den Gründen (Entsch. Bd. XI Bl. 394) ist ausgeführt, daß im vorliegenden Falle trotz der Entscheidung des Kompetenzkonfliktsgerichtshofs der Rechtsweg sei zulässig, diese Frage vom Gerichte selbstständig zu prüfen und zu entscheiden sei; das Reichsgericht hat denn auch die Zulässigkeit des Rechtsweges selbständig geprüft und mit dem Berufungsgericht bejaht. Interessant ist dabei die Ausführung:

Nur im Falle des negativen Kompetenzkonflikts hat der Gerichtshof zur Entscheidung der Kompetenzkonflikte die entgegenstehenden Entscheidungen der Gerichte bezw. Verwaltungsbehörden aufzuheben (§ 21 der Verordnung vom 1. August 1879), und es folgt aus der Natur der Verhältnisse als selbstverständlich, daß die Instanz, an welche die Verweisung der Sache erfolgt ist, an die Entscheidung des Gerichtshofes gebunden ist; im Falle des positiven Kompetenzkonflikts wird dagegen im Falle der Zurückweisung des Kompetenzkonflikts die Zuständigkeit des Gerichts nicht in der Art bindend festgestellt, daß eine Prüfung derselben durch das Gericht selbst ausgeschlossen würde.

Während also nach den oben mitgetheilten Entscheidungen das Reichsgericht daran festhält, daß zwar beim positiven, nicht aber beim negativen Kompetenzkonflikt die Entscheidung des Gerichts für Kompetenzkonflikte dem Reichsgerichte gegenüber bindend sei, wird hier umgekehrt betont: beim positiven Kompetenzkonflikt ist das Reichsgericht in seiner Entscheidung frei, während es beim negativen Kompetenzkonflikt das Urtheil des Kompetenzkonfliktsgerichtshofs als bindend behandeln muß. Ja die allgemeine Form der Ausführung läßt erkennen, daß auch die Aufhebung eines reichsgerichtlichen Urtheils sowie die Zurückverweisung einer Sache behufs Fortsetzung des Verfahrens, wie sie der negative Kompetenzkonflikt mit sich bringt, auch für das Reichsgericht maßgebend sein müssen.

Der Rechtsprechung des höchsten Gerichtshofs fehlt es an einem leitenden Principe, welches sich bei beiden Fällen des Kompetenzkonflikts verwerthen ließe. Die Lösung der Frage, welche hier aufgeworfen wird, muß daher in anderer Weise versucht werden.

Schon früher ist darauf hingewiesen worden, daß weder der Begriff des bürgerlichen Rechts noch der „bürgerlichen Rechtsstreitigkeiten" im Gegensatz zum öffentlichen Recht sich derartig definiren läßt, daß die Behandlung des einzelnen Rechtsfalls keinen Zweifel übrig läßt. — Die Reichsgesetzgebung hat für einen Theil der staatlichen Thätigkeit die Grenzen des öffentlichen Rechts bezeichnet, andrerseits hat dieselbe auch durch privatrechtliche Codifikationen eine ganze Reihe von Rechtsverhältnissen als privatrechtliche (bürgerliche) charakterisirt. Im Uebrigen aber hat das Reich anknüpfend an den vorhandenen Rechtszustand in den einzelnen Territorien, in denen vielfach privates und öffentliches Recht in einander aufgingen, es den Einzelstaaten überlassen, zu bestimmen, welche Rechtsverhältnisse als öffentliche anzusehen seien und deshalb nicht zum Gegenstande eines bürgerlichen Rechtsstreits gemacht werden können. — Von diesem Standpunkte aus wollten auch die Reichsjustizgesetze sich jedes Eingriffs in das innere Staatsrecht der Einzelstaaten enthalten und von einer Grenzregulirung zwischen Justiz und Verwaltung absehen[1]). — Wir finden daher das Princip, daß die Grundsätze über die Organisation der Gerichte, wie sie das Gerichtsverfassungsgesetz ausspricht, auf die ordentliche streitige Gerichtsbarkeit Anwendung finden sollen (§ 2 E. G.V.G.), welche bürgerliche Rechtsstreitigkeiten und Strafsachen umfaßt. Der Kreis der bürgerlichen Rechtsstreitigkeiten wird nicht positiv näher beschrieben; vielmehr wird unter Zugrundelegung des bestehenden Rechtszustandes im Reiche und den Einzelstaaten durch § 13 Gerichtsverfassungsgesetz bestimmt:

> Vor die ordentlichen Gerichte gehören alle bürgerlichen Rechtsstreitigkeiten und Strafsachen, für welche nicht entweder die Zuständigkeit von Verwaltungsbehörden oder Verwaltungsgerichten begründet ist oder reichsgesetzlich besondere Gerichte bestellt oder zugelassen sind.

Es wurde damit klar und zweifellos ausgesprochen, daß nicht alle begrifflich bürgerlichen Rechtsstreitigkeiten vor den ordentlichen Gerichten entschieden werden müssen; Partikularrecht und Reichsrecht sollten nach ihrem jeweiligen Umfange für das Gebiet der bürgerlichen Rechtsstreitigkeiten maßgebend sein, wobei selbstverständlich sogar die Möglichkeit gegeben ist, bürgerliche Rechtsstreitigkeiten auf dem Wege partikularstaatlicher Gesetzgebung andern Behörden als den ordentlichen Gerichten zur Erledigung zu überweisen. Bei dieser grundlegenden Auffassung erscheint es nicht auffallend, daß der Entwurf des Gerichtsverfassungsgesetzes Bestimmungen über Kompetenzstreitigkeiten zwischen Gerichten und Verwaltungsbehörden nicht enthielt; im Reichsrechte existirte dieser Begriff nicht, auch hatte sich kein Bedürfniß zur Regelung der Frage herausgestellt; soweit die Einzelstaaten in Frage kommen, galt der Kompetenzkonflikt als ein Bestandtheil des inneren Staatsrechts der Einzelstaaten, welches vom Reichsrecht ohne Weiteres als bindend acceptirt wurde. — Bei der Berathung des Gerichtsverfassungsgesetzes in der Justizkommission des Reichstages wurde zur Sprache gebracht, daß der bisherige Rechtszustand große Unzuträglichkeiten mit sich gebracht habe, weil die Zahl der Kompetenzkonflikte, insbesondere auch der negativen, eine sehr große gewesen sei[2]) und bei Erledigung derselben den Organen der Verwaltung

---

[1]) Hahn, Die gesammten Materialien zum Gerichtsverfassungsgesetz, Bd. I, S. 766.

[2]) So betrug die Zahl der Kompetenzkonflikte in einem der größeren Bundesstaaten in den Jahren 1851—1869 im Ganzen 366, wovon 113 negative. Hahn, a. a. O. Bd. I, S. 686.

ein zu großer Spielraum gelassen worden sei. — Zur Lösung dieser Schwierigkeiten wurden drei principielle Anträge gestellt:

a) der erste bezweckte die Aufstellung von speciellen Vorschriften über die Beschreitung des ordentlichen Rechtswegs,

b) der zweite erstrebte die Aufhebung der Kompetenzkonfliktsgerichte, indem er gleichzeitig die Entscheidung den ordentlichen Gerichten übertrug,

c) der dritte wollte verhindern, daß bürgerliche Rechtsstreitigkeiten Rücksicht auf bestimmte Eigenschaften einer Partei (z. B. weil der Fiskus betheiligt ist) andern Behörden als den ordentlichen Gerichten überwiesen werde.

Nach sehr eingehender wiederholter Erörterung wurden die ersten beiden Anträge abgelehnt, der dritte dagegen angenommen[3]). (§ 4 E. G. P. O.) Um den Bedenken Rechnung zu tragen, welche die bisherige Thätigkeit der Kompetenzkonfliktsgerichte geweckt hatte, sollte die Zusammensetzung und das Verfahren mit gewissen Garantien versehen, insbesondere dem richterlichen Elemente ein gewisses Uebergewicht gewährt werden. — So ist der § 17 Gerichtsverfassungsgesetz entstanden. Derselbe stellt zunächst den Satz des älteren deutschen Rechts an die Spitze, daß die Gerichte über die Zulässigkeit des Rechtsweges entscheiden sollen.

Diese Regel erleidet aber, soweit die Einzelstaaten und deren Organisation (Verwaltungsbehörde und Verwaltungsgerichte) in Frage kommt, eine vollständige, durch die Complicirtheit der partikularen Staatsrechte gerechtfertigte Durchbrechung. Den Einzelstaaten wird das Recht gelassen, die Kompetenzstreitigkeiten unter Beobachtung der unter Nr. 1—3 aufgestellten Normativbedingungen besonderen Behörden zu übertragen.

Es wird hierbei kein Unterschied zwischen positiven und negativen Kompetenzstreitigkeiten gemacht, vielmehr die ganze Einrichtung, wie sie in der Wissenschaft bekannt ist und sich aus dem Rechtszustande des einzelnen Bundesstaats ergiebt, als maßgebend zu Grunde gelegt. — Da das Reich den Einzelstaaten keine Verpflichtung auferlegt, für Einrichtung von Kompetenzkonfliktsgerichten Sorge zu tragen, sondern dies dem Belieben der Gliedstaaten überläßt („kann") so steht es jedem Staate frei, von dieser Ermächtigung nach freiem Ermessen Gebrauch zu machen. Es kann also der Einzelstaat, von den richterlichen Normativbedingungen abgesehen, den Kompetenzkonflikt nach eigener Anschauung ordnen, d. h. demselben ein möglichst großes Gebiet zuweisen oder denselben einschränken. So kommt es, daß der eine Bundesstaat (Preußen) den Kompetenz-

---

[3]) Hahn, a. a. O. S. 941.

konfliktsgerichtshof bei beiden Arten des Konflikts entscheiden läßt, während der andere (Braunschweig) den Kompetenzkonflikt auf den Fall des positiven beschränkt, oder speciell anordnet, daß die Entscheidung des Reichsgerichts über die Unzulässigkeit des Rechtsweges die Verwaltungsbehörden und den Kompetenzkonfliktsgerichtshof bindet. (Bayern.) Ebenso sind auch Beschränkungen des Kompetenzkonflikts nach der Richtung hin zulässig, daß die Erhebung des positiven Konflikts sich nur auf gewisse Instanzen (z. B. nur bis zur Entscheidung der Oberlandgerichte) oder auf gewisse Arten von Sachen oder ein bestimmtes Stadium des Verfahrens erstreckt. (z. B. schließt Württemberg in allen Sachen, in denen Revision an's Reichsgericht möglich ist, den Konflikt aus, läßt Mecklenburg-Schwerin und Mecklenburg-Strelitz nur so lange den Konflikt zu, als das Reichsgericht noch nicht entschieden hat, Braunschweig nur so lange, als die Sache nicht durch Revision beim Reichsgericht anhängig ist.) Endlich kann der einzelne Bundesstaat auch auf Einrichtung eines Kompetenzkonfliktsgerichtshofs ganz verzichten; es verbleibt alsdann bei der allgemeinen Regel, daß die Entscheidungen der Gerichte den Rechtsweg endgiltig bestimmen. —

In derselben Weise kann der Partikularstaat auch das Verfahren in Kompetenzkonfliktssachen nach seinem Belieben gestalten, soweit das Reich in § 17 Gerichtsverfassungsgesetz keine Vorschriften gegeben hat; thatsächlich ist auch das Verfahren in den einzelnen Territorien ein sehr verschiedenes, welches in mancher Richtung von dem Verfahren vor den ordentlichen Gerichten abweicht[4]).

Schon die Entstehungsgeschichte des Gerichtsverfassungsgesetzes und speciell der § 17 zeigt, daß auf dem Gebiete des Kompetenzkonflikts den Einzelstaaten die volle Freiheit gelassen werden sollte. Daraus ergiebt sich, daß nicht daran gedacht werden kann, dem Reichsgericht die Befugniß zur Abänderung von Entscheidungen der partikularen Kompetenzkonfliktsgerichtshöfe zuzusprechen, soweit das Recht des Partikularstaates nicht ausdrücklich etwas Anderes bestimmt. —

Mit dieser Auffassung stimmt auch der Zweck der ganzen Einrichtung überein; das innere Staatsrecht (öffentliche Recht) der Bundesstaaten, zu denen auch die Organisation der Behörden und deren Geschäftskreise gehört, liegt abgesehen von einzelnen im Reichsrecht vorkommenden positiven Ausnahmen, nicht im Kreise der Zuständigkeit des Reiches; es muß also jeder auch indirekte Eingriff in dieses souveräne Gebiet der Einzelstaaten seitens aller Reichsbehörden vermieden werden. —

---

[4]) Vgl. Entsch. R.G. Bd. 25, S. 416 f.

Auch im Uebrigen ist die Auslegung, welche das Reichsgericht dem § 17 Gerichtsverfassungsgesetz hat angedeihen lassen, nicht haltbar. —

Die Entscheidungen eines Kompetenzkonfliktsgerichts könnten sich, führt das Reichsgesetz aus, nur auf Landesgerichte beziehen, da im Abs. 2 des § 17 von Streitigkeiten der Gerichte und der Verwaltungsbehörden oder Verwaltungsgerichten die Rede sei; da unter „Verwaltungsbehörden oder Verwaltungsgerichten" nur Organe der Einzelstaaten zu verstehen seien, so müsse dasselbe von den am Streite betheiligten „Gerichten" gelten. Diese Auslegung ist schon um deshalb bedenklich, weil sie demselben Worte in demselben Paragraphen verschiedene Bedeutungen beilegt. — Sind im Absatz 2 unter Gerichte nur die Landesgerichte zu verstehen, so müßte dies auch für Absatz 1 gelten, welcher lautet:

> „Die Gerichte entscheiden über die Zulässigkeit des Rechts-
> „weges.

worauf in logischer Verbindung Absatz 2 fortfährt:

> „Die Landesgesetzgebung kann jedoch Streitigkeiten zwischen
> „den Gerichten und Verwaltungsbehörden oder Verwaltungs-
> „gerichten über die Zulässigkeit des Rechtsweges . . . .
> „übertragen

und unter Nr. 4 ausspricht:

> „Sofern die Zulässigkeit des Rechtsweges durch rechts-
> „kräftiges Urtheil des Gerichts feststeht, . . .

Wir kämen sodann zu dem eigenthümlichen Resultate, daß überhaupt nur die Landesgerichte über die Zulässigkeit des Rechtswegs zu entscheiden hätten, sowie daß in der Revisionsinstanz vor dem Reichsgerichte jede weitere Erörterung hierüber abgeschnitten wäre. — Jeder Zweifel löst sich von selbst, wenn man überall unter „Gerichten" die Gerichte aller Instanzen versteht, deren Entscheidungen je nach Lage des einzelnen Falles in Rechtskraft übergehen können. —

Hierbei kommt die engere Bedeutung der Worte „Verwaltungsbehörden oder Verwaltungsgerichte" nicht in Betracht, weil nach der Entstehungsgeschichte des Gesetzes überhaupt nur an Organe der Einzelstaaten gedacht wurde, während die Verwaltungsbehörden des Reiches von einer Betheiligung an jeder Art von Kompetenzkonflikten ausgeschlossen sein sollten. —

Da das Gesetz bei den Entscheidungen des Kompetenzkonfliktsgerichts nur ein Kollegium von 5 Richtern verlangt, während die Senate des Reichsgerichts in einer Besetzung von 7 Mitgliedern entscheiden, so hat der höchste Gerichtshof auch hieraus entnommen, daß es sich um eine Behörde nach Art der Oberlandesgerichte handele. — Demgegenüber muß darauf hingewiesen werden, daß die Kompetenzkonfliktsgerichte als höchste Instanz nach Art des Reichsgerichts gedacht waren, deren Zusammensetzung und Verfahren deshalb mit den unter Nr. 1 und 2 in § 17 vorgesehenen Garantieen umgeben wurde; von verschiedenen Seiten wurde sogar angeregt, dem Reichsgerichte die Entscheidung der Kompetenzkonflikte zu übertragen, was jedoch unterblieb, um dieses nicht mit den Fragen der verschiedenartigen besondern Staatsrechte zu sehr zu belasten[5]). Danach erfahren die Mitglieder des Kompetenzkonflikts dieselbe Behandlung wie die Mitglieder des Reichsgerichts, deren Verwendung zu diesem Zwecke sogar speciell vorgesehen wurde. —

Es bedarf aber auch zur Erledigung der Kompetenzkonflikte einer so großen Anzahl von Richtern nicht, weil die Entscheidung sich lediglich auf eine Vorfrage bezieht, während die Entscheidung in der Sache selbst durch das gesetzlich zuständige Organ erfolgt.

Als besondere Unzuträglichkeit hat das Reichsgericht den Umstand hervorgehoben, daß der Senat, welcher als Kompetenzkonfliktsgericht des Staates Bremen entscheidet, in der Lage sei, Entscheidungen eines anderen Senats oder sogar des Plenums umzustoßen, wenn die Kompetenzkonfliktsgerichte über das Reichsgericht gestellt würden. Diese Konsequenz ist zugegeben; sie ist aber durchaus nichts Ungewöhnliches, kommt vielmehr stets zum Vorschein, wenn der oberste Gerichtshof eines Landes als Kompetenzkonfliktsgericht bestellt wird. Dies ist aber auch, wie oben hervorgehoben wurde, in verschiedenen außerdeutschen Staaten der Fall und z. B. auch in Bayern heute geltendes Recht.

Es sei Niemanden in den Sinn gekommen, sagt der höchste Gerichtshof ferner, einen Kompetenzkonflikt da zuzulassen, wo er durch eine Entscheidung des Reichsgerichts herbeigeführt ist. —

Die Entstehungsgeschichte des § 17 G.V.G. giebt für diese Anschauung keinen Raum.

Bei den Verhandlungen der Reichsjustizkommission wird grade auch über die erhebliche Anzahl negativer Kompetenzkonflikte gesprochen.

Im Gesetze ist nur von „Streitigkeiten zwischen den Gerichten und den Verwaltungsbehörden oder Verwaltungsgerichten“ die Rede, ohne daß zwischen den theoretisch feststehenden Arten des Kompetenzkonflikts unterschieden wird. Es verstößt daher gegen eine stets anerkannte Interpretationsregel, eine Unterscheidung in das Gesetz hineinzutragen, welche im Wortlaute nicht gegeben ist, nach Lage des Falles im Gesetze aber hätte Ausdruck finden müssen.

---

[5]) Hahn, a. a. O. S. 912.

Die Erledigung des negativen Kompetenzkonflikts ist aber auch für das praktische Rechtsleben von weit höherer Bedeutung als die des positiven Konflikts; denn erklären sich sowohl die Gerichte als auch die Organe der Verwaltung in letzter Instanz für unzulässig, ohne daß die Möglichkeit einer Aufhebung einer dieser Entscheidungen gegeben ist, so bleibt der Streitfall unentschieden und den rechtsuchenden Parteien wird die Entscheidung verweigert: es tritt ein im modernen Staate unerhörter Zustand von Rechtlosigkeit ein.

Es wäre also Sache des Gesetzgebers gewesen, sich darüber auszusprechen, daß der negative Kompetenzkonflikt überhaupt nicht zugelassen werde, oder daß, falls die Verwaltungsorgane und das Reichsgericht endgiltig ihre Unzuständigkeit aussprechen, die Entscheidung des letzteren maßgebend sein solle.

Das Gesetz hat sich aber mit unzweifelhafter Deutlichkeit ausgesprochen; nachdem es nämlich den Partikularstaaten die Befugniß eingeräumt hat, die Erledigung von Kompetenzkonflikten nach Belieben zu ordnen, fügt es unter Nr. 4 als **einzige** materielle Beschränkung des partikularrechtlichen Kompetenzkonfliktsverfahrens hinzu:

> „Sofern die Zulässigkeit des Rechtswegs durch rechtskräf-
> „tiges Urtheil des Gerichts feststeht, ohne daß zuvor auf die
> „Entscheidung der besonderen Behörde angetragen war, bleibt
> „die Entscheidung des Gerichts maßgebend."

Die rechtskräftige Entscheidung des Gerichts, welches auf Zulässigkeit des Rechtswegs lautet, umfaßt auch diejenigen Sachen, in denen auf eingelegte Revision das Reichsgericht erkannt hat.

Also nur in den Fällen des positiven Kompetenzkonflikts soll **für die einzelne Sache** das gerichtliche Urtheil letzter Instanz den Vorrang vor den Entscheidungen der Verwaltungsbehörden und Verwaltungsgerichten behalten; daraus ergiebt sich im Wege der Gegenüberstellung (argumentum e contrario) zur Evidenz, daß in den andern Fällen, d. h. des negativen Kompetenzkonflikts die Entscheidung der letzten Instanz, welche unter Umständen auch die des Reichsgerichts sein kann, gegenüber den Kompetenzkonfliktsgerichten nicht unter allen Umständen maßgebend ist; dies hängt vielmehr von dem Inhalte des Partikularrechts ab, wie oben an Beispielen der einzelnen Bundesstaaten gezeigt wurde. —

Diese Auslegung beseitigt auch das Gespenst der Rechtsverweigerung: denn entweder erkennt das Specialrecht des einzelnen Bundesstaates das reichsgerichtliche Urtheil als bindend an, dann haben die Organe der Verwaltung zu entscheiden; oder das Sonderrecht des Partikularstaates versagt dem Urtheil des Reichsgerichts die formell bindende Kraft, alsdann tritt der Kompetenzkonfliktshof in Thätigkeit, welcher entweder die ablehnende Auffassung des Reichsgerichts theilt und den Verwaltungsorganen die Entscheidung überträgt oder unter Aufhebung des reichsgerichtlichen Urtheils die Sache zur Fortsetzung des gerichtlichen Verfahrens auf den Rechtsweg zurückleitet. —

Es erscheint aber auch nicht zutreffend, wenn das Reichsgericht die Unmöglichkeit der Aufhebung seines Urtheils durch das Gerichts eines Partikularstaates aus der Unterordnung des Bundesstaates unter die Reichsgewalt herleitet und dies folgert

„aus dem allgemeinen Verhältnisse der Reichs- und Landes-
„behörden zu einander, und dem speciell für das Gebiet der
„Rechtspflege abzuleitenden Grundsatze, daß, sofern nicht reichs-
„gesetzlich etwas Abweichendes bestimmt ist, die reichsrichterliche
„Gewalt jeder landesherrlichen Gewalt vorgeht.“

Es wird also gewissermaßen eine Präsumtion dahin aufgestellt, daß die Befugnisse des Reiches und seiner Organe überall Platz greifen, wo nicht durch ausdrückliches Specialgesetz ein Vorbehalt zu Gunsten des oder der Einzelstaaten gemacht ist. —

Das deutsche Reich bildet keinen Einheitsstaat, sondern einen Bundesstaat. Die einzelnen Staaten haben einen Theil ihrer Befugnisse auf das neue, mit selbständiger staatlicher Persönlichkeit versehene Reich übertragen, welche in der Reichsverfassung und einzelnen Reichsgesetzen fixirt sind. So lange nicht eine ausdrückliche verfassungsmäßige Uebertragung von weiteren Befugnissen auf das Reich stattgefunden hat, sind die auch jetzt souverän gebliebenen Einzelstaaten die Träger und Inhaber aller staatlichen Befugnisse. —

Eine Präsumtion spricht daher im Zweifel zu Gunsten der Particularstaatsgewalt und nicht des Reichs. — Im vorliegenden Falle bedarf es aber auch keiner besonderen Widerlegung der vom Reichsgericht aufgestellten staatsrechtlichen Präsumtion, denn es ist „reichsgesetzlich etwas Anderes bestimmt“: Der Abs. 2 des § 17 Gerichtsverfassungsgesetz erkennt nach unserer früheren Begründung das Partikularrecht bezüglich der Kompetenzkonflikte mit geringen reichsrechtlichen Einschränkungen als bindend an. —

Soweit das Reichsgericht das Recht des einzelnen Landes anwendet und beurtheilt, erscheint es als oberstes Landesgericht, welches namentlich auch den öffentlichen Rechtszustand des betreffenden Landes respektiren muß. — Diese Stellung ergiebt sich besonders daraus, daß den Bundesstaaten, welche mehrere Oberlandesgerichte besitzen, die Befugniß eingeräumt ist, über die Revisionen bezüglich ihres bürgerlichen Rechts durch einen eigenen obersten Landesgerichtshof entscheiden zu lassen. (§ 8 E. G.V.G.) Die Uebertragung von Revisionen in partikularrechtlichen Angelegenheiten auf das Reichsgericht erfolgte lediglich aus Zweckmäßigkeitsgründen, nicht auf Grund eines allgemeinen Princips. Es erscheint daher überhaupt nicht als ein Eingriff in die „reichsrichterliche" Thätigkeit, wenn ein den Rechtsweg verneinendes Urtheil des Reichsgerichts als oberstes Landesgericht der Aufhebung unterliegt, da diese Erscheinung in allen Staaten zu Tage tritt, wo Kompetenzkonfliktsgerichte existiren. —

Nur in diesem Zusammenhange muß es gewürdigt werden, wenn der oberste Gerichtshof sich zur Wahrung der Einheit der Rechtsprechung berufen fühlt. — In allen Rechtsstreitigkeiten, welche zur Erhebung des Kompetenzkonflikts führen, handelt es sich stets um Anwendung des Partikularrechts eines einzelnen Bundesstaates. — Gerade zur Aufrechterhaltung der Einheit in der Rechtsprechung bezüglich dieses Particular-Staatsrechts muß die Möglichkeit einer Aufhebung des reichsgerichtlichen Urtheils im Wege negativen Kompetenzkonflikts gegeben sein. Denn die Entscheidung des Reichsgerichts hat hier nur Werth für das in Frage kommende Partikularrecht, während sie die Einheit in der Rechtsprechung über das Recht des Reichs oder eines andern Einzelstaates gar nicht berührt.

Zur Beseitigung der Rechtsverweigerung, welche die entgegenstehenden Auffassungen des Reichsgerichts und des Preußischen Kompetenzkonfliktsgerichts herbeigeführt haben, sind bis jetzt zwei Vorschläge gemacht worden. —

Benedict[6]) will beim negativen Kompetenzkonflikt nach einem andern Vorbilde im geltenden Recht (§ 11 C.P.O. § 26 Gew.G.G. § 107 G.V.G.) die Prävention entscheiden lassen, d. h. es soll, sobald das Reichsgericht oder die höchste Verwaltungsbehörde bezw. das höchste Verwaltungsgericht entschieden hat, die zeitlich frühere Entscheidung für die andere Behörde, selbstverständlich nur in derselben Sache, bindend sein, er schlägt zu diesem Zweck einen Zusatz zu § 17 Gerichtsverfassungsgesetz in folgender Fassung vor:

„Hat das Reichsgericht den Rechtsweg für unzulässig erklärt, so ist seine Auslegung der Zuständigkeitsgesetzgebung für „die Verwaltungsbehörden und Verwaltungsgerichte bindend, „soweit ihre Zuständigkeit fernerhin für den gleichen Rechtsstreit „in Betracht kommt.

„Ebenso sind die Gerichte, insbesondere auch das Reichs„gericht, bei Prüfung ihrer Zuständigkeit durch eine Entscheidung

---

[6]) Jur. Wochenschrift J. 1899 S. 725.

„gebunden, mit welcher eine höchste Verwaltungsbehörde oder „das höchste Verwaltungsgericht eines Bundesstaats für den „gleichen Rechtsstreit sich für unzuständig, den Rechtsweg aber „für zulässig erklärt hat."

Wir halten den Ausweg nicht für zulässig, weil er eine Verletzung des den Einzelstaaten garantirten öffentlichen Rechts involvirt und die Einheit der Rechtsprechung über dieselben Rechtsfragen beeinträchtigt; denn es ist naturgemäß rein zufällig, welche höchste Instanz zuerst zur Entscheidung der Sache kommen würde.

Levinson[1]) will die Schwierigkeit dadurch beseitigen, daß er ähnlich wie beim Abweichen des Reichsgerichts oder eines höheren Landesgerichts von der bisherigen Rechtsprechung (§ 137 G.V.G.; § 28 Ges. über freiwillige Gerichtsbarkeit) die Entscheidung eines Reichskompetenzgerichtshofs eintreten lassen will, wenn das Reichsgericht oder ein Oberverwaltungsgericht von einer in derselben Sache gefällten Entscheidung abweichen will. — Die Funktionen des Kompetenzkonfliktsgerichts für das Reich soll der Bundesrath übernehmen und zwar nach Maßgabe folgenden Gesetzentwurfs:

„§ 1. Will ein Oberverwaltungsgericht von einer Entscheidung des Reichsgerichts, oder will das Reichsgericht von „der Entscheidung eines Oberverwaltungsgerichts abweichen, „welche in demselben Rechtsstreit über die Frage der Zulässigkeit „des Rechtswegs ergangen ist, so ist über die streitige Rechtsfrage „eine Entscheidung des Bundesraths einzuholen. Die Entscheidung des letzteren ist in der zu entscheidenden Sache bindend.

„§ 2. Vor der Entscheidung sind die Parteien schriftlich „zu hören. Mündliche Verhandlung findet nicht statt.

„§ 3. Der Bundesrat entscheidet ferner auf Antrag einer „Partei über die Aufnahme eines Streitverfahrens, welches „mittels rechtskräftiger aber einander widersprechender Entscheidungen der Gerichte, Verwaltungsgerichte und Verwaltuugsbehörden durch Unzuständigkeitserklärung aller angerufenen „Stellen erledigt ist. Der Antrag ist durch einen deutschen „Rechtsanwalt zu unterzeichnen. Der Bundesrath verweist die „Sache zur Entscheidung an die von ihm für zuständig erklärte „Gerichts- oder Verwaltungsbehörde. Die Entscheidung des „Bundesraths ist für letztere und die ihr vorgesetzten Instanzen „bindend."

„§ 4. Das Verfahren ist kosten- und stempelfrei. Ein landesgesetzlicher Vollmachtsstempel wird nicht erhoben.

[1]) Deutsche Juristenzeitung J. V Nr. 3 S. 67.

Auch diesem Vorschlage können wir uns nicht anschließen, da er, genau wie der vorige, das öffentliche Recht der Bundesstaaten der Kompetenz des Reichs unterstellt, also eine Aenderung der Reichsverfassung enthält. Der Bestellung des Bundesraths als Gerichtshof stehen auch alle die Bedenken entgegen, welche zur Schaffung des § 17 Gerichtsverfassungsgesetz geführt haben: es fehlen, abgesehen von andern Momenten, alle Garantien dafür, daß die lediglich nach Instruktion der einzelnen Regierungen handelnden Mitglieder des Bundesraths richterliche Funktionen in unabhängiger Weise wahrnehmen werden.

Aus den bisherigen Ausführungen hat sich als Resultat ergeben, daß das Reichsrecht beide Arten des Kompetenzkonflikts gleichmäßig berücksichtigt und die Entscheidung des partikularen Kompetenzkonfliktsgerichtshofs, welche unter Beobachtung des mit reichsrechtlichen Kautelen versehenen Verfahrens gefunden wird, auch für das Reichsgericht als bindend anerkennt und die durch den Kompetenzgerichtshof des Partikularstaats erfolgte Aufhebung eines den Rechtsweg versagenden reichsgerichtlichen Urtheils billigt[8]). Für den positiven Kompetenzkonflikt hat dies das Reichsgericht selbst, wenn auch nicht immer ganz consequent, anerkannt; ebenso hat das Reichsgericht in dem aus Band XI der Entscheidungen mitgetheilten Rechtsfalle bezüglich des negativen Kompetenzkonflikts das richtige Princip allerdings nur gelegentlich ausgesprochen.

Es würde also in Anknüpfung an das geltende Recht und dessen richtige Interpretation nur nöthig sein, dieses durchgreifende Princip gesetzlich auszusprechen und dessen Anwendung auch auf die Vergangenheit auszudehnen, um die in Folge negativen Konflikts noch unerledigten Sachen im Rechtswege zu Ende zu führen. —

Dem Gesetze, welches einen Absatz 3 zu § 17 Gerichtsverfassungsgesetz schaffen soll, könnte folgende Form gegeben werden:

„Die Entscheidung der besonderen Behörde über die Zu-
„lässigkeit oder Unzulässigkeit des Rechtswegs ist für das Reichs-
„gericht, die Landesgerichte, sowie die Verwaltungsbehörden und

---

[8]) Das Reichsgericht wird nur von Wach (Civilproceß, S. 100 f.) unterstützt. Wach widerspricht sich selbst; denn trotzdem er die Unmöglichkeit der Aufhebung des reichsgerichtlichen Urtheils behauptet, giebt er zu, daß die Landesgesetzgebung auch über die Zulässigkeit des Rechtswegs beim Reichsgericht bestimme.

Alle sonstigen Autoren, welche zur Frage gelegentlich Stellung genommen haben, sind für Aufhebung des reichsgerichtlichen Urtheils durch den Kompetenzkonfliktsgerichtshof. Vgl. Droop, Der Rechtsweg in Preußen, S. 131 A. 63; Meyer, Deutsches Staatsrecht, S. 574 Note 13; Eccius, Preußisches Privatrecht, § 50 A. 1; Laband, Staatsrecht III Abth. 2 S. 35, 36; Turnau, Die Justizverfassung in Preußen, S. 136 N. 16 b.

„Verwaltungsgerichte bindend. Dieser Grundsatz findet auch „auf Rechtsstreitigkeiten Anwendung, in welchen durch Ent- „scheidung der besonderen Behörde der Rechtsweg bereits für „zulässig erklärt worden ist."

Es bleibt noch zu erwägen, ob es sich nicht empfiehlt, auch bei dieser Gelegenheit die übrigen Fälle von Kompetenzkonflikt, welche wir oben unter Nr. 1—5 zusammengestellt haben, aus der Welt zu schaffen. Wir haben oben schon zwei Fälle (Nr. 1, 2) ausgeschieden, weil sie dem Gebiete des Particularrechts und dem Gebiete des internationalen Rechts angehören. — Es bleiben daher hier, nachdem die Konflikte zwischen Verwaltungsbehörden (Verwaltungsgerichten) und dem Reichsgericht (Nr. 4) durch den obigen Gesetzesvorschlag verschwinden, nur noch 2 Fälle (Nr. 3 und 5) übrig, nämlich der Kompetenzkonflikt

a) zwischen Gerichten eines Bundesstaats und den Reichsverwaltungsbehörden,

b) zwischen den Reichsverwaltungsbehörden und dem Reichsgericht.

Hier bedarf es einer Abhilfe nicht, denn das Verhältniß ist bereits, wie oben ausführlich dargelegt wurde, principiell geordnet: da den Reichsverwaltungsbehörden die Befugniß zum Kompetenzkonflikt versagt ist, bleibt es bei der Regel, welche Absatz 1 Gerichtsverfassungsgesetz aufstellt, d. h. die Landesgerichte und das Reichsgericht bestimmen im Instanzenwege über Zulässigkeit oder Unzulässigkeit des Rechtswegs.

Es ist also nicht richtig, wenn das Reichsgericht in den Gründen des oben mitgetheilten Beschlusses vom 10. Juni 1899 ausführt, daß auch bezüglich des Konflikts der verschiedenen Reichsbehörden das geltende Recht eine Lücke aufweise.

Geschehen muß Etwas, um den Druck von dem Rechtsbewußtsein zu entfernen: denn es ist für den Einzelnen, wie für die Allgemeinheit ein niederdrückendes Gefühl, daß im modernen Rechts- und Kulturstaate ein Staatsbürger zu einem den Rechtsstreit beendenden Urtheile nicht gelangen kann, und zwar nicht deshalb, weil das anzuwendende Recht besondere Schwierigkeiten böte, sondern lediglich aus dem Grunde, weil die verschiedenen Organe des Staates sich darüber erfolglos streiten, wer die Entscheidung fällen soll. — Inzwischen zahlen die Parteien die Kosten . . . . . in einem Falle für elf Instanzen . . . . . sie können nicht sagen: duobus litigantibus tertius gaudens.

VII.

Gutachten des Herrn Oberlandesgerichtsraths Unger zu Jena

über die Frage:

„Empfiehlt es sich, das Universitätsstudium und den Vorbereitungsdienst der Juristen gemeinsam für das Deutsche Reich zu ordnen?"

Zu einer erschöpfenden Behandlung der gestellten Frage gehört eine reichere Erfahrung, als diejenige ist, welche in dem kleinstaatlichen Rechtsleben, auf das meine Berufsthätigkeit sich beschränkt hat, ich mir zu erwerben vermochte. Trotzdem habe ich geglaubt, der Aufforderung der ständigen Deputation des Deutschen Juristentages zur gutachtlichen Aeußerung über diese Frage mich nicht entziehen zu sollen, da mein Beitrag zur Lösung der Frage insofern nicht ohne Werth sein dürfte, als gerade in dem kleinstaatlichen Justizdienste, in welchem ich übrigens längere Zeit an gemeinschaftlichen Gerichten mit Preußischen Juristen zusammen gearbeitet habe, Beobachtungen insbesondere über den Unterschied des Einflusses der Abgeschlossenheit eines kleineren einzelstaatlichen Berufsgenossenkreises und der Einwirkung der Zugehörigkeit zu einem größeren Verbande sich mir darboten, die mich wohl in den Stand setzen, manche Folgen einer einheitlichen Gestaltung der Schulung des gesammten deutschen Juristenstandes vorauszusehen und richtig zu würdigen, die von Juristen größerer Staaten vielleicht weniger beachtet werden.

Einleitung.

§ 1.

Die Bestrebungen für Herbeiführung der deutschen Rechtseinheit sind von der Zeit an, zu welcher sie in Folge der politischen Einigung Deutschlands in das Stadium der praktischen Ausführung der in der Reichsverfassung der Reichsgesetzgebung gestellten Aufgaben eingetreten waren, stets von einer auf einheitliche Regelung der Vorbildung der deutschen Juristen gerichteten Bewegung begleitet gewesen. Eine kurze Uebersicht über die hauptsächlichsten öffentlichen Kundgebungen dieser Bewegung wird deren inneren Zusammenhang mit der Vereinheitlichung des Rechts darthun und zugleich auf einige Gesichtspunkte für die Beurtheilung unserer Frage hinweisen.

Bei der Entwerfung der jetzt geltenden deutschen Prozeßordnungen war zwar geflissentlich von jeder Regelung der Vorbildung der Juristen abgesehen worden, weil

> „auch der Schein vermieden werden müsse, als solle die Reichs-„gesetzgebung die Justizhoheit der einzelnen Bundesstaaten in „irgend einer Beziehung, wo dies nicht durch die Nothwendigkeit „der gleichmäßigen und durch die Natur der gemeinsamen Ein-„richtungen geboten ist, schwächen oder beeinträchtigen."

(Begründung des Regierungsentwurfs des Gerichtsverfassungsgesetzes S. 2.) Allein in der Reichstagskommission wurde in Anbetracht der Erstreckung der Gerichtsgewalt jedes deutschen Gerichtes über ganz Deutschland, der erhöhten Anforderungen, welche das mündliche Verfahren an die Qualifikation der Juristen stelle, sowie der Vortheile, welche die sogen. Freizügigkeit der Richter, d. h. die rechtliche Möglichkeit für dieselben mit sich bringe, auch in einem andern Bundesstaate, als in dem, welchem sie von Anfang an angehörten oder ihre Vorbildung verdanken, Anstellung zu finden, die einheitliche Regelung des Prüfungswesens und des Vorbereitungsdienstes als erstrebenswerth bezeichnet. Da man diese Regelung jedoch nicht für so unerläßlich hielt, um von derselben das Zustandekommen des Gerichtsverfassungsgesetzes abhängig zu machen, so wurden nur die Minimalforderungen für einheitliche Ausbildung und Freizügigkeit in den jetzigen §§ 2 bis 5 des Gerichtsverfassungsgesetzes von der Commission festgestellt; diese wurden von den Regierungsvertretern im Wesentlichen nicht bekämpft und vom Reichstag angenommen.

Weiter strebte man in der Folgezeit. Das Preußische Abgeordnetenhaus beschloß bei Berathung des Ausführungsgesetzes zum Gerichtsverfassungsgesetz vom 1. Februar 1878, die Königliche Staatsregierung aufzufordern, auf die reichsrechtliche Regelung des Prüfungswesens und des Vorbereitungsdienstes für das Richteramt hinzuwirken. — Eine die Reform des juristischen Studiums und des ersten juristischen Examens bezielende Petition der rechts- und staatswissenschaftlichen Fakultät der Universität Straßburg an den Reichstag vom 14. Februar 1878, der sich eine Reihe Preußischer Fakultäten anschloß, stellte die Forderungen auf, daß die Vorschriften über die juristischen Prüfungen vom Reiche zu treffen, und die Prüfungscommissionen der Einzelstaaten vom Reichskanzler durch Commissarien zu beaufsichtigen seien, denen die Befugniß zustehe, gegen zu nachsichtige Entscheidungen der Prüfungscommissionen Einspruch zu erheben. — Der Reichstag selbst beschloß bei Berathung der Rechtsanwaltsordnung am 21. Mai 1878, den Reichskanzler zu ersuchen, dem Reichstage baldmöglichst einen Gesetzentwurf zur einheitlichen Regelung des juristischen Prüfungswesens im Deutschen Reiche vorzulegen. — Zu dem vom 29. bis 31. August 1878 in Jena abgehaltenen 14. Deutschen Juristentage sind über die Frage, ob eine gemeinsame Prüfungsordnung für deutsche Richter und Anwälte nothwendig, und wie solche auf Grundlage der §§ 2 bis 5 des Gerichtsverfassungsgesetzes zu gestalten sei, schriftliche Gutachten erstatten worden, insbesondere von Professor Dr. Gierke und Professor Dr. Gneist. Das Gutachten des Ersteren gelangt zu dem Ergebnisse, daß ein Reichsprüfungsgesetz eine Reihe von Normen über Voraussetzungen, Gegenstand und Verfahren der Prüfungen aufzustellen, im Uebrigen aber die Ordnung und Handhabung des Prüfungswesens den einzelnen Bundesstaaten zu überlassen habe. Aehnlich sprach sich das Gneist'sche Gutachten dahin aus, daß von Reichswegen die Feststellung der die Qualifikation und die Freizügigkeit der Richter und Anwälte bedingenden Grundnormen und die Controle der Ausübung derselben zu erfolgen habe, den Einzelstaaten dagegen die Einrichtung des Universitätsunterrichtes, die Normirung der Stationen des praktischen Dienstes, die Bildung und Instruction der Prüfungsbehörden zu belassen sei. In den Berathungen der 4. Abtheilung des Juristentages über diese Frage standen sich gegenüber der Antrag des Referenten Generalstaatsanwalts Dr. von Schwarze, den Erlaß eines Reichsgesetzes über die Prüfungen für deutsche Richter und Rechtsanwälte für dringend wünschenswerth, und der Antrag des Correferenten Dr. Brunner, reichsgesetzliche Vorschriften über das juristische Studium und über die juristischen Prüfungen für ein unabweisbares Erforderniß zu erklären. Die Verhandlungen führten zu dem als Compromiß angesehenen Beschlusse der Abtheilung:

„Reichsgesetzliche Vorschriften über das juristische Studium und „über die juristischen Prüfungen sind ein dringendes Bedürfniß."

Dieser Beschluß wurde dem Plenum des Juristentages zur Kenntnißnahme mitgetheilt, ohne in demselben zur Berathung zu gelangen.

Nachdem vom 1. October 1879 ab die neuen Prozeßordnungen in Anwendung getreten waren, drängte bald allgemein die Beobachtung sich auf, daß die das Hauptgewicht in die mündliche Verhandlung legenden neuen Verfahren auf der einen Seite weit höhere Anforderungen an

Richter und Anwälte stellen, auf der anderen Seite viel weniger, als die vorher im größten Theile Deutschlands in Geltung gewesenen mehr oder weniger schriftlichen Verfahren geeignet seien, schon an sich ohne weitere Unterweisung auf die mit ihrer Anwendung beschäftigten jungen Juristen einen praktisch heranbildenden Einfluß auszuüben. Die Nothwendigkeit, diesen Mangel durch andere Ausbildungsmittel zu ersetzen, lenkte die Aufmerksamkeit auf die bisherige Einrichtung des juristischen Studiums und regte das Bestreben an, schon auf der Hochschule dem jungen Juristen sowohl durch eine Erweiterung und gleichzeitige Vertiefung des theoretischen Studiums als durch praktische Uebungen eine bessere Vorbildung zu geben. Die Verbesserung des Universitätsunterrichts und in Verbindung hiermit die Ausbildungsfrage überhaupt trat eine Zeitlang in den Vordergrund des allgemeinen Interesses, und dies führte, besonders von Mitte der achtziger Jahre an, zu überaus zahlreichen Vorschlägen, meistens aus akademischen Kreisen, über die Ausdehnung der Gegenstände und der Dauer des juristischen Universitätsunterrichts. In der umfangreichen Literatur hierüber wurde fast einhellig der Ueberzeugung Ausdruck gegeben, daß eine gleichmäßige Ordnung des ersten juristischen Examens für ganz Deutschland nicht zu umgehen sei. Vielfach wurde aber hierbei als nothwendige Voraussetzung einer einheitlichen Ordnung des Studien-, Prüfungs- und Vorbereitungswesens das Inkrafttreten eines gemeinsamen deutschen Civilgesetzbuchs angesehen, weil ohne ein solches wesentliche Verschiedenheiten der Studienordnungen und des Verhältnisses der Zeitdauer und der Gegenstände des Universitätsstudiums zur zeitlichen Ausdehnung und zu den Aufgaben des Vorbereitungsdienstes dadurch gegeben seien, daß für die Rechtsbeflissenen der gemeinrechtlichen Gebiete das römische und das deutsche Privatrecht zugleich das in ihrem künftigen Wirkungskreise unmittelbar praktische Recht bilden und deshalb bereits auf der Universität in allen Einzelheiten in's Auge zu fassen seien, dabei natürlich auch einen umfänglicheren Theil des Studienplans in Anspruch nehmen, während die Rechtsbeflissenen der Gebiete mit codificirtem Rechte das römische und das deutsche Recht nur in dem Umfange, wie es für die wissenschaftliche Grundlage ihrer Landesrechte erforderlich sei, sich aneigneten, eine gründliche Kenntniß ihrer Landesrechte aber weniger durch den Besuch akademischer Vorlesungen und Uebungen, in denen die Landesrechte vernachlässigt würden, als in dem, zu diesem Zwecke länger auszudehnenden, praktischen Vorbereitungsdienste zu erlangen vermöchten.

Mit dem Herannahen der Einführung des Bürgerlichen Gesetzbuchs trat, theils weil damit das ebenberegte Hinderniß in Wegfall kam, theils in Folge der mit diesem Gesetzeswerke verbundenen Auffrischung des Einheitsgefühls eine erneute und verstärkte Bewegung für die Vereinheitlichung des juristischen Ausbildungswesens ein. Im März 1896 versuchten auf Einladung der Juristenfakultäten zu Berlin, Leipzig und München die Privatrechtslehrer sämmtlicher deutscher Hochschulen auf einer Conferenz zu Eisenach über eine gleichmäßige Gestaltung der durch die Einführung des Bürgerlichen Gesetzbuchs nothwendig werdenden Aenderung des juristischen Lehrplans sich zu verständigen, um die bisherige Einheitlichkeit des deutschen Rechtsunterrichts aufrecht zu erhalten. Die Einigung gelang vollständig; einstimmig wurden die Grundlagen des künftigen Lehrplans festgestellt. — Im Reichstage wurde am 11. Dezember 1896 unter Billigung des Staatssekretärs des Reichsjustizamts beschlossen (Antrag Dr. Bachem), den Reichskanzler zu ersuchen, bei den verbündeten Regierungen die Umgestaltung der Lehrpläne ihrer Landesuniversitäten dahin zu erwirken, daß, entsprechend den Beschlüssen der Eisenacher Professorenconferenz, die Vorlesungen über das Bürgerliche Gesetzbuch den Mittelpunkt der privatrechtlichen Vorlesungen bilden.

Bei Berathung der Entwürfe der durch die Einführung des Bürgerlichen Gesetzbuchs nothwendig gewordenen Aenderungen des Gerichtsverfassungsgesetzes und der Prozeßordnungen im Jahre 1898 wurde in der Reichstagscommission eine der am 21. Mai 1878 vom Reichstage gefaßten (siehe oben Absatz 3 dieses Paragraphen) gleichlautende Resolution beantragt. Der Staatssekretär des Reichsjustizamts bezeichnete die Tendenz des Antrags als der Reichsverwaltung genehm, wies aber auf die Schwierigkeiten der Ausführung hin, die in der Verschiedenheit der Ausbildungsvorschriften der einzelnen Staaten und darin liegen, daß in manchen Staaten die Justizprüfung auch die Prüfung für die Verwaltung bilde, eine Beseitigung dieser Verbindung durch das Reich aber zu tief in das Landesverwaltungsrecht eingreifen würde. Der Antrag wurde hierauf mit Stimmengleichheit abgelehnt. — Es sind denn auch seit Verkündung des Bürgerlichen Gesetzbuchs neue Prüfungsordnungen oder Abänderungen der älteren, darunter von den größten Bundesstaaten, erlassen worden, welche zwar die Beschlüsse der Eisenacher Conferenz berücksichtigen, im Uebrigen aber die alten Verschiedenheiten im Wesentlichen forterhalten.

Aus neuerer Zeit sind an öffentlichen Kundgebungen hervorzuheben die Resolution des 14. Deutschen Anwaltstags in Mainz vom 8. September 1899, welche die baldige Regelung der juristischen Universitätsstudien, des Vorbereitungsdienstes und des Prüfungswesens im Wege der Reichsgesetzgebung fordert, und der Beschluß der vom 7. bis 9. Juni

1900 zu Straßburg abgehaltenen 7. Landesversammlung der Internationalen kriminalistischen Vereinigung, Landesgruppe Deutsches Reich, daß es einem dringenden Bedürfnisse entspreche, die erste juristische Prüfung in sämmtlichen Bundesstaaten, sei es im Wege der Reichsgesetzgebung, sei es durch Vereinbarung unter den einzelnen Regierungen, einheitlich zu gestalten.

I. Der gegenwärtige Stand der Regelung der juristischen Ausbildung in den einzelnen Bundesstaaten.

§ 2.

Zur Beantwortung der gestellten Frage bedarf es zunächst einer Uebersicht über die gegenwärtig in den Ausbildungsvorschriften der einzelnen Staaten bestehenden Verschiedenheiten. Um diese zu erlangen, ist nicht eine eher verwirrende als fördernde Zusammenstellung aller Einzelheiten erforderlich, sondern eine zusammenfassende Darstellung der Uebereinstimmungen und Abweichungen in den wesentlichen Punkten genügend.

Was den Universitätsunterricht betrifft, so hat die große Verschiedenheit der juristischen Lehrmethoden der einzelnen Universitäten, welche in früheren Jahrhunderten bestand, gegenwärtig nur noch geschichtliche Bedeutung; schon längst ist die Methode eine einheitliche, auch die Lehrpläne stimmen im Wesentlichen überein, und insbesondere haben dieselben nach den veröffentlichten Vorlesungsverzeichnissen durchweg die Beschlüsse der Eisenacher Conferenz ausgeführt, nach welchen als Mittelpunkt der privatrechtlichen Studien an Stelle der zu beseitigenden Pandektenvorlesungen das Bürgerliche Gesetzbuch treten, das gesammte bürgerliche Recht Deutschlands mit Ausnahme des Handels- und Wechselrechts als systematische Einheit gelehrt, das Studium mit einer allgemeinen Rechtslehre begonnen, den Vorlesungen über das geltende Privatrecht Vorlesungen über römische und deutsche Rechtsgeschichte und zwei propädeutische systematische Vorlesungen über die römisch- und deutschrechtlichen Grundlagen unseres Privatrechts vorausgeschickt werden sollen. Die kleineren Unterschiede, welche in der Ungleichheit der Personenzahl der Lehrkörper, der äußeren Mittel, der persönlichen Veranlagung und Gewohnheit der einzelnen Docenten ihren Grund haben, werden auch nach vollständiger Vereinheitlichung der Lehrvorschriften unvermeidbar bleiben. Die Uebungen und Conversatorien, denen seit einigen Jahrzehnten mehr Gewicht beigelegt und Pflege gewidmet wird, zeigen noch auf den einzelnen Universitäten Verschiedenheiten bezüglich der Stadien des Lehrganges, für welche sie berechnet sind, bezüglich der Gegenstände, der Einrichtung, der Art der Ausführung; im Ganzen strebt jedoch, auch ganz abgesehen von dem materiellen Interesse, sich den Besuch der Angehörigen anderer Staaten zu sichern, der Geist der Hochschulen der Vereinheitlichung zu, so daß es zur allmählichen Ausgleichung der gegenwärtig bestehenden Verschiedenheiten kaum noch eines formellen Gebotes bedarf.

Wesentlich anders verhält es sich bezüglich des practischen Vorbereitungsdienstes und in engem Zusammenhange hiermit bezüglich der Regelung der demselben vorausgehenden und nachfolgenden Prüfungen. Während in weiter zurückliegenden Jahrhunderten dem — damals allerdings länger andauernden — Universitätsstudium die Aufgabe auch der praktischen Vorbildung zugewiesen war, und mit Vollendung dieses Studiums die Ausbildung des angehenden Juristen als vollständig abgeschlossen angesehen wurde, beschäftigte sich später bei reicherer Entwickelung des Organismus des Staates und bei den vielfachen Versuchen der Verbesserung der Justiz, in den einzelnen Staaten zu verschiedenen Zeiten beginnend, in manchen schon vom 16. Jahrhundert, in anderen erst vom Anfang des 19. Jahrhunderts an die Landesgesetzgebung — anfänglich im Anschlusse an die Reichskammergerichtsordnungen — mit den Vorbedingungen der Anstellung der practischen Justizbeamten und gestaltete in ihrer particularistischen, auf Abschließung der einzelnen Territorien zu festen staatlichen Körpern gerichteten Tendenz die bezüglichen Vorschriften in einer je nach den Bedürfnissen des einzelnen Landes und den Ansichten der jeweilig maßgebenden Persönlichkeiten ganz verschiedenen Weise. In den meisten Staaten wechselten die Anschauungen und Vorschriften im Laufe der Zeit mehrfach. Eine Verfolgung dieser Entwickelungsgänge im Einzelnen würde ohne Ausbeute für unsere Frage sein; nur eine im Wesentlichen auch jetzt noch nicht ganz gehobene Abweichung der Preußischen Ausbildungsvorschriften von denen einer Reihe anderer Staaten bedarf wegen ihrer Wichtigkeit hier einer besonderen Besprechung.

In Preußen gab nämlich die Vorschrift der Allgemeinen Gerichtsordnung III 4 § 33:

> „Es ist Seiner Majestät Willensmeinung, daß in Höchst-
> „dero Landen Niemand zu irgend einer Justizbedienung zu-
> „gelassen werden soll, welcher sich nicht zuvor bei einem Justiz-
> „collegio practisch formirt hat",

einer Richtung sei es Entstehung, sei es nur staatliche Billigung oder formelle Stütze, welche der practischen Ausbildung eine ungleich größere Wichtigkeit, als der wissenschaftlichen beilegte, für das erste Examen nur geringe Kenntnisse verlangte, ihr Hauptaugenmerk einer sorgfältigen Ausbildung der Referendarien während des Vorbereitungsdienstes zuwandte und die eigentliche Qualification einschließlich der theoretischen Kenntnisse erst im letzten Examen eingehend prüfen ließ. Zwar wurde nach und nach, je mehr das Preußische Landrecht mit der Lehre des gemeinen Rechts wieder wissenschaftliche Fühlung gewann, der wissenschaftlichen Qualification der Candidaten des Vorbereitungsdienstes wieder mehr Beachtung zugewandt; allein noch nach Einführung der Reichsjustizgesetze im Jahre 1879 stellte Preußen niedrigere Anforderungen an die in den practischen Vorbereitungsdienst eintretenden Juristen, als viele Länder des gemeinen Rechts und insbesondere als die süddeutschen Staaten. Dementsprechend war die Dauer des Vorbereitungsdienstes in Preußen von jeher auf vier Jahre bestimmt, während in anderen Staaten, die im ersten Examen eine strenge Prüfung der Kenntnisse in allen Zweigen der Rechtswissenschaften vornehmen ließen, eine kürzere practische Uebungszeit, ja in manchen Ländern früher nicht einmal ein zweites Examen folgte.

Durch die Vorschriften des § 2 des Gerichtsverfassungsgesetzes ist nur in einzelnen Puncten eine Annäherung der Ausbildungsvorschriften der einzelnen Staaten an einander herbeigeführt, in andern, wesentlichen die Verschiedenheit nicht beseitigt worden.

Um zum Inhalte der Ausbildungsvorschriften im Einzelnen überzugehen, so werden,

1. was die erste Prüfung betrifft, als Voraussetzung der Zulassung zu dieser mehrere formelle Nachweise verlangt, zunächst des Studiums überhaupt, und zwar in Bayern eines vierjährigen Studiums auf einer deutschen Universität, von welchem Zeitraum das erste Jahr entweder dem philosophischen oder dem Rechtsstudium, die übrigen drei Jahre dem Rechtsstudium gewidmet sein müssen, in Baden eines siebensemestrigen, in den übrigen Staaten eines dreijährigen Rechtsstudiums; ferner eines bestimmten Studienganges und des Besuches bestimmter Vorlesungen. Bezüglich der juristischen Vorlesungen zeigen sich insofern Verschiedenheiten, als das Studium gewisser nicht in erster Reihe stehender Fächer von einigen Staaten gefordert, von anderen nur angerathen, eine bestimmte Reihenfolge im Studium mancher Fächer von einigen Staaten vorgeschrieben oder doch angerathen wird, von anderen nicht. Besondere Verschiedenheiten bestehen in Ansehung wichtiger Fächer des öffentlichen Rechts: Preußen und die sich diesem anschließenden Staaten wollen nur die Grundlagen des Verwaltungsrechts, der Nationalöconomie und der Finanzwissenschaft nicht vernachlässigt wissen, während andere Staaten hierin weitergehende Anforderungen stellen. Der Besuch philosophischer

Vorlesungen wird von Bayern und einigen anderen Staaten theils in größerer, theils in geringerer Ausdehnung gefordert, welches Erforderniß in anderen Staaten fehlt. Die Betheiligung an exegetischen, practischen und sonstigen Universitätsübungen wird, in unter sich verschiedener Regelung der Zahl und Gegenstände, von einigen Staaten vorgeschrieben, von anderen nur angerathen. — Bayern verlangt, und zwar, soweit sich übersehen läßt, allein unter allen deutschen Staaten, außerdem noch den Nachweis, daß eine mündliche sogen. Zwischenprüfung bestanden worden sei, welche nach mindestens drei Semestern akademischen Studiums, darunter mindestens zwei Semestern Rechtsstudiums, und jedenfalls vor den drei letzten Studiensemestern in römischer Rechtsgeschichte, System des römischen Privatrechts, deutscher Rechtsgeschichte und Grundzügen des deutschen Privatrechts vor den für die ersten juristischen Prüfungen an den Landesuniversitäten gebildeten Commissionen abzulegen ist, und als deren Zweck Entlastung der ersten Prüfung, Zwang zu Fleiß und systematischem Studiengang, zeitige Ausscheidung der dem juristischen Studium nicht Gewachsenen bezeichnet wird.

Die Prüfungscommissionen bestehen in einer Reihe von Staaten aus Richtern und Universitätslehrern, in manchen auch noch aus Staatsanwälten und Rechtsanwälten, in anderen ausschließlich oder hauptsächlich aus Universitätslehrern; in einzelnen Staaten werden Verwaltungsbeamte zugezogen.

Gegenstände der Prüfung sind außer den sämmtlichen Rechtsdisciplinen in Preußen und einigen anderen Staaten nur die Grundlagen der Staatswissenschaften (vergl. den drittletzten Absatz), während in anderen Ländern die Staatswissenschaften eingehender geprüft werden. — Die Prüfung ist in Oldenburg nur schriftlich, in den übrigen Staaten zerfällt sie in eine schriftliche und eine mündliche. Die schriftliche besteht nach den Vorschriften einer Reihe von Staaten in einer binnen bestimmter Frist zu liefernden rechtswissenschaftlichen Arbeit über ein von der Prüfungscommission gegebenes Thema, in anderen Staaten in Beantwortung einer Anzahl von der Commission gestellter Fragen unter Clausur, in noch anderen aus beiden Arten von Arbeiten. Mündlich wird in einigen Staaten jeder Candidat einzeln geprüft, während in anderen Staaten gleichzeitig eine Höchstzahl von vier oder sechs zugelassen wird. Die mündliche Prüfung ist in einigen Staaten öffentlich, in anderen nicht, in Preußen Rechtsstudirenden und Rechtskandidaten insoweit zugänglich, als es der Raum erlaubt.

Der Censuren für die als genügend vorgebildet Befundenen sind es in den meisten Staaten drei: ausreichend (oder hinlänglich), gut, mit

Auszeichnung (oder vorzüglich); in einigen zwei: bestanden, mit Auszeichnung; in anderen vier: genügend, gut, sehr gut, ausgezeichnet; in einzelnen Staaten ist durch Zerlegung dieser Censurgrade in Unterabtheilungen ein minutiöses Censurenwesen ausgebildet.

In den Bestimmungen über die Folgen der Versäumung der Frist zur Einreichung der schriftlichen Arbeit oder des Prüfungstermins, über die Folgen versuchter Täuschung, über alsbaldige Nachprüfung und über die Wiederzulassung nach nicht bestandener Prüfung weichen die einzelnen Staaten mehrfach unter einander ab.

2. Die Dauer des Vorbereitungsdienstes beträgt in einer Reihe von Staaten, so z. B. in Preußen, vier, in anderen drei Jahre. Die Vorschriften über die Einrechnung von Unterbrechungen des Dienstes wegen Verhinderungen in diesen Zeitraum sind in den einzelnen Staaten verschieden.

In manchen Staaten ist der Vorbereitungsdienst für Justiz und Verwaltung gemeinschaftlich, in anderen nicht.

In den Vorschriften darüber, bei welchen Stellen (Gerichten, Staatsanwaltschaften, Rechtsanwälten) der Jurist im Vorbereitungsdienst zu beschäftigen ist, ob auch bei Verwaltungsbehörden, wie lange bei jeder Stelle, ob und welche Reihenfolge hierbei einzuhalten, besteht eine bunte Verschiedenheit; in einigen Staaten sind die einzelnen Arten von Gerichten und anderen Beschäftigungsstellen sowie eine festbezeichnete Beschäftigungszeit für jede Stelle bestimmt, in anderen Staaten die Stellen und die Zeitdauer nur im Allgemeinen.

Practische Uebungen außerhalb des amtlichen Dienstes in Bearbeitung von Rechtsfällen, Entwerfen von Urtheilen u. s. w. und in Besprechung dieser Arbeiten unter Leitung geeigneter älterer Juristen sind theils vorgeschrieben, wie in Bayern, theils ist wenigstens zu solchen Gelegenheit gegeben, wie in Preußen, wo dergleichen Uebungen an einzelnen Stellen von hervorragenden Kräften eingerichtet und geleitet sind; eine größere Verbreitung scheint diese Einrichtung noch nicht gewonnen zu haben.

Außer dem fast überall vorgeschriebenen Nachweise der Art und des Erfolges der Beschäftigung durch Geschäftsverzeichnisse und Zeugnisse der einzelnen Beschäftigungsstellen wird nur vereinzelt — so in Preußen und behufs der Zulassung zur zweiten Prüfung in Baden — die Einreichung einer Anzahl im Vorbereitungsdienste gefertigter, mit Censur der Beschäftigungsstelle versehener practischer schriftlicher Arbeiten verlangt.

3. Zu Mitgliedern der Commission für die zweite Prüfung werden in einigen Staaten nur Justiz-, in anderen theils Justiz-, theils Verwaltungsbeamte ernannt.

Eine für Justiz und Verwaltung gemeinsame zweite Prüfung besteht nur in einer Anzahl von Staaten.

Fast überall hat die Prüfung einen wesentlich practischen Charakter und soll feststellen, ob der Candidat zu selbständigen Stellungen im Justizdienste befähigt erscheint. Gegenstände der Prüfung sind außer dem Reichsrechte überall das öffentliche und das Privatrecht des betreffenden Bundesstaates.

Die Prüfung ist nur schriftlich in Bayern, anderwärts zerfällt sie in eine schriftliche und eine mündliche. Die schriftliche Prüfung besteht in einigen Staaten aus der Fertigung einer wissenschaftlichen Arbeit über ein von der Commission gegebenes Thema und einer Relation aus Prozeßacten, welche die Darstellung des Sach- und Rechtsverhältnisses, ein begründetes Gutachten und einen Urtheilsentwurf enthalten muß; beide Arbeiten sind binnen bestimmter Frist zu vollenden. In anderen Staaten besteht diese Prüfung aus der schriftlichen Beantwortung einer in dem einen Staate größeren, in dem anderen geringeren Anzahl von Fragen unter Clausur, in noch anderen aus sämmtlichen oder einigen oder einer der genannten Arbeiten oder aus Urtheils- und anderen practischen gerichtlichen Ausarbeitungen, auch solcher der Straf- oder der freiwilligen Gerichtsbarkeit. Mündlich werden gleichzeitig geprüft in manchen Staaten höchstens sechs, in anderen höchstens vier oder drei Candidaten, in noch anderen jeder Candidat einzeln. In einer Reihe von Staaten ist bei der mündlichen Prüfung ein freier Vortrag aus Tags vorher oder wenige Tage vorher zugestellten Acten zu halten; in anderen nicht. Oeffentlich ist die mündliche Prüfung nur in wenigen Staaten.

Bezüglich der Censuren ist das über die erste Prüfung Gesagte zu wiederholen.

Ebenso gilt das unter 1 im letzten Absatz Gesagte auch für die zweite Prüfung.

II. Die Zwecke des Universitätsstudiums und des Vorbereitungsdienstes der Juristen.

§ 3.

Als gemeinsame Grundlage für die zur Beantwortung der gestellten Frage nöthigen Erörterungen ist die Feststellung der Ziele der aus Universitätsstudium und Vorbereitungsdienst sich zusammensetzenden juristischen Ausbildung und der einzelnen Eigenschaften erforderlich, welche durch die Ausbildung dem angehenden Juristen beizubringen und daher von den diese Ausbildung regelnden Vorschriften in's Auge zu fassen sind.

Die Ausbildung zu einem Berufe im Allgemeinen ist diejenige Unterweisung und Uebung, welche den Auszubildenden in den Stand setzt, den Beruf selbständig auszuüben. Der Beruf der durch Universitätsstudium und Vorbereitungsdienst auszubildenden Juristen, der Richter, Staatsanwälte und Rechtsanwälte, besteht in der Anwendung des Rechts, d. h. in der Durchführung des Gebotes des Gesetzes. Zur Ausübung dieses Berufs ist eben so nothwendig, wie die Kenntniß des Gesetzes, eine besondere Befähigung zur Anwendung desselben. Denn einerseits hat das Gesetz den Zweck, der Ordnung des menschlichen Verkehrs zu dienen, es erfaßt und ordnet diesen Verkehr in unmittelbarer Einwirkung auf denselben erst durch die Anwendung der Juristen, diese Einwirkung bestimmt sich im einzelnen Falle durch die Art und Weise der Anwendung und kann für denselben einzelnen Fall je nach der Richtigkeit dieser Anwendung und nach dem Grade der Geschicklichkeit, mit der dieselbe erfolgt, zu ganz verschiedenen Ergebnissen führen; die beste abstrakte Rechtsordnung hat eine schädliche oder günstigstenfalls gar keine Wirkung, wenn sie bei der Regelung der Lebensverhältnisse unrichtig angewendet wird. Andererseits lehrt die tägliche Erfahrung, daß die richtige Anwendung, zu welcher für den einzelnen Fall die zutreffende Feststellung der thatsächlichen Verhältnisse und die Erkenntniß gehört, welches der Wille des Gesetzes für diese Gestaltung der thatsächlichen Verhältnisse und auf welche Weise dieser Wille zu verwirklichen sei, großen Schwierigkeiten unterliegt und häufig verfehlt wird.

Aufgabe des Universitätsstudiums und des Vorbereitungsdienstes ist es aber weiter, den jungen Juristen in Wissenschaft und Anwendung des Rechts so weit zu fördern, daß derselbe im Stande ist, fortan in seiner Fortbildung ohne staatlich organisirte Unterweisung allein den Weg zu finden und weiter zu schreiten; denn diese Fortbildung ist, wie bei jedem wissenschaftlichen Berufe, so besonders bei dem des Juristen, nöthig, um diesem das zur Erfüllung seiner schwierigen Aufgaben erforderliche Wissen und Leistungsvermögen zu erhalten.

Die Fähigkeit sowohl zur Anwendung des Rechts in selbständiger Ausübung eines juristischen Berufes als auch zur selbständigen Fortbildung, welche hiernach Ziel der juristischen Ausbildung ist, erfordert im Einzelnen eine Reihe von Kenntnissen und Fertigkeiten.

Und zwar vor Allem Rechtskenntniß, bei welcher es nicht so sehr auf das stets gegenwärtige Wissen aller Einzelheiten, als auf die Erkenntniß der systematischen Zusammenhänge ankommt, auf die Uebersicht, auf die Tiefe und Klarheit des Wissens, damit einestheils der je für den Einzelfall anwendbare Rechtssatz leicht gefunden und richtig erfaßt, anderentheils die Kenntniß des durch die Fortbildung des Rechts hinzutretenden neuen Rechtsstoffs gründlich gewonnen werden kann.

Die zur Ausbildung für jeden höheren Beruf erforderliche Erziehung zum selbständigen Denken ist für den juristischen, dessen Aufgabe im Wesentlichen darin besteht, die geeignete Vermittelung zwischen Rechtsordnung und Verkehrsleben zu finden, noch besonders zu richten zunächst auf die Fertigkeit, den thatsächlichen Stoff aus den Quellen der Uebermittelung desselben richtig aufzunehmen, sodann auf die Befähigung, die Verkehrsvorgänge, bei denen wichtige Rechtsänderungen oft nicht zur äußeren Erscheinung, ja den betheiligten Laien oft kaum zum Bewußtsein kommen, juristisch zu betrachten, zu zergliedern, zu erfassen, hiernach zu sichten und den Stoff in dieser Gestalt auch Anderen darzustellen, die einschlägige Rechtsmaterie, die einschlägigen Rechtssätze, sowie die richtige Vergleichung der thatsächlichen Gestaltung des Falles mit der Absicht des Gesetzes zu finden, das hierbei etwa dem Richter vom Gesetze eingeräumte freie Ermessen gemäß dem allgemeinen Willen des Gesetzes und in einer der Sachlage angemessenen Weise auszuüben, die richterlichen Entscheidungen in genauer Fassung und logischer Begründung zur Kenntniß der Betheiligten zu bringen. Es begreift dies auch die Stärkung des gesunden Menschenverstandes und dessen juristische Schulung.

Eine umfassende allgemeine Bildung, die Fähigkeit und Gewöhnung, alle Verhältnisse des Lebens von einem höheren Gesichtspunkte zu überschauen, ist mit den vorstehend bezeichneten Erfordernissen verwandt und, wie allen wissenschaftlichen Arbeitern, so besonders dem Juristen, dessen Beurtheilung die verschiedenartigsten, darunter in der beständigen Fortentwickelung der Lebens- und Verkehrsverhältnisse fortwährend neu auftauchende, Verkehrserscheinungen unterstellt werden, zur Erfassung des Zusammenhanges und der thatsächlichen und rechtlichen Natur derselben unentbehrlich.

Zur Erlangung der Fähigkeit, ein juristisches Urtheil zu gewinnen, gehört ferner die Schärfung des Pflichtgefühls in Berücksichtigung und Abwägung jedes, auch des zuerst unerheblich scheinenden Thatumstandes, sodann die Entwickelung eines gesunden Rechtsbewußtseins und des feinen Gefühls für das Gerechte und Billige, endlich aber auch der Gesetzestreue, die eine Abweichung des Gesetzeswillens vom natürlichen Rechtsgefühl zu erkennen und zu achten weiß.

Zur Handhabung des Rechts, sei es in Leitung der mündlichen Verhandlung, sei es in Wahrnehmung der Rechte der Betheiligten, sei es in der Urtheilsfindung, ist unter der Herrschaft der jetzigen Proceßordnungen ferner die Gewöhnung zu möglichster Anspannung der Geisteskräfte,

Uebung in der Kunst der freien Rede, Gewandtheit, Geistesgegenwart und Fähigkeit zu rascher Entschließung nothwendig.

Endlich ist, abgesehen von der Stärkung der Gewissenhaftigkeit des angehenden Beamten gegen unlautere äußere Einflüße und gegen die eigenen Schwächen, ferner von der Angewöhnung einer der Aufgabe der Gerechtigkeit entsprechenden Art des Verkehrs mit den vor Gericht handelnden Personen, behufs einer gedeihlichen Berufsausübung auch die Berufsfreudigkeit anzuerziehen, d. h. nicht eine hohle Standesüberhebung, sondern das Gefühl für die hohe und edle Aufgabe des Berufs und die die Berufsthätigkeit durchdringende innere Befriedigung, an der Erfüllung dieser Aufgabe mitwirken zu dürfen.

Alle diese zur Kunst der Anwendung des Rechts nöthigen Kenntnisse, Fertigkeiten und Anschauungen kann der Jurist nur durch längere Arbeit, Uebung und Gewöhnung sich aneignen, der befähigtere vielleicht aus eigener Kraft, die große Menge der durchschnittlich begabten jedoch, für welche die staatlichen Ausbildungsanstalten eingerichtet sein müssen, nur vermittelst zielbewußter Schulung unter kundiger Aufsicht und Unterweisung. Gerade bei diesem Durchschnitt, der in seinem Denken und Thun sich durch die Lehre und das Beispiel Anderer stark beeinflussen zu lassen pflegt, wird sich die mehr oder weniger gediegene Art der Berufsarbeit sowie die ganze Auffassung der Berufspflicht vorwiegend nach dem Gange und der Art der Ausbildung richten, und da dieser Durchschnitt die große Mehrzahl bildet, so wird die ganze Rechtsanwendung sich verschieden gestalten, je nachdem die Ausbildung eine zweckmäßige und gewissenhafte ist oder von der Gesetzgebung und den Ausbildenden als etwas Nebensächliches, Gleichgültiges oder gar Lästiges angesehen und behandelt wird. Es muß daher die Rücksicht darauf, in welcher Weise am Besten jene Fertigkeiten u. s. w. beizubringen sind, das hauptsächlichste der Momente bilden, welche für die Ausbildung und vor Allem für die diese regelnden Vorschriften bestimmend sind.

III. Beantwortung der gestellten Frage.

Vorbemerkungen.

§ 4.

Unter der gemeinsamen Ordnung des Ausbildungswesens, über welche hier gehandelt werden soll, ist nicht eine so eingehende, auf alle Einzelheiten sich erstreckende Ordnung zu verstehen, welche auch solche Verschiedenheiten in der Ausbildung ausschlösse, wie sie gegenwärtig selbst innerhalb desselben Staates durch die individuelle Verschiedenheit der

Anlagen und Neigungen sowohl der Lehrenden als der Lernenden naturgemäß gegeben sind; es soll mit der Vereinheitlichung nicht der Kreis der zu regelnden Puncte erweitert, nicht der der Individualität gelassene Spielraum eingeschränkt, sondern nur die übereinstimmende Ordnung derjenigen Puncte hergestellt werden, welche schon bisher wegen ihrer Wichtigkeit Gegenstand der einzelstaatlichen Regelung gewesen sind. — Hierdurch erledigt sich der zuweilen (z. B. von v. Schwarze in den Verhandlungen des 14. Deutschen Juristentages) erhobene Einwand, daß völlige Uebereinstimmung der Prüfungen u. s. w. doch nie zu Stande gebracht und gewährleistet werden könne; ein Einwand, der übrigens gegen jedes einheitliche Recht, ja auch gegen jede einzelstaatliche Gesetzgebung gerichtet werden könnte.

Die zur Begutachtung gestellte Frage wird in den drei Richtungen behandelt werden, ob die Vereinheitlichung der Ausbildungsvorschriften nothwendig ist, ob erheblicher Nutzen von derselben erwartet werden kann, und ob derselben nicht etwa wegen der Schwierigkeiten der Durchführung oder wegen der mit solcher verbundenen Uebelstände erhebliche Bedenken entgegenstehen.

A. Nothwendigkeit der Vereinheitlichung.

§ 5.

1. Die Vereinheitlichung ist nothwendig zur Herstellung einer wirklichen deutschen Rechtseinheit. Die durch das Bürgerliche Gesetzbuch angestrebte Rechtseinheit würde nach dem, was oben im zweiten und im letzten Absatze des § 3 über die Bedeutung der Ausbildung für die Rechtsanwendung und über die Bedeutung der Rechtsanwendung für das Rechtsleben ausgeführt ist, eine nur halb durchgeführte, auf die Theorie sich beschränkende sein, das wirkliche Leben aber von einem in der Wirkung verschiedenen Rechte beherrscht werden, wenn das einheitliche Gesetz in den einzelnen Gliedstaaten des Reichs für immer durch einen auf verschiedene Weise geschulten und deshalb auf einer verschiedenen Höhe der wissenschaftlichen Ausbildung und der Geschäftsgeschicklichkeit und Pflichttreue stehenden Richter- und Anwaltsstand den thatsächlichen Verhältnissen vermittelt, in den einzelnen Anwendungsfällen durchgeführt würde. Es gilt dies sowohl in Ansehung der unmittelbaren Anwendung des materiellen Rechts, als besonders in Ansehung der Handhabung des Proceßverfahrens, welches der Anwendung des materiellen Rechts erst Zugang und Wirksamkeit vermittelt.

Nun hat das Gerichtsverfassungsgesetz in § 2 nur die äußere Schaale des Ausbildungswesens bestimmt, innerhalb derselben aber die erheblichsten

Verschiedenheiten in der Ausbildung freigelassen. Und daß ein verschiedenes Ergebniß der Ausbildung wenn auch nicht durchweg erzielt werden muß, so doch in weiter Ausdehnung erzielt wird, wenn die Dauer des Universitätsstudiums, die Anforderungen, welche bei der ersten Prüfung in formeller und materieller Beziehung gestellt werden und nach welchen, wenn auch die Vorschriften über den Universitätsunterricht im Ganzen übereinstimmen, doch die Rechtsbeflissenen ihr Rechtsstudium einrichten, wenn ferner die Dauer des Vorbereitungsdienstes und die Anforderungen der zweiten Prüfung in der verschiedenen Weise, wie in § 2 dargestellt ist, geordnet sind, das wird von keinem Sachkundigen bestritten werden. Wie bedeutend diese Verschiedenheiten sich gestalten, dafür geben die abstrakten Vorschriften nicht allein den richtigen Maßstab; auch eine anscheinend unbedeutende Abweichung im Wortlaute führt in der Anwendung, wie die tägliche Erfahrung lehrt, oft zu ganz verschiedenen Uebungen und zu weit von einander abstehenden Ergebnissen.

Bei diesem nothwendigen und untrennbaren Zusammenhange zwischen dem Inhalte des einheitlichen Rechts und der gleichen Ausbildung aller deutschen Juristen ist die Vereinheitlichung der Ausbildungsvorschriften nicht blos eine ideale Forderung, die nur als logische Folge des Willens des Reichsgesetzgebers, ein einheitliches Recht zu schaffen, und als Befriedigung des Einheitsgedankens gerechtfertigt erscheint, sondern auch ein unmittelbar practisches Bedürfniß jedes Deutschen, der der Gerichtsgewalt sämmtlicher deutscher Gerichte untersteht und in die Lage kommen kann, die Wahrung seiner Interessen ihm ganz unbekannten Anwälten anvertrauen, der Entscheidung jedes deutschen Richters über dieselben sich unterwerfen zu müssen. In der Theorie des Rechts Einheit, in der die Anwendung desselben bestimmenden Ausbildung der Juristen Partikularismus walten zu lassen, enthält einen inneren Widerspruch, der für den einzelnen Fall das eigene Werk zu nichte machen kann.

2. Die Vereinheitlichung ist **nothwendig für die Ausbildung selbst wegen der Zusammensetzung des Ausbildungsganges aus Universitätsstudium und Vorbereitungsdienst.**

Von den beiden Einrichtungen, welchen die Ausbildung der practischen Juristen obliegt, der Universität und dem practischen Vorbereitungsdienste, hat zwar jede ihre besonderen Aufgaben zu erfüllen: die Universität den systematischen Rechtsunterricht, die Anleitung zur Gesetzesauslegung, zum juristischen wissenschaftlichen Arbeiten und in gewisser Beziehung auch zur juristischen Auffassung des Verkehrslebens, der Vorbereitungsdienst die Anleitung zur Verwerthung der gewonnenen Kenntnisse und Fertigkeiten in der Regelung des Verkehrslebens nach Maßgabe des Rechts, die Unterweisung im Geschäftsgange. Allein beide Einrichtungen haben in Erfüllung dieser Aufgaben demselben Endziele, und zwar auf demselben, zwischen ihnen getheilten Wege zuzustreben, sie müssen sich zu einem folgerichtigen, harmonischen Gesammtausbildungsgang zusammenschließen und zur Bildung eines solchen gegenseitig sich anpassen, wenn nicht Anfänge ohne Fortsetzungen, Versuche ohne die erforderlichen Voraussetzungen, unnöthige Wiederholungen eine Vergeudung von Zeit und Kraft herbeiführen, Verwirrungen und Lücken im Ausbildungsgange entstehen sollen. Nicht blos die Hauptdinge, die Dauer der akademischen Vorbildung und des Vorbereitungsdienstes, die Anforderungen im ersten und diejenigen im zweiten Examen sind von einander abhängig und müssen zu einander in richtigem Verhältnisse stehen, sondern auch jede einzelne Einrichtung und Maßregel muß in ihrer Einwirkung auf den Gesammtverlauf der wissenschaftlichen und practischen Vorbereitung betrachtet und hiernach geordnet werden. Eine Hauptschwierigkeit liegt z. B. darin, die Anleitung zur juristischen Erfassung der thatsächlichen Lebensvorgänge in geeigneter Weise zwischen Universität und Vorbereitungsdienst zu vertheilen, d. h. soweit sie zum Verständnisse und zur Aneignung der Rechtsvorschriften nothwendig ist (wozu Vorgänge von einfacher Gestaltung genügen werden), der Universität, soweit sie zur Herausfindung, Verbindung und Zurechtlegung des juristisch Wichtigen für die Anwendung der Rechtsregel erforderlich, dem Vorbereitungsdienste zuzuweisen; ferner darin, die zur Beibringung der in § 3 erforderten Fertigkeiten so nothwendigen practischen Uebungen in beiden Stadien so einzurichten, daß sie einander vorbereiten bezw. vervollständigen. Welche Mißverständnisse dieser gegenseitigen Anpassung und Ergänzung noch entgegenstehen, zeigt sich in den beiden extremen, in der oben § 1 Abs. 4 erwähnten Literatur zur Aeußerung gekommenen Ansichten, von denen die eine die practische Ausbildung für eine minderwerthige Unterweisung in subalternen Handgriffen, die andere als Hauptaufgabe der Universität es betrachtet, ihre juristischen Zöglinge zur alsbaldigen nutzbaren Verwendung in der Praxis geeignet zu machen.

Nun ist es aber nicht Regelfall, im Gegentheil wohl Ausnahme, daß die akademische Vorbildung des Einzelnen nur auf den Universitäten des Staates, in dessen Vorbereitungsdienst er später eintritt, und also in einer Unterweisung erworben wird, welche von demselben Staate geregelt ist, der auch den Vorbereitungsdienst geordnet hat. Ein Zwang in der Wahl der Universität ist bisher nicht geübt worden und auch nirgends geplant, im Gegentheil vollständige Freiheit in dieser Beziehung sowohl im Interesse der Gewinnung der nach § 3 erforderlichen allgemeinen Bildung, als im Interesse der gegenseitigen Annäherung der deutschen Stämme wünschenswerth. Streben nun auch die Universitäten in Stoff und Gang des Unterrichts, wie bereits oben in § 2 Absatz 2 erwähnt, schon ohne besondere Veranstaltung nach Vereinheitlichung, so kann doch gegenüber der freien Universitätswahl ein harmonischer Zusammenhang des ganzen Bildungsganges, wie er nach den Ausführungen des vorigen Absatzes nöthig ist, in Ansehung des Vorbereitungsdienstes, der hierbei nicht nur für sich selbst, sondern auch insofern der Universitätsunterricht die geeigneten Verbindungen mit ihm zu suchen hat, in Frage kommt, nur durch einheitliche Vorschriften sämmtlicher Bundesstaaten erreicht werden.

Eine solche Vereinheitlichung ist also schon dann nothwendig, wenn von einer durchgreifenden Reform ganz abgesehen wird und es sich nur um eine geeignetere Gestaltung der geltenden Vorschriften unter möglichster Beibehaltung der bisherigen Grundlagen handelt.

3. Die Vereinheitlichung ist aber auch nothwendig bei der unausbleiblichen Fortbildung und Reform der Ausbildungsvorschriften.

Schon an sich liegt Aenderung und Fortbildung wegen des Einflusses der in stetem Wechsel begriffenen Anschauungen und Zeitverhältnisse im Wesen jeder menschlichen Einrichtung; und gerade die jetzt geltenden, zum größten Theile noch aus der Zeit vor Einführung des Bürgerlichen Gesetzbuchs stammenden Ausbildungsvorschriften bieten keine Gewähr, daß sie für die Dauer sich als zweckmäßig erweisen und Bestand haben. Wer bürgt nun dafür, daß die mit der Zeit sich als nothwendig ergebenden Aenderungen und Ergänzungen von den einzelnen Bundesstaaten ohne besonderen äußeren Zwang hierzu einheitlich oder doch in gegenseitig sich annähernder Richtung gestaltet werden und auf diese Weise wenigstens das bisherige Maß des Einheitlichen erhalten wird? Selbst bezüglich der Universitätseinrichtungen ist ein vereinzeltes Vorgehen, wenn auch nach dem in § 2 Absatz 2 Bemerkten nicht gerade wahrscheinlich, doch, was größere Bundesstaaten betrifft, nicht außer Möglichkeit.

Aber es ist auch unverkennbar, und die allgemeinen Klagen über die Schäden in der Rechtsprechung, die Fülle der veröffentlichten Verbesserungsvorschläge bestätigen es, daß schon jetzt die Ausbildungsvorschriften einer umfassenden Reform bedürftig sind und eine Neugestaltung der Ausbildung zum Zwecke der Herbeiführung einer vollständigen und richtigen Anwendung des neuen Reichsrechts, darunter vornehmlich der Proceßordnungen vom Jahre 1877, dringend nöthig ist. Die jetzt geltenden

Ausbildungsvorschriften haben sich noch nicht in der nöthigen Ausdehnung und in genügend entschiedener Weise von den Vorschriften der früheren Zeit losmachen können, in welcher, wie Gneist in seinem oben erwähnten Gutachten sehr richtig bemerkt, der Proceß selbst ein continuirliches Practicum war, und es deshalb für die Ausbildung nur geringer Nachhülfe bedurfte. Gegenwärtig stellen der zu weit entschiedenerer Geltung gebrachte Grundsatz der Mündlichkeit und die dem richterlichen Ermessen und dem Einzelrichteramte gestellten wichtigen Aufgaben viel höhere, bereits in § 3 bezeichnete Anforderungen, und diesen kann nur vermöge einer Art und Gründlichkeit der Schulung genügt werden, auf welche unsere Ausbildungsvorschriften erst zum Theil eingerichtet sind.

Es liegt nicht in der Richtung der vorliegenden Aufgabe, zu erörtern, welchen einzelnen Reformvorschlägen zum Zwecke der Neugestaltung des Ausbildungswesens Folge zu geben sein möchte; hier genügt die Darlegung, daß bezüglich der großen Mehrzahl der veröffentlichten Vorschläge deren Ausführung, sowie überhaupt eine Verbesserung der Verhältnisse in der Richtung, in der sie sich bewegen, ohne Normen, die für ganz Deutschland gelten, nicht möglich ist, oder doch nicht von wesentlichem Erfolge begleitet sein kann. Zum Zwecke dieser Darlegung sind zunächst die wichtigsten der in Betracht kommenden Vorschläge hier kurz zusammenzustellen. Zu bemerken ist, daß einzelne dieser Verbesserungsvorschläge bereits in den neueren Ausbildungsvorschriften einzelner Bundesstaaten Berücksichtigung gefunden haben.

Für das Universitätsstudium ist vorgeschlagen worden: eine Mindestdauer von vier Jahren, Erlaß eines halben Jahres hiervon, wenn nachgewiesen wird, daß während zweier Semester an praktischen Universitätsübungen mit Erfolg theilgenommen worden ist, oder daß exegetische und kasuistische Curse besucht worden sind und eine freiwillige Vorprüfung nach zwei Studienjahren bestanden worden ist, Nichteinrechnung des militärischen Dienstjahres; umfassendere Berücksichtigung des öffentlichen Rechts und der Staatswissenschaften, insbesondere Erlangung gründlicher staatswissenschaftlicher Kenntnisse schon zur Hebung der allgemeinen Bildung; Verbesserung des Lehrgangs und der Methode, so z. B. daß beim Beginn des Studiums ein sogenannter juristischer Anschauungsunterricht stattfindet, ferner daß Rechtsgeschichte erst nach der Lehre des geltenden Rechts vorgetragen wird, womit im Zusammenhange Einzelne vorschlagen, auch den Studirenden den Studienplan, die Reihenfolge der Vorlesungen vorzuschreiben; Anregung zum selbständigen Denken und zur Selbstthätigkeit durch Verwerthung des Gelernten in selbstgestaltender Arbeit, auch behufs Erhaltung der Fähigkeit zu geistiger Anstrengung, zu diesem Zwecke geeignetere Einrichtung der Universitätsübungen, Unterstützung der Universitätslehrer in Leitung dieser Uebungen durch hierzu auszuwählende Praktiker, Scheidung der Uebungen in solche für Anfänger und für spätere Semester, richtigere Vertheilung der den Universitätsübungen und der den Uebungen im Vorbereitungsdienst zu stellenden Aufgaben, Zwang zum Besuche der Universitätsübungen, Vorkehrungen, daß die Zeugnisse über Besuch und Erfolg der Uebungen zuverlässig seien, Befreiung der Prüfungskandidaten von denjenigen schriftlichen Arbeiten, zu denen sie die Befähigung bereits durch Universitätsarbeiten nachgewiesen haben, oder doch Berücksichtigung dieser letzteren Arbeiten bei Beurtheilung der Prüfungskandidaten; Anstellung nur solcher Universitätslehrer, welche außer pädagogischem Geschick auch hinreichende Kenntniß der Praxis besitzen, Berufung von Praktikern an Universitäten, besonders auch zur Leitung der praktischen Uebungen; Unterbrechung der Universitätszeit durch praktische Beschäftigung, so z. B. Prüfung nach vier bis fünf Semestern, dann zwei bis drei Jahre Vorbereitungsdienst, dann wieder $1\frac{1}{2}$ Jahr Universitätsstudium, dann wissenschaftliche Arbeit oder zweites Examen; vereinzelt wird auch Ueberwachung der Universitätsstudien und Controle des Collegienbesuchs vorgeschlagen.

Für die erste Prüfung: Erschwerung derselben, um Vertiefung des Studiums herbeizuführen und Ungeeignete zeitig vom Berufe zurückzuhalten; Zerlegung der Prüfung in zwei entweder kurz auf einander folgende oder durch mehrere Studiensemester getrennte Prüfungen, von denen der ersten Privatrecht und Geschichte, der zweiten öffentliches Recht zuzuweisen ist; gehörige Scheidung der Aufgaben der ersten von denen der zweiten Prüfung, Wegfall der wissenschaftlichen Arbeit, Richtung der mündlichen Prüfung nicht nur auf die Feststellung der positiven Kenntnisse, sondern auch auf die Erforschung der Fähigkeit des Kandidaten zu logisch richtigem Denken und zu wissenschaftlicher Arbeit.

Für den Vorbereitungsdienst: Beschränkung der Dauer auf zwei oder drei Jahre; praktisch-theoretische Uebungen bei den Collegialgerichten einestheils zur Forterhaltung und Erweiterung der wissenschaftlichen Ausbildung, anderentheils zur Beibringung der Befähigung für die selbständige Ausübung des Richteramts und der Anwaltschaft, zur Schulung für die civilistische Praxis, insbesondere zur Angewöhnung streng logischer Zergliederung von Rechtsfällen, zur Uebung im Judiciren; auch Specialcurse für einzelne Zweige, z. B. zur Ausbildung in untersuchungsrichterlicher Thätigkeit; Berücksichtigung der in diesen Uebungen gefertigten Arbeiten bei der zweiten Prüfung in gleicher Weise, wie es für die in den Universitätsübungen gefertigten Arbeiten bei der ersten Prüfung vorgeschlagen ist; Errichtung eines allgemeinen pädagogischen Seminars für das richterliche Ausbildungspersonal.

Für die erste und zweite Prüfung: Ermächtigung des Reichsjustizamts, durch einen Commissar den Prüfungen beizuwohnen und auf dessen Bericht die Ertheilung des Fähigkeitszeugnisses zu beanstanden.

Es ist ohne Weiteres klar, daß ein großer Theil dieser Vorschläge, z. B. diejenigen über die Vorbedingungen für das Universitätslehramt, über die Einrichtung des Universitätsunterrichts sowohl an sich als insoweit derselbe den geeigneten Anschluß der Einrichtungen des Vorbereitungsdienstes zu ermöglichen hat, über die Unterstützung der Universitätslehrer durch Praktiker, über die Einschiebung eines Vorexamens oder eines praktischen Vorbereitungsdienstes zwischen die einzelnen Stadien des Universitätsstudiums, wobei die nach dieser Einschiebung zu haltenden Vorlesungen auf einen einheitlichen Reifegrad der Hörenden eingerichtet sein müssen, über die Vertheilung der Aufgaben zwischen erster und zweiter Prüfung und die Erschwerung der ersten Prüfung, worauf wieder der Universitätsunterricht Rücksicht nehmen muß, über das pädagogische Seminar für Unterweisung praktischer Juristen in der Ausbildung, welches nur für ein größeres Gebiet errichtet werden kann und Gleichmäßigkeit des Ausbildungswesens innerhalb dieses Gebietes zur nothwendigen Voraussetzung hat, über die Controle durch Reichsbehörden, sowie überhaupt jede erhebliche Aenderung in allen ebengenannten Beziehungen nur vermittelst einheitlicher Vorschriften durchgeführt werden kann. Und soweit einzelne Ausbildungseinrichtungen für sich betrachtet keine Reform oder keine einheitliche Reformvorschrift erheischen, so stehen doch diese Einrichtungen fast ausnahmslos mit den ein einheitliches Vorgehen erfordernden Reformen in so engem nothwendigen Zusammenhange, daß ein harmonisches Ganze in der Reform der Ausbildungsvorschriften sich kaum wird erreichen lassen, wenn die Vereinheitlichung sich nicht auf das Ganze erstreckt. Was vorstehend unter Nr. 2 über die Nothwendigkeit der Uebereinstimmung der einzelnen Bestimmungen der Ausbildungsordnung unter sich ausgeführt ist, läßt auch für den Fall einer durchgreifenden Reform als unumgängliches Bedürfniß erscheinen, daß die ganze Neuordnung ein einheitliches Werk sei.

4. Die Vereinheitlichung ist nothwendig für den Reichsjustizdienst, weil das Reich für diejenigen seiner Beamten, welche einer juristischen Bildung bedürfen, einen besonderen Vorbereitungsdienst nicht eingerichtet hat, auch wohl in größerem Umfange nie einzurichten vermag, sondern auf die einzelstaatliche Ausbildung angewiesen ist, deshalb Gewißheit darüber, wie die Gestaltung und Durchführung der Ausbildung

in den Einzelstaaten beschaffen ist, haben muß, einen sicheren Ueberblick hierüber aber nur dann erlangen und sich erhalten kann, wenn das Ausbildungswesen einheitlich geregelt ist. Zur Zeit mag bei dem verhältnißmäßig geringen Bedarf an solchen Beamten das Bedürfniß eines deutschen Normalbildungsganges sich noch nicht dringend geltend gemacht haben. Allein mit der einen immer größeren Umfang gewinnenden Entwickelung der deutschen Colonien und des deutschen Handels wird die Zahl dieser Reichsbeamten, wird die Wichtigkeit und Schwierigkeit ihrer Aufgaben, werden die Anforderungen an ihre Kenntnisse, an ihre allgemeine Bildung und an ihre geschäftliche Gewandtheit sich immer mehr steigern, wird die vielseitige und gediegene Ausbildung derselben von immer größerer Wichtigkeit für das Reich werden. Und es wäre nicht bloß mit der Einheit des Reiches schwer vereinbar und dem Einheitsgefühle abträglich, wenn die Beamten des einen Staates den Anstellungsbehörden als weniger befähigt für den Reichsdienst erscheinen müßten, als die des anderen, sondern es würde auch den von den betreffenden Reichsbeamten wahrzunehmenden deutschen Interessen gefährlich sein, wenn eine Verschiedenheit der Ausbildung in den einzelnen Staaten Erschwerungen und Unsicherheiten in der geeigneten Auswahl und Verwendung dieser Beamten herbeiführte.

B. Vortheile der Vereinheitlichung.

§ 6.

Aber auch abgesehen von der Nothwendigkeit einheitlicher Ausbildungsvorschriften würde die Vereinheitlichung so erhebliche Vortheile in verschiedenen Richtungen mit sich bringen, daß die Unterlassung derselben als eine Vernachlässigung wichtigster Interessen erscheinen müßte.

1. Die Vereinheitlichung würde vor Allem der Ausbildung selbst zu gute kommen. Zunächst würden die auf die Ausbildung bezüglichen Vorschriften und Einrichtungen eine geeignetere Ausgestaltung gewinnen; ein Zusammenwirken aller Kräfte, die Verwerthung reicherer Erfahrungen würde der Wichtigkeit und Schwierigkeit der Aufgabe, Ausbildungsvorschriften zu gestalten und fortzubilden, welche den jetzigen Anforderungen der Gesetzgebung an Richter und Anwälte angemessen sind, besser gerecht werden können; der große, den Einfluß minder weit blickender Anschauungen fernhaltende Zug, der durch das deutsche Recht geht, würde auch dem deutschen Ausbildungswesen sich mittheilen, würde Vorurtheile, welche bisher trotz aller litterarischen Belehrung die Einrichtungen des eigenen Staates für vorzüglich oder doch der Verbesserung nicht bedürftig hielten, zurückdrängen, die partikularistische Eifersucht, welche das Vor-

gehen einzelner Staaten keine Nachfolge finden ließ, beseitigen; eine gründlichere Arbeit würde gediegenere Ergebnisse zu Stande bringen, Mißgriffe, die dennoch begangen werden sollten, würden, weil sie sich über ein größeres Gebiet verbreiten, schneller allgemein als solche erkannt werden, Abhülfe dringender erheischen und eher finden.

Abgesehen von der Gestaltung wird auch bezüglich der gewissenhaften und möglichst erfolgreichen Ausführung der Vorschriften die Gemeinsamkeit derselben auf den Wetteifer der einzelnen Staaten und der die Ausbildung leitenden Behörden derselben nur günstigen Einfluß üben können. In den jungen Juristen der Einzelstaaten wird das Gefühl, einem über das ganze Reich sich erstreckenden Verbande anzugehören, dem überall dieselbe Schulung zu Theil, der gleiche Grad der Gründlichkeit, Gewissenhaftigkeit und Geschicklichkeit in Handhabung des Rechts anzuerziehen versucht wird, die Berufsfreudigkeit erhöhen und den Eifer beleben, sich zur Erreichung des allgemeinen Ausbildungszieles emporzuarbeiten.

Es wird ferner die zur Anleitung für den Vorbereitungsdienst bestimmte Litteratur für ganz Deutschland benutzbar werden und hierdurch Aufschwung und reichere Wirksamkeit erhalten.

Ein besonderer Vortheil wird sich für die kleineren Staaten daraus ergeben, daß sie die Ausbildungsanstalten der größeren, nicht mehr bloß die Universitäten, sondern auch die für den Vorbereitungsdienst bestimmten Einrichtungen, wie Seminarien zur Bildung der Instructoren u. s. w. benutzen können. Von wie großem Werthe für die Kleinstaaten ferner die durch die Vereinheitlichung eröffnete Aussicht sein wird, ihren jungen Juristen im Vorbereitungsdienste die Bewegung in größeren Verhältnissen ermöglichen zu können, das kann hier nur angedeutet, nicht ausgeführt werden.

2. Erst mit Hülfe der Vereinheitlichung wird die schon in den §§ 3 und 5 des Gerichtsverfassungsgesetzes angestrebte sogenannte juristische Freizügigkeit verwirklicht werden können, welche nicht nur im Interesse des Juristenstandes, den sie durch Lösung von der Gebundenheit an die Scholle des Partikularstaates fördert und hebt, sondern auch der einzelnen Bundesstaaten liegt, welche mit Hülfe derselben sowohl den zeitweisen übergroßen Andrang, als den zeitweisen Mangel juristischen Nachwuchses auszugleichen vermögen. Die bezeichneten Bestimmungen des Gerichtsverfassungsgesetzes haben hierfür wenig Bedeutung; sie erlauben den Einzelstaaten nur, was denselben auch ohnedies freigestanden hätte, sie enthalten lediglich Wünsche, denen aber, wie eine Anzahl bekannt gewordener Fälle ergiebt, besonders von größeren Staaten grundsätzlich ent-

gegengehandelt wird. Und es ist in der That nicht zurückzuweisen, wenn die Nichtbeachtung dieser reichsgesetzlichen Bestimmungen damit gerechtfertigt wird, daß bei den gegenwärtigen Verschiedenheiten der Ausbildungs- und Prüfungsvorschriften im Falle einer häufigen Anwendung jener Bestimmungen der Zudrang der Kandidaten zu den Prüfungen derjenigen Staaten sich wenden werde, welche die leichtesten Anforderungen stellen, und daß auf diese Weise gerade diese Staaten die Qualifikation für das ganze Reich bestimmten. Es wird zum Belege auf die reichsrechtliche Vorschrift, daß die Ablegung der medizinischen Staatsprüfung in einem Bundesstaate zur Niederlassung als Arzt in jedem Theile des Reichs legitimire, hingewiesen, welche, wie allgemein versichert wird, von den schädlichsten Wirkungen gewesen ist. Erst wenn durch einheitliche eingehende Regelung der Vorbildung und der Prüfung der deutschen Juristen eine gleichmäßige Durchschnittsqualifikation derselben verbürgt ist, wird den Anstellungsbehörden der einzelnen Bundesstaaten eine loyale Durchführung der Absicht des Reichsgesetzes zuzumuthen und jeder Vorwand zur Abschließung in dieser Beziehung entzogen sein.

3. In einzelnen Beziehungen würde die Vereinheitlichung und die durch dieselbe herbeigeführte Gleichmäßigkeit der Ausbildung und der Leistungen auch für die Rechtspflege unmittelbar von Vortheil sein. Abgesehen von den Gerichten, welche verschiedenen Staaten gemeinschaftlich sind, und bei welchen das Zusammenarbeiten und die gegenseitige Verständigung der Juristen dieser Staaten besser von Statten geht, wenn dieselben in gleicher Weise geschult sind, dient es einer geeigneten Behandlung derjenigen Angelegenheiten, an deren Bearbeitung eine Mehrheit von Gerichten verschiedener Staaten mitzuwirken hat, wenn diese Mitwirkung Seitens aller Gerichte von gleicher Qualität ist, und erleichtert es die Arbeit bei der Rechtshülfe, wenn der ersuchende Richter genau weiß, welche Leistungen des ersuchten Richters er auf Grund der überall gleichen Schulung erwarten darf, inwieweit er demgemäß in seinem Ersuchungsschreiben die zu erörternden Punkte einzeln zu zergliedern hat, und welches der Grad der Sorgfalt des ersuchten Richters gewesen ist, dessen Ergebniß in der Erledigung des Ersuchens ihm vorliegt.

4. Es würde ferner nicht nur der Gediegenheit des Rechts und der Rechtspflege förderlich sein, sondern auch den deutschen Juristenstand fester zusammenschließen und so zur Stärkung des Einheitsgefühls der ganzen Nation beitragen, wenn die Verschiedenheiten in der Vorbildung der deutschen Juristen beseitigt würden, welche, wie der Staatssecretär des Reichsjustizamts bei Berathung der Ergänzungen zum Gerichtsverfassungsgesetze im Jahre 1898 sich aussprach,

„das Gefühl der Zusammengehörigkeit des gesammten deutschen „Richterstandes, die Empfindung für die gemeinsamen Aufgaben „in der Wahrung und Fortbildung des nationalen Rechts ab„schwächen."

Dagegen würde dem durch den bisherigen Gang der Gesetzgebung an eine stetige Vermehrung und Festigung der einheitlichen Einrichtungen gewöhnten Zusammengehörigkeitsgefühle die Herstellung einer neuen Buntscheckigkeit bei der in § 5 Nr. 3 erwähnten, wohl nicht ausbleibenden Neuordnung nicht als ein bloßes Beharren bei dem bisherigen Zustande, sondern als ein Rückschritt oder doch als ein Erlahmen des Willens, auf der eingeschlagenen Bahn weiterzuschreiten, sich darstellen, und hierdurch Zuversicht und Thatkraft in nationaler Arbeit eine bedenkliche Beeinträchtigung erleiden.

5. Endlich würde die Vereinheitlichung auch von Nutzen sein für das Ansehen der deutschen Rechtspflege und damit das Ansehen des deutschen Namens im Auslande. Schon seit geraumer Zeit sind einzelne gemeindeutsche Gesetzgebungswerke von auswärtigen Staaten als vorzüglich erkannt und als Muster für ihre eigene Gesetzgebung benutzt worden; so z. B. in theils mehr, theils weniger ausgedehntem Umfange das deutsche Handels- und Wechselrecht, das Bürgerliche Gesetzbuch. Haben doch selbst die unvollständigen Bestimmungen des Gerichtsverfassungsgesetzes über die Ausbildung der Richter Nachahmung in Japan gefunden. Ist erst das ganze Ausbildungswesen in Deutschland einheitlich geordnet, und hierdurch in gleicher Weise, wie ein einheitliches Recht, so auch eine gediegene, einheitliche praktische Rechtspflege geschaffen, so wird das Bestreben anderer Staaten, die deutschen Rechtseinrichtungen sich anzueignen, auch der Einrichtung der juristischen Ausbildung sich zuwenden, es wird eine über das Reich hinaus sich erstreckende Rechtsgemeinschaft auch bezüglich des Ausbildungswesens und der Art der praktischen Handhabung des Rechts sich bilden und das Ansehen des deutschen Rechts unter den Nationen erhöhen.

C. Stehen der Vereinheitlichung Bedenken entgegen wegen der Schwierigkeiten oder der Uebelstände, die mit der Durchführung derselben verbunden sein würden?

§ 7.

Zur vollständigeu Beantwortung der gestellten Frage gehört noch die Erörterung darüber, ob der Versuch einer Vereinheitlichung etwa deswegen zu widerrathen sei, weil ein praktischer Erfolg im Wesentlichen nicht in Aussicht stehe, oder weil die Vortheile der Vereinheitlichung durch die Nachtheile derselben überwogen werden. Auch für diese Erörterung ist es nothwendig, auf die Vorbemerkung in § 4 hinzuweisen und zu betonen, daß nicht eine solche vollkommene Uniformität geschaffen werden soll, welche besondere Nebenvorschriften einzelner Bundesstaaten zur Befriedigung eigenthümlicher Bedürfnisse derselben, z. B. in Ansehung des Landesrechts, in Ansehung der Verwerthung der juristischen Ausbildung für noch andere Zweige des Staatsdienstes ausschlösse, sondern daß es nur darauf ankommt, einheitliche Vorschriften in solchem Umfange und Zusammenhange zu treffen, daß deren Ausführung schon für sich allein auch ohne Ergänzung durch einzelstaatliche Vorschriften eine vollständige, geschlossene und lückenlose allgemeine juristische Ausbildung ergiebt.

I. Was die praktische Durchführbarkeit der Vereinheitlichung betrifft, so ist hierfür zunächst von Wichtigkeit, daß als die Umstände, welche eine verschiedene Entwickelung und Ausgestaltung der Ausbildungsordnungen in den einzelnen Staaten verursacht haben, sich im Wesentlichen nur ermitteln lassen der partikularistische Zug der Landesgesetzgebungen, der häufige und in den einzelnen Staaten verschieden gestaltete Wechsel der Ansichten (s. § 2 Abs. 3), sowie etwa noch die Verschiedenheit in den Ausbildungsbedürfnissen und in den Ausbildungsmitteln der Gebiete des gemeinen und der Gebiete des codificirten Rechts (s. § 1 Abs. 4). Die beiden ersten Ursachen kommen für unsere Frage überhaupt nicht in Betracht; die Unterschiede der früheren Landesrechte, welche noch für den in § 1 Abs. 3 erwähnten Vorschlag, die Regelung der Ausbildung wenigstens zum Theil den einzelnen Bundesstaaten zu überlassen, geltend gemacht werden konnten, sind durch das Bürgerliche Gesetzbuch beseitigt; den Unterschieden der jetzigen Landesrechte, die nur noch bezüglich des öffentlichen Rechts von einiger Bedeutung, in Ansehung des Privatrechts nicht von erheblichem Umfange sind, läßt sich durch geringfügige landesrechtliche Zusätze zu einer allgemeinen deutschen Ausbildungsordnung in hinreichender Weise Rechnung tragen.

Ein Bedenken gegen die praktische Durchführbarkeit der Vereinheitlichung könnte zunächst daraus entnommen werden, daß als Vorbedingung für einheitliche juristische Ausbildungsvorschriften eine gleichmäßige Höhe der auf sämmtlichen deutschen Gymnasien den Abiturienten zu Theil gewordenen Vorbildung angesehen werden muß, abgesehen von den Verschiedenheiten, die auch innerhalb desselben Staates durch die Ungleichmäßigkeit der individuellen Lehrbefähigungen gegeben sind; daß aber von einigen Seiten Zweifel erhoben worden ist, ob in allen Bundesstaaten die Gymnasien auf denselben Stand der Kenntnisse und allgemeinen

Bildung fördern. Allein die im Wesentlichen und Ganzen gleiche Beschaffenheit der deutschen Gymnasien und des Unterrichts auf denselben läßt sich schon gegenüber dem Uebereinkommen nicht bestreiten, welches von den deutschen Staatsregierungen im Jahre 1889 dahin geschlossen worden ist, daß das Reifezeugniß jedes deutschen Staatsgymnasiums in jedem einzelnen Bundesstaate dieselben Berechtigungen gewähren solle, welche mit dem Reifezeugnisse der eigenen Staatsgymnasien desselben verbunden sind.

Bedenken gegen die Vereinheitlichung werden ferner (vergl. § 1 Abs. 6) deswegen erhoben, weil in einigen Staaten die Ausbildung für den Justiz- und für den Verwaltungsdienst dieselbe ist; es wird befürchtet, daß hieraus Schwierigkeiten bei einer Vereinheitlichung insofern entstehen würden, als entweder diese Staaten durch eine Trennung der Ausbildung für beide Dienste eine zu große Störung ihrer inneren Einrichtungen erleiden, oder, wenn diese Verbindung in die einheitliche Regelung übernommen werden sollte, einzelne nur den Verwaltungsbeamten nöthige Disciplinen und Stationen den einheitlichen Ausbildungsplan für diejenigen Staaten, welche denselben auf den Justizdienst beschränken, unnöthig belasten. Allein hält man fest, daß eine solche Verbindung der Vorbereitungen für Justiz und für Verwaltung doch keinesfalls in einer die Ausbildung für den Justizdienst beeinträchtigenden Weise gestaltet werden darf, so erscheint ein unter Einhaltung des in Absatz 1 dieses Paragraphen bezeichneten Maßes zunächst nur die Bedürfnisse der Justiz in's Auge fassender Ausbildungsplan auch gegenüber den erwähnten Staaten nicht als eine ungerechtfertigte Anforderung, und läßt sich dieser Plan sehr wohl so einrichten, daß er einzelnen Staaten ermöglicht, die Vorbereitung für den Verwaltungsdienst in der Weise anzugliedern, daß sie für dieselbe, wenn sie es für nöthig erachten, einfach ein Mehr erfordern.

Weiter ist hingewiesen worden auf die bedeutende Verschiedenheit der juristischen Ausbildungsvorschriften der einzelnen Staaten (vergl. § 1 Abs. 6). Ist auch nicht zu verkennen, daß dieselbe ein Erschwerniß der Arbeit bildet, so ist sie doch nicht ein Hinderniß von solcher Bedeutung, daß von vornherein eine Verständigung als unwahrscheinlich angesehen werden müßte.

Sonstige thatsächliche Schwierigkeiten oder sonstige Uebelstände der Vereinheitlichung der juristischen Ausbildungsvorschriften werden sich kaum finden lassen; und man kann unter diesen Umständen den von der Straßburger Fakultät zur Begründung ihrer in § 1 erwähnten Petition verwertheten Hinweis auf den Vorgang reichsrechtlicher Regelungen der

Ausbildung der Aerzte, der Apotheker und der Seeleute, wenn diese Regelungen auch nicht den Umfang haben, der für die gleichmäßige Ordnung der Ausbildung der Juristen erforderlich sein wird, doch ohne Bedenken auch auf die praktische Durchführbarkeit einer mit ernstem Willen in Angriff genommenen Vereinheitlichung des gesammten juristischen Ausbildungswesens erstrecken.

II. Bezüglich der staatsrechtlichen Durchführung ist überwiegend die Vereinheitlichung durch reichsrechtliche Vorschriften, nur von Einzelnen die Herbeiführung einer solchen durch Uebereinkunft der einzelnen bundesstaatlichen Regierungen vorgeschlagen worden. Zweckentsprechend erscheint nur das Erstere, und zwar schon deshalb, weil nur mit der reichsrechtlichen Regelung eine einheitliche Kontrole von Reichswegen sich verbinden läßt. Es ist nämlich, wenn in irgend einer Materie, so ganz besonders in dieser, der Erfolg der Vorschriften weniger von ihrem Inhalte, als von der Art ihrer Durchführung abhängig, so daß hier einheitliche Vorschriften allein nicht genügen, sondern auch eine einheitliche gewissenhafte Handhabung dieser Vorschriften gesichert sein muß. Zwar erscheint der von Einzelnen erhobene Zweifel darüber nicht begründet, ob in Ausführung reichsrechtlicher Vorschriften die einzelstaatlichen Behörden denselben guten Willen bethätigen würden, wie in Befolgung gemeinsam vereinbarter, durch ihre Regierungen ihnen übermittelter Bestimmungen über das Ausbildungswesen; denn man wird sich auf keine Vorgänge berufen können, die ein Mißtrauen gegen die Loyalität der Ausführungsorgane in dieser Beziehung rechtfertigten. Allein für den Fall, daß dem Reiche jeder Weg zur Aufsicht über die richtige Anwendung der gemeinsamen Vorschriften verschlossen wäre, ließe sich die Möglichkeit nicht in Abrede stellen, daß in der Ausführung, selbst beim besten Willen der betheiligten Organe, von Anfang an einzelstaatliche Gewöhnungen ihren Einfluß üben und im Laufe der Zeit Verschiedenheiten in der Handhabung entstehen und nach und nach einen Umfang gewinnen, der die Einheitlichkeit der Ausbildung wenn nicht ganz beseitigt, so doch erheblich beeinträchtigt. Auch abgesehen von der Forterhaltung einer gleichmäßigen Praxis sind für eine Materie, in welcher so viel auf die Art der praktischen Handhabung ankommt, fortwährende und über das ganze Anwendungsgebiet sich erstreckende Beobachtungen dieser Handhabung seitens einer Centralbehörde nothwendig, um Einrichtungen und Vorschriften, die sich in der Praxis als verbesserungsbedürftig erweisen, zeitig als solche zu erkennen und in zweckentsprechender Weise umgestalten zu können. Eine Aufsicht des Reichs, in welcher Form sie auch ermöglicht und ausgeübt werde, erscheint für das einheitliche juristische Ausbildungswesen unentbehrlich.

Was nun die rechtliche Befugniß des Reichs zur Ordnung der Ausbildungsfrage betrifft, so ist zwar der nahe innere Zusammenhang des juristischen Ausbildungswesens mit dem in Artikel 3 der Reichsverfassung gewährleisteten, die Zulassung zu Staatsämtern in sich begreifenden gemeinsamen Indigenat, mit dem in Artikel 4 Ziffer 13 der Reichsverfassung der Beaufsichtigung und Gesetzgebung des Reichs unterstellten gerichtlichen Verfahren, mit der in §§ 2, 3 und 5 des Gerichtsverfassungsgesetzes geregelten Befähigung zum Richteramte und richterlichen Freizügigkeit und mit der entsprechenden Bestimmung des § 2 der Rechtsanwaltsordnung unverkennbar. Allein es fehlt doch eine ausdrückliche reichsgesetzliche Bestimmung, welche die Einzelstaaten bände, sich einer reichsrechtlichen Ordnung des gesammten juristischen Ausbildungswesens auch wider ihren Willen zu fügen. Und ob jetzt eine größere Geneigtheit der Einzelstaaten besteht, einer die Centralisierung verstärkenden Ergänzung der Reichsgesetzgebung zuzustimmen, als bei Berathung des Gerichtsverfassungsgesetzes, wo nur die wenig einschneidenden Regelungen der §§ 2, 3 und 5 erreicht werden konnten, erscheint mindestens ungewiß. Auf directem Wege dürfte daher zur Zeit dasjenige, was erstrebenswerth ist, kaum zu erreichen sein.

Trotzdem mangelt dem Reiche, wenn auch die unmittelbare Gewalt, so doch nicht der mittelbare Einfluß, um eine Vereinheitlichung der Ausbildungsvorschriften herbeizuführen, deren Bestand gegen etwaige spätere partikularistische Strömungen zu sichern und sich eine Berechtigung zur Aufsicht über die Ausführung wenigstens im Allgemeinen zu verschaffen. Wies doch selbst der Staatssekretär des Reichsjustizamts in den gesetzgeberischen Berathungen der Abänderungen des Gerichtsverfassungsgesetzes im Jahre 1898 auf die Möglichkeit hin, daß die Reichsjustizverwaltung auf einen allmählichen Ausgleich der bestehenden Verschiedenheiten hinwirke. Im Uebrigen ist zu Vorschlägen hier nicht der Ort; nur auf einen Weg sei, um es nicht gänzlich an einer Darlegung der Durchführbarkeit fehlen zu lassen, hingewiesen: Wenn das Reich als Vorbedingung für die Aufnahme in den Reichsjustizdienst einen bestimmt geregelten Ausbildungsgang vorschreibt — was sich auf leichtere Weise, wie eine Erweiterung der Gesetzgebungsbefugniß des Reichs, herbeiführen, übrigens bei längerer Fortdauer der Verschiedenheit im Ausbildungswesen kaum umgehen läßt (vergl. § 5 Nr. 4) — so wird kein Bundesstaat auf die Dauer sich der Nothwendigkeit entziehen können, seine Landesausbildungsvorschriften nach diesen Reichsvorschriften abzuändern, mit denselben beständig im Einklang zu erhalten und den Reichsbehörden die Möglichkeit zu gewähren, sich von der gewissenhaften Ausführung derselben zu überzeugen.

Schluß.

§ 8.

Die zur Begutachtung gestellte Frage ist nach den vorstehenden Ausführungen dahin zu beantworten:

> Die gemeinsame Ordnung des Universitätsstudiums und des Vorbereitungsdienstes der Juristen für das Reich ist nicht blos im juristischen und nationalen Interesse empfehlenswerth, sondern auch unbedingt nothwendig zur Herbeiführung einer wirklichen deutschen Rechtseinheit.

Nachdem mit dem Inkrafttreten des Bürgerlichen Gesetzbuchs jeder triftige Grund gegen eine solche gemeinsame Ordnung geschwunden und ein neuer dringender Anstoß für dieselbe gegeben ist, wird dieselbe fortwährend Gegenstand reger Anstrebung bleiben und, wenn der an Umfang und Mannigfaltigkeit stets zunehmende Verkehr immer höhere Anforderungen an die Juristen stellt, ihre Unentbehrlichkeit immer mehr fühlbar machen. Sie muß und wird kommen. Bei der Wichtigkeit der Art dieser einheitlichen Regelung tritt an Alle, denen die Förderung des Rechts am Herzen liegt, tritt vor Allem an den deutschen Juristentag, den berufenen Vertreter des Juristenstandes und den Hüter des Rechtslebens der Nation, dessen Stimme oft als einflußreich sich erwiesen hat, die Aufgabe heran, die einschlägigen Zweifelsfragen zu klären, eine Verständigung der Sachkundigen über dieselben soweit möglich herbeizuführen und die auf diese Weise zu gewinnenden Grundsätze in solcher Ausdehnung und Genauigkeit festzustellen, daß dereinst nicht durch widrige Zufälligkeiten in dem Hergange der gesetzgeberischen Berathungen, wie solche so oft verhängnißvoll geworden sind, das einheitliche Werk mit Verfehlungen, Halbheiten und sonstigen Unvollkommenheiten behaftet werde.

VIII.

Gutachten des Herrn Dr. Wildhagen, Rechtsanwalt beim Reichsgericht in Leipzig

über die Frage:

Inwieweit sind an die Veröffentlichung von Briefen ohne Einwilligung des Verfassers, beziehungsweise seiner Erben Rechtsnachtheile zu knüpfen?

Die Frage, wieweit die Verfasser von Briefen gegen deren Veröffentlichung geschützt sind, hat den Gegenstand vielfacher und zum Theil sehr eingehender Erörterungen gebildet, aber eine allseitig befriedigende Lösung hat sie noch nicht gefunden. Gedacht wird dabei an „Briefe" im Sinne des gewöhnlichen Sprachgebrauches des heutigen Lebens, also schriftliche Mittheilungen im verwandtschaftlichen, freundschaftlichen, geselligen oder sonstigen Verkehr, nicht dagegen an andern Verwendungen des Wortes „Brief" in dem heute ungewöhnlichen Sinne von „Urkunde" (brevis scl. libellus) wie z. B. in Kaufbrief, Lehnbrief, Adelsbrief, Wechselbrief, Steckbrief u. dgl. Der Inhalt der Briefe kann entsprechend den zahllosen Zwecken, denen sie dienen, unendlich verschieden sein: Mittheilung von Begebenheiten, Gedanken, Empfindungen, Anfragen, Antworten, Rathschläge, Empfehlungen, Willenserklärungen, Rechtsgeschäfte und vieles Andere. Verschieden kann auch die äußere Erscheinungsform sein, sowohl das Material, auf dem die Mittheilung enthalten ist, wie die Mittel, durch welche die Mittheilung schriftlich zum Ausdrucke gebracht wird. Ferner kann die Mittheilung verschlossen oder offen übermittelt werden — selbst Mittheilungen auf Abschnitten von Postanweisungen oder Paketadressen unterscheiden sich wesentlich ebensowenig von den Briefen im eigentlichen Sinne, wie Mittheilungen auf Postkarten. Endlich weist die Art der Uebermittelung große Verschiedenheit auf: durch die Post, durch Boten, durch Tauben oder Hunde, durch Niederlegen an einem bestimmten Orte, ja sogar von Hand zu Hand. Beim Telegramm besteht die

Besonderheit vorwiegend nur in der Art, wie die schriftliche Mittheilung zu Stande kommt, nicht wie sie dem Adressaten übermittelt wird. Zu den Briefen in dem hier erörterten Sinne gehören dagegen nicht: die zahlreichen Erzählungen, wissenschaftlichen oder belehrendeu Abhandlungen, Lehrbücher u. dgl., welche für das allgemeine Publikum bestimmt sind und nur die äußere Form des Briefes annehmen.

Nicht minder mannigfaltig als der Inhalt der Briefe sind die Anlässe, welche zur Veröffentlichung derselben ohne Einwilligung des Verfassers führen. Bald kann es das Interesse sein, welches die Oeffentlichkeit an der Person des Verfassers nimmt, bald das Interesse der Oeffentlichkeit an dem thatsächlichen Inhalte des Briefes, bald die Benutzung der Briefe zur geschäftlichen Reclame und bald die Verwendung für den Zweck der öffentlichen Rechtfertigung gegen erhobene Angriffe, oder der öffentlichen Warnung vor der anfechtbaren Person oder dem bedenklichen Geschäftsgebahren des Verfassers. Bisweilen können die Beweggründe auch weniger harmlos sein, indem lediglich beabsichtigt wird, durch die Veröffentlichung den Verfasser bloßzustellen, ihn in den Augen des Publikums herabzusetzen oder ihm wenigstens Verlegenheiten zu bereiten, wie es im Kampfe politischer oder communaler Parteien und bei Preßorganen niederer Ordnung vorkommt, die auf die Neugierde und die Skandalsucht der großen Menge spekuliren.

In allen diesen und vielen anderen sonst noch möglichen Fällen — mag die Veröffentlichung durch den Empfänger oder einen Dritten, mag sie durch Abdruck oder Vorlesen in öffentlicher Versammlung geschehen — kann sich die Frage erheben, ob der Verfasser oder dessen Erben die ohne ihre Einwilligung erfolgte Veröffentlichung über sich ergehen lassen müssen. Nahezu völlige Uebereinstimmung herrscht in unserer und der ausländischen Rechtswissenschaft darüber, daß die Frage nicht entschieden werden kann vom Standpunkte des Eigenthums an dem Briefe als körperlicher Sache. Dies wird regelmäßig auf den Empfänger übergehen und nur unter besonderen Umständen bei dem Verfasser oder Absender verbleiben. Die thatsächliche Möglichkeit der Veröffentlichung hat der Empfänger ebenso wie jeder Dritte bereits durch den bloßen Besitz des Briefes, gleichviel ob er der Eigenthümer des Briefes ist oder nicht. Der Verfasser kann also genau so gut, wenn er das Eigenthum an dem Briefe hat, als wenn er es nicht hat, in die Lage kommen, Schutz gegen eigenmächtige Veröffentlichung zu fordern, und es könnte sich deshalb höchstens darum handeln, ob der Verfasser durch die Uebertragung des Eigenthums an dem Briefe auf den Empfänger stillschweigend auf einen ihm etwa zustehenden Rechtsschutz gegen Veröffentlichung verzichtet hat. Die Frage bleibt demnach immer: Genießen die Verfasser von Briefen Rechtsschutz gegen Veröffentlichung?

Bei ihrer Beantwortung geht die Mehrzahl der Schriftsteller davon aus, ob ein Urheberrecht an Briefen besteht; eine Frage, deren Entscheidung dann wieder davon abhängig gemacht wird: ob Briefe zu den Gegenständen des Urheberrechts gehören, ob sie „literarische Erzeugnisse", und insbesondere für das zur Zeit in Deutschland geltende Recht, ob sie „Schriftwerke" sind[1]). Der § 5 unter a) des Reichsgesetzes betr. das Urheberrecht an Schriftwerken u. s. w. vom 11. Juni 1870 bestimmt:

„Als Nachdruck ist auch anzusehen:
„der ohne Genehmigung des Urhebers erfolgte Abdruck von „noch nicht veröffentlichten Schriftwerken (Manuscripten).

„Auch der rechtmäßige Besitzer eines Manuscripts oder einer „Abschrift desselben bedarf der Genehmigung des Urhebers zum „Abdruck."

Daraus wird für das geltende Recht der Satz abgeleitet, daß die Verfasser von Briefen Rechtsschutz gegen Veröffentlichung dann genießen, wenn die Briefe „Schriftwerke (Manuscripte)" im Sinne des Gesetzes sind. Viel ist mit diesen Ergebnissen nicht gewonnen, denn es besteht ein alter, heute noch völlig ungeschlichteter Streit darüber, welches die entscheidenden Merkmale eines Gegenstandes des Urheberrechts sind, und was danach unter einem „literarischen Erzeugnisse" oder „Schriftwerke" zu verstehen ist. Es kann deshalb nicht verwundern, sowohl — wenn auch nur vereinzelt — der Auffassung zu begegnen, daß Briefe immer „Schriftwerke" sind, als umgekehrt, daß sie nie „Schriftwerke" sind, während die herrschende Auffassung annimmt, daß es zwar Briefe giebt, welche die Bedingungen eines „Schriftwerkes" erfüllen, daß dies aber bei der überwiegenden Mehrzahl aller Briefe — man nennt diese letzteren meist „gewöhnliche" Briefe — nicht der Fall ist. Ob im einzelnen Falle ein Brief zu der vornehmen Kategorie der „Schriftwerke" oder „literarischen Erzeugnisse", oder aber zu der misera plebs der „gewöhnlichen" Briefe gehört, hängt natürlich wiederum davon ab, welche Be-

---

[1]) Vgl. für die Zeit vor dem Reichsgesetze vom 11. Juni 1870 **Goltdammer**, Archiv für Preuß. Strafr. Band IX 1861 S. 534 f., und für die spätere Zeit **Gierke**, Deutsches Privatrecht Band I S. 772 Note 15 und 16 und außerdem z. B. **Hoffmann**, Ueber das Urheberrecht an Briefen, St. Gallen 1874 S 27 ff. **Steinbach**, Ueber Eigenthum an Briefen, Wien 1879 S. 12 unten ff. **Ulmann**, Ueber das Urheberrecht an Briefen u. s. w. Erlangen 1893 S. 4. **Mitteis**, Zur Kenntniß des liter. artist. Urheberrechts in der Festschrift zum 70. Geburtstage Unger's, Stuttgart 1898 S. 134 ff. unter III.

dingungen für den Begriff des „Schriftwerkes“ aufgestellt werden, worüber — wie schon bemerkt — zur Zeit noch keine Uebereinstimmung besteht[2]). Die Ansichten gehen augenblicklich noch soweit auseinander, daß auch schwer zu erkennen ist, ob schon in absehbarer Zeit eine Einigung zu erzielen sein wird. Die Grenzscheidung zwischen dem geschützten und ungeschützten Briefe im einzelnen Falle bietet unter diesen Umständen keineswegs etwa blos häufiger als anderwärts, sonder auch größere Schwierigkeiten, ganz davon abgesehen, daß obendrein einzelne der versuchten Formulirungen des Begriffes „Schriftwerke“ wie z. B. „Ausfluß einer individuellen geistigen Thätigkeit“, „originale geistige Schöpfung“, „Erzeugniß schaffender Autorthätigkeit“ u. a., kaum einen scharf begrenzten, insbesondere für die Beurtheilung von Briefen unbedingt brauchbaren Maaßstab liefern werden. So hat das Reichsgericht I. Civils. in Wagners Erben gegen Earl of Dysart. 28 II 1898 zwei Briefen Richard Wagners von 1851 und 1855 die Eigenschaft als Schriftwerk abgesprochen, weil der eine lediglich geschäftlicher Natur sei, die Wagner angebotene Leitung der Philharmonischen Gesellschaft in London, die zu vereinbarenden Bedingungen und die Unterstützung des Adressaten dabei betreffe, und weil der andere Brief nur die Empfehlung eines Bekannten, persönliche Nachrichten über Wagner und einen Dritten enthalte, die im Zusammenhang damit stehen, daß beide an dem bekannten Maiaufstande in Dresden theilgenommen hatten, die Dresdener Ereignisse selbst werden nicht geschildert, am Schlusse mache Wagner einige Mittheilungen über seine damalige Lage und Beschäftigung, dies sei der wesentliche und daher für den Character des Briefes entscheidende Inhalt, auf die vereinzelt eingeflochtenen Bemerkungen betrachtender Art könne kein Gewicht gelegt werden. Dagegen hat der literar.-artistische Sachverständigen-Verein zu Berlin die in dem 1854 bei Cotta erschienenen Werke „Goethe und Werther“ enthaltenen Briefe Goethe's an Lotte, Kestner und Hans durchweg zu den „literarischen Erzeugnissen“ gezählt[3]), obwohl dieselben in der überwiegenden Mehrzahl rein persönlicher und gleichgültiger Art sind, gewöhnliche häusliche und gesellige Verhältnisse besprechen und sich von anderen Briefen solcher Art weder durch erhöhten Gedankenaustausch noch durch die Gegenstände der Besprechung, sondern lediglich durch das Interesse für die Person des Briefschreibers unterscheiden. Bei dieser letzteren Auffassung würde man also sogar das

---

[2]) Vgl. die Zusammenstellung der verschiedenen Ansichten, die sich aus der Darlegung des Begriffes „Schriftwerk“ bei Gierke, Deutsches Privatrecht Bd. I § 86 I, 1 Seite 769—774 ergeben.

[3]) Vgl. Goltdammer, a. a. O. S. 533 ff., 540 u. 545.

eigenartige Schauspiel erleben können, daß ein Brief, der zunächst als schutzloser „gewöhnlicher" Brief das Licht der Welt erblickt, sich erst im Laufe der Zeit wegen des Interesses, daß die Oeffentlichkeit nachträglich — vielleicht aus sehr rühmlichen, vielleicht aber auch aus sehr unrühmlichen Gründen — an seinem Verfasser nimmt, zu einem „Ausflusse einer individuellen geistigen Thätigkeit" auswächst.

Erwecken schon diese Erwägungen Zweifel daran, ob ein sicheres Ergebniß wegen des Schutzes gegen Veröffentlichung von Briefen auf dem Wege zu erreichen ist, daß die Zugehörigkeit der Briefe zu den „Schriftwerken" oder „literarischen Erzeugnissen" untersucht wird, so kommt hinzu, daß durchaus noch keine Gewißheit darüber besteht, ja die Frage kaum aufgeworfen ist, ob wissenschaftlich gesprochen: Urheberschutz genießt, was „Schriftwerk" ist — oder ob umgekehrt: „Schriftwerk" ist, was Urheberschutz genießt. Jedenfalls kann man oft genug Erörterungen begegnen, die es sich zur Aufgabe stellen, den Urheberschutz aus dem Begriffe des „Schriftwerkes" herzuleiten, während sie in Wahrheit unbewußt den Begriff des „Schriftwerkes" erst abgrenzen nach den Merkmalen derjenigen Schriften, welche sie als durch das Urheberrecht geschützt erachten.

Es ist denn auch die Frage nach dem Schutze gegen Veröffentlichung von Briefen mehrfach erörtert worden, ohne von der Frage nach dem Urheberrechte an Briefen oder dem Begriffe des „Schriftwerkes" oder „literarischen Erzeugnisses" auszugehen. Die Mehrzahl sowohl der Schriftsteller, welche ein Urheberrecht an Briefen überhaupt leugnen,[4]) als auch derjenigen, welche ein Urheberrecht nur an besonders qualificirten Briefen gelten lassen, wollen nämlich — letztere für die nicht zum Urheberrecht qualificirten Briefe[5]) — ganz unabhängig vom Urheberrecht einen Schutz gegen Veröffentlichung von Briefen gewähren; früher vorwiegend unter dem Gesichtspunkt der actio injuriarum[6]), heute gewöhnlich aus dem Grunde der Verletzung des Rechts der Persönlichkeit.[7]) Daß den Briefen, denen man die Eigenschaft des „literarischen Erzeugnisses" und damit den Schutz des Urheberrechts glaubt absprechen zu müssen, jeglicher Schutz gegen Veröffentlichung versagt wird, kommt nur

---

[4]) So z. B. Ihering, Jahrbücher Bd. 23 S. 315 und Kohler, Das R. an Briefen, Arch. f. bürgerl. Recht Bd. VII S. 106.

[5]) So z. B. Gierke a. a. O. und die meisten der dort und oben Note 1 citirten Schriftstellen.

[6]) So z. B. Steinbach, Ihering u. A.

[7]) So z. B. Kohler, Gierke, Mitteis u. A.

ganz selten vor[8]); öfter schon, daß darüber geschwiegen wird. Uebrigens leiten diejenigen Schriftsteller, welche einen Schutz gegen Veröffentlichung nicht nur bei den nach ihrer Ansicht für das Urheberrecht besonders qualificirten Briefen, sondern auch bei den Briefen anerkennen, die sie nicht zu den Gegenständen des Urheberrechts zählen, den Schutz gegen Veröffentlichung genau genommen überhaupt nicht aus dem Urheberrecht her; bei den Briefen der ersteren Kategorie brauchen sie es nicht und bei den letzteren können sie es nicht.

Das Bedürfniß nach einem allgemeinen Schutze der Briefe gegen Veröffentlichung ist alt. Die römischen Juristen haben sich über diese Frage allerdings nicht ausgesprochen, eine Quellenstelle darüber ist nicht nachzuweisen — ein Umstand, der auch heute noch auf eine Anzahl deutscher Rechtsgelehrter immerhin einen ziemlichen Eindruck zu machen geeignet ist. Vielleicht gereicht es diesen wenigstens zu einiger Beruhigung, daß schon Cicero in seiner zweiten Philippica die eigenmächtige Veröffentlichung von Briefen auf das Schärfste verurtheilt hat; ihm erscheint der Empfänger, der dazu im Stande ist, als „homo et humanitatis expers et vitae communis ignarus", der nicht die geringste Ahnung von den Gewohnheiten anständiger Menschen hat; nach ihm bedeutet ein solches Verhalten: „tollere in vita vitae societatem, tollere amicorum colloquia absentium." Ganz der gleichen Auffassung von der großen Verwerflichkeit der Veröffentlichung eines Briefes begegnen wir bei deutschen, französischen, englischen und anderen ausländischen Schriftstellern. Statt vieler mögen nur als Beispiele genannt werden: Kohler[9]), welcher die Veröffentlichung von Vertrauensbriefen in seiner eigenartigen Weise als eine schwere Verletzung des Innenlebens der Person bezeichnet, der Stätte, wo jeder Mensch nur er selbst ist mit all den Eigenheiten seiner Natur, die man Stärken oder Schwächen nennen kann; der Franzose Renouard[10]), welcher in der Veröffentlichung eines Briefes mit anderen seiner Landsleute den Bruch der Verpflichtung zur Bewahrung eines anvertrauten Geheimnisses erblickt, denn „celui, qui l'écrit (la lettre) s'abandonne et s'épanche; il pense tout haut; il n'élabore point ses paroles comme s'il prévoyait, qu'elles séront livrées au public"; endlich der Engländler Story, welcher in seinen commentaries on equity jurisprudence[11]) die Veröffentlichung von Privatbriefen

[8]) So z. B. Harum, Die österr. Preßgesetzgebg. Wien 1857, S. 97.

[9]) Das R. an Briefen im Archiv f. bürgerl. Recht Bd. VII S. 105.

[10]) Vgl. Dalloz, Jurisprudence générale Supplem. au répertoire tom. IX 1892. V° lettre missive Nr. 39 S. 793.

[11]) Vgl. Steinbach a. a. O. Wien 1879, S. 17.

zu den hassenswerthesten Verletzungen des Vertrauens, der gesellschaftlichen Pflichten und aller ehrenhaften Gesinnungen zählt, welche man nur ersinnen könne, und einen Vorgang nennt, der die Axt an die Wurzel alles vertraulichen Verkehrs lege und das Wohl ganzer Familien zu vernichten geeignet sei.

Allein nicht jeder — wenn auch schwere — Bruch des Vertrauens im Verkehre, nicht jede — wenn auch grobe — Verletzung wichtiger Anstandspflichten fällt ohne Weiteres in den Bereich der Rechtsordnung und gewährt Anspruch auf rechtliche Sühne und rechtlichen Schutz. Dazu bedarf es des weiteren Umstandes, daß die durch den Vertrauensbruch und die Verletzung der Anstandspflicht gefährdeten Interessen sowohl für den einzelnen Betroffenen als auch für die Allgemeinheit schwerwiegend genug sind, um den Schutz des Rechts zu erheischen. Trifft diese Voraussetzung zu — eine Frage, über die im einzelnen Falle zu verschiedenen Zeiten bekanntlich völlig entgegengesetzte Ansichten herrschen können, — so ist die Rechtsordnung nicht blos befugt, sondern auch verpflichtet, ihren Schutz zu gewähren. Heutzutage besteht nun darüber nahezu Einmüthigkeit, daß es jedenfalls Fälle der Veröffentlichung von Briefen ohne jede Rücksicht auf ihre etwaige literarische Qualification giebt, in denen grundsätzlich die durch Vertrauensbruch oder Verletzung des Anstandes berührten Interessen den Schutz des Rechtes verlangen können. Schon früh ist dieser Gedanke in der Doctrin zum Ausdrucke gelangt. Sobald die Fesseln, unter deren Zwange die Glossatoren noch standen, nur gelockert waren und die sogenannten Commentatoren überhaupt erst einmal den Anfang gemacht hatten, nicht nur den Inhalt der römischen Quellen zu ermitteln und klarzulegen, sondern das römische Recht auch den Verhältnissen ihrer Zeit anzupassen, sprach der Commentator Bartolus, mit Beziehung auf den Fall der Veröffentlichung eines zur Uebermittelung an den Adressaten anvertrauten Briefes, den Satz aus, daß Derjenige, welcher die Geheimnisse eines Anderen veröffentlicht, mit der actio injuriarum belangt werden könne. Dieselbe Auffassung ist vertreten von einer Reihe späterer Juristen, unter ihnen z. B. Leyser, der sich dafür auch auf ein Responsum der Juristenfakultät zu Helmstedt vom Jahre 1719 beruft und lehrt: „qui litteras familiares in detrimentum amici divulgat, injuriarum tenetur.“[12]) Ebenso wird grundsätzlich ein Rechtsschutz gegen Veröffentlichung von Briefen von fast allen neueren und neuesten Schriftstellern — wenn auch mit verschiedener Begründung — anerkannt; besonders lebhaft traten z. B. dafür ein

[12]) Vgl. Steinbach a. a. O. S. 25.

Bluntschli[13]), Jhering[14]) und Kohler[15]). Andere lassen ihn jedenfalls gelten, ja in jüngster Zeit ist er sogar schon als „natürlich" bezeichnet.[16]) Auch in der englischen Rechtswissenschaft ist mit großem Nachdrucke betont worden, daß die Frage der Veröffentlichung von Briefen keineswegs blos auf moralischem, sondern auch innerhalb des Gebietes der „Rechtsordnung" liege; so bekämpft z. B. Copinger[17]) eifrig die Auffassung, daß die Veröffentlichung von Briefen nur ein Vertrauensbruch, eine Unanständigkeit sei, zu deren Schutze seien die Gerichte nicht berufen, und betont entschieden den Character des Rechtsschutzes: „The right of the writer of the letter to prevent its publication is not founded on considerations of policy or social ethics, but on the principle of property" und „the sole foundation is the right."[18]) Den gleichen Standpunkt nimmt die französische Rechtswissenschaft und Praxis ein, nicht erst neuerdings, sondern auch schon früher[19]); die gegentheilige irrthümliche Annahme bei Goltdammer (a. a. O. S. 545) wird auf einer der auch in Frankreich vorgekommenen abweichenden Entscheidungen beruhen. Mit der englischen und französischen stimmt auch die amerikanische Rechtswissenschaft überein und ebenso nach dem Berichte über die Verhandlungen des IX. Congresses der Association littéraire et artistique internationale zu Genf im Jahre 1886 betr. die Frage, ob ein Urheberrecht an Briefen besteht[20]), die italienische Praxis.

Die Gesetzgebung scheint zuerst in Rußland[21]) einen Rechtsschutz gegen Veröffentlichung von Briefen schlechthin anerkannt zu haben, in neuerer Zeit sind andere Gesetzgebungen, die italienische (Art. 161 cod.

---

[13]) Deutsches Privatrecht. München 1864, § 49 Nr. 8 S. 124.

[14]) Jahrbücher Band 23 S. 314—318.

[15]) Arch. f. bürgerl. Recht Bd. 7 S. 103ff. § 3 und Das Autorrecht S. 143ff.

[16]) Vgl. Gierke a. a. O. § 81 Note 9 S. 705 und Mitteis, Zur Kenntniß des literar-artistisch. Urheberrechts in der Festschrift zu Unger's 70. Geburtstage. Stuttgart 1898, S. 135.

[17]) Copinger, The law of copyright, III. Aufl. London 1893, S. 44—47.

[18]) Weitere Nachweise über engl. Recht vergl. an den in Note 15 angegebenen Stellen u. bei Steinbach a. a. O. S. 16.

[19]) Repertoire géneral alphabéthique du droit français par Carpentier et Frèrejouan du Saint. tome XXVI. Paris 1898, art. „lettre missive", chap. I sect. III S. 373ff. No. 194. — Dalloz, jurisprud. générale 1898 part. II S. 358ff., Bd. IX 1892 S. 793ff. Nr. 39, Bd. XXX S. 5ff. Nr. 8. — Annales de la propriété industrielle artist. et littéraire Bd. 32 1887 S. 110ff. — und weitere Citate bei Kohler an den in Note 15 bezeichneten Stellen.

[20]) Mitgetheilt bei Fuld, Das Autorrecht an Briefen in Gruchot's Beiträgen Bd. 32 1888 S. 99—107 u. S. 192—204.

[21]) Golldammer a. a. O. S. 545.

penale) und die brasilianische (Art. 191 des Gesetzbuches vom 11. October 1890) gefolgt. In Deutschland sprachen die Motive des I. Entwurfes zu dem jetzt noch geltenden Urhebergesetze bestimmt aus, daß Briefe als ungedruckte Schriften den strengsten Schutz gegen unbefugte öffentliche Mittheilung in Anspruch nehmen könnten. Diese Auffassung entsprach dem Standpunkte des vom Buchhändler-Börsenverein damals aufgestellten Vorentwurfes, welcher dem I. Entwurfe zu Grunde lag; sie wurde aber bereits bei den Leipziger Berathungen des I. Entwurfes fallen gelassen und ist in den späteren Entwürfen und dem schließlichen Gesetze nicht zum Ausdrucke gekommen. Der Grund, warum man sie fallen ließ, bestand in der Erwägung, daß die Schutzberechtigung der Briefe nach den allgemeinen Grundsätzen des Gesetzes zu entscheiden sei. Diese allgemeinen Grundsätze des Gesetzes sind dann, wie oben dargelegt wurde, meist dahin verstanden worden, daß es einzelne wenige, besonders qualificirte Briefe giebt, welche „Schriftwerke“, „literarische Erzeugnisse“ sind und deshalb als Gegenstände des Urheberrechts auch Schutz gegen Veröffentlichung genießen, während die große Menge der „gewöhnlichen“ Briefe das Urheberrecht nichts angehe.

Bei der Vorbereitung zu dem jetzt vorliegenden, im Juli 1899 veröffentlichten neuen Entwurf eines Gesetzes betr. das Urheberrecht an Werken der Literatur und der Tonkunst ist der außerordentliche Ausschuß des Börsenvereins der Deutschen Buchhändler für Revision der Gesetze über Urheberrecht auf diesen Punkt von Neuem zurückgekommen[22]). Er hat zu § 5 Abs. a des geltenden Gesetzes den Zusatz vorgeschlagen: daß bei den nicht veröffentlichten Schriftwerken (Manuscripten), deren Abdruck verboten ist, ausdrücklich auch „Briefe“ genannt werden und hat diesen Vorschlag damit begründet, daß die Ansichten über Veröffentlichung von Briefen noch ziemlich auseinandergingen; nach dem geltenden Gesetze sei der Empfänger eines Briefes dessen Eigenthümer und könne ihn ungehindert veröffentlichen. Höchstens könne er wegen Beleidigung bestraft werden, die aber selten vorliegen werde; besonders sei dies zu Tage getreten, als vor einiger Zeit ein im Reichstage entwendeter Brief veröffentlicht wurde mit der Absicht, den Absender und seine Partei zu schädigen, und bei anderen bedauerlichen, unbefugten Veröffentlichungen von Briefen bekannter Parlamentarier; hauptsächlich in den Zeitungen werde vielfach mit Veröffentlichung von Briefen und Handschriften, die nicht für die Oeffentlichkeit bestimmt sind, grober Mißbrauch getrieben,

---

[22]) Beiträge zum Urheberrecht, Beschlüsse des außerordentlichen Ausschusses des Börsenvereins der Deutschen Buchhändler, Leipzig 1896 S. 21.

um den Briefschreiber bloßzustellen, lächerlich zu machen u. s. w.; auch eine Veröffentlichung, blos um etwa einen interessanten Beitrag zur Zeitgeschichte zu liefern oder gar um damit ein Geschäft zu machen, sei nicht berechtigt. Der veröffentlichte Entwurf ist auf diesen Vorschlag eingegangen und enthält in seinem § 44 Abs. 2 den Grundsatz, daß Schadenersatzpflicht und Strafe eintreten soll,

> „wenn Jemand vorsätzlich solche Privatbriefe, ... an denen „ein geschütztes Urheberrecht nicht besteht und die noch nicht „erlaubter Weise veröffentlicht worden sind, wörtlich oder dem „Inhalte nach unbefugt öffentlich mittheilt; unbefugt ist die „Mittheilung, die ohne Einwilligung des Verfassers und des „Eigenthümers der Schrift erfolgt".

Die dem Entwurf beigefügten erläuternden Bemerkungen führen hierzu aus, daß gegenwärtig Veröffentlichungen von Briefen, an denen ein Urheberrecht nicht besteht, möglich sind, welche mit der Achtung vor der fremden Persönlichkeit unvereinbar erscheinen, und daß dieser Zustand vielfach als Mißstand empfunden worden ist; deshalb sehe der Entwurf über den durch das Urheberrecht gewährten Schutz hinaus einen Schutz des Verfassers gegen Veröffentlichung auch für Erzeugnisse vor, an denen ein Urheberrecht nicht bestehe. Mit anderen Worten: der Entwurf will grundsätzlich bei allen Briefen die Verfasser gegen Veröffentlichung schützen, aber er will damit nicht alle Briefe zu Gegenständen des Urheberrechts erklären, sondern die Scheidung der Briefe in solche, an denen ein Urheberrecht besteht, und solche, an denen ein Urheberrecht nicht besteht, aufrechterhalten. Die ziemlich sichere Folge davon mußte sein, daß dieser neu vorgeschlagenen Bestimmung, die sachlich von allen Seiten mit ungetheiltem Beifall begrüßt worden ist, ihr Platz in einem Gesetze über das Urheberrecht streitig gemacht werden würde. Und so ist es gekommen. Die Einen ziehen nur in Frage, ob das Urhebergesetz wohl die richtige Stelle für eine solche Vorschrift ist, sind aber geneigt, ein Auge zuzudrücken und sie dort zu dulden[23]), da der Wortlaut der Bestimmung: „Privatbriefe ....., an denen ein geschütztes Urheberrecht nicht besteht" genügend dagegen sichere, daß die bereits in Fleisch und Blut übergegangene Definition der Begriffe Urheber und Objecte des Urheberrechts

---

[23]) Daude, bei den Verhandlungen des außerordentlichen Ausschusses für Urheber- und Verlagsrecht über den Entwurf. 16. und 17. Oktober 1899, abgedruckt in der Beilage Nr. 275 des Börsenblatts für den Deutschen Buchhandel vom 27. November 1899 S. 22 und 33. Birkmeyer, Reform des Urheberrechts. Kritische Bemerkungen zu dem neuen Entwurfe. München 1900 S. 12.

ins Wanken gerathen; während Andere mit Entschiedenheit ihre Entfernung aus dem Urhebergesetze und ihre Ueberführung in das Strafgesetzbuch verlangen, — nicht etwa aus Pedanterie, sondern um der Rechtsklarheit willen und weil es nothwendig sei, daß der Gesetzgeber auch ehrlichen Muth zeige[24]), und deshalb nicht Vorschriften, die er für erforderlich halte, gewissermaßen unter falscher Flagge einschmuggeln dürfe.

Diese Erwägungen müssen den Anschein erwecken, daß ganz schwerwiegende Gründe ein für allemal jede Möglichkeit ausschließen, den Schutz gegen Veröffentlichung von Briefen unter den Begriff des Urheberrechts an Schriftwerken zu bringen. Welches sind denn diese Gründe? Doch nicht etwa der Umstand, daß z. Zt. bereits eine bestimmte Definition der Begriffe Urheber und Objecte des Urheberrechts in Fleisch und Blut übergegangen ist und daß diese ins Wanken gerathen könnte? Wir hören ja aller Orten die Lehre von der immer fortschreitenden Entwickelung des Rechts verkünden und wir wissen aus der Geschichte, daß diese Entwicklung auf die Dauer noch nie Halt gemacht hat vor Definitionen von Rechtsbegriffen, auch wenn dieselben viel älter, viel eingewurzelter und viel weniger umstritten waren als die bisherigen Definitionen der Begriffe Urheber und Objecte des Urheberrechts. Die Befürchtung, daß sie ins Wanken gerathen könnten, muß also ohne allen Einfluß bleiben bei Prüfung der Frage nach dem Verhältnisse des Schutzes der Briefe gegen Veröffentlichung zum Urheberrechte. Diese Frage ist bisher in Deutschland nur ganz vereinzelt behandelt; bei Goltdammer in seinem Archiv Band XI S. 384 ff. S. 391, 397 ist sie von einem ungenannten Verfasser einmal aufgeworfen und dahin beantwortet, daß der Schutz gegen Veröffentlichung von Briefen sich an keiner Stelle eher berücksichtigen und unterbringen lasse als bei den Normen über das Autorrecht. Auch die französische und englische Rechtswissenschaft hat sie noch nicht gelöst. Die Engländer gründen das Schutzrecht gegen Veröffentlichung der Briefe bald auf property, bald auf copyright, bisweilen auch auf breach of contract, letzteres, wenn aus den Umständen auf ein Uebereinkommen geschlossen werden kann, daß gewisse Briefe nicht veröffentlicht werden sollen, und ebenso ist es in Frankreich nach einer Entscheidung des Seinetribunals vom 11. März 1897[25]) noch eine offene Frage, ob das „droit

[24]) Streißler, Entwurf eines Gesetzes betr. das Urheberrecht u. s. w Leipzig 1899 S. 7; Calker, Kritische Bemerkungen zu dem Entwurfe eines Gesetzes betr. das Urheberrecht u. s. w. S. 12—14 unter IV.

[25]) Dalloz, jurispr. génér. part. II 1898 S. 350 Sp. 2.

de publier des lettres missives" unter das Gesetz „sur la propriété litteraire" fällt, oder ob es ein besonderes Recht eigener Art ist, „qui se transmet ou se retient, s'étend ou se restreint, et demeure aux mains d'une partie ou d'une autre suivant leur objet et l'intention présumée des correspondants".

Das Urheberrecht ist ein Enkel der Erfindung Gutenberg's — wie die Buchdruckerkunst den Nachdruck, so erzeugte der Nachdruck das Urheberrecht[26]). Die Buchdruckerkunst ermöglichte die massenhafte und billige Herstellung vieler Exemplare einer Schrift und schuf dadurch für diese eine Aufnahmefähigkeit des großen Publikums und in Folge dessen einen Absatz-Markt für Schriften von vorher nie geahntem Umfange. Darin lag der Anreiz für den Nachdrucker, der obendrein die Kosten der ersten Herstellung vermeiden und darum die Druckschrift meist noch wohlfeiler auf den Markt bringen konnte als der erste Drucker. Darin lag aber auch zugleich der Grund für den Vermögensnachtheil, den der erste Drucker aus dem Nachdruck erlitt. Der Nachdrucker schmälerte dem Drucker das Absatzgebiet, und daraus entstand das Bedürfniß, dem ersten Drucker das Absatzgebiet für seine Druckschrift ausschließlich zu sichern, indem jeder Andere von diesem Absatzgebiete ferngehalten wurde. Diese Aufgabe erfüllten anfänglich Privilegien dadurch, daß sie einer bestimmten Person das Recht der ausschließlichen gewerblichen Herstellung von Exemplaren einer bestimmten Druckschrift für die Oeffentlichkeit verliehen und jeden Eingriff in diese Berechtigung als Nachdruck unter Strafe stellten. Aus dem damals geltenden Rechte war ein solches Recht zur ausschließlichen gewerblichen Herstellung und Verbreitung von Exemplaren einer Druckschrift nicht herzuleiten. Zwar kannte gerade das damalige Recht einzelne Berechtigungen zur ausschließlichen gewerblichen Produktion, die unser heutiges Recht nicht mehr anerkennt, aber auch diese waren nicht der Ausfluß allgemeiner Rechtsgrundsätze, sondern ebenfalls das Ergebniß besonderer Erzeugung einer Berechtigung für bestimmte einzelne Verhältnisse. Grundsätzlich stand das damalige Recht und grundsätzlich steht genau ebenso das heutige Recht auf dem Standpunkte der **Freiheit** zur beliebigen Herstellung körperlicher Sachen, wie zur beliebigen Erzeugung anderer Wirkungen, die sich nicht in körperlichen Sachen darstellen, **selbst dann**, wenn der Producirende sich an ein vorhandenes Vorbild anlehnt, nachbildet, nachahmt, also: nur reproducirt. Man könnte daran denken und es

---

[26]) Vgl. zu dem Folgenden die in ihrer Klarheit, Vollständigkeit und Kürze klassische Darstellung der Geschichte und des Wesens des Urheberrechts bei **Gierke** a. a. O. § 85 II und III S. 750—768.

ist daran gedacht worden[27]), aus dem Eigenthum an einer Sache als dem angeblichen Rechte zur Beherrschung und Nutzung derselben in der Gesammtheit ihrer Beziehungen auch die ausschließliche Befugniß des Eigenthümers herzuleiten, seine Sache zu vervielfältigen, sie also als Vorbild zur Herstellung neuer Sachen zu benutzen, da diese Befugniß ohne Frage erhebliche persönliche und oft auch wirtschaftliche Bedeutung für den Eigenthümer haben kann. Aus ihr würde sich dann ohne Weiteres das Recht ergeben, die Herstellung neuer Sachen nach dem Vorbilde der dem Eigenthümer gehörigen Sache jedem Dritten untersagen zu können. Aber das Recht erkennt eine derartige ausschließliche Befugniß des Eigenthümers einer Sache ganz unzweifelhaft **nicht** an, weder früher noch jetzt. Ich kann einen Anderen kraft meines Eigenthums nicht hindern, sich genau das gleiche Haus zu bauen, wie ich es mir — vielleicht nach jahrelangen Bemühungen und unter Aufwand großer Kosten — habe errichten lassen; kein Hotelwirth kann kraft seines Eigenthums an den characteristischen Livréen seiner Bediensteten, durch die dieselben sich am Bahnhofe den ankommenden Fremden bemerkbar machen, seinem Concurrenten untersagen, für seine Angestellten zu dem gleichen Zwecke dieselben Livréen machen zu lassen, und wenn er nachweisbaren Schaden dadurch hat; keine Modedame kann kraft ihres Eigenthums an ihrer neusten Toilette oder ihrem neusten Hute ihrer gefährlichsten Feindin untersagen, sich denselben Hut und dasselbe Kleid machen zu lassen, und wenn sie sich halbtodt darüber ärgern sollte. Ebensowenig kann der Eigenthümer einer Schrift oder Druckschrift kraft seines Eigenthums an derselben einem Anderen die Herstellung weiterer Exemplare derselben untersagen. Die große Bedeutung der Verlags-Privilegien für die Rechtsentwicklung lag deshalb darin, daß durch dieselben zuerst einzelne concrete Schriften in der Weise vor allen anderen existirenden Sachen ausgezeichnet wurden, daß an ihnen zu Gunsten bestimmter Personen ausnahmsweise ein ausschließliches Recht zur Vervielfältigung für die Oeffentlichkeit geschaffen, daß dieselben also von der sonst bestehenden allgemeinen Reproduktionsfreiheit ausgenommen wurden. Aus dem den Privilegien zu Grunde liegenden Gedanken hat sich nach und nach ein Rechtssatz entwickelt, der insofern erhebliche Wandlungen nothwendig durchmachen mußte, als er nicht mehr bestimmte concrete Schriften betreffen und nicht mehr an bestimmte Personen bestimmte Rechte verleihen kann, sondern allgemeine Regeln darüber geben

---

[27]) **Bähr**, Arch. für vergl. Rechtsw. VII S. 150—161: „Hat der Eigenthümer einen Anspruch auf Schutz gegen Vervielfältigung eines ihm gehörigen Schrift- oder Kunstwerkes?" besonders S. 153 unten bis 157.

muß, welche Gegenstände er betreffen, welche Befugnisse er gewähren und an welche Personen er sie übertragen will.

In letzterer Beziehung hat das heutige Recht im Gegensatze zu den Privilegien und zu den frühsten Versuchen gesetzlicher Regelung dieser Materie, welche regelmäßig dem Verleger und auch dem Autor nur als Verleger Rechte verliehen, nach und nach den Grundsatz entwickelt, daß regelmäßig in erster Linie dem Urheber das Recht gebührt; aber es wird keineswegs daran festgehalten, daß es nur ihm und ihm immer gebührt. Der Berechtigte „gilt" oft nur als Urheber, er wird nur als solcher „angesehen", „vermuthet", d. h. mit anderen Worten: ihm wird das Recht gegeben, auch wenn, oder gar: obwohl er nicht Urheber ist. Das Urheberrecht ist also nach dem geltenden Rechte keineswegs immer und nothwendig ein Recht aus der Urheberschaft; eher noch kann es heute wie zur Zeit der Privilegien gelten als ein Recht auf Urheberschaft — ein Recht zur ausschließlichen Reproduktion des geschützten Gegenstandes für die Oeffentlichkeit. Nur ist die Entwicklung des Rechts nicht bei derjenigen Reproduktion stehen geblieben, welche in der Herstellung neuer Exemplare auf Grund der geschützten Schrift besteht, sondern sie hat z. B. auch die Herstellung vorher noch nicht existirender Schriften auf Grund eines mündlichen Vortrages, sowie Reproduktionen, welche den Inhalt einer Schrift nur schauspielerisch darstellen, also körperliche Sachen überhaupt nicht hervorbringen, in ihren Bereich gezogen und damit auf der einen Seite den Kreis der geschützten Gegenstände und auf der anderen Seite den Inhalt der ausschließlichen Reproduktionsbefugniß erweitert. Endlich aber hat das Recht den Kreis der Interessen, denen die ausschließliche Befugniß zur Reproduktion für die Oeffentlichkeit dient, seit seinen Anfängen unausgesetzt erweitert. Zunächst diente die ausschließliche Reproduktionsbefugniß lediglich dem materiellen Interesse der wirthschaftlichen Ausnutzung veröffentlichter Schriftwerke. Nach und nach erkannte das Recht aber darüber hinaus auch eine Reihe theils rein persönlicher, theils persönlicher und zugleich materieller Interessen an Schriften als schutzbedürftig an, so z. B. das Interesse an der ausschließlichen Bestimmung über die Veröffentlichung bisher noch nicht veröffentlichter Werke, das Interesse an der Bestimmung über den zeitlichen und räumlichen Umfang der Verbreitung, das Interesse an der unveränderten Gestalt eines Werkes u. a.; und ihnen allen lieh das Recht den als erforderlich erachteten Schutz dadurch, daß es dem Schutzbedürftigen die ausschließliche Befugniß zur Reproduktion für die Oeffentlichkeit, das Urheberrecht, verlieh. Diese Entwicklung ist durchaus nicht abgeschlossen, wir stehen noch mitten darin. Wer sie verfolgen will, braucht nur prüfenden Auges zu beobachten, in welchem Umfange das Urhebergesetz vom 11. Juni 1870 seinem Wortlaute nach den Schutz des Urheberrechts gewährt und in welchem Umfange Wissenschaft und Praxis ihn auf Grund dieses Gesetzes entwickelt und ausgestaltet haben. Zeugnis davon kann das nur 25 Jahr jüngere österreichische Urhebergesetz vom 26. Dezember 1895 ablegen, das die wesentlichen Ergebnisse dieser Entwicklung glücklich verwerthet hat, und ein weiterer bedeutsamer Schritt auf dieser Bahn wird von dem jetzigen Entwurf zu dem neuen deutschen Urhebergesetze gemacht, der sich ausgesprochenermaßen die Aufgabe stellt,[28]) gerade die persönlichen Interessen, welche durch das Urheberrecht geschützt werden können, soweit sie nach unserer heutigen Erkenntniß des rechtlichen Schutzes bedürftig und würdig sind, besonders zu pflegen. Zu diesem Zwecke will er z. B. unter der Reproduktion, die ausschließlich dem Berechtigten an einem noch nicht erschienenen oder noch nicht veröffentlichten Werke zusteht, auch das öffentliche Vortragen oder das öffentliche Mitteilen, sei es wörtlich, sei es nur seinem Inhalte nach, mitverstehen. (§ 12 Abs. 3 und § 44 Abs. 1 des Entwurfes.)

Ein Ergebniß dieser Entwicklung ist es, daß, wenn auch nicht für jedes einzelne, so doch für mehrere einzelne dieser verschiedenen Interessen, deren Schutze das Urheberrecht dient, eine entsprechende besondere Befugniß des Berechtigten bezeichnet zu werden pflegt, — das Veröffentlichungsrecht, das Vervielfältigungsrecht, das Verbreitungsrecht, das Recht auf Unterlassung von Aenderungen, das Aufführungsrecht u. s. w. Sie alle erscheinen als besondere einzelne Befugnisse aus dem Urheberrechte, und da der aus dem Urheberrechte Berechtigte der „Urheber" genannt zu werden pflegt, obwohl er — wie schon bemerkt — gar nicht thatsachlich Urheber zu sein braucht, so erscheinen sie auch als einzelne Befugnisse des Urhebers, ähnlich wie die einzelnen Befugnisse des Eigenthümers aus dem Eigenthumsrechte. Aber jene sind wie diese nur einzelne Anwendungsfälle ein und desselben einheitlichen Rechts — Urheberrecht, Eigenthumsrecht —, die keineswegs jedem Berechtigten sämmtlich zustehen müssen, ja zum Theil ihm neben einander gleichzeitig garnicht zustehen können. Auch das ist bei dem Urheberrecht nichts Besonderes, daß einzelne Befugnisse aus ihm möglich sind, die einen Vermögenswerth haben und trotzdem wegen der Natur der in Betracht kommenden Verhältnisse nicht ohne den Willen des Berechtigten von seinen Gläubigern zu ihrer Befriedigung im Zwangswege geltend gemacht werden können, wie z. B. die dem Verfasser, der das Urheberrecht hat, dadurch gewährte

---

[28]) Amtl. Ausgabe des Entwurfes nebst erläuternden Bemerkungen S. 29, Nr. 4.

ausschließliche Befugniß zur Veröffentlichung seines Werkes. Daß die Zwangsvollstreckung in dieses Recht nicht zulässig ist, hat zwar unser geltendes Gesetz noch nicht ausgesprochen, aber Wissenschaft und Praxis haben es inzwischen längst anerkannt und der Entwurf (§ 11) will den Satz in das neue Gesetz aufnehmen. Ganz analoge Verhältnisse kommen auch beim Eigenthum vor. Zu den Befugnissen des Eigenthümers gehört es, Dienstbarkeiten an seinem Grundstücke zu bestellen. Diese Befugniß kann von erheblichem Vermögenswerth sein; der Nachbar ist möglicherweise bereit, für eine von ihm dringend gewünschte Dienstbarkeit zu Gunsten seines Grundstückes eine beträchtliche Summe zu zahlen, die für den Gläubiger des Eigenthümers zur Befriedigung vollkommen ausreichen würde; der Gläubiger ist vielleicht dabei sehr interessirt, auf diese Weise Befriedigung erlangen zu können, weil nach Lage der Umstände dies die einzige Aussicht ist, zu seinem Gelde zu kommen. In solchem Falle möge der Gläubiger nur mal die Zwangsvollstreckung in die Befugniß des Eigenthümers zur Bestellung von Dienstbarkeiten versuchen, um statt des Eigenthümers eine Dienstbarkeit dem Nachbar gegen Entgelt zu bestellen; er wird sehen, wie weit er kommt, und erfahren, daß es auch Befugnisse des Eigenthümers giebt, die Vermögenswerth haben und doch nicht ohne seinen Willen von seinen Gläubigern zu ihrer Befriedigung geltend gemacht werden können.

Wie sämmtliche aus dem Urheberrechte fließende Befugnisse nur Ergebnisse der Anwendung des einen Urheberrechts auf verschiedene Verhältnisse und zum Schutze verschiedener Interessen sind, so bedürfen zwar die besonderen Voraussetzungen und die besonderen Folgen dieser einzelnen Anwendungsfälle der Prüfung und Feststellung, aber sie bleiben doch immer Aeste und Zweige des einen Stammes. Als ein Fehlgriff mußte es deshalb erkannt werden, wenn Kohler und nach ihm Andere aus dem Urheberrecht als „Immaterialgüterrecht", das im Sinne einer sachenrechtlich gearteten Herrschaft über den geistigen Gehalt des Schriftwerkes aufgefaßt werden soll, das als „Individualrecht" bezeichnete Recht an der eigenen Person aussonderten, zu welchem der in dem Urheberrechte steckende personenrechtliche Gehalt gehören soll. Und wenn Kohler glaubte:[29]) „Die Verquickung des Immaterialrechtes mit dem Individualitätsrechte war ein Entwicklungsübel in den ersten Stadien der tieferen Ergründung des Autorrechts, die jetzt glücklicherweise als überwunden zu betrachten sind", so kann eher das Gegentheil als richtig bezeichnet werden.[30]) Es

[29]) Archiv f. bürgl. R. B. VII, 1893, S. 106.
[30]) Vgl. dazu Gierke a. a. O. S. 762 ff. unter 6.

mag als Beweis dafür gelten, zu welch' stattlichem Baume mit vielfach verzweigter Krone in verhältnißmäßig kurzer Zeit das anfänglich gar dürftige Stämmchen des Urheberrechts sich entwickelt hat, daß ein so tiefer Kenner und geistvoller Förderer dieser Materie, wie Kohler, auf den Gedanken kommen konnte, es müsse ein zweiter Stamm daneben stehen, dessen Aeste in die Krone jenes Baumes hineingewachsen seien.

Diese kurzen Betrachtungen über Wesen und Inhalt des Urheberrechts führen zu dem doppelten Ergebnisse, einmal: daß, wenn das Recht das Bedürfniß nach einem Schutze gegen Veröffentlichung von Briefen anerkennen und Schutz gewähren will, das Urheberrecht geeignet ist, auch diesem Zwecke vollständig gerecht zu werden, und sodann: daß kein stichhaltiger Grund gegen die Verwendung des Urheberrechts auch für diesen Zweck erkennbar ist. Wenn sich das in Vorbereitung befindliche neue deutsche Urhebergesetz — wie auf das Lebhafteste zu wünschen ist — entschließen sollte, nach dem Vorschlage des Entwurfs Briefe gegen Veröffentlichung zu schützen, so kann der Zusatz, daß an ihnen ein geschütztes Urheberrecht nicht besteht, unbedenklich fortfallen, denn es ist weder veranlaßt noch richtig, den Briefen bei ihrer Aufnahme unter das schützende Dach des Urheberrechts die ausdrückliche Bescheinigung auszustellen, daß sie eigentlich nicht dorthin gehören.

Eine wahrscheinliche Folge wird allerdings sein, wenn den Briefen der Schutz gegen Veröffentlichung durch das Mittel des Urheberrechts gewährt wird, daß die Wissenschaft den Begriff des „Schriftwerkes" so bestimmen wird, daß er auch die Briefe mitumfaßt, und daß dann selbst der nach Inhalt und Form geistig werthloseste Brief ein „Schriftwerk" sein kann. Aber das ist kein Unglück. Wir sind ja heute schon gewöhnt, an den Werth und die Bedeutung eines „Schriftwerkes" die allerbescheidensten oder richtiger eigentlich gar keine Anforderungen zu stellen. Jedes Recht, welches das Urheberrecht an allgemeine Kategorien von Sachen ohne äußere Förmlichkeiten (Verleihung oder auch nur Eintragung oder Anmeldung) knüpft, kommt nothwendig dahin, um praktisch brauchbare Grundsätze zu haben, die Sonne des Urheberrechts über Gerechte und Ungerechte scheinen zu lassen. Um wirksamen Rechtsschutz denjenigen Gegenständen zu leihen, welche denselben verdienen, wird er auch Gegenständen zu Theil, um deren Willen der Rechtsschutz vielleicht nicht eingeführt sein würde. Der „innere literarische Werth" ist deshalb für den Begriff des Schriftwerkes schon jetzt anerkanntermaßen ohne Bedeutung; man verlangt nur, daß es ein „sich als Produkt geistiger Arbeit darstellendes Werk sei, welches in der Schriftform eine sinnlich wahrnehmbare Gestalt angenommen hat" (R.O.H.G. Band 29, S. 79 ff.), oder nur, daß es „vermöge einer ihm eigenthümlichen Verbindung von Idee und Form als ein individualisirtes Ganzes erscheint," oder lediglich, daß es durch individuelle Formung des Stoffes, nicht durch Originalität seines geistigen Inhalts bedingt ist und ähnlich.[31]) Diese Bedingungen erfüllen auch sehr viele ganz werthlose Briefe; selbst gewöhnliche Geschäftsbriefe, Mittheilungen und Empfehlungen, die zärtlichen Ergüsse einer Dorfschönen oder des Rekruten an den fernen Schatz u. a. m. werden regelmäßig diesen Erfordernissen entsprechen. Die Produkte geistiger Arbeit fallen je nach dem Maße der vorhandenen geistigen Arbeitskraft und dem für den jeweiligen Zweck erforderlichen Maße der Anstrengung sehr verschieden aus; „eigenthümlich" bleibt auch die Verbindung von Idee und Form und „individuell" die Formung des Stoffes, selbst wenn die Eigenthümlichkeit oder Individualität vielleicht lediglich in Unbedeutendheit, Werthlosigkeit oder der mehr oder minder glücklichen oder unglücklichen Benutzung völlig abgebrauchter, stereotyper Redewendungen für den konkreten Fall besteht. Zutreffend sagt Copinger,[32]) welcher das Recht des Verfassers an seinem Briefe als ein durch die Arbeit begründetes Eigenthum (property) auffaßt: „Every letter is in the general and proper acceptation of the term a literary composition . . ., however defective it may be in sense, grammar or orthography. Every writing, in which words are so arranged as to convey the thoughts of the writer to the mind of the reader is a literary composition", denn nach seiner Meinung besteht kein Grund, warum selbst der unbeholfene und schlecht abgefaßte Brief einer ungebildeten Person nicht ebenso gut Gegenstand des Eigenthums sein sollte, wie die elegante und gelehrte Epistel eines feingebildeten Autor; daß etwa die Arbeit in dem ersten Falle geringer gewesen sein müsse als im letzteren, könne nicht behauptet werden. Und wenn z. B. unter dem jetzt geltenden Rechte zwei eitle Geschäftsfreunde ihre höchst gleichgiltige und sich lediglich in den üblichen Redewendungen bewegende Correspondenz über irgend ein Geschäft, weil sie glauben, daß dieselbe für die Welt von großem Interesse sei, herausgeben, so würde kein Zweifel bestehen, daß diese Briefe gegen Nachdruck geschützt werden, also „Schriftwerke" im Sinne des Gesetzes sind. Ebenso genießt Schutz gegen Nachdruck und ist also gleichfalls „Schriftwerk" der „offene Brief", welcher ein wirklicher Brief ist, der nur in eigenthümlicher Weise, nämlich durch Veröffentlichung, mitgetheilt wird, dabei aber ein außerordentlich unbedeutender, ganz gewöhnlicher Brief sein kann. Wer trotz-

[31]) Vgl. Gierke a. a. O. S. 770 bei Note 8 und diese Note. Mitteis a. a. O. S. 126.
[32]) a. a. O. S. 48.

dem noch ein Bedenken tragen sollte, die Briefe, wenn sie gegen Veröffentlichung durch das Urheberrecht geschützt werden, unter den Begriff „Schriftwerk“ aufzunehmen, dem ist es freigestellt, neben den „Schriftwerken“ gesondert die „Briefe“ als Gegenstände des Urheberrechts zu bezeichnen, wie wir bereits außer den „Schriftwerken“ auch „Vorträge“ als Gegenstände des Urheberrechts kennen.

Wem steht das ausschließliche Recht zur Veröffentlichung von Briefen zu? Als Berechtigter scheint auch hier regelmäßig in erster Linie der „Verfasser“ in Betracht zu kommen, aber er wird es nicht allein und jedenfalls nicht immer sein. Nicht immer, weil Umstände vorliegen können, unter denen die Veröffentlichung des Briefes für den Verfasser ohne alle, für einen Anderen aber von der größten Bedeutung sein kann, so z. B. bei Briefen, die der Angestellte in den Geschäften seines Prinzipals verfaßt hat. Hier wird der Prinzipal der Berechtigte sein müssen, obwohl er nicht der Verfasser ist. Das Gleiche hat in den meisten Fällen zu gelten, in denen der Eine im Namen eines Anderen Briefe geschrieben hat, sodaß der Letztere als der Absender erscheint und der Verfasser garnicht oder doch nur als Vertreter des Absenders in die Erscheinung tritt. Es ist überhaupt treffender, für die Bestimmung der Person des Berechtigten nicht die Eigenschaft als „Verfasser“, sondern vielmehr die Eigenschaft als „Absender“ als das Entscheidende zu betrachten. Denn die Interessen, um deren Schutz es sich hier handelt, knüpfen sich meist nicht so sehr an den Umstand, daß eine bestimmte Person den Brief „verfaßt“ hat, als daran, daß sie ihn gesandt hat. Der Verfasser genießt den Schutz gegen Veröffentlichung, wenn er der Absender ist. Der Absender aber muß ihn stets genießen, selbst wenn er nicht der Verfasser ist. Das hindert durchaus nicht, den Schutz durch das Urheberrecht zu gewähren, denn wie schon erwähnt (vgl. oben S. 131) ist das Urheberrecht nicht nothwendig ein Recht aus Urheberschaft; das Recht kennt auch sonst genügend Fälle, in denen der Inhaber des Urheberrechts nicht der Verfasser, der Urheber, ist. Aus dem gleichen Grunde steht es der Annahme des Urheberrechts ferner auch nicht im Wege, daß das ausschließliche Recht zur Veröffentlichung grundsätzlich dem Absender nicht allein wird zugestanden werden können. Häufig werden die Interessen des Empfängers durch eine Veröffentlichung ohne seinen Willen ebenso sehr auf das Empfindlichste verletzt werden können, und darum ist, wie dem Empfänger ohne Einwilligung des Absenders, so auch dem Absender ohne Einwilligung des Empfängers, die Veröffentlichung in der Regel nicht zu gestatten. Diesem in der Literatur und auch in der französischen Praxis mehrfach ausgesprochenen Gedanken ist augenscheinlich der jetzige Entwurf (§ 44 Abs. 2) nachgegangen, indem er die öffentliche Mittheilung eines Briefes für unbefugt erklärt, wenn sie ohne Einwilligung des Verfassers **und** des Eigenthümers der Schrift erfolgt; nur ist der Ausdruck: „Eigenthümer der Schrift" nicht glücklich gewählt. Denn der Empfänger kann der Eigenthümer der Schrift sein, er braucht es aber nicht nothwendig zu sein (vgl. oben S. 119), und wenn er es ist, so liegt der Grund des ihm zugedachten Schutzes gegen Veröffentlichung nicht in seinem Eigenthume an der Schrift, sondern in ganz anderen Interessen, die ihrem Wesen nach von dem Eigenthume an der Schrift ganz unabhängig sind und deshalb auch dann des Schutzes bedürfen, wenn der Empfänger nicht der Eigenthümer der Schrift ist, sondern dies Eigenthum vielleicht ausnahmsweise bei dem Absender geblieben oder auf einen Dritten übergegangen ist. Es wird deshalb richtiger sein, die Einwilligung nicht des „Eigenthümers der Schrift", sondern des „Empfängers" zu fordern, wie es auch richtiger sein würde, die Einwilligung nicht des „Verfassers", sondern des „Absenders" zu verlangen.

Zu besonderen Zweifeln giebt noch die Frage Anlaß, auf welche Personen nach dem Tode der Berechtigten als deren Rechtsnachfolgern das Recht auf Schutz übergehen soll; ob hierauf die gewöhnlichen Grundsätze der Erbfolge angewendet werden können, oder ob das Verhältniß mit Rücksicht auf seine Besonderheiten einer eigenthümlichen Regelung bedarf. Der Entwurf will für die Rechtsnachfolge nach dem Verfasser (Absender) an erster Stelle dessen „besondere Bestimmungen" maßgebend sein lassen, und wenn es an solchen fehlt, so soll der überlebende Ehegatte an Stelle des verstorbenen Verfassers über die Einwilligung zu befinden haben, während der Entwurf für die Rechtsnachfolge nach dem Eigenthümer der Schrift keine Vorschrift enthält; ob er es in letzterem Falle bei den allgemeinen Grundsätzen der Erbfolge bewenden lassen oder überhaupt eine Rechtsnachfolge versagen will, ist nicht klar zu erkennen. Jedenfalls bedürfen die hier angeregten Gedanken noch dringend der weiteren Vertiefung und des Ausreifens. Was soll z. B. für die Rechtsnachfolge nach dem Verfasser gelten, wenn er weder „besondere Bestimmnngen", womit doch wohl Bestimmungen gerade mit Bezug auf die Verfügung über die von ihm herrührenden, nicht etwa über die in seinem Besitze befindlichen, von ihm empfangenen Briefe gemeint sein müssen, noch auch einen überlebenden Ehegatten hinterläßt? Dieser Fall wird so gut wie immer vorliegen, wenn ein unverheiratheter oder verwittweter Verfasser stirbt. Denn wenn überhaupt jemals, so werden doch nur äußerst selten von dem Verfasser besondere Bestimmungen über die von ihm versandten, in den Händen der Empfänger befindlichen Briefe getroffen sein. Findet dann gar keine Rechtsnachfolge statt oder treten in diesem Falle die gewöhnlichen Erben ein? Und wenn ein Ehegatte vorhanden sein sollte, ist es immer und unter allen Umständen gerechtfertigt, beim Mangel besonderer Bestimmungen den überlebenden Ehegatten den sonstigen Erben vorzuziehen? wird dies schlechthin dem vermuthlichen Willen des verstorbenen Verfassers (Absenders) entsprechen, der doch in erster Linie hier ausschlaggebend sein muß? Man denke z. B. an die Geschäftsbriefe, die der Inhaber eines Handelshauses versandt hat, wenn das Geschäft nach seinem Tode nicht von seiner Wittwe, sondern von einem seiner Söhne fortgesetzt wird, — dann soll, wenn der Verstorbene keine besonderen Bestimmungen getroffen hat, was — wie gesagt — der gewöhnliche Fall sein wird, die Wittwe über die Einwilligung zur öffentlichen Mittheilung der Geschäftsbriefe zu befinden haben? Es muß doch richtiger erscheinen, regelmäßig die gewöhnlichen Erben des Absenders auch als die Nachfolger in seine Rechte bezüglich der Briefe anzuerkennen, und nur, wenn besondere Gründe dies rechtfertigen, in dem einen oder anderen Falle einzelne Erben oder dritte Personen als die Rechtsnachfolger zu betrachten.

Auch der Umfang, in welchem das Urheberrecht Schutz gewährt, wird den Anforderungen gerecht, welche an einen wirksamen Schutz gegen Veröffentlichung von Briefen zu stellen sind. Es giebt die Möglichkeit, nicht nur gegen den Empfänger des Briefes, sondern auch gegen jeden Dritten wegen der unbefugten Veröffentlichung einzuschreiten, und gerade für letzteren Fall wird ebenso sehr ein Bedürfniß und ausreichender Grund für den Rechtsschutz anzuerkennen sein, wie bei einer Veröffentlichung durch den Empfänger. Zwar wird der Dritte regelmäßig keinen Vertrauensbruch gegen den Absender begehen, aber andererseits hat er oft nicht einmal das Recht der Verfügung über die körperliche Substanz des Briefes zur Seite; jedenfalls werden die des Rechtsschutzes bedürftigen und würdigen Interessen des Absenders genau so verletzt, wenn der Brief von einem Dritten, als wenn er von dem Empfänger veröffentlicht wird. Das Gleiche gilt von dem öffentlichen Vorlesen des Briefes in Versammlungen oder ähnlicher öffentlicher Bekanntgabe desselben im Verhältniß zur Verbreitung durch Abdrucken. Auch in dieser Beziehung geht der Schutz des Urheberrechts weit genug, sobald erkannt worden ist, was der Entwurf für das neue Reichsgesetz ebenfalls vorschlägt, daß die durch das Urheberrecht bezüglich bestimmter Arten von Gegenständen gewährte ausschließliche Befugniß zur Reproduktion vor der Oeffentlichkeit auch das öffentliche Vorlesen oder sonstige öffentliche Mittheilen jeder Art mitumfaßt

(§ 44 Abs. 1 des Entwurfs)[33]). Die Folgen der Verletzung haben in Strafe und Verpflichtung zum Schadenersatz zu bestehen. Ein Vermögensschaden wird gerade in Fällen der unbefugten Veröffentlichung von Briefen sehr oft, vielleicht sogar meistens nicht vorhanden sein, wie das auch bei anderen Verletzungen des Urheberrechts vorkommen kann[34]). Man könnte deshalb daran denken mit dem jetzigen österreichischen Gesetze vom 26. Decbr. 1895 § 57 auch einen Anspruch auf Sühnegeld, eine Art Privatstrafe für erlittene Kränkung und sonstige persönliche Nachtheile zuzulassen, allein unser geltendes Recht kennt einen solchen Anspruch auf Entschädigung wegen eines Schadens, der nicht Vermögensschaden ist, nun einmal blos ausnahmsweise in besonders gearteten Fällen (§ 847 B.G.B.), in denen er nicht nur gerechtfertigt erscheint, sondern die auch meistens so liegen, daß es dem Empfinden des Verletzten nicht zuwider ist, das Sühnegeld für sich anzunehmen. Bei der Veröffentlichung von Briefen würde es gewöhnlich unseren Anschauungen widerstreiten, eine Privatstrafe selbst einzustreichen, und sie würde voraussichtlich meist zu irgend einem wohlthätigen Zwecke verwendet werden. Es ist zuzugeben, daß auch dadurch schon das Gefühl der Sühne für erlittenes Unrecht in dem Verletzten erzeugt werden kann, aber dieser Gesichtspunkt dürfte doch kaum so ausschlaggebend sein, daß es darum geboten erschiene, nur wegen der Veröffentlichung von Briefen eine weitere Ausnahme von dem z. Zt. geltenden regelmäßigen Grundsatze (§ 253 B.G.B.) zu fordern, daß Entschädigung in Geld nur wegen eines Schadens verlangt werden kann, der Vermögensschaden ist. Dabei ist freilich zu wünschen, daß der Richter bei Bemessung der Strafe für unbefugte Veröffentlichung von Briefen ganz besonders in Fällen, in denen ein Vermögensschaden nicht eingetreten ist, der Verletzte also ausschließlich an seinen ideellen Interessen geschädigt und der Verletzer von einer Schadensersatzpflicht nicht getroffen wird, auch auf den Aerger, die Verdrießlichkeiten, die Empörung des Verletzten über die Mißachtung seiner Person, die in der Rechtsverletzung liegt, genügende Rücksicht nimmt, und die Schwere der Verletzung nicht blos nach dem Maßstabe des objektiven Dritten, den die Verletzung nicht getroffen hat, bemißt, damit der Verletzte in der öffentlichen Strafe, die den Verächter seines Rechtes ereilt, auch wirklich eine Sühne, und nicht einen Hohn auf sein gekränktes Rechtsgefühl erblicken kann. Ob die Folgen der Verletzung nur bei Vorsatz oder auch schon bei Fahrlässigkeit einzutreten haben, kann zweifelhaft sein. Der Entwurf will sie auf die

---

[33]) Vergl. dazu Birkmeyer a. a. O. S. 11 u. besonders S. 18.

[34]) Vergl. dazu Birkmeyer a. a. O. S. 14 u. 15.

Fälle des Vorsatzes beschränken (§ 44 Abs. 2) und damit wird auch wohl regelmäßig dem Bedürfnisse genügt sein.

Bezüglich der Zeitdauer des Schutzes schlägt der Entwurf die Lebenszeit des Verfassers und 10 Jahre nach seinem Tode vor (§ 44 Abs. 3), und zwar wird man annehmen müssen, daß davon nicht blos das Recht des „Verfassers“, sondern auch das dem „Eigenthümer der Schrift“ von dem Entwurfe gewährte Mit-Recht abhängen soll, über dessen Dauer sich eine ausdrückliche Bestimmung nicht findet. Das ergiebt die Fassung des Abs. 3 cit., wonach die Vorschrift des Abs. 2 schlechthin keine Anwendung findet, wenn seit dem Tode des Verfassers der Schrift 10 Jahre abgelaufen sind; dann bedarf es also zur Veröffentlichung weder der Einwilligung des Verfassers, noch des Eigenthümers der Schrift. Dies führt allerdings dahin, daß wenn ein alter Herr einem ganz jungen Manne in einer vielleicht sehr peinlichen Angelegenheit einen höchst vertraulichen Brief solchen Inhalts schreibt, daß der Empfänger ihn — wie man zu sagen pflegt — nicht an den Spiegel steckt, die Veröffentlichung 10 Jahre nach dem Tode des Verfassers durch jeden beliebigen Dritten zu einer Zeit erfolgen kann, wo sie den Empfänger noch auf das Allerempfindlichste schädigt, ohne daß er dagegen irgendwelchen Rechtsschutz hat. Ob dies Ergebniß zu billigen ist, sobald das Recht überhaupt einmal auch dem Empfänger einen Schutz verliehen hat, möchte doch sehr zweifelhaft sein. An und für sich wird die zeitliche Beschränkung des Schutzes gegen Veröffentlichung von Briefen keinem durchgreifenden Bedenken begegnen. Bei der Veröffentlichung erst lange Jahre nach ihrer Entstehung handelt es sich vorwiegend um solche Briefe, welche in der späteren Zeit für die Allgemeinheit nach irgend einer Richtung ein gewisses historisches Interesse bieten, und deren Freigabe an die Allgemeinheit daher für diese von Bedeutung ist. Persönliche Interessen, welche durch die Veröffentlichung gefährdet werden könnten, werden regelmäßig nicht mehr bestehen. Wenn der Hand, die den Brief schrieb, die Feder längst für immer entsunken ist, und die Augen, die ihn lasen, sich seit vielen Jahren zum letzten Male geschlossen haben, dann hat die Zeit die Wellen, welche einst Freundschaft und Feindschaft, Liebe und Haß, und der Parteien Zank und Hader schlugen, wären sie auch noch so hoch gegangen, versöhnend geglättet. Vermögensinteressen an einer ausschließlichen Befugniß zur Veröffentlichung werden freilich auch dann noch vorhanden sein können und sich gerade an die Ausnutzung des inzwischen hervorgetretenen historischen Werthes des Briefes knüpfen. Aber alle Sonderinteressen — mögen es persönliche oder materielle Interessen sein — vermögen nicht einen immerwährenden Schutz zu rechtfertigen. Jeder einzelne Mensch lebt und denkt und schafft nur in der und durch die Allgemeinheit, — alle seine Lebensbethätigungen beruhen auf dem geistigen Inhalte dessen, was vor ihm war, und sind bestimmt, mit die geistige Grundlage zu bilden für das, was nach ihm sein wird. Deshalb gehört der geistige Gehalt alles dessen, was jeder Mensch lebt, denkt und schafft, mag es bedeutend oder gering sein, grundsätzlich der Allgemeinheit an. Damit können die Sonderinteressen des Einzelnen — persönliche und Vermögensinteressen — collidiren, und in manchen Fällen gewährt das heutige Recht solchen Sonderinteressen zunächst einen gewissen Vorzug, aber immer nur auf beschränkte Zeitdauer, nach deren Ablauf erfahrungsmäßig die stärkeren Sonderinteressen, welche den Vorzug vor dem Interesse der Allgemeinheit rechtfertigten, überhaupt nicht mehr oder doch nicht mehr in ihrer ursprünglichen Stärke zu bestehen pflegen. Auf diesem Gedanken beruht die zeitliche Beschränkung des Urheberrechts überhaupt, und er greift in gleicher Weise bei dem Schutze gegen Veröffentlichung von Briefen Platz. Wenn danach die beschränkte Dauer des Schutzes gerechtfertigt erscheint, so ist andererseits auch kein stichhaltiger Grund gegeben, die Länge der Schutzfrist hier anders, insbesondere kürzer zu bemessen, als für die sonstigen Fälle des Urheberrechts. Die Bemessung einer solchen Frist kann ja doch immer nur auf ungefährer Schätzung beruhen, und deshalb nicht den Anspruch erheben, für jeden einzelnen Fall, auf den sie angewendet werden wird, das Richtige zu treffen. Es wird sich deshalb empfehlen, es auch hier bei der gewöhnlichen Dauer des Schutzes während der Lebenszeit des ursprünglich Berechtigten und noch 30 Jahre nach seinem Tode zu belassen.

Die bisherigen Erörterungen sind augenscheinlich einem Einwande noch aus dem Wege gegangen, der sich auf den ersten Blick gegen die Anordnung eines Urheberrechts an Briefen erheben wird und durchschlagend zu sein scheint, dem Einwande nämlich: daß doch geradezu unerträgliche Zustände eintreten müssen, wenn an jedem noch so bedeutungslosen Briefe ohne Unterschied ein Urheberrecht besteht, und der erste beste Wisch, jede Einladung, jeder Glückwunsch, jedes Bestellungsschreiben u. a. m., selbst wenn sie lediglich in den allgemein üblichen Redewendungen abgefaßt sind, Anlaß zu Processen wegen Verletzung des Urheberrechts geben. Sind denn das aber wirklich nothwendige Folgen des Urheberrechts an Briefen? Unzweifelhaft erkennt unser Recht ein Eigenthum an der einzelnen Stecknadel, dem einzelnen Streichholz, der einzelnen Stahlfeder u. dgl. Dingen an, die in der bei Weitem größten Mehrzahl aller Fälle, ja fast ausnahmslos so gut wie werthlos sind. Ist das jemals als unerträglich empfunden? sind daraus läppische Processe entstanden?

und hat man gar deshalb daran gedacht, solchen Dingen überhaupt die Fähigkeit zu bestreiten, Gegenstand des Eigenthumsrechts zu sein? Von alledem findet sich keine Spur. Wenn der unbestreitbare Eigenthümer einer Stahlfeder zur Verfolgung seines Eigenthums an derselben eine rei vind. oder negator. erheben wollte und ihm dabei schlechthin nichts weiter zur Seite stände als ausschließlich sein Eigenthumsrecht selbst, so würde er sich bald überzeugen müssen, daß das Recht die Rechte nicht um ihrer selbst willen, sondern nur als Mittel zum Zwecke des Schutzes von Interessen verleiht, welche nach den jeweilig herrschenden — an und für sich wandelbaren — Anschauungen im Interesse eines geordneten Zusammenlebens der menschlichen Gesellschaft des Schutzes bedürfen. Ohne Frage giebt es Gegenstände des Eigenthumsrechts, und diese bilden wohl sogar die weit überwiegende Mehrzahl, bei denen im Falle einer Verletzung des Eigenthums regelmäßig ohne weiteres ein des Rechtsschutzes bedürftiges Interesse auf der Hand liegt, sei es ein wirthschaftliches oder persönliches Interesse oder beides. Ist bei Gegenständen dieser Art einmal ausnahmsweise ein solches Interesse bei Verletzung des Eigenthums nicht berührt, so liegt gewöhnlich einer der Fälle vor, an die wir zu denken pflegen, wenn wir von der Ausübung eines Rechtes zur bloßen Chikane sprechen. Es giebt aber auch Gegenstände des Eigenthums, bei denen im Falle einer Eigenthumsstörung gerade umgekehrt nicht ohne Weiteres regelmäßig ein vom Rechte zu schützendes Interesse in Frage steht; bei ihnen kann der durch das Eigenthumsrecht gewährte Schutz wirksam nur angerufen werden, wenn aus den besonderen Umständen ersichtlich ist, daß ein vom Recht als schutzbedürftig anzuerkennendes Interesse ausnahmsweise vorliegt. Dem Eigenthümer der Stahlfeder, mit der Bismarck den Frankfurter Frieden unterzeichnete, würde im Falle der Wegnahme der Schutz aus seinem Eigenthumsrechte gewiß nicht versagt werden. Jhering hat doch nicht vergeblich mit der Wucht seines genialen Humors die Begriffs- und Transcendentaljurisprudenz für alle Zeit dem Fluche der Lächerlichkeit preisgegeben, und es ist heute Gemeingut, daß alle Rechte nur um ihres Zweckes willen da sind und ihre Grenze am Vorhandensein eines schutzbedürftigen Interesses finden. Die Rechtsordnung übernimmt nicht die Rolle des Eulenspiegel und gewährt den Schutz eines Rechtes, das bestimmten Zwecken dienen soll, blos weil das Recht nun einmal besteht, auch dann, wenn von jenen Zwecken kein einziger in Frage kommt.

Diese Grundsätze finden auch auf das Urheberrecht an Briefen Anwendung. Wenn das Recht ein Urheberrecht an Briefen anerkennt, so geschieht das, um diejenigen Interessen zu schützen, welche durch eine

Veröffentlichung von Briefen verletzt werden können, und denen das Recht die Schutzbedürftigkeit zugesteht. Die Folge ist deshalb nicht, daß nun aus Anlaß jeder Veröffentlichung eines Briefes der Schutz des Urheberrechts blos um deswillen schon gewährt wird, weil an dem Briefe ein Urheberrecht besteht; sondern der Schutz des Urheberrechts tritt nur in Wirksamkeit, sofern und soweit durch die Veröffentlichung wirklich Interessen getroffen werden, welche durch das Urheberrecht geschützt werden sollen. In all den Fällen also, in denen es sich um Briefe handelt, durch deren Veröffentlichung irgend ein wirthschaftliches oder persönliches Interesse des Verfassers nicht verletzt wird, kann der Schutz des Urheberrechts nicht angerufen werden. Das trifft regelmäßig zu bei der Veröffentlichung z. B. von Anerkennungs- und Bestellschreiben an Gewerbetreibende zur Reklame für ihre Waaren und gewerblichen Leistungen. Unter gewöhnlichen Verhältnissen wird es dem Absender eines Briefes für sein Vermögen und seine Person vollständig gleichgültig sein, daß seine Mitmenschen Kenntniß von einem Briefe erhalten, in welchem er Weine, Cigarren oder sonstige Waaren eines bestimmten Lieferanten lobt oder bestellt. Gegen die Veröffentlichung dieser Briefe wird deshalb im Allgemeinen der Schutz aus dem Urheberrechte versagt werden, nicht aus dem Grunde, weil sie nicht Gegenstand des Urheberrechts sind, sondern aus dem ganz anderen Grunde, weil der Zweck, um deswillen ein Urheberrecht an ihnen besteht, garnicht vorliegt. Die Sachlage wird sich sofort verändern, wenn durch die Veröffentlichung eines der nämlichen Briefe der Absender in seiner Ehre oder seinem Vermögen beeinträchtigt wird, es wird dadurch z. B. zum Nachtheile seines Geschäfts seine Bezugsquelle bekannt gegeben, oder er wird zum Gegenstande des Spotts durch die Bekanntgabe, daß er irgend ein Geheimmittel verwendet, u. a. m. Dann genießt der Absender den Schutz des Urheberrechts. Sehr oft wird die Gefahr einer Verletzung der Interessen des Absenders bei der Veröffentlichung von Briefen nur dann bestehen, wenn auch der Name des Absenders bekannt gegeben wird. Wird diese Gefahr durch Fortlassung des Namens des Absenders vollständig beseitigt, so kann die Veröffentlichung ohne Namen unbedenklich erfolgen. Wiederum kann der Schutz des Urheberrechts möglicherweise Platz greifen, wenn es sich um einen ganz gewöhnlichen, und seinem Inhalte nach völlig bedeutungslosen Brief einer berühmten Persönlichkeit handelt — mag sie den Brief z. Zt. ihrer Berühmtheit geschrieben haben oder erst nachträglich berühmt geworden sein. Ein solcher Brief läßt sich nämlich oft durch die Veröffentlichung verwerthen und deshalb kann in der Veröffentlichung durch den Empfänger oder einen Dritten eine Vermögensbeeinträchtigung des Absenders oder seiner Rechtsnachfolger liegen. Trifft das zu, so kann dadurch der Schutz des Urheberrechts veranlaßt werden. In den Fällen endlich, in welchen die Veröffentlichung erfolgt, um den Verfasser an seiner Ehre oder seinem Vermögen zu schädigen, um ihn persönlich oder in seinem Gewerbe bloßzustellen und herabzusetzen, oder ihn zum Gegenstande der Skandalsucht zu machen, wird fast stets die Verletzung von Interessen vorliegen, zu deren Schutze das Urheberrecht dienen soll. Die Beantwortung der Frage also, ob im einzelnen Falle dem Absender Schutz gegen Veröffentlichung eines Briefes gewährt wird, ist davon abhängig zu machen, ob durch die Veröffentlichung irgend ein Interesse des Absenders verletzt wird, dem das Recht seinen Schutz leiht. Neuere Gesetzgebungen haben denn auch als Voraussetzung des Rechtsschutzes gegen Veröffentlichung von Briefen verlangt, daß ein Schaden — ökonomischer oder anderer, z. B. Makel des Rufes, Ausstoßung aus der Partei oder dgl. — daraus entstehen **kann** (Italien, cod. penale Art. 161), oder daß ein Schaden wirklich entsteht (Brasilien, Ges. v. 11. X. 1890 Art. 191). Diesem Verlangen liegt der hier entwickelte Gedanke zu Grunde, und zwar kommt ihm die Bestimmung des italienischen Strafgesetzbuches am nächsten, wonach es genügt, daß ein Schaden aus der Veröffentlichung **droht**, also nicht erfordert wird, daß er bereits eingetreten ist. Es empfiehlt sich auch, dem Beispiele der erwähnten Gesetzbücher zu folgen und dem Gedanken besonderen Ausdruck zu geben. Zwar ist er, wie nachgewiesen wurde, durchaus nicht etwa dem Schutze gegen Veröffentlichung von Briefen eigenthümlich, er findet vielmehr ganz allgemein bei allem Rechtsschutze Anwendung. Aber bei sehr vielen, ja vielleicht bei den allermeisten Briefen, ergiebt sich nicht ohne Weiteres aus dem Briefe selbst, daß ein Interesse des Absenders durch seine Veröffentlichung verletzt wird, und es bedarf deshalb gerade hier im einzelnen Falle erst der besonderen Ermittelung, ob ein solches Interesse vorliegt. Darum ist es zweckmäßig, auf die Nothwendigkeit dieser Ermittelung als Voraussetzung des Rechtsschutzes hinzuweisen.

Daß der Rechtsschutz gegen Veröffentlichung dem Absender dann zu versagen ist, wenn der Veröffentlicher sich auf die Zustimmung des Absenders berufen kann, und daß die Ertheilung solcher Zustimmung nicht blos ausdrücklich, sondern auch stillschweigend erfolgen kann, ist ebenfalls keine Eigenthümlichkeit. Hervorzuheben bleibt nur, daß es der wirklich ertheilten Zustimmung gleich stehen muß, wenn das Verhalten des Absenders oder seiner Rechtsnachfolger, einerlei, ob es auf Absicht oder blos auf Unachtsamkeit beruht, bei dem Veröffentlicher — sei es der Empfänger oder ein Dritter — die Annahme erwecken konnte und erweckt hat, daß der Absender oder dessen Erben mit der Veröffentlichung durch ihn einverstanden seien. Dieser auch vom Reichsgerichte in Wagner's Erben gegen Earl of Dysart, 28. II. 1898, angewandte Grundsatz[35]) wird beispielsweise sehr häufig in Betracht kommen bei Briefen, welche an Herausgeber von Tagesblättern oder Zeitschriften gerichtet sind und Angelegenheiten betreffen, welche den Gegenstand der Erörterung jener Blätter bilden; sowie bei Briefen, welche Berichte von Augenzeugen über Verhältnisse oder Vorgänge sind, die lebhaftes Interesse für die Allgemeinheit bieten, wie etwa der gerade in diesen Tagen veröffentlichte Brief eines der beklagenswerthen Mitglieder unserer Gesandtschaft in Peking über die dortigen Verhältnisse unmittelbar vor Ausbruch des jetzigen Aufruhrs, oder wie der Brief eines Reisenden in unseren Colonien über seine dortigen Beobachtungen und Erfahrungen. Bei derartigen Briefen wird der Gedanke, daß sie nach ihrer Ankunft beim Empfänger wegen des Interesses der Allgemeinheit an ihrem Inhalte veröffentlicht werden, oft so nahe liegen, daß angenommen werden kann, daß auch dem Absender dieser Gedanke gekommen sein wird, und daß er, wenn er die Veröffentlichung nicht wollte, dies bemerkt haben würde, sofern nicht schon anderweite Umstände, wie Persönlichkeit oder Beruf des Absenders, bestimmte Absichten, die er verfolgt, oder Verpflichtungen, die ihm obliegen, gegen die Annahme seines Einverständnisses sprechen mußten. Die einzelne Entscheidung kann nur auf der allseitigen und erschöpfenden Prüfung der gesammten Belegenheit des gegebenen Falles beruhen.

Allgemeine Rechtsgrundsätze können endlich auch ein selbständiges Recht zur Veröffentlichung ohne Einwilligung des Absenders ergeben. Ein solches ist z. B. anzuerkennen, wenn die Veröffentlichung zur Vertheidigung von Rechten oder zur Wahrnehmung berechtigter Interessen geschieht, und zwar können dies eigene oder fremde Rechte oder Interessen sein: letzterer Fall liegt beispielsweise vor, wenn Lockbriefe betrügerischer Geschäftsleute veröffentlicht werden, um das Publikum auf die Gefahr aufmerksam zu machen und vor den Schlichen dieser Gauner zu warnen. Alles das sind aber gleichfalls keine Besonderheiten bei Briefen, und wenn gerade dieser Punkt, wie es seit langem in der Literatur geschehen ist[36]) und auch von dem jetzigen Entwurf vorgeschlagen wird, hier überhaupt ausdrücklich hervorgehoben werden soll, dann ist die Zulässigkeit der Veröffentlichung zu beschränken auf den Fall der Ver-

---

[35]) Reichsger.-Entscheidg. in Civil-Sachen, Band 41 S. 43 bis 50, besonders S. 46.

[36]) Anscheinend zuerst von Harum, Oesterreich. Preßgesetzgebung. Wien. 1857. S. 97.

theidigung von Rechten und der Wahrnehmung berechtigter Interessen und jedenfalls dringend davon abzurathen — was der Entwurf § 44 Abs. 3 will —, die Veröffentlichung außer dem Falle der Wahrnehmung berechtigter Interessen auch schon dann schlechthin für zulässig zu erklären, wenn die Veröffentlichung

„zur Widerlegung einer öffentlich aufgestellten Behauptung"

erfolgt[37]). Entweder handelt es sich in solchen Fällen um die Vertheidigung von Rechten oder die Wahrnehmung berechtigter Interessen, und dann bedarf es jenes Zusatzes nicht, oder dies trifft nicht zu, dann könnte jener Zusatz sehr leicht die Handhabe bieten, um gerade höchst bedenkliche und verwerfliche Veröffentlichungen von Briefen in politischen Parteikämpfen oder aus sonstigen Anlässen ungestraft vorzunehmen.

Das Ergebniß der vorstehenden Erörterungen kann dahin zusammengefaßt werden:

An die Veröffentlichung von Briefen ohne Einwilligung des Verfassers bezw. seiner Erben sind insoweit Rechtsnachtheile zu knüpfen,

1. als der Verfasser auch der Absender ist und als nach seinem Tode nicht aus besonderen Gründen auf andere Personen als seine Erben die Rechte an den von ihm versandten Briefen übergegangen sind,
2. als die Veröffentlichung vorsätzlich geschieht und durch sie irgend ein persönliches oder wirthschaftliches Interesse des Verfassers bezw. seiner Erben, welches vom Rechte zu schützen ist, gefährdet wird,
3. als die Veröffentlichung bei Lebzeiten des Verfassers oder innerhalb 30 Jahre nach seinem Tode erfolgt,
4. als die Veröffentlichung nicht zur Vertheidigung von Rechten oder zur Wahrnehmung berechtigter Interessen dient.

[37]) Erläuternde Bemerkungen z. d. Entw. S. 30.

IX.

Gutachten des Herrn Rechtsanwalt Dr. Richard Alexander-Katz in Berlin

über die Frage:

Darf der Verleger das Verlagsrecht ohne Einwilligung des Autors an Andere abtreten?

---

§ 1.

Die Frage ist ersichtlich eine verlagsrechtliche, wenn auch ihre Lösung nicht ohne eingehende Berücksichtigung des Wesens des Autorrechtes möglich ist.

Im gegenwärtigen Reichsrecht findet die Frage keine Beantwortung. Bekanntlich harrt das Verlagsrecht noch der reichsrechtlichen Regulirung (Artikel 76 E.G. B.G.B.), so daß die gesammten verlagsrechtlichen Normen noch gegenwärtig nach den verschiedenen deutschen Particularrechten zu beurtheilen sind. Die Reichsgesetze über das Urheberrecht vom 11. Juni 1870 und 9. Januar 1876 bestimmen übereinstimmend:

> das Recht des Urhebers geht auf dessen Erben über; dieses Recht kann beschränkt oder unbeschränkt durch Vertrag oder durch Verfügung von Todeswegen auf Andere übertragen werden,

cf. § 3 des R.G. über das Urheberrecht an Schriftwerken ꝛc.; § 2 des Gesetzes betreffend das Urheberrecht an Werken der bildenden Künste. Der Wortlaut dieser beiden Gesetze läßt darüber, ob eine weitere Uebertragung des Rechtes seitens des Erwerbers an Dritte schlechthin zulässig, oder an die Zustimmung des Autors geknüpft sein soll, an sich Nichts erkennen.

Die etwas abweichende Fassung des § 7 des Gesetzes betreffend den Schutz der Photographien läßt dagegen eher darauf schließen, daß für dieses Rechtsgebiet die Frage verneint werden sollte; er besagt:

> „Das im § 1 bezeichnete Recht des Verfertigers eines photographischen Werkes geht auf dessen Erben über; auch kann

dieses Recht von dem Verfertiger oder dessen Erben ganz oder theilweise durch Vertrag oder durch Verfügung von Todeswegen auf Andere übertragen werden."

Allein dieser Unterschied in der Fassung ist nur ein zufälliger und redaktioneller. Die Entstehungsgeschichte der drei Gesetze ergiebt, daß in Bezug auf die weitere Uebertragbarkeit des Verlagsrechtes nicht bloß nicht unterschieden, sondern daß diese Frage überhaupt nicht gelöst, vielmehr der zukünftigen reichsrechtlichen Regulirung des Verlagsrechts vorbehalten werden sollte.

Der Entwurf des Gesetzes über das Urheberrecht umfaßte bekanntlich schon im Jahre 1870 sowohl das Urheberrecht an Schriftwerken, einschließlich der musikalischen Kompositionen, in demjenigen Umfange, in dem diese Materien demnächst im Gesetze vom 11. Juni 1870 behandelt sind, als auch gleichzeitig das Urheberrecht an Werken der bildenden Künste. Ferner war zugleich mit diesem Gesetzentwurf dem Reichstag der Entwurf eines Gesetzes zum Schutze der Photographien gegen unbefugte Nachbildung vorgelegt. (Vergleiche beide Gesetzentwürfe unter Nr. 3 der Aktenstücke des Reichstags, des Norddeutschen Bundes, Session 1870). Damals lautete in beiden Gesetzentwürfen der betreffende Passus wörtlich übereinstimmend:

„Auch kann dieses Recht von dem Urheber (bei dem Photographie-Gesetze: Verfertiger), oder seinen Erben ganz oder theilweise durch Vertrag oder durch Verfügung von Todeswegen auf andere übertragen werden."

Die Motive des Urheberrechtsgesetzes sagen hierzu:

„Zweifelhaft ist die Frage, ob der Verleger ein vom Autor abzuleitendes Verlagsrecht weiter veräußern darf. Die Erörterungen hierüber gehören aber in die Lehre vom Verlagsvertrage und sind daher im vorliegenden Entwurf nicht weiter behandelt."

Zu der entsprechenden Bestimmung des Photographie-Schutzgesetzentwurfes bemerken die Motive nichts weiter. Hieraus ergiebt sich, daß die Frage überhaupt nicht entschieden werden sollte, und jedenfalls, daß in Bezug auf dieselbe zwischen dem Verlagsrecht an Schriftwerken, musikalischen Kompositionen, Kunstwerken und Photographien ein Unterschied nicht gemacht werden sollte.

Es ist bekannt, daß der Schutz der Kunstwerke und der Photographien damals ausgeschieden und später zusammen mit den gewerblichen Mustern in den drei besonderen Gesetzen vom 9., 10. und 11. Januar 1876 geregelt wurde.

Es hat nun den Anschein, als ob bei der Berathung des § 3 des Gesetzes betr. das Urheberrecht an Schriftwerken die hier zu erörternde Frage im Reichstage in einem bestimmten Sinne zur Entscheidung gebracht worden sei.

Bei der zweiten Lesung des Gesetzes stellte nämlich der Abgeordnete Stephani zu § 3 den Antrag, an Stelle des mitgetheilten Wortlautes des Entwurfs denjenigen Wortlaut zu setzen, der oben als der heutige des Gesetzes wiedergegeben ist. Zur Erklärung führte er folgendes aus:

> „Bei § 3 der Regierungsvorlage beantragen wir allerdings eine andere Fassung und eine andere Stellung des §. Hier ist eine sachliche Aenderung: Der § 3 der Vorlage handelt von der Uebertragbarkeit und Erblichkeit des Rechts, und die Fassung dieses Paragraphen ist derart, daß das Recht nur übertragen werden soll von dem Urheber und dessen Erben; es könnte hiernach nicht übertragen werden von einem Rechtsnachfolger, es würde also nicht übertragen werden können von dem Verleger. Wir beantragen eine Fassung, die dieses Omissum ergänzt."

Ein Widerspruch gegen diese Ausführung erfolgte in dieser Sitzung nicht; der gleiche Wortlaut ist, wie erwähnt, Gesetz geworden. Es könnte hiernach den Anschein haben, als sei er von der gesetzgebenden Körperschaft in dem Sinne aufgenommen und folglich so Gesetz geworden, wie es der Abgeordnete Stephani beabsichtigt und motivirt hat. Allein ein solcher Schluß wäre nicht gerechtfertigt, denn die Verhandlung, in welcher die citirten Worte gesprochen wurden, endete nicht mit der Abstimmung, sondern mit der Vertagung. Die Diskussion wurde zwei Tage später fortgesetzt, und hier nahm Dambach, der damalige Bundeskommissar, das Wort zur Beantwortung der erhobenen Einwände; er sagte:

> „Der § 3 unterscheidet sich in der Fassung des Herrn Abgeordneten Stephani von der Regierungsvorlage auch nur redaktionell, und ich würde auch mit diesem Antrage einverstanden sein."

Hiernach ist schon bei dieser Berathung darauf hingewiesen worden, was ja auch thatsächlich der Fall ist, daß die Fassung des Gesetzes von der wie oben erwähnt motivirten Fassung des Entwurfes nur redaktionell, aber keineswegs materiell verschieden sei, und daß insbesondere vom Tische des Bundesrathes und von dem maßgebenden Verfasser des Entwurfes Dambach die Folge an den veränderten Wortlaut nicht geknüpft wurde, die der Abgeordnete Stephani daran zu knüpfen beabsichtigt hatte. Ein Widerspruch gegen die Bemerkung Dambachs erfolgte wiederum nicht.

Hätten die Antragsteller das, was sie wollten, unter allen Umständen in das Gesetz bringen wollen, so wäre hier Veranlassung gewesen, den Antrag genauer zu präcisiren, und zu verlangen, daß die weitere Veräußerlichkeit des Verlagsrechts mit deutlicheren Worten im Gesetze ausgesprochen werde.

Die Reichsgesetze werden nicht nur vom Reichstage, sondern von diesem in Gemeinschaft mit dem Bundesrathe festgestellt. Daß auch der Bundesrath den Worten des gegenwärtigen Gesetzes den vom Abgeordneten Stephani gewünschten Sinn untergelegt habe, läßt sich angesichts der Erklärung Dambachs im Reichstage keineswegs annehmen.

Als nun im Jahre 1875 die Gesetze betreffend das Urheberrecht an Werken der bildenden Künste und betreffend den Schutz der Photographien vorgelegt wurden (Nr. 24 der Drucksachen 3. Session 1875) war dem § 2 des ersteren Gesetzes der gleiche Wortlaut gegeben, den das Gesetz über das Urheberrecht an Schriftwerken erhalten hatte; dagegen ist die Fassung der entsprechenden Bestimmung im Entwurfe des Gesetzes zum Schutze der Photographien so stehen geblieben, wie seiner Zeit im Entwurfe vom Jahre 1870; und so sind auch beide Entwürfe Gesetz geworden.

Diese Vorgänge beweisen ganz klar, daß der Unterschied in der Fassung einen Unterschied in der Bedeutung nicht begründet, und daß namentlich in Bezug auf unsere Frage in allen drei Gesetzen Nichts entschieden ist, die Entscheidung vielmehr noch heute nach Partikularrecht zu treffen ist.

Vergl. die Entscheidung des Reichsgerichts i. Straff. Band 17 Seite 268, welche einen Fall des Kunstwerkverlages betrifft. Das Reichsgericht entscheidet sich hier trotz des erwähnten Vorbehalts in den Motiven aus allgemeinen Gründen für die Zulässigkeit der weiteren Uebertragung.

§ 2.

Die Frage selbst ist nun in der Literatur überaus controvers. Bevor ich indeß auf die Lehrmeinungen näher eingehe und die Frage de lege lata beantworte, muß ich wohl feststellen, ob denn die gegenwärtig in Deutschland geltenden Partikularrechte nicht etwa für das heutige Recht bereits eine befriedigende Lösung enthalten.

Die älteren Gesetze, welche sich mit dem Autorrechte und dem Verlagsrechte befassen, legen zum Theil ein unterscheidendes Gewicht darauf, ob das Manuscript bezw. die Originalausführung des Kunstwerks dem Verleger **verkauft**, oder **nur** über die Veröffentlichung contrahirt ist. Der Ausdruck „Verkauf des literarischen oder Kunstwerks“ wird nicht immer bestimmt unterschieden von dem „Verkauf des Manuscripts oder der ersten Ausführung des Kunstwerks." Allerdings in dem — soweit mir bekannt — ältesten der noch giltigen Partikularrechte, dem Preußischen Allgemeinen Landrechte, welches sich übrigens nur mit dem litterarischen Verlagsrechte befaßt (§ 996 ff. Th. 1 Tit. 11) findet sich dies nicht. Hier ist nur bei der Abgrenzung der Rechte der Autoren und Verleger hinsichtlich neuer Ausgaben und Auflagen hervorgehoben (§ 1021 u. 1022), daß das „volle Verlagsrecht" dem Letzteren gebühre,

> wenn der Buchhändler die Ausarbeitung eines Werkes nach einer von ihm gefaßten Idee dem Schriftsteller zuerst übertragen oder mehrere Verfasser zur Ausführung einer solchen Idee als Mitarbeiter angestellt hat.

Einen unmittelbaren Schluß zur Entscheidung unserer Streitfrage nach preußischem Recht gestattet dies nicht.

Ungefähr in gleicher Weise spricht sich für den gleichen Fall der Bestellung der § 1170 des Oesterreichischen Bürgerlichen Gesetzbuchs aus:

> Wenn ein Schriftsteller nach einem ihm vorgelegten Plan die Bearbeitung eines Werks übernimmt, so hat er nur auf die bedungene Belohnung Anspruch. Dem Verleger steht in der Folge das ganze freie Verlagsrecht zu.

Nur wird man aus der Betonung der vollen Freiheit des Verlegers für diesen Fall wohl auch auf eine freie Veräußerungsgewalt des Verlegers schließen dürfen.

Dagegen findet sich die erwähnte Ausdrucksweise z. B. im Badischen Landrechte (Buch II Tit. II Kap. 6)

> § 577 da.
>
> Jede niedergeschriebene Abhandlung ist ursprüngliches Eigenthum dessen, der sie verfaßt hat, wenn er nicht allein aus fremdem Auftrag und für fremden Vortheil sie entwarf, in welchem Falle sie Eigenthum des Bestellers wäre.
>
> § 577 dc.
>
> Das Schrifteigenthum geht gleich jedem anderen in geeigneten Fällen auf Andere über.

Die Cessibilität des bloßen Verlagsrechts ist vor der Behandlung der Nachdrucksangelegenheiten in der deutschen Bundesversammlung durch den Bundesbeschluß vom 9. November 1837 (cf. Eisenlohr, Sammlung d. Ges. S. 2) nur in wenigen Bundesstaaten bestimmter geordnet worden, und in diesen meist im Sinne ihrer Zulässigkeit, seltener im entgegengesetzten Sinne.

So bestimmt für Sachsen-Altenburg ein Gesetz vom 1. Dezember 1827 und 9. Januar 1828 (Eisenlohr a. a. O. S. 79) unter 2:

> Die Einwilligung des Verlegers allein zu der neuen Auflage eines Dritten, reicht zur rechtlichen Befähigung nur dann aus, wenn der Erstere ihm nachweist, daß er sich mit dem Verfasser ein für alle Male abgefunden habe, derselbe also bei neuen Auflagen kein Recht auf anderweite Vergütung habe.

Die Cession ist also hier für neue Auflagen zulässig im Rahmen des Cedenten.

Aehnlich Hessen-Cassel, Verordng. vom 16. Mai 1829 (Eisenlohr S. 28) § 1:

> „ohne die Einwilligung des zum Verlage berechtigten Verfassers oder Buchhändlers oder seiner Rechtsnachfolger."

Hessen-Darmstadt, Gesetz v. 23. Septbr. 1830 (Eisenlohr S. 25):

> Art. 1: „ohne Einwilligung ihrer Urheber oder derer, welche von ihnen das Recht . . . . . erlangt haben, oder deren Rechtsnachfolger u. s. w."

Dagegen bestimmt für Sachsen-Meiningen-Hildburghausen (vergl. Eisenlohr S. 85) eine Verordnung v. 7. Mai 1829:

> Art. 1: Der Erfinder und Verfasser einer Schrift u. s. w. und der von demselben berechtigte Verleger sollen . . . . als die Einzigen angesehen werden, welche zum Druck . . . . berechtigt sind.
>
> Art 2: Jede Vervielfältigung welche ohne die Genehmigung des Urhebers und seines Verlegers vorgenommen wird, ist Nachdruck.

Beide müssen also zustimmen; die Cession ohne Einwilligung des Autors ist hier unzulässig.

Der erwähnte Bundesbeschluß vom 9. Novbr. 1837, durch welchen die zum Deutschen Bunde vereinigten Regierungen sich über gewisse Grundsätze bei dem Schutze literarischer und artistischer Erzeugnisse einigen, kommt wieder auf das Recht am Original als das Entscheidende zurück.

> Art. 1: Literarische Erzeugnisse aller Art, sowie Werke der Kunst . . . . . dürfen ohne Einwilligung des Urhebers oder desjenigen, welchem derselbe seine Rechte an dem Originale übertragen hat, auf mechanischen Wegen nicht vervielfältigt werden.

Art. 2: Das im Art. 1 bezeichnete Recht des Urhebers oder dessen, der das Eigenthum des literarischen oder artistischen Werks erworben hat, geht auf dessen Erben und Rechtsnachfolger über.

Wenn auch beim Schriftwerke nicht notwendig das „Recht am Original" und das „Eigenthum des literarischen Werks" auf das Manuscript bezogen werden braucht, da damals bereits die Lehre vom geistigen Eigenthum, als dem Rechte an einem abstrakten Gegenstande, nämlich dem geistigen Inhalte der „Schrift", nicht mehr unbekannt war (vergl. bes. Kramer, Die Rechte der Schriftsteller und Verleger 1827, der auf S. 52 die Ehre, der Erfinder dieser Theorie zu sein, Fichte zuschreibt, welcher sie im Mai 1793 in der Berliner Monatsschrift entwickelt hatte), so läßt sich die Bezugnahme auf das „Original" bei Werken der bildenden Kunst wohl nicht anders verstehen, als im Sinne der ersten vom Künstler selbst verfertigten Originalausführung des Kunstwerks in seiner Körperlichkeit.

Wir finden in der Folge ähnliche Wendungen mehrfach in den auf Grund des Bundesbeschlusses erlassenen gesetzlichen Bestimmungen der Einzelstaaten.

So bestimmt für Hamburg der Rathschluß vom 16. März 1838 (Eisenlohr S. 22):

„Das ausschließliche Recht des Urhebers oder dessen, der das Eigenthum des literarischen oder artistischen Werkes erworben hat, geht auf dessen Erben und Rechtsnachfolger über."

Ebenso die Lübecker Verordnung vom 31. Juli 1841 (Eisenlohr S. 37) unter 2.

Mit überaus großer Deutlichkeit spricht den gleichen Satz hinsichtlich der Kunstwerke des Oesterreichischen Gesetzes vom 9. October 1846, § 11 aus:

„Wird das Originalkunstwerk Eigenthum eines Andern, so übergeht, wenn nicht das Gegentheil bedungen wurde, das ausschließliche Recht, die Vervielfältigung zu veranlassen oder zu gestatten, zugleich auf den Erwerber."

Wie nun auch die Beziehung zu dem Original als körperlichem Gegenstand oder dessen abstraktem Kunstwerksgehalt hier gedacht sein mag, immer geht aus der Fassung soviel mit Bestimmtheit hervor, daß in allen diesen Rechtsquellen der Uebergang des Vollrechts des Autors mit der Cessibilität des Vervielfältigungsrechts bekleidet ist.

Zu erwähnen wäre noch das braunschweigische Gesetz vom 10. Februar 1842, welches im § 1 und § 6 die Wendung gebraucht:

„ohne Genehmigung des Urhebers oder nachdem und insoweit sein Recht auf Andere übergegangen ist, ohne Genehmigung seiner Rechtsnachfolger.“

Endlich das Königl. sächsische Gesetz vom 22. Februar 1844, dessen § 1 bestimmt:

„Litterarische Erzeugnisse und Werke der Kunst . . . . dürfen ohne Einwilligung ihres Urhebers oder derjenigen, auf welche derselbe seine Rechte am Original übertragen hat . . . . . nicht vervielfältigt werden.“

Die Cessibilität ist für dieses Rechtsgebiet auch noch durch § 2 außer Zweifel gestellt:

„Das ausschließende Recht des Urhebers, von seinem literarischen Erzeugnisse oder Werke der Kunst durch dessen für eigne oder eines Andern Rechnung auf mechanischem Wege vorzunehmende Vervielfältigung Gewinn zu ziehen (§ 15), ist ein auf Andere übertragbares Vermögensrecht.

Wohl in den meisten, wenn nicht allen übrigen Einzelstaaten, läßt sich dagegen aus den betreffenden gesetzlichen Vorschriften für eine Entscheidung der Frage Nichts herleiten. Sie müßte nach allgemeinen Rechtsprincipien gefunden werden.

§ 3.

Gar nicht behandelt sind in den bestehenden Gesetzgebungen die nahe verwandten Fragen, ob die Abtretung des Verlagsrechts im Falle des Concurses des Verlegers seitens der Concursmassenverwaltung erfolgen darf, und ob den Gläubigern das Recht des Zwangsverkaufs desselben im Wege der Exekution zusteht. Sobald das Verlagsrecht cessibel ist, versteht sich die Veräußerlichkeit in diesen Fällen von selbst, mag die Abtretbarkeit nun auf Vertrag oder Gesetz beruhen. Aber es ist wohl denkbar, daß diese Arten der Verwerthung zu Gunsten der Gläubiger selbst dann für zulässig gehalten werden, wenn man eine freihändige Cession ohne Zustimmung des Autors nicht zuläßt.

Desgleichen ist eine gesetzliche Entscheidung über die Frage nicht vorhanden, ob nicht wenigstens mit dem ganzen Verlagsgeschäfte das Verlagsrecht auf eine andere Person abgetreten werden könne. Die bejahende Meinung ist selbst bei Gegnern der Cessibilität des Verlagsrechts reichlich vertreten.

Eine Entscheidung der ersteren Frage seitens des Appellationssenats des Kreis- und Hofgerichts zu Mannheim (Börsenblatt für den deutschen Buchhandel 1867 S. 1144; vergl. auch Klostermann, Geistiges Eigenthum Bd. 1, Urheberrecht und Verlagsrecht S. 337) spricht sich in einem Falle des Concurses des Verlegers für die Cessibilität aus. Es handelt sich um Scheffels Roman „Eckhard", dessen Verlagsrecht der Dichter dem nachher fallit gewordenen Verlagshause „unbeschränkt auf 15 Jahre" gegen ein Honorar von 1200 fl. überlassen hatte.

Daß das Schrifteigenthum hier nicht im Sinne des oben citirten § 577 dc des Badischen Landrechts auf den Verleger übergegangen war, folgt schon aus der zeitlichen Begrenzung. Das erkennende Gericht hat aber wohl auf die vertragsmäßige „Unbeschränktheit" des übertragenen Rechts, welche sich hiernach auf die Veräußerlichkeit mit bezog, das größere Gewicht gelegt.

In gleicher Weise ist in einem preußischen landrechtlichen Falle der zweiten Art, des Verkaufs des ganzen Verlagsgeschäfts, in dem schon erwähnten Erkenntniß des Reichsgerichts — Entsch. in Straff. Bd. 17 S. 268 — geurtheilt, und zwar aus allgemeinen Rechtsgründen; übrigens aber auch ohne auf den besonderen Fall, daß es sich um die Veräußerung des ganzen Verlagsgeschäfts handelte, ein besonderes Gewicht zu legen. Das Urheberrecht, sagt das Reichsgericht, gehöre seinem Wesen nach zu den Vermögensrechten. Für dieses Wesen sei nicht von Bedeutung, daß es auch zum Schutze von Interessen dienen könne, die außerhalb der Sphäre des Vermögensrechts liegen. Die Weiterveräußerung sei durch die Reichsgesetze über das Urheberrecht nicht verboten. Es existiren auch keinerlei Gründe, welche die Uebertragung weiteren Einschränkungen unterwerfen, als den für die Uebertragung von Vermögensrechten überhaupt gegebenen. Die Uebertragung sei daher der gemeinhin zutreffenden Regel nach zulässig. Das Gegentheil folge nicht daraus, daß der Verlagsvertrag in den meisten Fällen Vertrauen zu der Person des Verlegers voraussetze. Bei einer großen Zahl von Rechtsgeschäften sei gegenseitiges oder einseitiges Vertrauen die Voraussetzung, ohne daß daraus die Nichtveräußerlichkeit von Ansprüchen folge. Der Wille des Contrahenten entscheide und dieser könne die Pflichten an eine bestimmte Person binden, doch sei dies im Zweifel nicht anzunehmen, da der Verleger in der Regel seine Verpflichtungen nicht persönlich, sondern durch Gehilfen und Vertreter ausübe. Seine Leistungen seien gewissermaßen vertretbar (quasi fungibel). Anders könne die Sache liegen, wenn die Nachbildung eines Kunstwerks Vertragsgegenstand sei, wobei auf die Person des nachbildenden Künstlers viel ankomme. Dagegen sei die

Stellung eines Kunsthändlers derjenigen des Verlagsbuchhändlers, welcher ein Schriftwerk in Verlag genommen, ganz analog.

Wie ersichtlich besagt diese Entscheidung, wenn man ihre Gründe genau prüft, keineswegs, daß die Cessibilität beim Mangel ihrer Verabredung immer zu bejahen sei. Vielmehr kommt es nach diesen Gründen auf den konkreten Fall und die muthmaßliche Absicht der Contrahenten an, nur müsse derjenige, der den Ausschluß der Abtretbarkeit behauptet, solche Gründe nachweisen, da aus der Natur des Verlagsunternehmens im Allgemeinen diese Gründe noch nicht zu entnehmen seien.

Die Entscheidung ist im konkreten Falle zweifellos zutreffend gewesen, einmal, weil von den als Zeugen vernommenen Autoren, drei Malern, keiner das Verlagsrecht des Cessionars bestritten, keiner gegen die Abtretung desselben etwas zu erinnern gefunden hatte. Einer derselben hatte die Rechtsbeständigkeit der Cession anerkannt; der zweite sich mit derselben einverstanden erklärt und bemerkt, es habe seiner Erlaubniß nicht bedurft; endlich der dritte hatte auf Bestellung der Verlagshandlung gearbeitet. Die getroffene Entscheidung ist also bei Prüfung des wahrscheinlichen Vertragswillens der Parteien zu billigen; sie ist überdies auch aus dem Gesichtspunkte zutreffend gewesen, daß es sich hier um den Verkauf des ganzen Verlagsgeschäfts gehandelt hat. Wie weiter unten dargelegt wird, ist in diesem Falle allerdings die Abtretbarkeit des Verlagsrechts nicht zu verneinen, wenn sie selbst principiell und im Allgemeinen — beim Mangel besonderer Abmachungen hierüber — nicht als zulässig erscheint.

§ 4.

Es ist zweifellos, daß die Frage der Abtretbarkeit des Verlagsrechts nach dem Inhalt des zwischen den Parteien geschlossenen Verlagsvertrages sich richten muß. Ist also hierüber ausdrücklich oder implicite ein Abkommen getroffen, so muß es dabei sein Bewenden haben. Hieraus wird nun für den selbstverständlich allein zur Entscheidung stehenden Fall, was Rechtens sein soll, wenn der Vertrag selbst weder ausdrückliche Bestimmungen enthält, noch solche, die durch Schlußfolgerungen eine sichere Entscheidung ermöglichen, gefolgert, daß man die Entscheidung durch Erwägungen über den muthmaßlichen Willen der Kontrahenten zu finden habe und finden könne. Allein dies ist ein nur allzu unsicheres Erkennungsmittel; denn bei derartigen Gegensätzen, wie sie bei Verlagsverträgen zwischen den Interessen der Verleger einerseits und der Schriftsteller oder Künstler andererseits speziell über den in Rede stehenden Punkt bestehen, wird eben die Entscheidung anders ausfallen, je nachdem man sich auf den Standpunkt des Vertragswillens der einen oder der andern Partei stellt.

Es kann diese Thatsache nicht besser beleuchtet werden als durch die Anführungen der betreffenden Bestimmungen in den Entwürfen von Verlagsordnungen, die einerseits von schriftstellerischer, andererseits von buchhändlerischer Seite aufgestellt worden sind.

Der Entwurf des Deutschen Schriftstellerverbandes, welcher am 15. September 1891 von dessen Hauptversammlung angenommen wurde, und in der „Deutschen Presse" Nr. 19 vom 30. Juni 1891 (vergleiche auch „Börsenblatt" 1892 Nr. 4) abgedruckt ist, sagt im § 4:

> Das Verlagsrecht gilt als der Person oder der Geschäftsfirma des Verlegers übertragen, und kann zwar vererbt und mit der Firma veräußert, für sich selbst aber nur mit Einwilligung des Urhebers oder seiner Rechtsnachfolger an Dritte abgetreten werden.

Dagegen findet sich in der von F. W. von Biedermann entworfenen Verlagsordnung für den deutschen Buchhandel, abgedruckt im Anhange zum Rechtslexikon für Urheber 2c. von Friedrich Streißler, unter Nr. 43 folgende Bestimmung:

> Eine Beschränkung in der Befugniß, das Verlagsrecht auf andere zu übertragen, oder es zu veräußern, findet nur dann statt, wenn der Urheber am Gewinne beteiligt ist; in diesem Falle ist die Uebertragung jedenfalls von der Bewilligung des Urhebers abhängig zu machen.

Und in der Verlagsordnung des Börsenvereins der deutschen Buchhändler, welche von der Hauptversammlung dieses Vereins am 30. April 1893 einstimmig genehmigt wurde (Beilage zum „Börsenblatte" 1893, Nr. 54, Robert Voigtländer, das Verlagsrecht, 2. Aufl. 1893, S. 106), lautet der § 41:

> Der Verleger ist in Ermangelung gegentheiliger Vereinbarung zur Weiterveräußerung des Verlagsrechts befugt.
>
> Der Erwerber des Verlagsrechts tritt in alle Verbindlichkeiten des Verlegers gegen den Verfasser ein, dieser hat seine Ansprüche aus dem Verlagsvertrage, unbeschadet der Haftbarkeit des ersten Verlegers in erster Linie gegen den Erwerber des Verlagsrechts geltend zu machen.

Hier wird also selbst die Pflicht der Vorausklage gegen den Cessionar dem Schriftsteller angesonnen. Noch deutlicher ist die Sprache, welche eine Verlagsordnung von 1892 des Vereins der deutschen Musikalienhändler zum Beschluß erhoben hat (**Voigtländer**, a. a. O. Seite 128). Der § 2 lautet:

> Das Musikalienverlagsrecht gilt, soweit nicht vom Tonsetzer eine zeitliche, räumliche oder sonstige Beschränkung ausdrücklich vereinbart worden ist, als ein unbegrenztes und für den Rechtsnachfolger ausschließliches Recht der Vervielfältigung und Verbreitung in allen Ländern, zur Veranstaltung neuer Auflagen, Ausgaben und Bearbeitungen, zur Uebersetzung in fremde Sprachen und zur Gestattung öffentlicher Aufführungen.

Wenn es auch nicht ausdrücklich ausgesprochen ist, so versteht es sich bei dem allumfassenden Charakter dieser gewiß nicht bescheidenen Forderung von selbst, daß die Musikalienverleger jede Disposition über das Verlagsrecht, insbesondere das Cessionsrecht, für sich in Anspruch nehmen.

Was insbesondere die Verlagsordnung für den deutschen Buchhandel betrifft, so mag noch erwähnt werden, daß der erste Entwurf derselben, den Voigtländer verfaßt und ein Ausschuß des Börsenvereins festgestellt hatte, in unserer Frage denn doch nicht ganz so weit ging als die vorstehend citirte Verlagsordnung selbst. In diesem Entwurfe war die Uebertragbarkeit auf die bereits erschienenen Werke beschränkt worden, während dieselbe ausgeschlossen sein sollte, so lange das Manuscript noch ungedruckt, oder das Werk erst im Erscheinen begriffen war. Die Berathung dieses Entwurfs fand, nachdem er zunächst von dem Ausschuß des Börsenvereins selbst aufgestellt und von Dambach und Oskar von Wächter begutachtet worden war, in zwei Lesungen statt. Eine dritte Lesung sollte unter Zuziehung schriftstellerischer Sachverständigen stattfinden. Die Verhandlungen im deutschen Schriftstellerverbande waren aber ergebnißlos, weil man dessen Delegirte nicht von Anfang an gehört hatte, und in Folge hiervon der Entwurf in seiner Totalität der Leitung des Schriftstellerverbandes unannehmbar erschien. Das Ergebniß war in Bezug auf unsere Frage das angeführte, wonach die Rechte des Schriftstellers noch ganz wesentlich beschnitten wurden.

Man sieht, wie weit man bei der Construction des Vertragsinhalts in principieller Weise kommen würde, wenn man auf den vermutheten Vertragswillen ein für alle Mal das entscheidende Gewicht legen wollte. In der Mehrzahl der Fälle würden sich eben die Schriftsteller, wenn es ihrem Interesse entspricht, auf die Präsumtion des schriftstellerischen Entwurfs, die Verleger hingegen auf diejenige der Verlagsordnungen der Verleger stellen.

§ 5.

Zu einem brauchbaren Resultate de lege ferenda kann man nur durch eine genaue Untersuchung des Gegenstandes des Verlagsvertrages, unter gleichzeitiger Abwägung der gegenseitigen Interessen der Schriftsteller, Componisten und Künstler einerseits und der Verleger andererseits gelangen. Den Gegenstand des Verlagsvertrages bildet nun das dem Urheberrechte als sein hauptsächlichster Bestandtheil innewohnende ausschließliche Recht, das Autorwerk zu vervielfältigen und zu verbreiten, sowie die Nutzungen zu ziehen, die sich aus der Verbreitung der Vervielfältigungen erzielen lassen.

Wir sagen, daß dieses Recht, über welches Autor und Verleger contrahiren, der wesentlichste Bestandtheil des Autorrechtes ist; aber er erschöpft das Autorrecht nicht. Das Recht des Urhebers ist das aus der ursprünglichen Erzeugung eines abstracten Vermögensgegenstandes durch die schaffende Thätigkeit des Urhebers entfließende Recht, auch über diesen abstracten Gegenstand frei zu bestimmen. Die hervorragendste Wirkung dieses Bestimmungsrechts über das geschaffene Rechtsgut ist zwar das Recht, sich dasselbe pekuniär dienstbar zu machen; aber auch die Entscheidung, ob und wie dies geschieht, liegt in dem Urheberrechte begründet. Der Autor ist in der Regel nicht in erster Linie auf Gewinn bedacht, er arbeitet im Hinblick auf idealere Interessen, ein Bestimmungsrecht über sein Werk wird er daher selten unter Vernachlässigung seiner Autorinteressen, die neben den Geldinteressen hergehen, treffen. Es ist dies so sehr die Regel, daß keineswegs angenommen werden kann, der Autor habe ausschließlich Vermögensinteressen bei der Bestimmung über die Veröffentlichung seines Werkes verfolgt. Ganz besonders kommt es dem Autor auch darauf an, in wessen Hände sein Werk gelangt, in welchem Gewande es erscheint. Es ist für ihn nicht gleichgültig, wer bei der Geburt seines Kindes Pathe steht, oder um das Bild genauer zu präcisiren, wer seinen Liebling in das Leben einführt. Man darf daher sicherlich auf der Seite des Urhebers voraussetzen, daß die Wahl der Persönlichkeit des Verlegers für ihn von entscheidender Bedeutung ist, man darf annehmen, daß er sich, gleichviel ob sein Werk honorirt wird, oder ob er selbst noch zu den Drucklegungskosten, was garnicht selten ist, einen Beitrag zahlt, nicht darauf einlassen wollte, dem bloßen Belieben des Mitcontrahenten zu überlassen, ob dieser sein Werk selbst verlegen, oder das Verlagsrecht einem unbekannten Dritten übertragen, das Geisteswerk selbst etwa gar zum Gegenstande der Handelsspeculation machen will. Es hängt für den Autor, und ganz besonders für den nicht auf dem Gipfel seines Ruhms stehenden, von der Art der Einführung seines

Werkes sehr viel dafür ab, wie er in Zukunft bei neuen Werken vom Publikum und auch von den Verlegern aufgenommen werden wird; denn für diese sind die früheren Erfolge des Autors zweifellos entscheidend. Insbesondere auch den materiellen Erfolg kann selbst das beste Werk ohne die bedeutsame Mitwirkung des tüchtigen und rührigen Verlegers nicht in dem gleichen Maße erringen, wie mit dieser. Das ist ja gerade der Grund, warum der Autor beinahe immer sich der Vermittelung des Verlegers bedient, um sich dem Publikum anzubieten, und warum der Selbstverlag so außerordentlich selten ist. Nur in verhältnißmäßig seltenen Fällen ist der Mangel der erforderlichen Kapitalien für Drucklegung hierfür entscheidend; denn wir sehen, daß gerade die erfolgreichsten, beliebtesten und bestbezahlten Autoren sich immer wieder der Vermittelung des Verlegers bedienen, während der Selbstverlag häufig nur für denjenigen ein Aushülfsmittel ist, dessen Werk dem Verleger den entsprechenden Lohn nicht zu bieten schien.

Dies also ist der präsumtive Standpunkt des Autors beim Verlagsvertrage, wenngleich nebenbei, und vielfach selbst in erster Linie, für den Autor auch das Honorar entscheidend ist, sei es nun, daß ihm dasselbe von Auflage zu Auflage, oder ein für alle Mal für alle möglichen künftigen Auflagen in einer bestimmten Summe, sei es, daß es ihm in der Form von Tantièmen von den verkauften Exemplaren, sei es endlich, daß es ihm in Form einer Betheiligung an dem Reingewinn des Unternehmens gezahlt wird.

Wir entfernen uns mit dieser Betrachtung des Standpunktes des Urhebers nicht von dem Boden der Theorie der Immaterialgüterrechte, die sich im Wesen an die Lehre von dem geistigen Eigenthum angelehnt hat. Auch das geistige Eigenthum ist keineswegs, ehe Kohler die Theorie des Immaterialgüterrechts näher entwickelte[1]), in dem Sinne behauptet worden, daß die fraglichen Rechte in allen wesentlichen Beziehungen dem Sacheigenthume gleichen; vielmehr ist längst bekannt gewesen, daß die Gegenstände dieser Rechte wohl bestimmbare und erkennbare Werthobjecte seien, welche indeß im Gegensatze zu den körperlichen Sachen des Rechtsverkehrs Abstracta sind, die man sich von der concreten Ausführungsform, in der sie vor uns liegen, hinweg denken und unendlich oft wiederholen kann. Gerade in dieser Wiederholbarkeit und der dadurch ermöglichten Vervielfältigung des Gebrauchswerthes, liegt die vermögensrechtliche Bedeutung dieser abstracten Rechtsgüter. Ich habe diese Gedanken bereits 1876 in Gruchot's Zeitschrift Band 20 Seite 718 fg. „die Entwicke-

---

[1]) Vgl. Kohler, Deutsches Patentr. S. 7—8.

lung des Eigenthumsbegriffes zum abstractem Eigenthum" näher ausgeführt. (Vgl. auch Kohler a. a. O. S. 7 Anm. *.) Ich habe darauf hingewiesen, daß jetzt abstracte Dinge geschützt und die ausschließlichen Rechte des Urhebers auf dieselben anerkannt werden, wo von der Thätigkeit des Geistes und einer besonderen Geistesarbeit nicht wohl die Rede sein kann. Wenn ich damals die Entwickelung der Schutzrechte an abstracten Vermögensobjecten zur Vertheidigung der Ausdehnung des Eigenthumsbegriffes auf solche abstracte Werthe verwendete, so bin ich weit entfernt, noch heute hierauf zu beharren, nachdem insbesondere durch Kohler die Lehre von den Immaterialgüterrechten in der bekannten glänzenden Weise begründet und vertieft, und seitdem beinahe einhellig aufgenommen worden ist. Keineswegs wird von dieser verkannt, daß in dem Rechte des Urhebers, sobald es sich um Erzeugnisse seines Geistes oder seines gewerblichen Könnens handelt, auch ein beträchtlicher Bestandtheil seiner Persönlichkeit wirksam wird, und daß hieraus der Anspruch entsteht, daß das Werk als solches auch mit Rücksicht auf diese persönlichen Beziehungen zum Urheber im Rechtsleben betrachtet werde, und nicht ausschließlich von der Seite des Geldwerthes[2]). Nur darf diese persönliche Seite der Sache nicht für die allein ausschlaggebende und bestimmende gehalten werden; die für das Rechtsleben weitaus wichtigere Seite ist die güterrechtliche, da insbesondere sie allein im Rechtsverkehr mit Andern in Wirksamkeit tritt. Mit andern Worten: nicht die Individualrechtstheorie, sondern die Immaterialgüterrechtstheorie ist die bleibende, sofern diese bei Hervorbringungen des menschlichen Geistes auch dem Schutz der Individualrechte entsprechend Rechnung trägt[3]).

Wenn ich nun nach dieser Abschweifung auf den Gegenstand des Verlagsvertrages zurückkomme, so ergiebt sich für unsere Frage, daß der Urheber zwar im Wesentlichen beim Abschlusse des Verlagsvertrages über das Ausnutzungsrecht in Bezug auf sein abstractes Gut contrahirt, daß er aber hierbei, er mag Schriftsteller, Gelehrter, Componist oder bildender Künstler sein, sich wohl bewußt ist, ein Stück seiner Persönlichkeit durch den abzuschließenden Vertrag an die Oeffentlichkeit zu tragen, und daß er für seine Zukunft, seinen Ruhm, für die Befriedigung seiner Autorliebe zu seinem Werke mit besorgt ist bei der Auswahl dessen, dem er den Verlag seines Werkes anvertraut.

Freilich bin ich weit entfernt behaupten zu wollen, daß es gerade auf die Person des **jeweiligen Inhabers** des Verlagsgeschäftes dem

---

[2]) Kohler, Das Autorrecht. S. 59 ff.

[3]) Ders., Autorr. S. 157.

Autor ausschließlich ankommt. Das Verlagsgeschäft, d. h. die Verlagsanstalt, ist, wie dem Autor bekannt sein wird und muß, ein complicirtes Gebäude, welches sich aus Personen, Beziehungen, Geschäftsmaximen und Gewohnheiten, pecuniärem, gewerblichem und geistigem Können 2c., zusammensetzt. Es kann nicht verkannt werden, daß oft ein Prokurist oder ein Hilfsarbeiter in einem Verlagsgeschäft eine wichtigere Rolle für die Gestaltung eines Verlagswerkes spielt als ein Chef selbst. Der Autor, der mit einem ihm bekannten Verlagshause contrahirt, kennt dasselbe im Wesentlichen nach Maßgabe seiner bisherigen Verlagsthätigkeit, und nimmt an, daß der Verlag, den er ihm zu übertragen im Begriffe steht, in gleicher Art ausgeführt wird, daß also denjenigen Anforderungen, die er an den Pathen seines Kindes oder an den Leiter seines Kindes auf dem Wege ins öffentliche Leben stellt, entsprochen werden wird. Daß es auf die Person des Verlegers im engsten Sinne auch dem Autor nicht ankommt, das folgt doch wohl schon daraus, daß es vielfach Actien-Gesellschaften und ähnliche Corporationen sind, welche Verlagsgeschäfte in großem Maßstabe betreiben. Hieraus ergiebt sich, daß von Seiten des Autors in der Regel die Verlagsanstalt als solche als sein Gegencontrahent betrachtet wird, daß es ihm aber darauf weniger ankommt, ob der Eigenthümer dieser Verlagsanstalt wechselt, wenn z. B. das Verlagsgeschäft als Ganzes veräußert oder vererbt wird. Freilich muß man auch hier einen Unterschied machen, wenn es sich um den Verlag von Kunstwerken handelt. In der Natur des Kunstverlages ist es sehr häufig begründet, daß die Reproductionen durch ein anderes Kunstverfahren hergestellt werden, als dasjenige, welches bei der Herstellung des Originals angewendet wurde. Immerhin aber ist es ein Kunstverfahren, und mit der Ausführung eines künstlerischen Werkes wendet man sich doch regelmäßig an eine bestimmte Persönlichkeit, zu deren Kunst man das entsprechende Vertrauen hat. Diese Erwägung trifft allerdings nicht zu für den Kupferstecher oder künstlerischen Lithographen oder Xylographen, der seine Originalplatte, seine Originalradirung, seinen Originalholzschnitt, seine Originalsteinzeichnung dem Verleger behufs Herstellung der Abdrücke übergiebt. Aber sie trifft zu für den Bildner, der sein Thonmodell oder Gipsmodell dem Kunstverleger behufs Herstellung von Bronce- oder Gipsabgüssen und zum Vertriebe überläßt, ganz besonders wenn die Vervielfältigungen in einem andern Formate erscheinen sollen als das Originalwerk. Sie trifft ferner zu wenn der Maler sein Gemälde dem Kunstverleger in Verlag giebt, sei es, daß dasselbe durch Stich, Oelfarbendruck oder Lithographie, oder endlich durch die prachtvollen, in den jüngsten Jahren zu so großer Vollendung gebrachten Methoden der Heliogravüre vervielfältigt werden sollen. Es wird dem Maler, der sein Werk, z. B. bei Goupil in Verlag giebt, sicher darauf ankommen, daß das Publikum dasselbe in den herrlichen Reproduktionen dieses berühmten Kunstinstitutes in die Hände bekommt, und nicht etwa in beliebigen Abbildungen eines untergeordneten Gewerbetreibenden.

Aber auch in diesen Fällen müßten schon die besonderen Umstände des vorliegenden Geschäftes, oder die Person des Gegencontrahenten ergeben, daß es sich um ein von einem bestimmten Künstler auszuführendes Reproduktionswerk handeln soll; andernfalls wird man immer annehmen können, daß der Autor die Auswahl des reproducirenden Künstlers dem Verlagshause überläßt, daß er sich aber darauf verlassen und darum gerade mit diesem Verleger contrahirt hat, weil ihm bekannt ist, welche künstlerischen Kräfte gerade dieser Verleger für die Herstellung seiner Verlagswerke verwendet, und in welch' künstlerischer Weise gerade dieses Verlagshaus die von ihm eingeführten Werke vervielfältigt.

Die vorstehenden Betrachtungen beziehen sich nun ausschließlich auf den Standpunkt des Autors und den präsumtiven Vertragswillen, welcher diesem im Zweifel inne wohnen muß und wird.

Auf einem völlig anderen Standpunkt steht naturgemäß der Verleger, namentlich der Buchhändler. Abgesehen von dem Ansehen und guten Ruf, den er, wie jeder andere Geschäftsmann bei jedem neuen Geschäfte seinem Unternehmen wird erhalten wollen, ist für ihn jeder einzelne Verlagsvertrag ausschließlich eine Geschäftssache, nicht eine Angelegenheit persönlichen Empfindens. Er will Geld verdienen. Die Schönheit der Ausführung seines Verlagswerkes, die Berühmtheit des Schriftstellers oder Künstlers, den er beim Publikum einführt, ist im Wesentlichen für ihn nur ein bestimmendes Moment, um seinen pekuniären Vortheilen nachzugehen. Man hat auf der Seite des Verlegers den präsumtiven Vertragwillen der persönlichen Ausführung damit begründen wollen, daß der Verleger durch den Verlagsvertrag den Auftrag übernehme, das Werk zu vervielfältigen und beim Publikum einzuführen, und daß er daher im Sinne seines Auftraggebers dessen Intensionen befolgen, und insbesondere den Auftrag, abgesehen von der Hülfeleistung seines Personals, im Wesentlichen persönlich zu Ende führen müsse. Diese Betrachtungsweise ist indeß nicht richtig. Richtig und wohl jetzt nirgends bestritten ist nur, daß der Verlagsvertrag sich nicht erschöpft in dem Rechte des Verlegers, das Werk zu vervielfältigen und zu verbreiten, und den pecuniären Gewinn aus der Verbreitung zu ziehen, und in seiner Verpflichtung, dem Autor das vereinbarte Honorar zu zahlen; daß vielmehr ein wesentlicher Bestandtheil des Verlagsvertrages in der übernommen Verpflichtung zu erblicken ist, das Verlagswerk in der beim Schluß des Vertrages intendirten Weise zu vervielfältigen und zu verbreiten.

Allein wenn der Verleger in der Ausführung des Vertrages Verlagshandlungen vornimmt, den Druck besorgt, den Vertrieb leitet, dann handelt er nicht in der Absicht, hierdurch einen übernommenen Auftrag zu erledigen, sondern er besorgt hiermit seine eigenen Geschäfte, welche nothwendig sind, um das ihm verliehene Verlagsrecht auszuüben. Freilich soll und muß er sich hierbei vergegenwärtigen, daß es sich bei ihm, wenn er diese Thätigkeiten übt, eben nicht bloß um die Ausübung von Rechten, sondern auch um die Erfüllung von Pflichten handelt. Dies führt bei der Vergleichung des Standpunkts des Autors mit demjenigen des Verlegers zu der Annahme, daß der Verleger jene Absichten des Schriftstellers weder bei der Abschließung des Vertrages, noch bei dessen Ausführung außer Acht lassen **darf**, und daß aus diesem Grunde dem Verlagsvertrag im Zweifel jene Momente inne wohnen, auf welche der Schriftsteller nach der Natur der Sache ein erhebliches Gewicht legt.

§ 6.

Es folgt daraus, daß der Verlagsvertrag im Zweifel als auf Seiten des Verlegers nicht übertragbar zu gelten hat. Dies sollte aber im Gesetze ausgesprochen werden, weil eben die Frage nicht bloß zweifelhaft und bestritten ist, sondern weil die Gegensätzlichkeit der Interessen sonst im Einzelfalle die Entscheidung nach der Seite legen würde, auf deren Interessenstandpunkt man sich vornehmlich stellen würde.

Aber noch andere wichtige Gründe nöthigen zur gesetzlichen Regelung der Frage. Besonders der Umstand, daß die Vermögensrechte im allgemeinen allerdings cessibel sind, die Unübertragbarkeit des Verlagsrechts gegen den Willen des Urhebers also eine Besonderheit dieses Rechtsverhältnisses darstellt. Erkennt der Gesetzgeber für **dieses** Vermögensrecht Nichtübertragbarkeit an, so muß er dies aussprechen. Er muß die Ausnahme dieses besonders gearteten Vermögensrechts von der allgemeinen Rechtsregel festlegen. Und das Verlagsrecht des Verlegers ist ein reines Vermögensrecht, es ist ein je nach dem Vertrage mehr oder weniger eingeschränktes Nutzungrecht an dem abstracten Werthobjecte, als welches sich das Autorwerk für ihn ausschließlich darstellt.

Dies kann aber nicht dahin führen, auch das Verlagsrecht schlechthin für cessibel zu halten, denn es giebt eben auch ganze Categorien von Vermögensrechten, die ohne Einwilligung des Gegencontrahenten nicht abgetreten werden dürfen. Ich brauche nur an das Mieths- und Pachtrecht zu erinnern, mit welchem letzteren ja das Verlagsrecht recht erhebliche Analogien aufweist.

Einen weiteren Grund für die Nothwendigkeit der gesetzlichen Festlegung der obigen Normalfolge erblicke ich in der Pflicht der Gesetzgebungs-Politik, den wirthschaftlich Schwächeren und geschäftlich minder Gewandten vor der geschäftlichen Ausbeutung seines ihm wirthschaftlich und geschäftlich überlegenen Gegencontrahenten einigermaßen zu schützen. An sich ist ja unzweifelhaft, daß die Frage der Abtretbarkeit in erster Linie dem Parteiwillen folgt, und daß je nach der Natur des besonderen Falles auch ohne ausdrückliche Vereinbarung über diesen Punkt vielfach die Absicht **beider** Contrahenten auf die Zulassung der Abtretung gerichtet sein **kann**. Es handelt sich hier lediglich um die Festlegung einer gesetzlichen Präsumption, welche als Norm dienen soll, wenn der Zweifel sich aus den besonderen Umständen des Falles mit Sicherheit nicht lösen läßt. Hier wäre nun an sich ebenso gut möglich, die Norm im entgegengesetzten Sinne aufzustellen, und es den Schriftstellern zu überlassen, in jedem einzelnen Falle die Uebertragbarkeit auszuschließen, wenn sie hierauf Werth legen. Allein hiergegen spricht eben der obige Gesichtspunkt der Gesetzgebungspolitik. Dem berufsmäßigen Verleger ist das Contrahiren mit Schriftstellern eine gewohnte Sache, die Abfassung von Verlagsverträgen ein häufiges Geschäft. Er wird daher, wenn das Gesetz schon die Präsumption der Abtretbarkeit ausspräche, oder durch Unterlassung einer gesetzlichen Regelung auf die allgemeinen Grundsätze über die Abtretbarkeit von Vermögensrechten verwiese, gar keinen Grund haben, diesen Punkt mit dem Autor zu besprechen, seine — häufig gedruckt vorhandenen — Vertragsformulare würden ihn naturgemäß übergehen. Der Schriftsteller, Komponist oder Künstler ist nicht in der gleichen Lage. Er ist in der Regel nicht ebenso versirt im Vertragschließen, oft auch nicht im Recht. Und wie häufig wird auch die pecuniäre Lage eine Rolle spielen und den Autor hindern, eine möglichst sorgfältige Präcisirung der Vertragsbestimmung, oder überhaupt eine schriftliche Fixirung derselben zu fordern. Eine gewisse Hilfe giebt ihm immerhin eine Gesetzesvorschrift, die den Verleger nöthigt, den Ausschluß einer an sich natürlichen Berechtigung des Autors — nämlich der Abtretung des Verlagsrechts zu widersprechen — ausdrücklich zu proponiren. Hier hätte der Autor doch Anlaß und Gelegenheit, seine Rechte in dieser Hinsicht zur Geltung zu bringen.

§ 7.

Die oben erwähnte Analogie des Verlagsrechts mit dem Pachtrecht führt mich zu der Besprechung der Ansichten einiger Schriftsteller über unsern Gegenstand, die theilweise von dieser Betrachtung ihren Ausgang nehmen.

So nennt Osterrieth[4]) den normalen Verlagsvertrag eine Vereinigung von Mandat und Sachmiethe — jenes auf Seiten des Autors, diese auf Seiten des Verlegers — und kommt aus diesem Grunde und in Folge des dem Autor zustehenden Individualschutzes zu dem Schlusse, daß dem Verleger an sich nicht zustehe, an seiner Stelle einen Anderen in das Contractsverhältniß einzusetzen, und daß selbst jede Zwangsvollstreckung, „welche mit dem Individualschutze in Widerspruch stehe", unzulässig sei. Auch Ernest Eisenmann (Le contrat d'édition et les autres louages d'œuvres intellectuelles, Paris 1894, S. 86) sagt:

> Le contrat d'édition est un louage de chose, charactérisé par la nature de cette chose, de l'œuvre, est par la manière de la jouissance restreinte à celle par la voie de publication.

Wenn dieser Schriftsteller trotzdem S. 51 in Bezug auf unsere Frage die entgegengesetzte Ansicht vertritt, so beruht dies einerseits auf der nicht haltbaren Ableugnung anderer als Geldinteressen bei der Abschließung des Vertrags auch auf Seiten des Autors. L'object de l'auteur, sagt er S. 7, c'est faire usage de son œuvre en la publiant, et y gagner de l'argent. L'object de l'éditeur, c'est faire usage de la même œuvre de l'auteur en la publiant, et y gagner de l'argent. Alles Uebrige hält er für unbedeutend vom Standpunkte des Rechts, das „Gagner de l'argent" ist für ihn l'object unique des parties. (S. 9.) Andererseits folgt Eisenmanns Ansicht aus den Bestimmungen des Code civil, welcher das Miethsund Pachtrecht für cessibel erklärt (Art. 1717), und nur bei der Pacht auf Theilung eine Ausnahme macht (Art. 1763). Anders das deutsche Recht, § 549, § 581 Abs. 2 B.G.B., welches principiell die Untervermiethung ohne die Erlaubniß des Vermiethers nicht zuläßt. Die Folge der ungerechtfertigten Verweigerung der Erlaubniß giebt dem Miether (§ 549 Abs. 1 Satz 2), nicht aber dem Pächter (§ 596 B.G.B.) das Recht der Kündigung des Miethsverhältnisses unter Einhaltung der gesetzlichen Frist; nimmermehr kann aber auch nur der Miether dem Vermiether einen fremden Aftermiether aufdringen, mag dieser noch so respectabel, dem ersten Miether noch so gleichwertig sein.[5]) Das Verlagsrecht ist nun freilich keineswegs ein Miethsrecht oder Pacht-

---

[4]) Urheber- und Verlagsrecht, im Arch. f. öff. Recht, VIII S. 298; Altes und Neues zur Lehre vom Urheberrecht S. 103 ff.

[5]) Schon Kramer, Die Rechte der Schriftsteller und Verleger 1827, der sich principiell gegen die Abtretbarkeit des Verlagsrechts ausspricht, weist auf den Unter-

recht, der Verlagsvertrag kein Mieths- oder Pachtvertrag, denn das Miethsrecht betrifft lediglich einen bestimmten Gebrauch, die Pacht allerdings Gebrauch und wirthschaftliche Nutzung, letztere aber nur für eine bestimmte, nach dem Wirthschaftsjahr berechnete Zeit und nach den Regeln der üblichen landwirthschaftlichen Nutzung. Aber die Analogien, besonders mit dem letzteren, sind doch so frappant, daß die gleichen Rechtsgründe auch die gleiche Rechtsfolge — die — principielle — Unübertragbarkeit des Verlagrechts gegen den Willen des Autors — bedingen. Oder sollte es dem Dichter und Gelehrten, dem Componisten und Bildner idealer Kunstwerke minder wichtig sein, wer sein Werk vervielfältigt, ausstattet, vertreibt und ausnutzt, als dem Pferdeverleiher, wer auf einem seiner Miethsgäule reitet; oder dem Hauswirth, wer in einer seiner Miethswohnungen wohnt? Sicherlich verfolgen diese Vermiether kein anderes Interesse bei dem Vermiethsgeschäfte als „gagner de l'argent", aber dies steht doch dem nicht entgegen, daß sie um das Schicksal ihrer Pferde und Miethswohnungrn besorgt sind, und diese nicht jedem beliebigen Unbekannten anvertrauen wollen, mit dem sie nicht contrahirt haben. Viel weniger wird der Autor sein Geistesproduct einem anderen überlassen wollen, als eben seinem Gegencontrahenten, den er mit Bedacht gewählt hat.

Die erwähnte Rechtslage bei Mieths- und Pachtverträgen mag wohl auch die autoritative Meinung Pouillet's, des hervorragenden französischen Schriftstellers des geistigen und gewerblichen Eigenthums, in das Lager derjenigen geführt haben, die die Cessibilität des Verlagsrechts vertreten (Propriété littéraire et artistique, 2 édition No. 249, p. 352), obschon seine Beweisführung eine andre ist. Er geht von der Frage aus, ob der Tod des Verlegers ein Grund sei, den Verlagsvertrag zu lösen, und verneint es wegen Art. 1122 Code civil. „On traite pour soi et ses ayants cause." Man könne im Princip nicht sagen, daß der Autor seinen Vertrag mit dem Verleger mache „en vue de la personne de celui-ci". Daraus folgert er dann auch die Abtretbarkeit des Verlagsrechts.[6]) Aber die letztere Erwägung ist eben nicht richtig, man kann dies, wie gezeigt, sehr wohl sagen, — jedoch mit der Einschränkung, daß an die Stelle der Person des Verlegers seine Verlagsanstalt tritt, das Gesammtgeschäft,

---

schied hin, daß das preußische Recht (A.L.-R. I, 21 § 313) die Afterpacht verbiete, während das römische Recht sie „leider unbedingt gestatte"; lehnt aber trotz der Aehnlichkeit des Verlagsrechts mit der Pacht auch für das gemeine Recht die Abtretbarkeit ab.

[6]) Uebrigens citirt Pouillet auch eine entgegengesetzte Entscheidung des Seine-Tribunals (S. 353).

mit welchem zusammen freilich das Verlagsrecht in der Hand des Erwerbers präsumtiv so gut aufgehoben ist, wie in der Hand des bisherigen Inhabers.

Für uns folgt umgekehrt aus der principiellen Entscheidung, daß das Verlagsrecht in dubio an die Verlagsanstalt, mit welcher kontrahirt wurde, gebunden ist, daß auch im Falle des Todes des Verlegers seine Erben dem Autor gegenüber nur das Recht haben, das Verlagsgeschäft als solches fortzusetzen oder zu verkaufen, und daß in diesen beiden Fällen das Verlagsrecht auf sie oder ihren Rechtsnachfolger übergeht; sie haben aber hiernach nicht das Recht, das Geschäft aufzulösen und nur das Verlagsrecht allein einem Andern abzutreten, oder das Geschäft dem Einen ohne das Verlagsrecht, letzteres einem Andern zu überlassen. Dieselben Grundsätze müssen die Entscheidung für die Frage der Execution schuldenhalber und des Concurses abgeben. Hat der Verleger das Verlagsrecht noch nicht ausgeübt, ist insbesondere die Vervielfältigung noch nicht erfolgt, so können die Gläubiger im Wege der Execution und die Concursverwaltung das Verlagsrecht als ein besonderes Activum nicht aussondern, um es, etwa dort im Wege der Versteigerung oder hier im Wege des freihändigen Verkaufs, einem Dritten zu übertragen. Selbst die Gegner unsrer Meinung führen an, daß der ursprüngliche Verleger dem Autor wegen seiner Verbindlichkeiten, sowohl hinsichtlich der Honorarzahlung, als hinsichtlich der Publikations- und Verbreitungspflicht, verhaftet bleibt. Das würde sich denn auch von selbst verstehen, und die oben citirte Bestimmung der Verlagsordnung des Börsenvereins deutscher Buchhändler, welche dem unschuldvollen Autor die Pflicht der Vorausklage gegen den Cessionar zumuthet, ist nichts als eine seltsame Abirrung. Aber wie soll der Autor dieses schöne Recht dem ausgepfändeten oder bankerutten Verleger gegenüber ausüben? Kann dieser nicht erfüllen, so muß dem Autor der Rücktritt freistehen; mit den Gläubigern desselben hat er nichts zu thun.

Eine ganz andere und hiervon principiell verschiedene Frage ist natürlich die, ob nach erfolgter Vervielfältigung die noch nicht abgesetzten Exemplare der Auflage, das etwa im Eigenthum des Verlegers stehende Originalmanuskript, welches einen Werth als Autograph haben kann, und die demselben zu Eigenthum überlassene Originalausführung des Kunstwerkes dem Zugriffe der Gläubiger im Concurse oder im Wege der Pfändung unterliegen. Ich stehe nicht an, dies zu bejahen, es hat dies aber mit der Frage des Verlagsrechtes nichts zu thun, welches, wie erwähnt, das Recht einer bestimmten Art der Nutzung des abstrakten Werthobjektes, nicht der übergebenen Handschrift oder Originalausführung ist. Letztere sind nur ein Mittel, um jenes Recht ausüben zu können, und nicht immer und nothwendig das einzige. Ja, der Verleger erwirbt nach der richtigen Meinung im Zweifel nicht einmal das Eigenthum an dem Manuskript oder dem Originalkunstwerk, wenn nur über das Verlagsrecht kontrahirt ist, weil dies letztere eben nicht an dem Manuskript, sondern an dem unkörperlichen, dem abstrakten Werke besteht. Er muß das Manuskript nach beendetem Gebrauch auf Verlangen zurückgeben. (Vgl. Förster, Preuß. Privatr. 2. Bd., 6. Aufl., S. 158.)

Die hier entwickelte Ansicht theilt im Wesentlichen Wächter in dem grundlegenden Werke „Das Verlagsrecht" S. 364. Er wird nicht in den Verdacht kommen, das Recht der Persönlichkeit des Autors hierbei übermäßig berücksichtigt zu haben. Denn nach ihm liegt nur in der vermögensrechtlichen Nutzung des literarischen und artistischen Kunstwerks ein rechtliches Interesse des Autors (S. 91), während sich das Recht gegen die innerlichen oder individuellen Interessen des Autors, gegen die subjektiven Beziehungen desselben, gleichgiltig verhalte (S. 90). Er giebt aber dennoch zu, daß der Verleger das Recht der Vervielfältigung nicht einseitig auf Dritte übertragen kann, weil dieses Recht mit der entsprechenden Verbindlichkeit untrennbar verknüpft ist. In Uebereinstimmung mit den obigen Erörterungen erinnert er an die Erwägungen, die den Autor hinsichtlich der Persönlichkeit seines Gegenkontrahenten oder der Solidität der Verlagshandlung anstellt. Dagegen hält er den Verleger für befugt, „wenn er seine Auflage fertig hat, diese mit dem ganzen Recht der Ausschließlichkeit, welche er gegenüber von andern Personen ausüben kann", zu veräußern. Es liegt in dieser Ansicht unverkennbar eine gewisse Halbheit, denn die Verlagspflicht beruht nicht bloß in der Drucklegung, sondern weit mehr in der Verbreitung, in der Leitung des Werkes in die Kanäle des Buchgewerbes oder Kunsthandels, durch welche dasselbe unter das Publikum gelangt. Würde man der Ansicht Wächters beitreten, dann würde der Verleger, dem der Verlagsvertrag leid geworden, oder der sich demselben aus irgend welchem Grunde durch Ueberlassung an einen Andern entziehen will, nur nöthig haben, den Drucker seinerseits zu engagiren, der Druck und die Ausstattung würden dann ebenfalls nicht in der vom Autor vorhergesehenen und beabsichtigten Ausführung erfolgen, mit welcher sein Gegenkontrahent am Markte zu erscheinen pflegte, vielmehr würde die „Auflage" bereits für den itendirten Rechtsnachfolger zurecht gemacht, dessen Bedürfnissen und buchhändlerischen Gepflogenheiten angepaßt werden. Der Romancier, welcher seine Dichtung einem vornehmen Verlage anvertraut, müßte sich gefallen lassen, daß der Verleger die Auflage in der lüderlichen Art eines Colportage-Romans fertiggestellt hat, weil der Verleger vielleicht das Verlagsrecht an ein derartiges Verlagsgeschäft geringeren Ranges mit Vorteil weiter verkaufen konnte.

Auf derselben Linie bewegt sich die weitere Einschränkung, die Wächter macht: nach ihm kann der Verleger jedenfalls auf den Todesfall über sein Recht frei verfügen, — eine Ausnahme, die der Folgerichtigkeit entbehrt und auch nicht befriedigend begründet wird.

Die hier vertretene Meinung wird ferner von Kohler, Autorrecht, S. 285ff., vertreten. Er begründet sie mit der untrennbaren Verbindung von Recht und Pflicht des Verlegers und mit der Bedeutung der Person des Verlegers. Die Verlagsthätigkeit eines Andern erzeuge nicht mehr denselben Erfüllungseffect, daher wäre das Resultat dieser fremden Thätigkeit nicht mehr Erfüllung. Auch unsere Entscheidung, daß die Uebertragung mit der Uebertragung des ganzen Handelsgeschäfts zulässig ist, theilt Kohler.

In gleichem Sinne entscheidet sich Harum, Oestr. Preßgesetzgebung; Püttlinger, Das musikalische Autorrecht, S. 56. Gerber, Ueber die Natur der Rechte des Schriftstellers und Verlegers (Ges. jurist. Abth. II, 292f.), geht noch weiter; er will selbst beim Verkauf der Verlagshandlung den Uebergang des Verlagsrechts an den Erwerber von der Zustimmung des Autors abhängig machen. Ihm folgt Stobbe-Lehmann, Deutsches Privatrecht, Bd. II, 3. Aufl., S. 469. Noch mag hier auf die Ansicht von Munk, Die patentrechtliche Licenz, 1897, hingewiesen werden, der mit Recht (S. 20) auf die Aehnlichkeit des Verlagsrechts mit dem Licenzrecht hinweist, ohne aber die wesentlichen Unterschiede beider zu verkennen. Er verneint (S. 99) die Frage der Uebertragbarkeit des Licenzrechts in Uebereinstimmung mit Klostermann, Patentrecht, S. 158. Aber gerade Klostermann vertheidigt für das Verlagsrecht vom Standpunkt des geltenden Rechts die der unsrigen entgegengesetzte Ansicht. (Vgl. Urheberrecht und Verlagsrecht, das geistige Eigenthum, Bd. I, S. 335.) Ihm folgen u. A. Daude, Urheberrecht, S. 35, Förster, Privatrecht, 6. Aufl., Bd. II, S. 160, Kirchheim, Zur Lehre vom Vertragsrecht, 1895. Weitere Citate siehe bei Voigtländer, Verlagsrecht, 2. Aufl., S. 107.

§ 8.

Was endlich den veröffentlichten Entwurf eines neuen Gesetzes, betreffend das Urheberrecht an Werken der Literatur und der Tonkunst, betrifft, so schweigt derselbe über die Frage genau so, wie das jetzt geltende Recht. Wenn er allerdings im § 11 vorschlägt:

> Die Zwangsvollstreckung in das Recht des Urhebers findet gegen den Urheber selbst nicht statt. Gegen die Erben des Urhebers ist sie nur zulässig, wenn das Werk erschienen ist.

so darf hieraus gefolgert werden, daß eine Zwangsvollstreckung gegen den Verleger in dessen Verlagsrecht als zulässig betrachtet werde. Die „Erläuternden Bemerkungen" hierzu (cf. Amtliche Ausgaben 1899, bei J. Guttentag, S. 34) sagen:

> „Hinsichtlich der Zwangsvollstreckung in das Urheberrecht sucht der § 11 zwischen den Interessen des Urhebers und seiner Gläubiger einen billigen Ausgleich herzustellen. Er wahrt in vollem Maße die Rücksicht auf die Persönlichkeit des Verfassers, indem er die Zwangsvollstreckung gegen diesen selbst auch dann ausschließt, wenn sie nur bezweckt, eine neue Auflage zu erreichen. — Gegenüber den Erben macht der Entwurf die Zulässigkeit der Zwangsvollstreckung davon abhängig, daß das Werk bereits erschienen ist; hat eine solche Veröffentlichung einmal stattgefunden, so müssen die Rücksichten auf den Erblasser dem Rechte der Gläubiger weichen. Im Verhältnisse zu den sonstigen Erwerbern des Urheberrechts liegt überhaupt kein Anlaß zu irgend einer Beschränkung der Zwangsvollstreckung vor."

Der letzte Satz scheint die obige Annahme hinsichtlich der Pfändbarkeit des Verlagsrechts gegen den Verleger zu bestätigen, wenngleich hier von der Zwangsvollstreckung gegen den Erwerber des Urheberrechts gesprochen wird, was begrifflich doch wesentlich verschieden ist von dem durch den bloßen Verlagsvertrag erworbenen Rechte. Immerhin ist diese Disposition mit der Absicht, „die Rücksicht auf die Persönlichkeit des Verfassers in vollem Maße zu wahren", nicht vereinbar. Denn für diesen ist es gleichfalls verletzend, wenn im Wege der Zwangsvollstreckung gegen den Verleger sein Werk von einem fremden Ausbeuter in einer Weise vervielfältigt und vertrieben wird, die der bei Uebertragung des Verlagsrechts herrschenden Absicht nicht entspricht. Es ist nicht einmal unzweifelhaft, ob der Entwurf die Pfändbarkeit des bloßen Verlagsrechts hier im Sinne hat, wenn der Verfasser das Urheberrecht als solches behalten und nur ein eingeschränktes Nutzungsrecht daran durch den Verlagsvertrag constituirt hat. Der Gegensatz dieser Thatbestände wird im Folgenden noch berührt werden.

§ 9.

Die dargelegten Gesichtspunkte ergeben gleichzeitig sowohl die Anwendung des Satzes auf einige besondere Fragen, die mit der Uebertragbarkeit eng zusammenhängen, als auch die erforderliche Begrenzung desselben.

Ist das Verlagsrecht ohne die Einwilligung des Urhebers mit abtretbar, so kann es auch nicht losgelöst von dem Verlagsunternehmen von Todeswegen auf Andere übergehen, weder im Falle der Intestat-Erbfolge noch durch Testament oder Vermächtniß. Der Verleger kann über sein gesammtes Verlagsgeschäft verfügen; in diesem Falle bleibt das Verlagsrecht ein Aktivum desselben, und es geht auf den neuen Eigenthümer über. Desgleichen können die Erben das gesammte Verlagsgeschäft fortsetzen, und in demselben das Verlagsrecht ausnutzen, auch können sie ihrerseits das Verlagsgeschäft als Ganzes und mit demselben das Verlagsrecht verkaufen. Aber gegen den Willen des Autors kann es, — wenn nicht aus besonderen Gründen anzunehmen ist, daß die Veräußerlichkeit des Verlagsrechts vertragsgemäß ist — nicht für zulässig gehalten werden, wenn die Erben das Geschäft aufgeben und nun lediglich das Verlagsrecht dieses Werks selbst in ihrer Weise ausnutzen oder isolirt veräußern. Denn der Erbe kann nicht mehr Rechte erlangen, als der Erblasser selbst hat. Da nun aber selbstverständlich dem Erben eine Verpflichtung, das Verlagsgeschäft fortzusetzen, gegen seinen Willen nicht zuzumuthen ist, so kann andererseits der Autor den Erben, der das Verlagsrecht veräußern will, auch nicht zur Ausführung des Verlages anhalten. Verweigert also der Autor seine Zustimmung zur intendirten Abtretung des Verlagsrechts und setzt der Erbe das Verlagsgeschäft als solches nicht fort, dann hat der Autor wie der Erbe nur das Recht des Rücktritts vom Verlagsvertrage (§§ 323—327 B.G.B.).

Die gleichen Gesichtspunkte sind dafür maßgebend, daß auch die Execution in das Verlagsrecht, sofern dasselbe nicht ohne Genehmigung des Autors abtretbar ist, nicht statthaft sein kann. Denn der Zwangsverkauf des Verlagsrechts ist seinem Wesen nach nichts anderes als eine Abtretung auf Grund richterlicher Anordnung, gleichviel wie im Einzelnen derselbe durchgeführt werden mag. Der Erwerber würde immer Singularsuccessor des Verlages sein. Es erübrigt, die Frage der Behandlung des Verlagsrechts im Concurse des Verlegers besonders zu betrachten. Gleiche Voraussetzungen ergeben gleiche Folgen. Tritt der Verwalter in eine ordnungsmäßige Liquidation des Geschäftes ein, bei der die laufenden Geschäfte zu Ende geführt werden, dann darf und muß er den Verlagsvertrag erfüllen, den Verlag zu Ende führen, der abgesonderte Verkauf des Verlagsrechts erscheint, weil dasselbe ohne Zustimmung des Autors nicht abtretbar ist, bei Verweigerung dieser Zustimmung unausführbar. Es bleibt beiden Theilen nur die Wahl zwischen dem Rücktritt vom Verlagsvertrage oder der Erfüllung.

Es muß aber in Bezug auf alle diese Fälle hervorgehoben werden, daß es sich bei dieser Entscheidung um das noch nicht ausgeübte Verlagsrecht handelt, beziehungsweise, sofern dasselbe zum Theil ausgeübt ist, zum anderen Theile nicht, um die Ausübung des restlichen Theils. Hat also der Erblasser oder Cridar das Werk bereits gedruckt, aber noch nicht erscheinen lassen, noch nicht an die Sortimenter versandt, und ist nur eine Auflage Gegenstand des Vertrages gewesen, so bilden die vorhandenen, rechtmäßig hergestellten Exemplare unzweifelhaft ein Activum der Nachlaß- oder Concursmasse. Ein Verkauf derselben im Einzelnen oder im Ganzen ist unzweifelhaft zulässig; das ist kein Verkauf des Verlagsrechts. Auf der Auflage steht noch der ursprüngliche Gegencontrahent als Verleger, und er ist nur thatsächlich verhindert, die Details-Verlagsthätigkeit weiter auszuüben. Sollte der Erwerber die vorhandene Auflage auch in den Geschäftsformen der Verlagsthätigkeit weiter vertreiben, so ist dies doch dem Autor gegenüber nicht die Ausübung eines Verlagsrechts, sondern die Disposition über körperlich vorhandene Exemplare des Verlagsgutes. Dies ist zulässig. Ist dagegen die Auflage noch nicht gedruckt, dann würde der Uebergang sich als ein Uebergang des Verlages selbst charakterisiren und wäre ohne Zustimmung des Autors nicht statthaft.

Diese Unterscheidung ist wesentlich bei stereotypirten Werken. Die vorhandenen Formen und Platten folgen als Sachgüter nicht nothwendig den Regeln des Verlagsvertrages. Aus dem Besitz der Formen folgt nicht das Recht, Abzüge von denselben ohne Zustimmung des Autors herzustellen und zu verbreiten. Denn dies ist Verlagsthätigkeit.

Daher darf auch im Concurse und im Executionsverfahren nicht mit den vorhandenen Stereotyp-Platten oder Formen das Recht der verlagsrechtlichen Weiterbenutzung übertragen, und aus dem Nachlaß dürfen diese mit gleicher Berechtigung nicht veräußert werden, sofern das Verlagsrecht selbst nicht abtretbar ist.

Nicht statthaft ist aber die Uebertragung des Rechts, weitere Auflagen zu veranstalten, wenn der Verlagsvertrag sich auch auf weitere Auflagen bezog, und diese Grenze muß der Erbe, der Concursverwalter und der Pfändungsberechtigte des Verlegers respectiren.

Unser Satz muß sich ferner einige Einschränkungen gefallen lassen, aber nur solche, die sich aus ihm selbst und seiner Begründung ergeben. Das Verlagsrecht ist gerade darum ohne die Zustimmung des Urhebers principiell nicht weiter übertragbar, weil es nicht das ganze Autorrecht, soweit es nach dem Gesetze dem Autor selbst zusteht, umfaßt. Die Uebertragung muß daher zustehen, wenn es dieses ganze Recht umfaßt. Das Autorrecht ist nach dem positiven Rechte als Ganzes oder theilweise vererblich und veräußerlich. Daher ist es zunächst selbstverständlich, daß der

Erbe des Autors über dasselbe allerdings verfügen darf. Bei mehreren Miterben entsteht eine Gemeinschaft nach Bruchtheilen im Sinne der §§ 741—758 des B.G.Bs., ganz wie dies der veröffentlichte Entwurf eines Gesetzes betr. das Urheberrecht im § 7 für den Fall vorsieht, daß mehrere ein Werk gemeinsam in der Weise verfaßt haben, daß ihre Arbeiten sich nicht trennen lassen, „über den gemeinschaftlichen Gegenstand im Ganzen können die Theilhaber nur gemeinschaftlich verfügen" (§ 747). Eine solche Verfügung wäre die Verleihung eines Verlagsrechts im Allgemeinen nicht, sondern nur ein Verwaltungsact. Auch sie steht den Miterben gemeinschaftlich zu, doch kann sie auch durch Stimmenmehrheit beschlossen werden (§ 744, 748).

Es folgt ferner aus dem gleichen Gesichtspunkte, daß, wenn das Autorrecht in dem ganzen Umfange, den das Gesetz ihm giebt, übertragen wird, der Erwerber auch darinsteckende Verlagsrechte ohne Rückfrage bei dem Urheber abtreten kann, denn in der Disposition über das Vollrecht liegt auch die Veräußerung des Widerspruchsrechts, da dasselbe ein Bestandtheil des Autorrechts ist. Aber es folgt dies auch nach den Regeln der Interpretation des zu Grunde liegenden Geschäfts. Wer das Urheberrecht als Ganzes abtritt, hat nicht die Vermuthung für sich, daß er sich ein Widerspruchsrecht hinsichtlich der Cession vorbehalten. Der Erwerber muß sich dieses Vollrechts so bedienen können, wie der bisherige Inhaber dieses Rechts, insbesondere durch die Verwerthung mittels Hingabe zum Verlage. Auch wenn er selbst Verleger ist, z. B. Zeitungsverleger, muß es ihm freistehen, für eine Buchausgabe einen anderen Verleger zu wählen, und umgekehrt.

Dem Fall der Veräußerung eines Urheberrechts ist endlich auch die Herstellung eines Autorwerks auf Bestellung des Verlegers für den Verlag desselben nach einem vorgeschriebenen Plan im Zweifel gleich zu achten. Es ist freilich eine Frage der thatsächlichen Würdigung der Vertragsabreden und des Vertragsgegenstandes, ob diese Wirkung eintritt. Wir haben oben partikularrechtliche Bestimmungen kennen gelernt, welche dem Besteller in solchen Fällen weitgehende Rechte vindiciren, die an sich der Verlagsvertrag nicht nothwendig umfaßt. Das Preuß. Landrecht (I, 11 § 1021) läßt die zu Gunsten des Verfassers statuirten Einschränkungen unter dieser Voraussetzung fortfallen. Eine analoge Anwendung dieses Paragraphen wäre es lediglich, auch die Beschränkung der Cessionsfreiheit fortfallen zu lassen, wenn man diese Beschränkung für das preußische Recht annehme. Dasselbe folgt für Oesterreich aus dem schon besprochenen § 1070 des Allg. Bürg. G. Hat der Autor „nur auf die bedungene Belohnung Anspruch", steht dem Verleger „das ganz freie" Verlagsrecht zu, dann kann er auch nicht durch Cessionsverbot beschränkt sein. (Vgl. bezügl. des Kunstwerks den oben citirten § 11 des Gesetzes vom 9. X. 1846.)

Auch das Badische Landrecht (II, II Cap. 6 § 577da) giebt das Autorrecht an der Schrift dem Autor nur

> „wenn er nicht allein aus fremdem Auftrag und für fremden Vortheil sie entwarf, in welchem Falle sie Eigenthum des Bestellers wäre".

Erwähnt sei ferner der Art. 8 des Gesetzes von Sachsen-Meiningen-Hildburghausen vom 7. Mai 1829, welcher in diesem Falle dem Besteller „das Recht des Verfassers" in gleicher Weise zugesteht, wie dem Herausgeber eines Repertoriums, einer Encyclopädie u. dergl.

Bedenkt man, daß selbst wo diese Rechtsfolge nicht partikularrechtlich ausgesprochen ist, bisher die Cessibilität des Verlagsrechts schon an sich vielfach angenommen wurde, so daß zu einer Unterscheidung des in Rede stehenden besonderen Thatbestandes kein Anlaß vorlag, so wird man für diesen besonderen Fall eine weitgehende Uebereinstimmung hinsichtlich der Zulässigkeit der Abtretung der Cession anerkennen müssen. Und dies liegt wohl auch in der Natur der Sache. Freilich kommt Alles darauf an, ob nach den thatsächlichen Vorgängen anzunehmen ist, daß der Autor seine geistige Thätigkeit ganz in den Dienst des Bestellers gestellt, und wenn auch in wirklicher Bethätigung seiner Schöpferkraft, doch nicht für sich, sondern für den Auftraggeber hat schaffen wollen. Die bloße Anregung zur Abfassung eines Verlagswerkes, selbst wenn der äußere Plan, etwa der ungefähre Umfang des Werkes und dessen Gegenstand im Allgemeinen, verabredet wurden, genügt zu dieser Annahme selbstverständlich nicht. (Vgl. Walter Hoffmann, Ueber Wesen und Rechtswirkungen der Bestellung eines Schriftwerkes durch den Verleger. 1896.)

X.

Gutachten des Herrn Professor Dr. von Liszt zu Berlin

über die Frage:

„Wie ist im Strafprozeß der Gerichtsstand der begangenen That hinsichtlich der Vergehen der Presse zu regeln?"

I. Daß der „ambulante" oder „fliegende" Gerichtsstand der Presse weder mit den Absichten des Gesetzgebers von 1874 und 1877 noch mit den Bedürfnissen unseres Rechtslebens verträglich ist, wird wohl auch von Denjenigen nicht bestritten werden, die ihn aus dem geltenden Rechte ableiten zu müssen glauben. Daß der Ankläger nach willkürlichem Ermessen das örtlich zuständige Gericht bestimmen, die der Verurtheilung geneigtesten Richter sich aussuchen, die Verfolgung und Aburtheilung aus Bayern nach Sachsen, von Württemberg nach Preußen verlegen, an die Stelle des süddeutschen Schwurgerichts die norddeutsche Strafkammer setzen könnte: das hat der Gesetzgeber nicht gemeint, als er das Reichspreßgesetz, noch, als er das Gerichtsverfassungsgesetz und die deutsche Strafprozeßordnung schuf. Und die Rechtsunsicherheit, die mit dem dadurch begründeten Privilegium odiosum der Presse, für das wir vergeblich nach irgend einem Gegenstück suchen würden, verbunden ist, hat unser ganzes politisches Leben den schlimmsten Schwankungen ausgesetzt. Man vergegenwärtige sich doch die Sachlage: Unsere deutsche Zeitungspresse unterscheidet sich von der französischen, der englischen, der österreichischen u. s. w. gerade durch den Mangel eines ausschlaggebenden lokalen Centrums. Nicht die Berliner Blätter sind es, sondern die „Münchener Allgemeine", die „Frankfurter", die „Kölnische" und viele andere, die, gerade weil sie der Ausdruck ganz bestimmter, meist mit den lokalen Verhältnissen eng zusammenhängender Richtungen und Strömungen sind, im ganzen Gebiet des weiten Deutschen Reichs Abnehmer und Leser finden; und überall, wo ein solcher ständiger oder zufälliger

Leser Kenntniß von dem Inhalt des Blattes nimmt, kann nach der heute herrschenden Praxis der Staatsanwalt die Klage erheben, und die Verurtheilung herbeiführen, während sie vielleicht am Ort des Erscheinens völlig ausgeschlossen wäre. Ein solcher Zustand ist auf die Dauer unhaltbar, soll nicht das Rechtsbewußtsein auf das Tiefste erschüttert und das Vertrauen in die Unparteilichkeit der Rechtsprechung untergraben werden.

Die Beseitigung dieser mit dem fliegenden Gerichtsstand der Presse nothwendig gegebenen Rechtsunsicherheit muß daher dem Juristen wie dem Politiker in gleicher Weise am Herzen liegen.

II. Ich habe seit zwei Jahrzehnten die Ansicht vertreten, daß auch nach geltendem Recht der fliegende Gerichtsstand der Presse unbegründet ist, daß vielmehr der Erscheinungsort der Druckschrift, und er allein den Gerichtsstand der begangenen That für die durch den Inhalt der Druckschrift begründeten Preßdelikte darstellt. Zu dieser Ansicht bestimmte mich in erster Linie meine wissenschaftliche Auffassung von der eigenartigen Natur des Preßdeliktes, dessen Wesen darin besteht, daß der in der Druckschrift verkörperte gedankliche Inhalt durch die Veröffentlichung der Kenntnißnahme des Publikums zugänglich gemacht wird. Und diese Ansicht konnte um so größeren Anspruch auf allgemeine Anerkennung machen, als sie noch bei der Berathung der Strafprozeßordnung von allen Seiten vertreten worden war. Ich brauche auf diese allgemein bekannten Thatsachen an dieser Stelle wohl nicht einzugehen.

Aber seitdem die Entscheidung des Reichsgerichts vom 17. Juni 1892 (Band 23 Seite 155) trotz der Schwäche ihrer juristischen Begründung für unsere Rechtsprechung maßgebend geworden ist, hat sich die Sachlage ganz wesentlich geändert. Die alte Ueberlieferung ist durchbrochen, und der Streit de lege lata müßte auf der wissenschaftlichen Grundlage einer erneuten Untersuchung über das Wesen des Preßdelikts ausgefochten werden. Daß aber durch diese wissenschaftlichen Auseinandersetzungen das Reichsgericht und die ihm folgende Rechtsprechung zur Umkehr veranlaßt werden könnte, ist um so weniger anzunehmen, als auch innerhalb der wissenschaftlichen Bearbeiter des Preßrechts eine Einigung über Begriff und Wesen des Preßdelikts nicht so rasch erzielt werden dürfte. Es scheint mir wünschenswerth, gerade über diesen Punkt volle Klarheit herbeizuführen. Denn nur wenn der besondere Gerichtsstand der Presse in der lex lata eine ausreichende Begründung nicht zu finden vermag, ist die legislative Frage gerechtfertigt, die den Ausgangspunkt dieses Gutachtens bildet. Ich muß daher, im Interesse der Sache, den schwachen

Punkt möglichst scharf hervortreten lassen, der den Gegnern den Angriff auf die von mir und Andern eingenommene Stellung so wesentlich zu erleichtern scheint.

Wer den besonderen Gerichtsstand der Presse behauptet, der behauptet damit zugleich den besonderen Thatbestand des Preßdelikts. Oder genauer gesprochen: er behauptet damit, daß der Thatbestand aller Delikte, die durch den Inhalt einer Druckschrift begagnen werden können, in diesem Falle eine ganz wesentliche Aenderung erleidet. Ein Beispiel mag klar machen, was ich damit meine. Nach der herrschenden Ansicht gehört zum Thatbestand der Beleidigung, daß irgend jemand, sei es der Beleidigte selbst, sei es ein Dritter, von der Beleidigung Kenntniß genommen hat. Wenn A. im einsamen Waldesdickicht seinen Unwillen gegen den meilenweit entfernten B. dadurch Luft macht, daß er, von keinem Menschenohr vernommen, die schwersten Beleidigungen gegen B. ausspricht: so kann er, auch wenn er hinterher dieses seines Gefühlsergusses sich rühmen sollte, niemals wegen Beleidigung des B. bestraft werden. Wenn wir nun aber die durch die Presse begangene Beleidigung mit der Ausgabe der Druckschrift für vollendet erachten, so ist damit der Thatbestand der Beleidigung völlig verrückt; die Beleidigung ist gegeben, auch wenn kein einziger von den Lesern des Blattes von dem Inhalt des beleidigenden Artikels Kenntniß genommen haben sollte.

Ich bin nun allerdings nach wie vor der festen Ueberzeugung, daß diese Folgerung gezogen werden muß. Der naheliegende Einwand, daß von einer solchen Verschiebung des Thatbestandes im Gesetz nichts zu lesen sei, der einzige Einwaud, den die Reichsgerichtsentscheidung vom 17. Juni 1892 geltend gemacht hat, kann vor der Erwägung nicht Stand halten, daß unser Preßgesetz und daß die Preßgesetze der sämmtlichen modernen Kulturstaaten sinn- und zwecklos wären ohne die Annahme des eigenartigen Thatbestandes der Preßdelikte. Aber ich bin nicht mehr Optimist genug, um zu hoffen, daß eine solche auf die geschichtliche Entwickelung und auf die kriminalpolitische Bedeutung der Preßgesetzgebung gestützte Erwägung gegenüber dem unsere Strafrechtspflege mehr denn je beherrschenden Formalismus durchschlagen wird.

Und daraus ergiebt sich für jeden, der den fliegenden Gerichtsstand der Presse für einen schweren Uebelstand hält, die unabweisliche Nothwendigkeit, die Aufnahme eine ausdrücklichen Bestimmung in das geltende Recht in Vorschlag zu bringen.

III. Es wird nicht schwer sein, sich über den Inhalt dieses ausdrücklich auszusprechenden Rechtssatzes zu einigen. Ich würde ohne weiteres der wiederholt vorgeschlagenen Fassung zustimmen können:

„Begründet der Inhalt einer Druckschrift den Thatbestand einer strafbaren Handlung, so ist für alle an Herstellung und Herausgabe der Druckschrift betheiligten Personen (Verfasser, Herausgeber, Redacteur, Drucker, Verleger) der Gerichtsstand der begangenen That nur bei demjenigen Gericht begründet, in dessen Bezirk die Druckschrift erschienen ist."

Nur ein ganz interessanter in der Literatur bisher viel zu wenig beachteter Punkt bedarf hier der näheren Erörterung, soll nicht das kaum hergestellte Einvernehmen sofort wieder in Frage gestellt werden.

Der Leipziger Juristentag von 1880 hatte auf Grund des von mir damals erstatteten Gutachtens den folgenden Beschluß gefaßt:

„Die Preßdelicte werden von den an Herstellung und Ausgabe der Druckschriften betheiligten Personen (Verfasser, Herausgeber, Redacteur, Drucker, Verleger) begangen an demjenigen Orte, von dem aus die Verbreitung der Druckschrift, (der Vertrieb) erfolgte."

Im Anschluß daran war in der zweiten vom Juristentag angenommenen These der in meinem Gutachten entwickelte Begriff des „Verbreitungsmittelpunktes" zu Grunde gelegt worden. Es fragt sich ob die damals angenommene und die heute mir vorgeschlagene These nicht etwa in einem wesentlichen Punkte zu einander im Widerspruch sich befinden. Nach einem Zwischenraum von zwanzig Jahren hätte ein solcher Widerspruch nichts auffallendes; die geänderte Fassung könnte sehr wohl das Ergebniß gereifter Ueberlegung sein.

Das ist nicht der Fall. Ich betrachte vielmehr die beiden Fassungen als durchaus übeinstimmend, und habe nur deshalb nicht meinen damaligen Vorschlag schlechtweg wiederholt, weil ich nicht ohne zwingenden Grund von den von anderer Seite gemachten Vorschlägen abweichen wollte.

Die Behauptung, daß die beiden Fassungen denselben Gedanken zum Ausdruck bringen, bedarf des Nachweises.

Für die gesammte Lehre vom Preßdelict ist von entscheidender Bedeutung die richtige Bestimmung des Verhältnisses, in welchem, im Sinne des Gesetzes, die Begriffe **Verleger** und **Verbreiter** zu einander stehen.

Von allen tiefer greifenden Erwägungen abgesehen, zwingt uns schon der § 22 des Preßgesetzes, das Wesen des Preßdelictes in der **Verbreitung** der Druckschrift zu erblicken, also darin, daß ihr Inhalt dem Publikum zugänglich gemacht wird. Ist das richtig, so ist die Verbreitung und nur sie allein die **Ausführungshandlung** bei jedem Preßdelict; und alles, was voran gegangen, kann nur als Vorbereitungshandlung betrachtet werden. Thäter im Unterschied von den Theilnehmern wäre nur der Verbreiter; und auch für den Gerichtsstand der begangenen That käme nur die Verbreitung in Betracht.

Der Thätigkeit des Verbreiters gegenüber würde die des Verlegers völlig in den Hintergrund treten. Verleger ist derjenige, der die Druckschrift „herausgiebt“, „erscheinen läßt“, der die Anordnung trifft, daß sie von andern verbreitet werde. Die Thätigkeit des Verlegers hätte nur die Bedeutuug einer Vorbereitungs- oder Gehilfenhandlung, die niemals für die sämmtlichen an der That Betheiligten den Gerichtsstand der begangenen That begründen könnte. Durch die Handlung des Verlegers würde die Schrift erst zur Druckschrift im Sinne des § 2 Preßgesetz, durch sie mithin erst das Mittel hergestellt, mit dem das Preßdelict von einem andern begangen werden kann.

Dann wären aber die beiden oben neben einandergestellten Fassungen inhaltlich verschieden; und es könnte keinem Zweifel unterliegen, daß die diesmal vorgeschlagene falsch ist und daß nur die aus dem Jahre 1880 richtig sein kann.

Aber diese Auffassung des Verhältnisses der Begriffe „Verleger“ und „Verbreiter“ zu einander kann nicht richtig sein. Der wahre Sachverhalt würde auf den Kopf gestellt, wollte man, sei es bei der periodischen, sei es ganz besonders auch bei der nichtperiodischen Presse, den Verlagsbuchhändler als den Gehülfen des Sortimenters oder des Leihbibliothekars, als die Nebenperson neben dem Verbreiter ansehen. Es muß also in der Begriffsbestimmung da oder dort ein Fehler stecken.

Der Fehler liegt in der Begriffsbestimmung des Verlegers. Das „Erscheinenlassen“, das „Herausgeben“ ist kein interner Willensakt, auch keine bloße Willenserklärung, sondern es ist eine That, und zwar diejenige, durch welche die Verbreitung wirklich begonnen wird.

Mag die Versendung unmittelbar von dem Sitze des Verlagsgeschäftes aus erfolgen, indem die ganze Auflage in Bücherballen und Paketen an Besteller und „zur Ansicht“ verschickt wird; mag sie geschehen durch ein von dem Berliner Verleger an seinen Leipziger Kommissionär gerichtetes Telegramm, so daß durch diesen als das Werkzeug des Verlegers die in Leipzig aufgestapelten Bücher in die Welt geschickt werden: stets erreicht die Thätigkeit des Verlegers ihren Abschluß erst dadurch, daß er selbst mit der Verbreitung beginnt.

Der Abschluß des Verlagsvertrages mit dem Verfasser, das Setzen, Drucken, Heften, Binden des Buches sind alles Vorbereitungshandlungen, deren Ziel die Herstellung der Druckschrift, d. h. der „zur Verbreitung

bestimmten Vervielfältigung“ ist; und insoweit ist die Thätigkeit des Verlegers nur Gehilfenthätigkeit, nur Vorbereitungshandlung.

Aber gerade auch die Ausführungshandlung, die **Verbreitung** geht von ihm aus. In seinen Händen ruht die Entscheidung darüber, ob und wann und wie die Druckschrift auf den Markt geworfen, ihre Verbreitung eingeleitet werden soll.

Damit ist auch nachgewiesen, daß die beiden Fassungen dasselbe besagen; die zweite aus dem Jahre 1880, in juristisch scharfer, den Mißverständnissen weniger ausgesetzten Weise; die erste, die ich jetzt vorgeschlagen habe, im Anschluß an den gewöhnlichen Sprachgebrauch.

Eine „erschienene“, eine „herausgegebene“ Druckschrift ist die, deren Verbreitung begonnen hat. Und sie ist **dort** erschienen, **dort** herausgegeben, **von wo aus** der Beginn der Verbreitung stattgefunden hat; also im „Verbreitungsmittelpunkte“, um den von mir 1880 gebrauchten Ausdruck zu wiederholen.

IV. Es ist nach meiner Auffassung nicht die Aufgabe des deutschen Juristentages, in die Casuistik der zu berathenden Rechtssätze weiter einzugehen, als dies nothwendig ist, um die Tragweite und damit die Richtigkeit derselben zu prüfen. Nur um Mißverständnisse auszuschließen, möchte ich noch Folgendes bemerken.

1. Der selbständige Thatbestand, der durch die selbständige Weiterverbreitung der Druckschrift begründet wird, ist in der vorgeschlagenen Fassung außer Betracht gelassen. Man denke an die Verbreitung einer mit Beschlag belegten Druckschrift (Preßgesetz § 28), oder an die im Auslande erscheinende periodische Druckschrift, bezüglich deren der Reichskanzler das „Verbot der ferneren Verbreitung“ ausgesprochen hat (Preßgesetz § 14). In diesen Fällen ist für jede dieser selbständigen Verbreitungshandlungen der Gerichtsstand der begangenen That selbständig zu bestimmen.

2. Daß die Forderung eines besonderen Gerichtsstandes für die Preßdelikte auf Verfasser, Herausgeber, Redakteur, Drucker, Verleger beschränkt wird, scheint mir aus verschiedenen Gründen wünschenswerth. Soweit der Verbreiter, also etwa der Zeitungsverkäufer auf unseren Bahnhöfen, wegen selbständiger Weiterverbreitung strafbar ist, darf der Gerichtsstand des Ausgabeortes für ihn nicht maßgebend sein; und soweit er als Theilnehmer an der auf den Verleger zurückführenden Verbreitung erscheint, wird er durch die vorgeschlagene Fassung ohnehin gedeckt. **Die** Frage aber, ob noch andere als die im Preßgesetz selbst genannten Personen (etwa auch die Setzer und Korrektoren der Druckerei) sich der strafbaren Theilnahme an dem begangenen Preßdelikte schuldig

machen, ist viel zu wichtig und zu schwierig, als daß sie der Juristentag so nebenher erledigen könnte.

3. Eine Unterscheidung zwischen inländischen und ausländischen Druckschriften möchte ich nicht machen. Sie würde bedeuten, daß der fliegende Gerichtsstand für die im Inlande erscheinenden Druckschriften beseitigt, dagegen für die im Auslande erscheinenden beibehalten werde. Das ließe sich verstehen, wenn der fliegende Gerichtsstand dem Wesen des Preßdeliktes entspräche und zu Gunsten der inländischen Presse eine Ausnahme von den allgemeinen Grundsätzen des Proceßrechtes gemacht werden sollte. Eine derartige Auffassung würde aber im Widerspruch zu der wissenschaftlichen Grundlage stehen, auf der meine Ausführungen beruhen. Sie würde wohl auch kaum der Ansicht derjenigen gerecht werden, die die Beseitigung des fliegenden Gerichtsstandes fordern, weil sie ihn für eine zweckwidrige und ungerechte Ausnahmemaßregel zu Ungunsten der Presse erachten. Sie würde auch gerade darum kaum geeignet sein, für die von uns vorzuschlagende Aenderung der Gesetzgebung das Wohlwollen des Gesetzgebers zu erwecken oder zu fördern.

Ich stelle daher die einzige These auf:

„**Begründet der Inhalt einer Druckschrift den Thatbestand einer strafbaren Handlung, so ist für alle an Herstellung und Herausgabe der Druckschrift Betheiligten (Verfasser, Herausgeber, Redakteur, Drucker, Verleger) der Gerichtsstand der begangenen That nur bei demjenigen Gerichte begründet, in dessen Bezirk die Druckschrift erschienen ist.**“

Der deutsche Juristentag würde durch die Annahme dieses Leitsatzes bekunden, daß er den von ihm vor zwanzig Jahren eingenommenen Standpunkt auch heute noch für den richtigen erkennt. Der Presse aber würde die gesetzliche Durchführung dieses Satzes die Rechtssicherheit zurückgeben, die ihr heute, und zwar wahrhaft nicht zum Vortheil unseres öffentlichen Lebens, durch die Anwendung des fliegenden Gerichtsstandes entzogen ist.

XI.

Gutachten des Herrn Dr. Albert Osterrieth in Berlin

über die Frage:

Soll der Verleger berechtigt sein, das Verlagsrecht ohne Zustimmung des Autors zu übertragen?

I.

Die Frage, ob der Verleger das durch Verlagsvertrag begründete Verlagsrecht ohne Zustimmung des Autors auf Dritte übertragen kann, ist viel umstritten. Da über Gegenstand und Umfang der Frage mancherlei Unklarheit herrscht, wird es zweckmäßig sein, zunächst den Begriff „Verlagsrecht" scharf abzugrenzen.

Urheberrecht und Verlagsrecht sind nicht identisch. Während ersteres die Summe aller dem Urheber eines Werkes zustehenden ausschließlichen Befugnisse, und in seiner Gesammtheit ein originäres Recht darstellt, ist unter Verlagsrecht die Gesammtheit derjenigen ausschließlichen Befugnisse zu verstehen, die auf Grund des Verlagsvertrags vom Urheber auf den Verleger übertragen werden. Es ist also ein abgeleitetes Recht. Der Umfang dieser Befugnisse bestimmt sich durch den Verlagsvertrag.

Das Verlagsrecht hat also das Urheberrecht zur Voraussetzung, es bietet sich als ein Ausschnitt aus demselben dar.

Nach geltendem Recht, sowie nach dem Entwurf eines neuen Urheberrechtsgesetzes ist das Urheberrecht übertragbar, als Ganzes oder nach einzelnen Befugnissen, so daß an und für sich die principielle Uebertragbarkeit des Verlagsrechts an Dritte hier nicht in Frage steht.

Es handelt sich hier vielmehr nur darum, ob auf **Grund des Verlagsvertrages** eine Weiterübertragung des Verlagsrechtes ohne Zustimmung des Urhebers zulässig ist oder nicht. Und zwar sei hier gleich vorweg bemerkt, was später noch im einzelnen auszuführen ist, daß das Verlagsrecht nicht als solches, sondern nur in seinem Zusammenhang mit den übrigen, den Inhalt des Verlagsvertrages bildenden Rechten und Verpflichtungen zu betrachten ist.

Die Antwort auf die gestellte Frage wird hiernach von den Schlußfolgerungen bedingt sein, die sich aus einer Betrachtung des Wesens des Verlagsvertrages und aus der rechtspolitischen Abwägung der damit verknüpften praktischen Interessen ergeben.

Wenn wir diesen Ausführungen noch eine kurze urheberrechtliche Betrachtung vorausschicken, so geschieht dies nur, um für die allgemeine Beurteilung des Verhältnisses zwischen Urheber und Verleger eine feste Grundlage zu gewinnen.

Zuvor noch einige Worte über den gegenwärtigen Stand der Frage.

II.

Die Gesetzgebung des In- und Auslandes schweigt[1]). Die Rechtsprechung ist dürftig und zum Theil schwankend.

In England steht die Rechtsprechung auf dem Standpunkt, daß das Verlagsrecht unveräußerlich ist[1a]).

In Frankreich vertrat die Rechtsprechung in der ersten Hälfte des Jahrhunderts den gleichen Standpunkt[2]). Spätere Entscheidungen ließen die Uebertragung mit dem Geschäftsbetrieb zu[3]); zugleich stellten sie den Grundsatz auf, daß es von den Umständen des einzelnen Falles abhänge, ob der Vertrag auf die Persönlichkeit der contrahirenden Verlagsfirma gestellt sei oder nicht. Eine neuere Entscheidung[4]) nimmt an, daß die Rechtsvermuthung für Uebertragbarkeit spreche. Doch sind in solchen Fällen, in denen die Uebertragung gegen den Willen des Autors als zu Recht bestehend anerkannt wurde, dem Autor besondere Sicherheiten für

---

[1]) Das Ungarische' Gesetz (Art. 37 von 1875 I. VIII § 532) und das Schweizer Obligationenrecht vom 1. Januar 1891 (Art. 390) enthalten eine Bestimmung für den Fall des Konkurses des Verlegers, auf die ich später zurückkomme.

[1a]) Entsch. Stevens v. Benning (Copinger S. 957) und Griffith v. the Tower Publishing Company Limited and Moncrieff. (Droit d'auteur 1897 S. 20 u. 30.) Auf die Ausführungen beider Entscheidungen wird noch später zurückzukommen sein. S. auch Drone S. 348 u. 366.

[2]) Tribunal de la Seine, Entsch. vom 12. März 1834. (Rénouard II S. 321.)

[3]) Pariser Apellhof, 20. April 1894 (Pataille, Annales 1895 S. 234) und 15. Januar 1896. (Pataille, Annales 1896 S. 5.)

[4]) Apellhof Nancy, 31. Mai 1890. (Pataille, Annales 1891 S. 281.)

Ausführung seines Vertrages zugesprochen worden[5]). Bei Beurteilung der französischen Entscheidungen ist indessen zu berücksichtigen, daß die Uebertragung des gesamten Urheberrechts als Regel betrachtet wird[6]).

In Deutschland ist aus früherer Zeit nur ein Bericht des Stadtgerichts und Kammergerichts Berlin an den preußischen Justizminister, sowie ein Rescript des Justizministers vom 7. Juni 1834 bekannt, welche die Uebertragbarkeit des Verlagsrechts bejahen, mit der Maßgabe, daß der ursprüngliche Verleger dem Verfasser nach wie vor verhaftet bleibe[7]). Die Motive des württembergischen Handelsgesetzbuchs (1840) stehen auf entgegengesetztem Standpunkte[8]).

Außerdem haben wir es nur mit der Entscheidung des Reichsgerichts vom 6. April 1888[9]) zu thun, welche die Uebertragung des Verlagsrechts ohne Genehmigung des Autors für zulässig erklärt. Da eine Würdigung dieser Entscheidung nur im Zusammenhang mit der gleichzeitigen Auffassung des Urheberrechts möglich ist, werden wir im nächsten Abschnitt darauf zurückkommen.

Die Lehrmeinungen in Deutschland sind getheilt. Aeltere Autoren sind unter dem Einflusse der Grundsätze des römischen Obligationsrechts der Mehrheit nach für Uebertragbarkeit, so vor allem Pütter[10]) und Rössig[11]); ähnlich Kramer[12]). Gleicher Ansicht sind Eisenlohr[13]),

---

[5]) Tribunal civil de la Seine, 27. Mai 1887. (Gazette de Palais 1887, 2, 33.)

[6]) Pouillet, Nr. 308. S. auch Gastambide S. 138 N. 101.

[7]) Als Grund wird angegeben: weil jeder Gegenstand des Eigenthums übertragbar sei. Daher sei der Verleger befugt, über das mittelst des Vertrags erworbene Eigenthum zu verfügen. Wächter, Verlagsrecht I S. 367.

[8]) „Da kein Schuldner berechtigt ist, einen anderen zu substituiren". Wächter, Verlagsrecht I S. 367 Anm.

[9]) Entsch. in Str. Bd. XVII S. 268.

[10]) Pütter § 42 S. 42. Doch scheint Pütter das Verlagsrecht mit dem Urheberrecht zu identificiren. S. 25 ff. a. a. O.

[11]) Rössig S. 180 § 22.

[12]) Kramer S. 154. Kramer's Auffassung ist besonders interessant, da sie deutlich den Einfluß der römisch-rechtlichen Doktrin verräth. Seine Erwägungen aus den Zwecken des Verlagsvertrages sprechen gegen Übertragbarkeit. Da er aber dazu neigt, den Verlagsvertrag als Pachtvertrag zu konstruiren, sind dessen Grundsätze für ihn maßgebend. Mit Befriedigung stellt er fest, daß das Preuß. Landrecht die Länderpacht als persönlichen Vertrag betrachtet. „Allein", fährt er fort, „das römische Recht gestattet leider unbedingt die Afterpacht, und so muß man sie auch hier erlauben, wenn man annimmt, daß alle Grundsätze der Pacht auch vom Verlag gelten ...."

[13]) Eisenlohr S. 89.

Mittermaier[14]), Klostermann[15]), Allfeld[16]), Daude[17]), Scheele[18]), Gierke[19]), Mandry[20]), Eisenmann. Gegen Uebertragbarkeit sind Hinschius[21]), Walter[22]), Harum[23]), Bluntschli[24]), Wächter[25]), Gerber[26]), Stobbe[27]), Endemann[28]), Dahn[29]), Kohler[30]), Osterrieth[31]).

Auch von Interessenten und Interessentenverbänden ist die Frage in den letzten Jahren vielfach behandelt worden. In erster Reihe ist hier die Association littéraire et artistique internationale zu nennen, welche auf mehreren ihrer Kongresse den Entwurf eines Gesetzes über den Verlagsvertrag berathen hat[32]). Im allgemeinen vertrat die Association den

---

14) Mittermaier (cit. bei Petsch S. 64).

15) Klostermann S. 335.

16) Allfeld S. 54, 288.

17) Daude S. 35.

18) Scheele S. 22, die drei letzten im Anschluß an die Anm. 9, cit. Entsch. des Reichsgerichts.

19) Gierke S. 808 Anm. 17. Doch läßt er die Frage, ob die Pflichten des Verlegers übergehen, offen.

20) Mandry (S. 331). Ebenso wie Gierke.

21) u. 22) cit. bei Petsch S. 64.

23) Harum S. 153.

24) cit. bei Petsch S. 64.

25) Wächter, Verlagsrecht S. 364; Autorrecht S. 124. Mit Unrecht nimmt Voigtländer S. 107 Wächter für die gegenteilige Meinung in Anspruch. Ebenso unrichtig ist es, wenn er sich auf § 3 des Urheberrechtsgesetzes beruft.

26) Gerber, Abhandlungen II S. 292, 391 ff.

27) Stobbe (3. Aufl.) III S. 469.

28) Endemann S. 13.

29) Dahn S. 90.

30) Kohler S. 284.

31) Osterrieth, Altes und neues S. 104; Urh. u. Verlagsr. S. 302.

32) Bericht Ocampo's und Max Nordau's für den Congreß von Neuchâtel 1891. § 10. „L'auteur peut résilier le contrat avec ou sans dommages-intérêts à fixer par le juge sur l'avis d'experts:

> 3° quand l'éditeur est déclaré en faillite et que l'auteur ne reçoit pas du syndic de la faillite des garanties pour l'accomplissement du contrat dans son intégralité."

Nach § 23 wird die Uebertragung bei Tod des Verlegers oder beim Verkauf seines Geschäfts auf die Erben oder Rechtsnachfolger für zulässig erklärt.

Im folgenden Jahre (1892) legten Pouillet, Ocampo und Harmand dem Mailänder Congreß einen neuen Entwurf vor, aus dem wir folgende Bestimmungen wiedergeben:

> § 15. „L'éditeur ne pourra cèder qu'à son successeur les droit qu'il tient du contrat d'édition."

> § 17. „En cas de déclaration de faillite de l'éditeur, l'auteur

Standpunkt der französischen Autoren[33]), daß die Uebertragung der Rechte aus dem Verlagsvertrag nur bei Uebertragung des ganzen Verlagsgeschäfts zulässig sei.

In Deutschland knüpfte sich eine lebhafte Diskussion an die vorhin erwähnte Reichsgerichtsentscheidung[34]).

Der Deutsche Schriftstellerverband ließ zu Anfang der neunziger Jahre den Entwurf eines Gesetzes über den Verlagsvertrag ausarbeiten, der auf der Hauptversammlung vom 15. September 1891 angenommen wurde.

§ 4 dieses Entwurfes besagt:

„Die Gesammtheit der Rechte, welche der Verleger auf Grund des Verlagsvertrages erwirbt, bildet das Verlagsrecht. Dasselbe gilt als der Person oder der Geschäftsfirma des Verlegers übertragen und kann zwar vererbt und mit der Firma veräußert, für sich aber nur mit Einwilligung des Urhebers oder seiner Rechtsnachfolger an einen Dritten übertragen werden."

Den entgegengesetzten Standpunkt nahmen die Verleger ein. Der Börsenverein der Deutschen Buchhändler ließ durch einen besonderen Ausschuß den Entwurf einer Verlagsordnung für den Deut-

---

peut demander la résiliation, s'il ne recoit pas du syndic des garanties suffisantes pour l'exécution du contrat dans son intégralité, à charge par lui d'offrir le remboursement des dépenses utiles faites pour la publication le l'oeuvre."

Der gleiche Entwurf wurde 1893 dem Congreß in Barcelona vorgelegt, der sich mit den Vorschlägen der §§ 15 u. 17 im Princip einverstanden erklärte.

In dem Bericht für den Antwerpener Congreß (1894) war § 15 gestrichen, da man diese Frage dem gemeinsamen Recht überlassen wollte. § 17 (im neuen Entwurf § 14) stimmte mit der früheren Fassung überein, abgesehen von der Streichung des letzten Satzes à charge etc., da diese Frage nach den Umständen des einzelnen Falles zu beurteilen sei.

Auf dem Dresdner Congreß von 1895 lag ein Bericht Martin Hildebrandt's vor, der indessen nicht im einzelnen durchberathen wurde (s. später im Text).

Für den Congreß von Monaco (1897) hatte Pouillet einen Bericht verfaßt, indem er vorschlug:

„Le benefice du contrat d'édition ne peut être transmis par l'éditeur qu'avec le fond de commerce.

33) Vgl. Renouard I S. 322; Gastambide S. 338 N. 101; Blanc S. 347; Nion S. 105; Calmels S. 400; Pouillet N. 347; Darras N. 1982 ff.; Huard; Lardeur.

34) Vgl. Wichert, Börsenblatt 1888 N. 280 und die Aufsätze im Jahrgang 1889 der Deutschen Presse.

schen Buchhandel ausarbeiten, der nach 4 Lesungen in der Hauptversammlung vom 30. April 1893 einstimmig angenommen wurde[35]).

Im Entwurf erster Lesung war die Uebertragbarkeit auf erschienene Werke beschränkt. Manuscripte und im Erscheinen begriffene Werke sollten nicht übertragbar sein. In zweiter Lesung wurde diese Bestimmung gestrichen, „weil sie beim Verkauf von ganzen Verlagsgeschäften sehr störend sein könnte“[36]).

Dementsprechend lautet § 41 der Verlagsordnung:

„Der Verleger ist in Ermangelung gegentheiliger Vereinbarung zu Weiterveräußerung des Verlagsrechts befugt.

Der Erwerber des Verlagsrechts tritt in alle Verbindlichkeiten des Verlegers gegen den Verfasser ein. Dieser hat seine Ansprüche aus dem Verlagsvertrage, unbeschadet der Haftbarkeit des ersten Verlegers, in erster Linie gegen den Erwerber des Verlagsrechts geltend zu machen.“

Schürmann, einer der gründlichsten und erfahrensten Kenner des Buchhandelsrechts, steht auf dem in dem ersten Börsenvereinsentwurf vertretenen Standpunkt[37]). In seiner Grundordnung der Rechtsverhältnisse zwischen Autoren und Verlegern regelt er die Frage folgendermaßen:

§ 87. „Der Verleger ist nicht befugt, das von ihm erworbene Verlagsrecht vor der Vervielfältigung des Werkes an einen anderen abzutreten.

Diese Befugniß tritt erst nach der Vervielfältigung ein, wobei er dem Autor für die eingegangenen Verpflichtungen soweit einzustehen hat, als dieselben noch nicht erfüllt sind.“

§ 88. Beim Verkauf eines ganzen Verlagsgeschäftes oder bei Auflösung eines Societätsverhältnisses sind die noch nicht zur Vervielfältigung gediehenen Verlagsrechte nur unter der Voraussetzung mit veräußerlich, daß der oder die ursprünglichen Verleger dem Autor wie für das Honorar, so auch für die Erfüllung aller sonstigen Verpflichtungen haften.

---

[35]) Voigtländer S. 49. Der Commentar Voigtländer's, der die Ausarbeitung des Entwurfs anregte und als Schriftführer die Hauptarbeit leistete, bietet reiches Material für die Kenntniß verlagsrechtlicher Fragen. Es darf aber nicht vergessen werden, daß er als Buchhändler vielfach einen einseitigen Standpunkt einnimmt.

[36]) Voigtländer S. 109.

[37]) Schürmann S. 125 und S. 341.

Den Standpunkt der Verlagsordnung vertheidigt Kirchheim, ein Verlagsbuchhändler, in seiner Doctordissertation[38]).

Beachtenswert ist noch die Auffassung Martin Hildebrandt's, der in seinem für den Dresdener Congreß der Association littéraire et artistique internationale verfaßten Entwurf als Gegenstand des Verlagsvertrags die Gewährung der wirthschaftlichen Nutzung des Werkes an den Verleger betrachtet. Er schlägt vor: VII. (Berechtigung zur wirthschaftlichen Nutzung):

> „Die wirthschaftliche Nutzung eines Geistes- oder eines Kunstwerkes darf nur ausüben, wer die Berechtigung dazu vom Urheber oder seinem Rechtsnachfolger erworben hat. Sie darf nur innerhalb der Grenzen und Formen geschehen, für welche die Berechtigung erlangt wurde. Sind mehrere Urheber an der Schöpfung des Werkes betheiligt, so ist die Zustimmung jedes einzelnen derselben erforderlich. Die erlangte Berechtigung auf Dritte zu übertragen ist ohne die Zustimmung des Urhebers nicht gestattet."

III.

Die schon erwähnte Reichsgerichtsentscheidung vom 6. April 1888 leitet die Uebertragbarkeit des Verlagsrechts aus dem Umstande ab, daß nach geltendem Recht das Urheberrecht ein reines Vermögensrecht und nicht an die Person des Urhebers gebunden sei[39]): „Für das Wesen des Urheberrechts ist nicht von Bedeutung, daß es auch zum Schutze von Interessen dienen kann, die außerhalb der Sphäre des Vermögensrechts liegen. Daß dem Urheberrecht zuweilen ein pecuniärer Werth nicht zukommt, hat dasselbe mit anderen Vermögensrechten gemein." Hieraus sei zu schließen, daß derjenige, der die Unzulänglichkeit der Uebertragung behaupte, sie aus besonderen Umständen begründen müsse.

So wenig ich auch der Entscheidung des Reichsgerichts zustimme, so läßt sich doch nicht bestreiten, daß das Gesetz vom 10. Juni 1870 sich dahin auslegen ließ, das Urheberrecht sei ein reines Vermögensrecht und schließe die Rücksicht auf andere als vermögensrechtliche Interessen grundsätzlich aus.

Wenn wir heute dieselbe Frage de lege ferenda prüfen, so haben wir aber mit der Thatsache zu rechnen, daß der Standpunkt des künftigen Gesetzes voraussichtlich ein anderer sein wird.

---

[38]) Kirchheim, Zur Lehre vom Verlagsrecht. Mainz 1895 (nicht im Buchhandel).

[39]) Entsch. in Straff. Bd. XVII S. 274.

Der Entwurf eines neuen Gesetzes „betreffend das Urheberrecht an Werken der Literatur und der Tonkunst“[40]) bestimmt in den allgemein beifällig aufgenommenen[41]) §§ 10 und 11:

§ 10: „Wird das Recht des Urhebers beschränkt oder unbeschränkt übertragen, so darf der Erwerber an dem Werke selbst, an dessen Titel und an der Bezeichnung des Urhebers ohne Einwilligung des Urhebers keine Zusätze, Weglassungen oder sonstige Aenderungen vornehmen.“

§ 11: „Die Zwangsvollstreckung in das Recht des Urhebers findet gegen den Urheber selbst nicht statt. Gegen die Erben des Urhebers ist sie nur zulässig, wenn das Werk erschienen ist.“

Die Motive bemerken dazu[42]):

„Der Entwurf will das geltende Recht dahin ergänzen, daß nicht nur die Verwerthung der geistigen Arbeit, sondern auch das persönliche Interesse des Verfassers an seinem Erzeugnisse gesichert wird.“

In diesen Worten spricht sich gerade das Gegentheil von dem aus, was in Hinsicht auf das geltende Recht für das Reichsgericht maßgebend schien. Es kommt hier der Gedanke zur Geltung, daß der Urheber kraft der Autorschaft in einer intimen Beziehung zu seinem Werke steht, welche ebensowohl gesetzliche Anerkennung erfordert wie sein Vermögensinteresse[43]).

Dieser persönliche Schutz ist unveräußerlich. Er richtet sich gegen jede unbefugte Veröffentlichung eines Werkes[44]) und gegen jede Veränderung des Werkes oder seiner Bezeichnung. Er wird ohne Weiteres auch auf die Art der Veröffentlichung auszudehnen sein.

---

[40]) Amtliche Ausgabe, Guttentag 1899.

[41]) Vgl. Traumann's Ueberſicht über die Litteratur zum Entwurf, in „Gewerblicher Rechtsschutz und Urheberrecht“, 1900, N. 3.

[42]) a. a. O. S. 29.

[43]) Vgl. hierzu Kohler, Autorrecht S. 123 ff. 52 ff. Osterrieth, Altes und Neues S. 66.

Ein wirksamer Schutz der Autorpersönlichkeit wurde neuerdings gefordert in dem von dem Münchener Journalisten- und Schriftstellertag angenommenen Entwurf eines neuen Urheberrechtsgesetzes (s. Osterrieth, Die Reform des Urheberrechts, Berlin 1893), von dem Verein Berliner Presse, von dem Deutschen Schriftstellerverband, von der Genossenschaft Deutscher Komponisten (s. Traumann a. a. O.) und von der Association littéraire et artistique internationale (s. Verhandlungen der Congresse von Turin und Heidelberg).

[44]) § 44 des Entwurfs.

Dieser Schutz richtet sich nicht nur gegen jeden Dritten, sondern vor Allem gegen „den Erwerber an dem Werke selbst", also gegen den Verleger.

Damit schafft der Entwurf ein novum, das wohl in Rücksicht zu ziehen ist, wenn auch selbstverständlich die im § 9 ausdrücklich anerkannte Uebertragbarkeit des Urheberrechts und des daraus abgeleiteten Verlagsrechts hierdurch unmittelbar in keiner Weise eingeschränkt wird.

Es liegt aber in dieser neuen Bestimmung eine gesetzliche Anerkennung des zwischen dem Urheber und seinem Werke bestehenden persönlichen Bandes, das auch nach Uebertragung des Urheberrechts fortbesteht. Und dieses persönliche Interesse wird in Zukunft — entgegen der Anschauung des Reichsgerichts — bei der Beurteilung des Verlagsvertrags mit in Rücksicht zu ziehen sein.

IV.

Der Normalfall des Verlagsvertrags ist folgender:

Der Urheber überläßt einem Verleger ein Werk zur Vervielfältigung und Verbreitung; der Verleger übernimmt die Vervielfältigung und Verbreitung auf eigene Rechnung und Gefahr. Der Verleger ist zur Vervielfältigung und Verbreitung verpflichtet. Die Honorarpflicht ist kein essentiale des Vertrages, sie kann auch unter Umständen durch die auf Veröffentlichung gerichtete Leistung des Verlegers ausgeglichen werden.

Ich beabsichtige nicht, eine Construction des Verlagsvertrages zu versuchen. Es scheint aber doch zweckmäßig, diejenigen Formen zu ermitteln, welche Analogien mit dem Verlagsvertrag aufweisen, um an der Hand dieser Analogien in möglichster Uebereinstimmung mit den Grundsätzen des B.G.B. zu bleiben.

Auf den ersten Blick hat es den Anschein, als ob der Thatbestand des Verlagsvertrages sich mit keiner der Formen der üblichen Verträge decke.

Wenn man jedoch die Zwecke des Vertrages als das Ziel der beiderseitigen Willensrichtung ins Auge faßt, nimmt das scheinbar amorphe Gebilde bestimmte Formen an.

Der beiderseitige Zweck ist die Vervielfältigung und Verbreitung, jedoch in verschiedenem Sinn, je nachdem man sich auf den Standpunkt des Verlegers oder des Urhebers stellt.

Für den Verleger ist die Veröffentlichung des Werkes nicht Endzweck, sondern nur ein Mittel zu einem tiefer liegenden wirthschaftlichen Zweck, nämlich der wirthschaftlichen Verwerthung der im Werk enthaltenen und durch Vervielfältigung und Verbreitung zu verwirklichenden Werthe. Setzen wir diesen Begriff in den oben dargestellten Thatbestand ein, so kommen wir zu der Formel: der Urheber überläßt dem Verleger ein Werk zur bestimmungsgemäßen wirthschaftlichen Verwerthung. Diese Ueberlassung ist in der Regel eine entgeltliche, denn der Verleger hat dem Autor — abgesehen vom Honorar — dafür eine wirthschaftliche Leistung zu liefern, die in der ihm zur Pflicht gemachten Vervielfältigung und Verbreitung des Werkes liegt.

Wenn man das Schriftwerk als eine immaterielle Sache betrachtet, so hat man folgende Leistungen: auf Seiten des Autors die Gewährung des Gebrauchs einer immateriellen Sache, auf Seiten des Verlegers die Pflicht zu einer wirthschaftlichen Leistung als Entgelt. Damit ist die Analogie zum Pachtvertrag[45]) oder dem Miethsvertrag gegeben. Die Heranziehung des Pachtvertrages liegt näher, da er nicht auf körperliche Sachen beschränkt ist. Die Analogie ergiebt sich, um es zu wiederholen, wenn man den Verlagsvertrag vom Standpunkt der verlegerischen Zwecke aus betrachtet[46]).

Von dem Standpunkte der Zwecke des Urhebers aus verpflichtet sich der Verleger zur Vervielfältigung und Verbreitung des Werkes gegen die Ueberlassung seines wirthschaftlichen Genusses. Damit ist die Analogie zum Werkvertrag[47]) gegeben. Gegenstand des unter dem Gesichtspunkt des Werkvertrages zu betrachtenden Verlagsvertrages ist der durch Arbeit des Verlegers herbeizuführende Erfolg der Vervielfältigung und Verbreitung.

---

[45]) § 581 B.G.B. „Durch den Pachtvertrag wird der Verpächter verpflichtet, dem Pächter den Gebrauch des verpachteten Gegenstandes und den Genuß der Früchte, sowie sie nach den Regeln einer ordnungsmäßigen Wirthschaft als Ertrag anzusehen sind, während der Pachtzeit zu gewähren. Der Pächter ist verpflichtet, dem Verpächter den vereinbarten Pachtzins zu gewähren."

[46]) Diesen wichtigen Gesichtspunkt übersieht z. B. Dernburg, wenn er (Preuß. Privatrecht II. 5. Aufl. S. 624 Anm. 4) die Analogie des Miethsvertrages ablehnt, da die Abtretung des Urheberrechts nur etwas der Ueberlassung zum Verlag accessorisches sei. Aber erstens ist nicht das Verlagsrecht Gegenstand des miethsähnlichen Verhältnisses, sondern das Werk des Urhebers. Und wenn man dessen wirthschaftliche Verwerthung als etwas accessorisches ansehen wollte, würde sich mit Recht der ganze Buchhandel dagegen auflehnen.

[47]) § 631 B.G.B. „Durch den Werkvertrag wird der Unternehmer zur Herstellung des versprochenen Werkes, der Besteller zur Entrichtung der vereinbarten Vergütung verpflichtet.

Gegenstand des Werkvertrages kann sowohl die Herstellung oder Veränderung einer Sache als ein anderer durch Arbeit oder Dienstleistung herbeizuführender Erfolg sein" (s. Oertmann S. 351).

In der Heranziehung des Pachtvertrages und des Werkvertrages eine Construction des Verlagsvertrages zu erblicken, verbietet sich schon aus dem Grunde, daß diese beiden Vertragsformen nicht innerhalb des Thatbestandes neben einander Platz haben; vielmehr decken sie sich beide mit ihm.

Und doch scheint es mir erforderlich, bei Beurtheilung des Verlagsvertrages auf beide Analogien Rücksicht zu nehmen, weil sie sich nothwendig aus der Betrachtung der beiderseitigen Zwecke des Vertrages ergeben, die in der einen Leistung der Vervielfältigung und Verbreitung zusammentreffen, in ihrem letzten Grunde aber auseinander gehen[48]).

Nun könnte man einwenden, daß bei jedem zweiseitigen Vertrag die Motive verschieden sind, und daß die auf verschiedene Endzwecke gerichteten Willensabsichten sich ergänzen und in dem einen herbeizuführenden Erfolg ihre Erfüllung finden. Dies liegt aber beim Verlagsvertrag nicht vor, da hier Leistung und Gegenleistung nicht wirthschaftlich gleichwerthig sind und nicht nach dem gleichen Maßstabe bemessen werden können.

Uebrigens wird auch nicht beabsichtigt, unmittelbare Schlüsse aus diesen Analogien auf die gegebene Frage zu ziehen. Doch wird sich später eine überraschende Anwendung gleicher Grundsätze ergeben.

V.

Wenn wir nun die Zwecke des Verlagsvertrags näher ins Auge fassen, so haben wir zunächst von der Person des Urhebers auszugehen, und zwar, weil er der Schöpfer des Werkes ist, dessen Bestimmung durch Vervielfältigung und Verbreitung verwirklicht wird, und er ferner das Gut erzeugt, das Gegenstand des wirthschaftlichen Gebrauchs des Verlegers ist.

Der Zweck, den der Urheber mit der Vervielfältigung und Verbreitung verfolgt, ist der, den Inhalt seines Werkes dem Publikum bekannt zu machen. Dies ist gewissermaßen der Rohzweck. Doch verbinden sich damit in der Regel die Absicht besonderer Wirkungen, je nachdem es sich um eine agitatorische, eine wissenschaftliche, eine unterhaltende oder ästhetische Leistung u. s. w. handelt. Diese besonderen Wirkungen werden erzielt durch die Art der Vervielfältigung und des Vertriebs. Ein agitatorisches Werk erfordert eine rasche und energische Verbreitung; ein wissenschaftliches Werk exacte Ausführung und Verbreitung in dem

---

48) Vgl. **Kohler**, Autorrecht S. 290 ff., der das Verhältniß zwischen Verleger und Autor als Analogon zum Beneficial- und Vasallenverhältniß betrachtet.

kleinen Kreis, für den es bestimmt ist, also Fürsorge für geeignete Besprechung in Fachblättern. Ein unterhaltendes Werk erfordert angemessene Ausstattung, bescheidene Preise und gehörige Versendung und Anzeige. Ein ästhetisches, intimes Werk künstlerische Ausstattung, Buchschmuck, würdige Reclame u. s. w. u. s. w.

Diese Modalitäten der Vervielfältigung und Verbreitung, die in jedem einzelnen Fall in Betracht kommen, lassen sich in der Regel nicht vertragsmäßig feststellen. Einerseits, weil es dem Autor als Nichtgeschäftsmann meist nicht möglich ist, sie zu übersehen und in bindender Form zum Ausdruck zu bringen, und dann, weil sie sich vielfach erst im Lauf der Zeit festsetzen lassen. Der Urheber ist daher gezwungen, sich auf die Person des Verlegers zu verlassen. Er wählt den Verleger im Hinblick auf den Zweck, den er mit seinem Werk verfolgt. Wenn es auch Ausnahmen giebt, Fälle, in denen der Verleger ein Werk bestellt[49]), oder der Autor sich mit dem gezahlten Honorar zufrieden giebt und nicht mehr nach dem Schicksal seines Werkes fragt, so ist doch die Regel unzweifelhaft die, daß der Autor mit dem Verleger abschließt, im Vertrauen darauf, daß dieser seinen Absichten durch die Art der Vervielfältigung und Verbreitung gerecht wird.

Bei Würdigung dieses Momentes ist zunächst an unsere Ausführungen (III.) über die persönlichen Beziehungen des Urhebers zu seinem Werk zu erinnern. Gerade da ihm noch nach Abschluß des Vertrages eine Controlle darüber zusteht, daß sein Werk nicht in einer seiner Absicht widersprechenden Form an das Publikum gebracht werde, muß man als Regel annehmen, daß, wenn der Urheber einen Vertrag schließt, der sich nicht auf alle vorherzusehende Einzelheiten der Veröffentlichung erstreckt, er sein persönliches Vertrauen auf den von ihm gewählten Verleger gestellt hat[50]).

---

[49]) Diesen Fall werden wir noch besonders behandeln.

[50]) Es wird von Verlegerseite eingewandt (Kirchheim S. 31), daß diese Anschauung thatsächlich nicht zutreffe, weil jedem Autor in der Regel eine ganze Reihe von Verlegern gleicher Verlagsrichtung gegenüberständen, von denen jeder Einzelne durchaus den Anforderungen der besonderen Veröffentlichungszwecke entspreche. Letzteres ist ja unzweifelhaft richtig. Es mag gleichgültig sein, ob ein Autor mit dem Verleger A oder B oder C abschließt. Aber dann bilden die Verleger A—C eine Gruppe, die die vom Autor gewünschten persönlichen Voraussetzungen erfüllen. Bei den Verlegern D—Z wäre dies nicht der Fall. Die Auswahl eines der Verleger A—C erfolgt dann mit Rücksicht auf deren gemeinsame Eigenschaften, durch die sie sich von D—Z unterscheiden.

So auch Wächter, Verlagsrecht I 365, Autorrecht 125; Kramer S. 154; Gerber, Abhandlgen. S. 391; Stobbe III (3. Aufl.) § 251 S. 469; Kohler, Autor-

Andererseits ist es nicht gleichgiltig, auf wen seine Wahl fällt. Es ist klar, daß z. B. ein altes, angesehenes Verlagshaus mit leistungsfähiger Druckerei, tüchtigen Künstlern, ausgedehnten buchhändlerischen Beziehungen, das in dauernder Geschäftsverbindung mit hervorragenden Gelehrten und Schriftstellern steht und in weiten Kreisen des Publikums durch seine Leistungen auf einem Specialgebiet (Jurisprudenz, Reiseliteratur u. s. w.) bekannt ist, einem Autor ganz andere Sicherheiten für exacte und schöne Ausführung des Druckes, für energischen Vertrieb und für gute Aufnahme beim Publikum bietet als ein kleiner Drucker, der ein beliebiges Buch in Verlag nimmt, um seine Druckerei zu beschäftigen, auch gelegentlich nachdruckt, oder ein vom Börsenverein boycottirter Buchhändler.

Jeder Verleger ist daher individuum und nicht einer von Vielen[51]). Jedes Verlagsgeschäft[52]) hat seinen eigenen, persönlichen Charakter, der sich in seiner ganzen Verlagsthätigkeit äußert. Und dieser bestimmt auch die Ausführung der im Verlagsvertrag übernommenen Verpflichtung zur Vervielfältigung und Verbreitung seines Werkes.

Mit anderen Worten: Die im Verlagsvertrag übernommene Leistung des Verlegers ist nicht fungibel, sondern sie ist persönlicher Natur[53]).

Wenn nun der Autor, dessen persönliche Beziehung zu seinem Werk anerkannt ist, seinen Gegencontrahenten mit Rücksicht auf dessen persönliche Vertrauenswürdigkeit wählt,

---

recht S. 285; **Wichert**, Börsenblatt 1888 Nr. 280; **Schuster** S. 209; **Lardeur** S. 83; **Wauwermans** N. 326. Das erwähnte Urtheil des Tribunal de la Seine vom 12. März 1834 faßt denselben Gedanken folgendermaßen: „attendu ... que d'un autre coté, il importe également à l'auteur que son œuvre soit publiée par l'éditeur de son choix, et non pas tel ou tel autre qui ne lui offrirait pas les mêmes garanties et qui, par manque d'habileté ou de connaissances spéciales, pourrait compromettre le succès de l'ouvrage et priver l'auteur de la considération et des avantages divers qu'il avait droit d'attendre de la publication." Vgl. auch die Ausführungen des Vice-Chancellor **Wood** in Stevens v. Benning (cit. Anm. 62).

[51]) S. vor allem **Kohler**, Autorrecht S. 285.

[52]) Ich gebrauche den Ausdruck „Verleger" ohne Unterschied, ob es sich um eine einzelne Person oder um eine Firma handelt. Hierüber später.

[53]) Anderer Meinung ist **Klostermann** (S. 330), der sich aber mit der Behauptung des Gegentheils begnügt. Er übersieht dabei, daß der Begriff „Vervielfältigung und Verbreitung" nicht an sich schon eine scharf bestimmte, konkrete Handlung darstellt, sondern nur das Gerippe der Handlung, das durch die individuelle geschäftliche Thätigkeit des Verlegers Fleisch und Blut erhält. Auf demselben Standpunkt stehen auch **Schürmann** S. 125; **Voigtländer** S. 125; **Kirchheim** a. a. O.; **Huard** S. 72.

und dessen Leistung persönlicher, nicht vertretbarer Natur ist, so geht hieraus ohne Weiteres hervor, daß der Verleger die durch den Verlagsvertrag begründete Verpflichtung zur Vervielfältigung und Verbreitung des Werkes principiell nicht auf Andere übertragen kann[54]).

Diese Schlußfolgerung[55]) ergiebt sich aus allgemeinen Rechtsgrundsätzen (a. a. c. § 267 B.G.B.; vgl. auch §§ 613, 664, 691 B.G.B.). Wollte man sie ablehnen und die Verpflichtung zur Vervielfältigung und Verbreitung für übertragbar erklären, so würde sich das merkwürdige Verhältniß ergeben, daß die persönliche Leistung auf einen Dritten überginge, während die an sich fungible Leistung, die Honorarschuld, gemäß § 415 B.G.B. nur mit Genehmigung des Urhebers übertragen werden könnte.

Mit dieser Feststellung ist für uns auch principiell die Frage entschieden, ob das Verlagsrecht übertragbar sei. Denn das Verlagsrecht, als die im Rahmen des Verlagsvertrags begründete ausschließliche Befugniß der Vervielfältigung und Verbreitung, ist an die Leistung der Vervielfältigung und Verbreitung gebunden. Es stellt den zur Durchführung der Leistung erforderlichen Schutz dar[56]).

Zu dem gleichen Ergebniß führt auch das Zurückgreifen auf die vorhin ausgeführte Analogie mit dem Pachtvertrag. Nach § 549 im Zusammenhang mit § 596 B.G.B. sind Untervermiethung und Unterverpachtung ohne Erlaubniß des Vermiethers nicht zulässig[57]).

Bemerkenswerth sind die Motive zu dieser Bestimmung, deren Grundgedanken sich ohne Weiteres auf die vorliegende Frage anwenden lassen:

---

[54]) Klostermann und Huard (a. a. O.) meinen, daß der Verleger sich in seinen Leistungen vertreten lassen könne. Auch wird darauf hingewiesen, daß der Verleger nicht persönlich den Vertrag ausführe, sondern durch Angestellte und Mittelspersonen. Ebensognt müsse die Vertretung durch einen anderen Verleger zulässig sein. Dieser Einwand trifft nicht zu. Es handelt sich darum, wer die Verantwortung für die Vertragserfüllung trägt. Bei der Durchführung kann sich der Verleger ebensowohl von Dritten unterstützen lassen, wie ein Künstler, der bei Ausführung eines von ihm bestellten und mit seinem Namen zu bezeichnenden Werkes Schüler und Gehilfen zuzieht, vorausgesetzt, daß er die Arbeit leitet, beaufsichtigt und mit seiner Verantwortung und seinem Namen deckt. Denn gerade der Name eines Verlegers oder einer Firma spielt im Verlagsleben eine Hauptrolle.

[55]) Vgl. hierzu Planck II S. 39; Oertmann S. 27.

[56]) Unrichtig Wächter I 366.

[57]) Nach gemeinem Recht (Windscheid, § 400 S. 507 u. Anm. 23), nach sächsischem Recht (Sächs. Gesetzbuch § 1194) und französischem Recht (Art. 1717 c. c.; Zachariae, 7. Aufl. II S. 562) war die Untervermiethung ohne Genehmigung des

„In der Mehrzahl der Fälle ist die Person des Miethers, sein Beruf, seine Lebensweise u. s. w. für den Abschluß und die Bedingungen des Miethsvertrages von entscheidender Bedeutung; das Miethsverhältniß beruht auf dem gegenseitigen persönlichen Vertrauen der Parteien. Die Art, wie von der Sache Gebrauch gemacht wird, kann auch innerhalb der vertragsmäßigen Grenzen des Gebrauchsrechts je nach der in Frage kommenden Persönlichkeit so verschieden sein, daß der Vermiether ein erhebliches Interesse daran hat, nicht die Ueberlassung des Gebrauchs an einen Anderen dulden zu müssen" [58]).

Die gleichen Erwägungen — denen aber mit Rücksicht auf die intime persönliche Beziehung zwischen Autor und Werk auf dem Gebiet des Verlagsvertrags erhöhte Bedeutung zukommt — führen zu dem Ergebniß,

daß die Uebertragung des Verlagsrechts vom Verleger auf Dritte de lege ferenda grundsätzlich von der Genehmigung des Urhebers abhängig zu machen ist [59]).

VI.

Die Frage der Uebertragbarkeit des Verlagsrechts ist Gegenstand lebhafter Meinungsverschiedenheiten zwischen Schriftstellern und Verlegern gewesen. Von beiden Seiten wird die Rücksicht auf wichtige Interessen geltend gemacht, hier die Interessen des Schriftthums, dort das Wohl des Buchhandels.

Diesen Erörterungen kommt eine rechtspolitische Bedeutung zu, da sie die praktische Tragweite der Frage aufhellen.

Wir werden daher im Folgenden versuchen, uns die praktischen Folgen der einen wie der anderen Auffassung zu vergegenwärtigen.

A. **Der Verleger hat die Befugniß, das Verlagsrecht gegen den Willen des Urhebers auf Dritte zu übertragen.**

1. Hierbei ist zunächst das wirthschaftliche Verhältniß beider Contrahenten zu einander ins Auge zu fassen. Unzweifelhaft ist der Urheber

---

Vermiethers gestattet. Hierauf gründete Kramer (S. 154) die Uebertragbarkeit des Verlagsrechts, und berufen sich Klostermann (S. 335) und das Reichsgericht (Bd. XVII S. 275). Das B.G.B. folgt dem Preuß. L.R. I 21 § 309. Die Bestimmung stammt von Suarez, der erklärte, daß es beim Mieth- und Pachtvertrag auf persönliches Vertrauen ankomme. (Dernburg, 5. Aufl. II S. 469.)

[58]) Denkschrift S. 105. Vgl. auch Protokolle der Kommission für die zweite Lesung, II S. 183.

[59]) Ueber etwaige Einschränkungen und die Sanktion dieses Grundsatzes. S. später VII und VIII.

als Producent dem Unternehmer gegenüber der wirthschaftlich Schwächere. Wenn nun der Verleger jederzeit die Befugniß hat, die Erfüllung des Vertrags auf andere Schultern abzuwälzen, so ist es klar, daß der Verleger damit eine ständige Pression auf den Autor ausüben kann. Der Einwand, daß der Verleger sich durch Uebertragung des Verlagsrechts seiner Pflichten nicht entledigen könne und für ordnungsmäßige Erfüllung verhaftet bleibe, liegt sehr nahe, entkräftet aber nicht diese Befürchtung. Denn, wie schon ausgeführt, ist ein objectiver Maßstab für den Begriff der ordnungsmäßigen Vervielfältigung und Verbreitung eines Werkes mit Rücksicht auf die Absichten, die der Autor mit seinem Werk verfolgt, nicht aufzustellen.

Ob der Name eines weltbekannten Hauses oder der eines achtbaren, aber unbekannten Verlegers auf dem Titelblatt steht, ob ein Buchschmuck künstlerisch ist oder geschmacklos, ob eine Uebersetzung oder Bearbeitung gut oder minderwertig ist, ob eine Reklame energisch oder lässig geführt ist, das sind Alles Umstände, deren Beweis dem Urheber außerordentlich schwer fallen muß, deren Beurtheilung den Gerichten große Schwierigkeiten macht, und, last not least, deren Folgen gar nicht in Geld abzuschätzen sind, so daß ein etwaiger Anspruch auf Schadenersatz illusorisch wird. Daß der Urheber sich die Modalitäten der Erfüllung im Vertrag ausbedinge, ist ausgeschlossen. Abgesehen von den Schwierigkeiten, die ich schon früher ausführte, ist mit der Thatsache zu rechnen, daß erfahrungsgemäß in der Regel nicht der Urheber den Vertrag macht, — wenn überhaupt ein solcher zu Stande kommt. Es ist sogar ein Geschäftsgrundsatz einer großen Anzahl von Verlegern, die Abmachungen mit ihren Autoren in einem losen Briefwechsel zu treffen. Selbst gewiegte Verleger übersehen dabei oft wichtige Punkte. Um so viel mehr der Urheber, der zwar nicht zum weltflüchtigen Träumer gestempelt werden soll, aber unzweifelhaft dem Verleger an Geschäftsroutine nachsteht.

Aus dem gleichen Grunde würde es praktisch auch unbedingt zwecklos sein, von dem Autor zu verlangen, daß er sich die Nichtübertragbarkeit ausdrücklich vorbehalte. Obwohl das Reichsgericht[60]) erklärt hat, daß der Autor die Weiterveräußerung des Verlagsrechts vertragsmäßig ausschließen müsse, widrigenfalls „ihn selbst die Schuld treffe, wenn er dieses Interesse nicht gewahrt habe", und obwohl die Verlagsordnung für den deutschen Buchhandel das Recht der Weiterübertragung ausdrücklich anerkennt, wäre es interessant, zu wissen, ob heute in Deutschland ein einziger Verlagsvertrag eine solche Klausel enthält.

---

[60]) in der angeführten Entscheidung Str. XVII S. 275.

Wenn ich hier die Ansicht ausspreche, daß die Befugniß der Weiterübertragung des Verlagsrechts in der Hand des Verlegers ein Pressionsmittel darstellen kann, so soll die praktische Tragweite einer solchen Erwägung selbstverständlich nicht darin erblickt werden, daß man jedem Verleger von vornherein eine solche mala fides zutrauen müsse.

Vielmehr soll nur der socialpolitische Gesichtspunkt geltend gemacht werden, daß die Lösung der Frage im Sinne der Verleger den an sich schon wirthschaftlich schwächeren Autor in eine wirthschaftlich noch ungünstigere Lage versetzen muß.

2. Die Thatsache der Uebertragung des Verlagsrechts auf einen Dritten kann für den Autor erhebliche wirthschaftliche Nachtheile mit sich bringen. Dies trifft unmittelbar zu in allen Fällen, in denen das Honorar des Autors sich nach dem Absatz richtet, sei es in Procenten vom Verkaufspreise jedes Exemplars oder in einem nach Auflagen zu bemessenden Betrage. Der Uebergang an eine weniger leistungsfähige oder weniger energische Firma kann leicht den Absatz ins Stocken bringen (durch Unterlassung von Ansichtsendungen, mangelhafte Reklame u. s. w.), ohne daß den Verleger die Schuld einer Vertragsverletzung trifft. Eine weitere Schädigung kann durch Verramschung, durch Preisherabsetzung[61]) erfolgen.

Der materielle Werth des Werkes kann durch mangelhafte Bearbeitung, Uebersetzung, Illustrirung u. s. w. herabgedrückt werden, ohne daß es dem Autor möglich ist, die schädliche Wirkung oder gar die Höhe des Schadens nachzuweisen.

Schließlich, wenn ein Urheber seinem Verleger allmählich alle seine Werke in Verlag giebt mit der Absicht, eine Gesammtausgabe zu veranstalten, so kann diese Absicht durch Veräußerung einiger dieser Werke durch den Verleger zu seinem erheblichen Nachtheil vereitelt werden.

3. Nicht am leichtesten wiegt die Schädigung der idealen Interessen des Urhebers. Denn wenn sie sich auch nicht in feste Werthe umsetzen lassen, so bedingen sie doch den Stand und die Entwicklungsfähigkeit der geistigen Production.

Welcher ideale Nachtheil kann für einen Schriftsteller daraus erwachsen, daß sein Werk, das er einem geachteten Verleger in Verlag gab, plötzlich bei einem schlecht beleumundeten Verleger auftaucht! Zum Beispiel, ein Andachtsbuch eines Geistlichen kommt in einen Verlag, der

---

[61]) Nach der Verlagsordnung steht dem Verleger die Befugniß zur Herabsetzung des Preises und zum Ramschverkauf zu, falls nicht der Urheber im Vertrag sich das Gegentheil ausbedingt. (**Voigtländer** S. 70 f.)

durch Herausgabe schlüpfriger Werke oder von Skandalschriften bekannt ist. Oder eine konservative Agrarierschrift geräth in einen socialdemokratischen Verlag.

Neben dem Namen des Verlegers spielt auch seine Person eine Rolle. Der deutsche Buchhandel betrachtet es mit Recht als einen seiner Ruhmestitel, daß eine warme Freundschaft unserer ersten Geistesheroen mit ihren Verlegern verbunden hat, und daß im Allgemeinen in Deutschland die persönlichen Beziehungen zwischen Autor und Verleger über das durch den rein geschäftlichen Verkehr gebotene Maß hinausgehen. Dies ist unzweifelhaft zutreffend. Aber gerade deshalb muß der Autor auch dagegen geschützt werden, durch eine Weiterveräußerung des Verlagsrechts gezwungen zu werden, unter Umständen mit einem Verleger zusammen arbeiten zu müssen, der für seine Absichten kein Verständniß hat, der ihm in Folge persönlicher Antipathie die Lust an der Fortsetzung oder weiteren Bearbeitung seines Werkes raubt, an den er aber durch Veräußerung des Verlagsrechts gekettet ist. Mit scharfen Worten hob in dem Prozeß Stevens v. Benning der Vice-Chancellor Wood diesen Gesichtspunkt hervor[62]):

„Es kann für Mr. Forsyth nicht gleichgiltig sein, daß der Erwerber aus dem Concurs Benning die Befugniß haben soll, das künftige Recht der Preisbestimmung für diese und die folgenden Auflagen, das Recht, ihn an die Vorbereitung einer neuen Auflage zu mahnen u. s. w., an einen beliebigen Menschen zu veräußern, der vielleicht nicht einmal das Buchhändlergewerbe betreibt."

Die Worte klingen vielleicht hart. Aber es verräth sich darin das hohe Selbstgefühl des Engländers, der jede ihm nicht zusagende gesellschaftliche Berührung ablehnt, selbst wo sie einen geschäftlichen Boden hat.

---

[62]) „It would be difficult for me to say, that in a contract of this kind, the author is utterly indifferent into whose hands his interests under such an agreement are to be entrusted."

„. . . and they — i. e. publishers — are to decide in what shape the book is to come out, and at what price it is to be sold, and are to account with him. I must say, that in my opinion, these are peculiarly personal considerations; and that this contract bears the impress of being a personal contract in all these respects. It could not be a matter of indifference to Mr. Forsyth that the assignees in bankruptcy of Mr. Benning should be at liberty to transfer the future right of fixing the price of this and subsequent editions, and the right to call upon him to fulfil his duty of preparing a new edition, and the risk which might be incurred in conducting it, and the other benefits and obligations of the agreement, to any one they might think proper; possibly to some one not even carrying on the trade of a bookseller as might happen in case of an absolute sale to the best bidder." (Copinger 958.)

Von verlegerischer Seite wird die Möglichkeit derartiger materieller und idealer Schädigung der Autoren theils bestritten, theils für unerheblich erklärt. So sagt Voigtländer (S. 106):

„Man ist schriftstellerischerseits den Beweis schuldig geblieben, daß Autoren durch leichtfertige Verlagsverkäufe an Unwürdige und Untüchtige in irgend erheblichem Umfange geschädigt worden sind. Es ist auch kaum abzusehen wie. Wer einen Verlagsartikel kauft, beabsichtigt nicht, ihn zu verderben, sondern ihn zu hüten und zu heben. Dazu ist u. A. auch gutes Einvernehmen mit dem Verfasser nöthig, dem der neue Verleger auf alle Weise sich angenehm zu machen triftigen Anlaß hat."

Hierauf ist zu erwidern: Fälle, in denen Autoren durch Veräußerung ihres Verlagsrechts erhebliche Nachtheile erlitten haben, sind bekannt[63]). Wenn es den Geschädigten nicht gelungen ist, ihren Schaden nachzuweisen, so mag dies daran liegen, daß jeder verständige Anwalt ihnen im Hinblick auf die Reichsgerichts-Entscheidung von 1888 von einer Verfolgung abrieth, und, wie wir schon ausgeführt haben, der Beweis einer materiellen Schädigung sehr schwer zu führen ist. Ferner, daß der Erwerber eines Verlagsartikels nicht die Absicht hat, ihn zu verderben, kann man Voigtländer zugeben. Allein, es handelt sich nicht um das Wollen, sondern um das Können. Es sind gerade häufig Anfänger, die sich Ableger aus anderen Verlagen erwerben, um sich damit einen Verlagsbestand zu schaffen; und wie viel Mühe es kostet, einen Verlag zu begründen und in die Höhe zu bringen, und wie Viele an dieser Aufgabe scheitern, weiß Voigtländer als erfahrener Buchhändler am besten. Auf den Werth des guten Einvernehmens zwischen Verleger und Autor werden wir gleich zu reden kommen.

B. Nehmen wir nun den umgekehrten Fall: Der Verleger darf das Verlagsrecht ohne Genehmigung des Autors nicht weiter veräußern.

Nun ist zunächst zu bemerken, daß der Autor in der Regel einem billigen Verlangen gegenüber nicht so unvernünftig oder böswillig sein

---

[63]) Gelegentlich einer vom Deutschen Schriftstellerverband veranstalteten Enquête berichtete ein sehr populärer Schriftsteller folgenden Fall. Gelegentlich einer Reise entdeckte er in einer kleineren Stadt auf einem Bücherstand eine Anzahl Exemplare von zweien seiner Werke, zur Hälfte des Ladenpreises ausgeboten und mit der Angabe eines ihm ganz unbekannten Verlegers. Es stellte sich heraus, daß sein Verleger, eine sehr angesehene Firma, die beiden Werke ohne Benachrichtigung des Autors an einen kleineren Verleger verkauft hatte, daß dieser in Konkurs geraten war und ein obskurer Verleger sie billig aus der Masse erworben hatte und nun einzelne Partien im Ramsch abgab.

wird, die Genehmigung zu versagen. Denn einerseits ist er doch darauf bedacht, daß sein Werk veröffentlicht werde, und außerdem liegt die Gefahr nahe, daß sein Verleger, dem er die Erlaubniß zur Weiterübertragung verweigert hat, den Verlag nur unlustig und ohne Energie weiterführe. Es liegt im Interesse des Autors, einer Veräußerung, die seine Rechte nicht offensichtlich schädigt, zuzustimmen[64]). Die Fälle, die wir unserer folgenden Betrachtung zu Grunde legen, werden also nur selten vorkommen.

Setzen wir aber den Fall, daß der Autor seine Genehmigung versagt.

Der Verleger ist dann gezwungen, den Verlag weiter zu führen und die vertragsmäßig übernommene Pflicht selbst zu erfüllen. Ist ihm dies lästig oder schädlich, so befindet er sich in der Lage jedes Schuldners, der eine lästige oder seine Vermögenslage übersteigende Leistung zu erfüllen hat. Es ist nicht abzusehen, warum der Verleger als Schuldner in dieser Hinsicht privilegirt sein sollte.

Es bietet sich nun aber ein besonderer Fall dar. Der Verleger beabsichtigt, sein ganzes Geschäft oder eine Gruppe seines Geschäfts auf einen Anderen zu übertragen. Versagt ein Autor hierzu seine Genehmigung, so braucht dem ursprünglichen Verleger hieraus ein Schaden nicht zu erwachsen, da ihm das Werk bleibt. Das durch Aufwendungen in dasselbe investirte Kapital geht ihm also nicht verloren; und kommt es zu einer Auflösung des Vertrags, wird der Autor oder der neue Erwerber das Werk um seinen Werth abzulösen haben.

Wie ist nun die Lage vom Standpunkt des Erwerbers eines ganzen Geschäfts oder einer Gruppe von Werken zu beurtheilen? Es scheint, daß er in derselben Lage sich befindet, wie der Erwerber eines anderen Geschäfts, z. B. eines Sortiments. Der Werth eines solchen Geschäfts bestimmt sich bei einem Verkauf in der Regel nach dem Kundenkreis. Indessen stellt dieser keinen absoluten, unabänderlichen Werth dar, vielmehr muß der Erwerber die gleiche Tüchtigkeit wie sein Vorgänger aufwenden, um den Kundenkreis zu erhalten. Der Werth eines Verlagsgeschäfts ist ebenso relativ wie der eines Kundengeschäfts. Bietet der Erwerber den Autoren seines Vorgängers die gleichen Garantien wie dieser, so werden sie auch auf ihn übergehen. Und in dieser Richtung

[64]) Daß hier keine große Gefahr für die Verleger besteht, geht aus Voigtländer's eigenen Ausführungen hervor (S. 106), wonach thatsächlich solche Verkäufe fast ausnahmslos unbeanstandet bleiben. Es würden dann eben nur die Fälle übrigbleiben, in denen eine Beanstandung begründet ist.

kann es, wie **Voigtländer**[65]) richtig bemerkt, dem Erwerber nur erwünscht sein, mit den Autoren seines Vorgängers Fühlung zu nehmen, und sie so durch die Garantien, die er bietet, nicht durch gesetzlichen Zwang, an sich zu fesseln.

Der Unterschied zwischen unserem Vorschlag und dem **Voigtländer's** ist nur der, daß wir verlangen, daß der Erwerber sich vor der Uebertragung an die Autoren seines Vorgängers wende, während er nach **Voigtländer** dies in einem beliebigen späteren Zeitpunkt thun kann.

Nun kommt es vor, daß einzelne Werke auch unabhängig von der aufgewendeten Verlagsthätigkeit des Erwerbers einen absoluten Werth darstellen, wie z. B. die Werke Scheffel's oder Reuter's. Hier ist ebenfalls zu unterscheiden zwischen dem ersten Verleger und dem Erwerber. Ersterem geht das Werk nicht verloren. Gegebenen Falls wird es der Autor zu einem Preise ablösen, der ihn zwar nicht für den entgangenen Gewinn, aber doch für die Aufwendungen und den augenblicklichen Werth entschädigt. Was den übrigen Bestand betrifft, der durch Ausscheiden eines zugkräftigen Werkes entwerthet wird, so ist zu bedenken, daß man von dem Urheber eines solchen Werkes nicht verlangen kann, ideale und materielle Opfer dafür zu bringen, daß ein Bestand mittelmäßiger Werke verlagsfähig erhalten wird.

Schließlich ist noch zu bemerken, daß solche Fälle, bei denen der Werth eines Verlagsgeschäfts durch einen einzelnen Autor getragen wird, doch selten sind. Es sind mehr und mehr die eigenen Verlagsunternehmungen, die den Werth eines Verlages bestimmen.

Es wird weiter eingewendet, der Credit des Verlegers werde untergraben, wenn ihm die Verwerthung derjenigen Objecte, mit denen er sein Gewerbe betreibt, entzogen werden könnte. Dieser Einwand scheint unzutreffend. Denn eine gesetzliche Bestimmung, die auf alle Verleger gleichmäßig Anwendung findet, kann innerhalb dieses Kreises dem Credit des Einzelnen keinen Nachtheil bringen. Außerdem erfolgt die bestimmungsgemäße Verwerthung eines Verlagswerkes nicht durch Verkauf des Verlagsrechts, sondern durch Vervielfältigung und Verbreitung.

Schließlich wird noch auf den Fall des Concurses verwiesen. Der Concursverwalter würde, um nicht das Verlagswerk zu verlieren, genöthigt sein, das Verlagsgeschäft weiter zu betreiben, was entgegen dem heutigen Streben, auf Abkürzung des Concursverfahrens hinzuwirken, eine endlose Verlängerung desselben zur Folge haben würde.

---

[65]) **Voigtländer** S. 107.

Hierauf ist zunächst zu erwidern, daß bei einer Materie, bei der so erhebliche wirthschaftliche und ideale Interessen des Urhebers auf dem Spiel stehen, die Rücksicht auf einzelne in Concurs gerathene Verleger nicht allzuschwer wiegen dürfte.

Abgesehen hiervon ist der bei diesem Einwand eingenommene Standpunkt einseitig. Es scheint nicht angängig, den Verlagsvertrag nur soweit ins Auge zu fassen, als er der Masse ein Vermögensobject zuführt. Vielmehr ist davon auszugehen, daß er einen zweiseitigen Vertrag darstellt, bei dem nicht nur Interessen der Masse, sondern auch wichtigere Interessen des Autors betheiligt sind. Auch der Autor ist Gläubiger der Masse, und zwar hätte er als der wirthschaftlich Schwächere Anspruch auf Privilegirung. Es ist nicht abzusehen, warum gerade die übrigen Gläubiger auf Kosten des Autors privilegirt werden sollen.

Es werden bei diesem Einwand nämlich nur zwei Uebel ins Auge gefaßt, der Fall, daß die Masse das Werk verliert, und der Fall der Verschleppung. Opfer beider Nachtheile sind die Gläubiger. Warum soll aber gerade der dem Autor allein erwachsende Schaden gar nicht in Betracht gezogen werden, während der auf die Gläubiger entfallende Schaden sich doch auf die einzelnen Köpfe vertheilt?

Andererseits fragt es sich, worin der Schaden der Gläubiger bestehen soll, da regelmäßig im Falle des Rücktrittsrechts des Urhebers eine Ablösung des Werkes stattfinden wird, so daß der Werth der Verlagsaufwendungen der Masse erhalten bleibt[66]). Auch hier ist schließlich auf die Analogie des Miethsvertrages hinzuweisen (§ 19 K. O.).

Ich glaube im Vorstehenden die Bedenken entkräftet zu haben, die vom Standpunkte der Verlegerinteressen gegen das Verbot der Weiterveräußerung des Verlagsrechts gemacht werden. Diese Ausführungen schienen nötig, weil es vielfach üblich ist, die Interessen der Autoren als eine quantité négligeable zu betrachten und den Rücksichten auf die greifbareren Interessen des Buchhandels, der in seiner Gesammtheit einen der großen Faktoren unserer heimischen Industrie darstellt, von vorne herein einen gewissen Vorzug zuzusprechen. So sehr man auch bereit sein wird, die großen Verdienste unseres Buchhandels anzuerkennen und seine sociale und volkswirthschaftliche Bedeutung zu würdigen, so scheint jener Standpunkt doch zu einseitig. Die rechtliche Regelung der Beziehungen zwischen Autor und Verleger ist auf die wirthschaftliche Entwickelung unseres Buchhandels und Verlagswesens ohne jeden Einfluß, da diese von ganz an-

---

[66]) Positive Vorschläge zur Regelung der Frage im Fall des Konkurses.

deren Faktoren bedingt wird; selbst wenn die Verwirklichung der hier aufgestellten Vorschläge ihm gewisse Unbequemlichkeiten verursachen sollte, so würde er sich in Kürze damit abfinden. Unter dem mächtigen Drucke der Bedürfnisse des Geschäftsverkehrs werden sich die Mittel und Wege von selbst ergeben, welche zur Beseitigung solcher Unbequemlichkeiten führen. Schwieriger wird es sein, die Antipathie des Buchhandels gegen eine scheinbare Emancipation des Autoren zu beseitigen. Denn sie wurzelt in von den Vätern überkommenen Vorurtheilen. Aber die Erkenntniß, daß die Anerkennung der aus der Autorschaft entstehenden Rechte sich sehr wohl mit den Bedürfnissen des Verlagswesens vereinigen läßt, wird auch hier eine Klärung der Ansichten erzeugen.

Auf der anderen Seite handelt es sich für die Autoren um Gewährung eines Schutzes nicht gegen die Verlegerschaft als solche, sondern gegen Auswüchse und Mißbräuche, die in ernsten Verlegerkreisen selbst gerügt werden.

Daß dieser Schutz verallgemeinert werden muß, ergiebt sich aus der Gesetzestechnik von selbst. Es sei noch daran erinnert, daß selbst die Verleger die Unbilligkeit der principiellen Uebertragbarkeit anerkannt haben, wie die ersten Entwürfe des Börsenvereins und u. a. auch die Vorschläge Schürmanns beweisen.

VII.

Wenn wir nun gegenüber diesem Widerstreit der Interessen und der Anschauungen zu dem Ergebniß gekommen sind, daß grundsätzlich der Standpunkt der Autoren der richtige ist, so gebietet doch andererseits die Rücksicht auf die praktischen Verhältnisse Einschränkungen, welche zu einer Abschwächung dieses Grundsatzes in solchen Fällen führen werden, wo seine Wirkungen eine Härte für den Verleger in sich schließen könnten.

1. Wie schon im Anfang bemerkt, ist bei der gesetzlichen Regelung einer Frage dispositiven Rechts der muthmaßliche Wille der Parteien für den Gesetzgeber maßgebend.

Wenn man unter diesem Gesichtspunkte das thatsächliche Verhältniß zwischen Autor und Verleger betrachtet, so gelangt man zur Erkenntniß, daß für die Wahl des Verlegers in der Regel nicht die physische Person des augenblicklichen Geschäftsleiters maßgebend ist, sondern das Geschäft als solches, sein Name, seine Traditionen, seine Geschäftsgebräuche und seine Beziehungen. Es wird also im Zweifel anzunehmen sein, daß der Autor grundsätzlich keine Veranlassung hatte seine Geschäftsverbindung nicht auf den Erben oder allgemeinen Geschäftsnachfolger des Verlegers, mit dem er abschloß, übertragen zu wollen.

Es ergiebt sich hieraus, daß nach dem vermuthlichen Willen der Parteien — der selbstverständlich durch Beweis des Gegenteils entkräftet werden kann — der Verlagsvertrag auch bei Uebergang des Verlagsgeschäfts von Todes wegen, bei Uebertragung der Firma und im Fall des Wechsels in der Person eines Theilhabers oder Gesellschafters bestehen bleiben soll[67]). Doch trifft diese Rechtsvermuthung nicht zu, wenn eine einzelne Gruppe von Werken übertragen wird.

2. Wenn der Autor sein Werk auf Bestellung nach einem von dem Verleger vorgezeichneten Plan entworfen, oder ein Werk dem Verleger zur Einreihung in eine Sammlung übergeben hat, die durch einen bestimmten Plan individualisirt wird, so ordnet er seinen Willen den geschäftlichen Absichten des Verlegers unter[68]). Im Zweifel wird daher die Vermuthung dafür sprechen, daß er der Veräußerung seines Werkes zustimmt, falls der Verleger das ganze Unternehmen (Sammlung), für welche das Werk bestimmt war, auf einen anderen überträgt.

Abgesehen von diesen beiden Einschränkungen[69]) ist jede Weiterveräußerung an die Genehmigung des Autors gebunden[70]).

VIII.

Die Gründe, welche die Nichtübertragbarkeit des Verlagsrechts rechtfertigen, sprechen an sich dafür, die Weiterveräußerung für absolut nichtig zu erklären. Indessen scheint es zweckmäßig diesen Grundsatz aus praktischen Gründen folgendermaßen einzuschränken:

1. Der Verleger ist verpflichtet, den Autor von der Absicht der Uebertragung des Verlagsrechts an einen Dritten zu benachrichtigen. Eine ohne solche Benachrichtigung erfolgte Weiterveräußerung ist unwirksam.

2. Der Autor hat sich binnen einer bestimmten Frist zu erklären, ob er seine Genehmigung erteilt oder vom Vertrage zurücktritt.

---

[67]) So auch Rénouard I 324; Lardeur S. 85.; Pouillet N. 90, N. 349; Wächter, Verlagsrecht I 367; Huard u. Mack N. 335; Droit d'auteur 1893 S. 23; Harum S. 153; Kohler S. 287; Stobbe III S. 469; Amar S. 26.

[68]) Ueber den Bestellervertrag s. Hofmann S. 31.

[69]) Wenn Klostermann S. 336 und Huard S. 72 meinen, daß diese Einschränkungen die Bedeutung des aufgestellten Grundsatzes illusorisch machen, so täuschen sie sich über seine Bedeutung. Es handelt sich nicht darum, dem Autor ein absolutes Recht gegenüber dem Verleger zu geben, sondern nur darum, ihn allgemein gegen eine Schädigung wichtiger materieller und idealer Interessen zu schützen.

[70]) Rénouard I 324 nimmt an, eine Uebertragung sei zulässig, wenn die Veröffentlichung erfolgt ist. Aehnlich Wächter I 365 und Schürmann a. a. O. Allein die Einheit der Rechte und Pflichten aus dem Verlagsvertrag dauert fort, so lange der Vertrag besteht.

Nach fruchtloser Verstreichung dieser Frist gilt die Genehmigung als ertheilt[71]).

3. Das Gleiche hat für den Fall des Konkurses zu gelten.

An und für sich würde nach § 17 K.-O. der Konkursverwalter das Recht haben nach freier Wahl den Vertrag zu erfüllen. Doch ist auf den persönlichen Charakter des Verlagsvertrags Rücksicht zu nehmen, und hiernach muß das Wahlrecht binnen einer bestimmten Frist dem Autor gegeben werden[72]).

Verzeichniß der abgekürzt citirten Litteratur.

Zeitschriften.

Droit d'auteur, herausgegeben von dem Berner Bureau der Internationalen Union für den Schutz der Werke der Litteratur und Kunst. (1888—1900.)

Neben einer Reihe von Aufsätzen und sachlichen Notizen findet sich im Droit d'auteur auch die Wiedergabe aller Beschlüsse der Association und der verschiedenen in Deutschland veröffentlichten Entwürfe, s. besonders Jahrgang 1892 und das Verzeichniß du contrat d'édition im Sachregister des Jahrgangs 1895.

Association littéraire et artistique internationale, Jahrbuch 1890, 1892, 1893, 1894, 1895, 1897.

Pataille, Annales de la propriéte industrielle, artistique et littéraire. Paris. Rousseau.

Entscheidungen des Reichsgerichts in Strafsachen.

---

[71]) Die Bestimmung ist dem § 415 B.G.B. über die Schuldübernahme nachgebildet, mit der einen Ausnahme, daß im Fall der fruchtlosen Fristverstreichung die Genehmigung als erteilt gilt. Diese Ausnahme ist geboten im Interesse des Verlegers.

[72]) Vgl. auch § 19 K.O. bezüglich des Mieths- und Pachtverhältnisses. Vgl. Ungarisches Recht Gesetzesartikel 37 v. 1875 I. VIII § 532:

„Dem Autor steht das Recht zu, den Vertrag auch einseitig zu lösen, wenn der Verleger in Konkurs geräth. Sollte aber mit der Vervielfältigung schon begonnen sein, so kann die Konkursmassenverwaltung des Verlegers, insofern sie dem Autor gehörige Sicherstellung bietet, den Vertrag aufrecht erhalten."

Schweizer Obligationenrecht v. 1. Jan. 1883, Art. 390:

„Geräth der Verleger in Konkurs, so kann der Verlaggeber das Werk einem anderen Verleger übertragen, wenn ihm nicht für Erfüllung der zur Zeit der Konkurseröffnung noch nicht verfallene Vertragsverbindlichkeiten Sicherheit geleistet wird."

Wir halten eine derartige Bestimmung für unzutreffend, da der Konkursverwalter solche Sicherheiten nicht geben kann. Vgl. auch: Eisenlohr 89; Mandry 331; Lardeur 212; Rénouard II 324; Pouillet N. 348; Blanc S. 347.

Gewerblicher Rechtsschutz und Urheberrecht. Berlin. Carl Heymann's Verlag.

Börsenblatt für den Deutschen Buchhandel, Organ des Börsenvereins der Deutschen Buchhändler. Leipzig.

Einzelwerke.

Allfeld, Das deutsche Urheberrecht an litterarischen, künstlerischen und photographischen Werken. (Commentar.) München 1893.

Dahn, Privatrechtliche Studien. Berlin 1884.

Daude, Lehrbuch des deutschen, litterarischen, künstlerischen und gewerblichen Urheberrechts. Stuttgart 1888.

Eisenlohr, Das litterarisch-artistische Eigenthum und Verlagsrecht. Schwerin 1855.

Eisenmann, Le contrat d'édition. Paris 1894.

Endemann, Das Gesetz, betr. das Urheberrecht an Schriftwerken 2c. Berlin 1870.

Gerber, Gesammelte juristische Abhandlungen. Jena 1872. „Ueber die Natur der Rechte des Schriftstellers und Verlegers" S. 261.

Gierke, Deutsches Privatrecht I. Leipzig 1895.

Harum, Die gegenwärtige österreichische Preßgesetzgebung. Wien 1857.

Hofmann, Ueber Wesen und Rechtswirkungen der Bestellung eines Schriftwerkes durch den Verleger. Gera 1896.

Kirchheim, Zur Lehre vom Verlagsrecht. Mainz 1895 (nicht im Buchhandel).

Klostermann, Das Urheberrecht und das Verlagsrecht. Berlin 1871.

Kohler, Autorrecht. Jena 1880.

Kramer, Die Rechte der Schriftsteller und Verleger. Heidelberg 1827.

Mandry, Das Urheberrecht an litterarischen Erzeugnissen und Werken der Kunst. Erlangen 1867.

Osterrieth, Altes und Neues zur Lehre vom Urheberrecht. Leipzig 1892.

— Die Reform des Urheberrechts. Berlin 1893.

— Urheberrecht und Verlagsrecht, in Archiv für öffentliches Recht, VIII, S. 285.

— Zur Verlagsordnung, in „Recht der Feder". 1894. S. 169 u. 185.

Petsch, Die gesetzlichen Bestimmungen über den Verlagsvertrag. Leipzig 1870.

Pütter, Der Büchernachdruck nach echten Grundsätzen des Rechts geprüft. Göttingen 1774.

Rabel, Die Uebertragbarkeit des Urheberrechts. Wien 1899.

Rössig, Handbuch des Buchhandelsrechts. Leipzig 1804.

Scheele, Die Reichsgesetze über das Urheberrecht an Schriftwerken 2c. (Commentar). Leipzig 1892.

Schürmann, Die Rechtsverhältnisse der Autoren und Verleger. Halle 1889.

Stobbe, Handbuch des Deutschen Privatrechts. (3. Aufl.) III bearb. von Lehmann. Berlin 1898.

Voigtländer, Das Verlagsrecht an Schriftwerken 2c. II Leipzig 1893.

Wächter, Das Verlagsrecht. Stuttgart 1857.

— Das Autorrecht. Stuttgart 1875.

Zum B.G.B.

Denkschrift zum Entwurf eines B.G.B., dem Reichstag vorgelegt. Carl Heymann's Verlag 1896.

Protokolle der Commission für die zweite Lesung des Entwurfs des B.G.B. v. Achilles, Gebhard u. Spahn. Berlin, Guttentag, 1897.

Planck, Commentar zum B.G.B.
Oertmann, Commentar zum Recht der Schuldverhältnisse.

Ausland.

Blanc, Traité de la contrefaçon. Paris 1838.
Camels, De la propriété et de la contrefaçon des œuvres de l'intelligence. Paris 1857.
(Darras), Propriété littéraire, artistique et industrielle. (Aus den Pandectes françaises. Paris 1894.
Gastambide, Traité théorique et pratique des contrefaçons. Paris 1837.
Huard, Des contrats entre les auteurs et les éditeurs. Paris 1889.
Huard et Mack, Répertoire de législation, doctrine et jurisprudence en matière de propriété littéraire et artistique. Paris 1891.
Lardeur, Du contrat d'édition en matière littéraire. Paris 1893.
Nion, Droit civil des auteurs, artistes et inventeurs. Paris 1846.
Pouillet, Traité théorique et pratique de la propriété littéraire et artistique. Paris 1894.
Rénouard, Traité des droits des auteurs. 1838.

Copinger, The law of Copyright. III. London 1893.
Drone, On the law of property in intellectual productions. Boston 1879.
Amar, Du contrat d'édition. Mailand.
Wauwermans, Le droit des auteurs en Belgique. Bruxelles 1894.
van Kregten, Het contract tusschen Schrijver en Uitgever. Groningen 1889.

XII.

Gutachten[1]) des Herrn Dr. F. Bernhöft, Professor der Rechte in Rostock

über die Frage:

Bedarf es gesetzlicher Vorschriften darüber, unter welcher Voraussetzung ein Geisteskranker vor der Entmündigung in eine Anstalt gebracht, und ein Geisteskranker gegen seinen Willen dort festgehalten werden darf?

Verschiedene Gründe treffen zusammen, um der Irrengesetzgebung in unserer Zeit eine immer steigende Bedeutung zu geben. Es liegt in der Natur der Sache, daß mit dem Fortschritt der Cultur die Geisteskrankheiten sich vermehren, da die größere, oft bis zum Uebermaß gehende Anspannung, die das moderne Leben erfordert, in vielen Fällen zerrüttend wirkt. Gleichzeitig hat der Umstand, daß die Lebensverhältnisse verwickelter werden, aber auch zur Folge, daß manche Geistesstörungen, die unter einfacheren Verhältnissen erträglich sind, nunmehr einen staatlichen Schutz nothwendig machen. Denn die Beantwortung der Frage, ob der geistig Gestörte unfähig geworden ist, „seine Angelegenheiten zu besorgen", hängt natürlich vor allem anderen davon ab, welcher Art seine Angelegenheiten sind. Eine geistige Störung, die einen in einfachen Verhältnissen lebenden unverheiratheten Arbeiter an seiner Erwerbsthätigkeit und an der sachgemäßen Verfügung über das Erworbene nur unwesentlich oder garnicht hindert, kann bei einem in verantwortlicher Stellung befindlichen Beamten, einem in verwickelten Rechtsverhältnissen arbeitenden Kaufmanne bereits die Entmündigung unumgänglich noth-

---

[1]) Um die Frage zugleich vom irrenärztlichen Standpunkte zu beleuchten, habe ich das Gutachten meinem Collegen Schuchardt, Director der Irrenanstalt zu Gehlsheim bei Rostock, vorgelegt und füge seine Bemerkungen, für die ich meinen aufrichtigen Dank an dieser Stelle wiederhole, in Noten bei.

wendig machen. Natürlich tritt dieser Unterschied noch viel stärker hervor, wenn verschiedene Zeiten verschiedene Anforderungen an den Menschen machen, und es leuchtet ohne besonderen Beweis ein, daß Geisteskrankheiten, die auf primitiver Culturstufe kaum beachtet, höchstens als Absonderlichkeiten angesehen werden, unter verwickelteren Verhältnissen als Hindernisse für die vernünftige Selbstbestimmung erscheinen.

Die steigende Cultur vermehrt also nicht nur an sich die Zahl der Geisteskrankheiten, sondern sie vergrößert auch den Kreis derjenigen Geisteskrankheiten, die das Eingreifen des Staates vernothwendigen. Noch wichtiger aber ist, daß die ausgebildete Irrenheilkunde den Begriff der Geisteskrankheit selbst außerordentlich erweitert und die Krankhaftigkeit vieler Erscheinungen feststellt, die früher als krankhaft nicht erkannt wurden und auch bei dem niedrigeren Stande der Wissenschaft nicht erkannt werden konnten. Die Zahl der Fälle, in denen öffentliche Fürsorge eintreten muß, wächst hierdurch um ein Vielfaches.

Leider hat die Irrengesetzgebung weder mit den größeren Bedürfnissen der höheren Cultur noch mit den Ergebnissen der Heilkunde Schritt gehalten. Noch heute ist der Grundgedanke, auf dem die ganze staatliche Fürsorge für die Irren beruht, kein anderer als der, von dem ihrer Zeit die römischen Decemvirn vierhundertfünfzig Jahre vor Christi Geburt bei ihrer Gesetzgebung ausgingen.

Das altrömische Recht beschäftigt sich nur mit dem Falle der Tobsucht (furor). Es nimmt — durchaus zutreffend — an, daß der Tobsüchtige überhaupt keinen Willen im gewöhnlichen Sinne hat und legt allen seinen Handlungen daher überhaupt nicht die Bedeutung wie den Handlungen eines Gesunden bei. Ihn selbst überweisen schon die zwölf Tafeln der Fürsorge (cura) seiner Agnaten.

Bei dem damaligen Stand der Verhältnisse ließen sich von diesem einen Grundgedanken aus alle auftauchenden Fragen in befriedigender Weise lösen. Natürlich durften die Agnaten alle erforderlichen Maßregeln für den Tobsüchtigen treffen und dabei seinen Widerstand nöthigenfalls mit Gewalt brechen, ohne daß ihnen Gewaltthätigkeit im juristischen Sinne zur Last gelegt werden konnte, da jener einen rechtlich beachtlichen Willen nicht hatte. Andererseits entbehrten aus demselben Grunde alle Handlungen des Tobsüchtigen der Rechtswirkung: die Rechtsgeschäfte, die er abschloß, waren völlig nichtig, und andererseits wurde er für keinerlei Beschädigung, die er Anderen zufügte, verantwortlich gemacht. Ein staatliches Eingreifen in Familienangelegenheiten wurde damals noch ängstlich vermieden, und es erschien auch nicht zu Gunsten der Irren erforderlich. Ebensowenig machte man einen Unterschied zwischen vorübergehender und dauernder Fürsorge. Die Fürsorge trat mit dem krankhaften Zustande von selbst ein und endete ebenso mit seinem Aufhören von selbst.

Allerdings konnte dieser außerordentlich beschränkte Schutz auf die Dauer nicht genügen. So ist denn in der Folge der Begriff des furor ersichtlich erweitert worden; man nimmt auch in solchen Fällen furor an, wo vorübergehend der krankhafte Zustand nicht erkennbar ist, ja es dehnt sich bereits der Begriff des furor mehr und mehr zu dem der Geisteskrankheit (insania) aus. Immerhin lagen aber die Fälle, die so in den Bereich des Irrenrechtes gezogen wurden, der Tobsucht noch sehr nahe, so daß der Grundgedanke im Wesentlichen richtig blieb. Auch haben die Römer, wenn sie von insania sprechen, einen offensichtlichen, jedem Laien erkennbaren, krankhaften Zustand im Auge.

Unter dem Einfluß der oben erwähnten Verhältnisse hat sich dies nun vollständig geändert. Unter den Begriff der Geisteskrankheit, wie ihn die heutige Heilkunde auffaßt, gehören Fälle, in denen ein zweckmäßiges und folgerichtiges Handeln noch in großem Umfange, ja bisweilen sogar die vollständige Ausübung der Berufsthätigkeit möglich ist, ferner Fälle, die von dem Nicht-Mediciner überhaupt nicht als krankhaft erkannt werden, in denen vielleicht selbst der Irrenarzt erst auf Grund längerer Beobachtung ein Gutachten abgeben kann.

Auf alle solche Geisteskrankheiten wendet man nun die Regeln an, die die Römer für den furor aufgestellt haben.

Man erklärt alle Rechtsgeschäfte, die ein Geisteskranker abschließt, kurzer Hand für nichtig. Nach der gegenwärtigen, auch vom B.G.B. angenommenen Lehre gilt dies ausnahmslos; insbesondere nützt auch eine etwaige Ermächtigung des Vormundes des Wahnsinnigen nichts, denn da bei dem Wahnsinnigen ebensowenig ein Wille anerkannt wird, wie bei einem Thier, so ist auch eine Bestätigung seines Willens undenkbar.

Selbstverständlich ist die vollständige Durchführung dieser Lehre im wirklichen Leben nicht möglich, und daher werden auch die ihr entsprechenden Bestimmungen des B.G.B. wegen der thatsächlichen Unmöglichkeit nicht zur allgemeinen Geltung gelangen. Immerhin aber werden sie in einzelnen Fällen ihre unheilvolle Wirkung äußern. Wenn z. B., wie es sehr wohl möglich ist, durch ärztliches Gutachten festgestellt wird, daß ein Mann, dessen Geisteskrankheit erst jetzt erkannt wird, schon seit mehreren Jahren zweifellos geisteskrank ist, so wären alle Rechtsgeschäfte, die er in dieser Zeit abgeschlossen hat, schlechtweg nichtig. Zahlungen, die er empfangen hat, haben die Schuld nicht getilgt, sein nunmehriger Vormund kann, soweit er nicht etwa bereichert ist, nochmalige Zahlung verlangen. Eigenthumsübertragungen, Cessionen von ihm sind ungültig, ebenso aber auch Eigenthumsübertragungen und Cessionen an ihn. Kauf- und Miethsverträge sind ungültig, selbst wenn sie bereits erfüllt sind: jeder Theil kann dem anderen den Vortheil, den er dadurch erlangt hat, durch eine Klage wegen ungerechtfertigter Bereicherung abnehmen.

Bei Beamten müßten alle Amtshandlungen der betreffenden Zeit für nichtig erklärt werden. In Wirklichkeit geschieht das allerdings nicht und kann auch garnicht geschehen. Dem Schreiber dieses ist ein Fall bekannt, in welchem sich bei einem Oberlandgerichtsrath eine Gehirnerweichung herausstellte, die zweifellos schon seit Jahren bestanden, auch die amtliche Thätigkeit, wie es nicht anders möglich war, so nachtheilig beeinflußt hatte, daß es zur Pensionirung gekommen war, die aber als eigentliche Geisteskrankheit vorher nicht erkannt worden war. Nach jener Ansicht hätten alle Urtheile, an denen der Kranke während der Zeit seiner Krankheit mitgewirkt hatte, für nichtig erklärt werden müssen. Die Folgen, die sich für sein Privatleben ergeben haben würden, sind nicht abzusehen. Er hatte z. B. während dieser Zeit ein werthvolles Haus bauen lassen, und alle hierauf bezüglichen Verträge wären natürlich nichtig gewesen.

Die jetzt geltende Lehre ist selbst nach der Entmündigung der Kranken nicht vollständig durchführbar. Vormünder und Irrenärzte gestatten dem Kranken schon aus Menschlichkeit so viel Freiheit, wie es die Umstände gestatten, und überlassen ihm je nach den Verhältnissen kleinere und selbst größere Geldsummen zu freier Verfügung. Nach der geltenden Lehre sind die Rechtsgeschäfte, die sie mit dem Gelde abschließen, unconstruirbar.

Am schlimmsten hat jene Lehre im Strafrecht gewirkt. Denn der Geisteskranke gilt vielfach als unbedingt unzurechnungsfähig, seine Handlungen ziehen ihm keinerlei Strafe zu, er ist selbst nach bürgerlichem Recht nicht dafür ersatzpflichtig und was er thut, wird nicht anders angesehen, wie ein durch elementare Ereignisse veranlaßter Unfall. Es liegt nahe, dies zu dem Versuche zu benutzen, durch Vorspiegelung von Wahnsinn der Strafe zu entgehen, und wie oft dieser Versuch zu Unrecht gelingt, darüber ist natürlich keine Statistik möglich. Da nun in vielen Fällen der Geisteskranke Einsicht genug hat, um diese Regel zu kennen und ihre Tragweite zu begreifen, so giebt sie dem Geisteskranken, dem sie Straflosigkeit gewährleistet, geradezu einen Antrieb zum Verbrechen. Bei Personen, die wegen ihrer Jugend für ihre Handlungen nicht verantwortlich gemacht werden, besteht wenigstens die Möglichkeit, auf Zwangserziehung zu erkennen. Bei Wahnsinnigen kann aber, auch wenn sie gemeingefährliche Verbrechen begangen haben, keineswegs etwa auf Sicherheitshaft erkannt werden; ob und wie lange sie, nachdem sich ihre Gemeingefährlichkeit herausgestellt hat, in Sicherheitshaft genommen werden, hängt thatsächlich meistens von ihren Angehörigen bezw. ihrem Vormunde ab[2]). Es braucht nicht besonders darauf hingewiesen zu werden, welche Gefahr kranke Menschen, die zudem ihre Unverantwortlichkeit sehr genau kennen, für die Allgemeinheit bilden. Noch schlimmer aber ist es, daß auch die Beihülfe zu derartigen Handlungen des Wahnsinnigen nicht bestraft werden kann. Denn nur die Beihülfe zu Vergehen ist strafbar, die That des Wahnsinnigen aber ist kein Vergehen im Sinne des Rechtes.

Es wäre auch sehr verfehlt, zu glauben, daß es sich hier lediglich um theoretisch construirte Uebelstände handelte. Leider haben jene, aus einem falschen Grundsatze gezogenen, Folgerungen für das Leben eine einschneidende Bedeutung. In Rostock ereignete sich folgender Fall. Ein reicher Fleischermeister wünschte sein Wohnhaus besser aufzubauen und beschloß zu diesem Zwecke, es niederzubrennen. Er bereitete dies von langer Hand vor und beschaffte Petroleum und andere brennbare Stoffe in reichlicher Menge. Seine Frau ging ihm hierbei getreulich zur Hand. Zur festgesetzten Zeit entfernte sich die Frau mit den Kindern aus dem Hause, und er steckte darauf die kunstvoll aufgehäuften und mit Petroleum getränkten Brennstoffe an. Der Brand wurde aber, nachdem ein Schade von etwa 3000 Mk. entstanden war, durch die hinzukommende Feuerwehr gelöscht. Bei der nunmehr eingeleiteten Untersuchung wurde der Mann eingezogen. Indessen wurde, obgleich er bis dahin allgemein als gesund gegolten hatte, durch ärztliches Gutachten Geisteskrankheit bei ihm festgestellt. Er wurde außer Verfolgung gesetzt, die Versicherungsgesellschaft ersetzte ihm den entstandenen Schaden, seine Frau wurde, obgleich ihre Beihülfe zweifellos erwiesen war, und obgleich gegen ihre Zurechnungsfähigkeit nicht das mindeste Bedenken obwaltete, von dem Schwurgerichte aus dem oben erwähnten Grunde freigesprochen. Allerdings wurde er in einer Irrenanstalt untergebracht und entmündigt, aber nach ziemlich kurzer Zeit hielt der Arzt die Fortsetzung der Sicherheitshaft nicht mehr für nothwendig und entließ ihn, und in der Folge wurde denn auch die Entmündigung wieder aufgehoben. Gegenwärtig ist er völlig geschäftsfähig, und Mann und Frau erfreuen sich im Sinne des Gesetzes völliger Unbescholtenheit. Die Rechtsunkundigen standen vor einer ihnen völlig unbegreiflichen Erscheinung, die Juristen begriffen den Zusammenhang,

---

[2]) Freilich kann, wenn Gemeingefährlichkeit des Kranken vorhanden ist, auch gegen den Willen der Angehörigen und des Vormundes durch die öffentliche Gewalt — die Polizei — die Verbringung in eine Irrenanstalt verfügt werden. Sch.

aber sie waren ebensowenig befriedigt. In der That steht es uns schlecht an, über den Formalismus des älteren römischen Rechtes zu lächeln, wenn solche Dinge bei uns möglich sind.

Wie es unter diesen Umständen um die vorläufige Sicherheitshaft steht, läßt sich denken. Da die Anregung dazu regelmäßig von den Angehörigen ausgehen muß, so ist es sehr wohl möglich, daß gemeingefährliche Kranke schlimmster Art auf freiem Fuße bleiben.

Andererseits aber haben sich vielfach — gewissermaßen auf Grund eines Gewohnheitsrechtes — die Angehörigen für berechtigt gehalten, einen Verwandten, der nach ihrer Ansicht geisteskrank war, auf gütlichem Wege, oder nöthigenfalls auch mit List oder Gewalt, in eine Irrenanstalt zu verbringen. So richtig und nothwendig dies bei Tobsucht und in ähnlichen Fällen ist, so bedenklich ist es, wenn ein derartiger Eingriff in die persönliche Freiheit ganz allgemein in allen Fällen wirklicher oder vermeintlicher Geisteskrankheit zum Ermessen der Angehörigen steht. Ganz eigenartig ist dabei die Stellung des wirklichen oder angeblichen Irren. Denn wenn er gesund ist, so kann er der Gewalt Gewalt entgegensetzen und kann nöthigenfalls in berechtigter Nothwehr seine Freiheit mit allen dazu erforderlichen Mitteln vertheidigen, ohne sich strafbar zu machen. Ist er dagegen wirklich geisteskrank, so kann er für die bei seiner Vertheidigung vorgenommenen Handlungen erst recht nicht gestraft werden, weil er überhaupt nicht verantwortlich ist. So steht denn schon der des Irrsinns Verdächtige in gewisser Beziehung geradezu außerhalb des Gesetzes: es gilt als berechtigt, ihn selbst gewaltsam, ohne Richterspruch oder obrigkeitliche Verfügung, seiner Freiheit zu berauben, aber er ist andererseits auch in der Lage, seine Freiheit mit allen Mitteln straflos zu vertheidigen.

Mancherlei Umstände pflegen dazu beizutragen, daß jenes vermeintliche Recht der Angehörigen einen besonders gehässigen Schein erhält. Sehr oft wird die Verbringung in die Anstalt so lange hinausgeschoben, bis endlich eine den Angehörigen besonders unangenehme Handlung des Geisteskranken jenen die Ueberzeugung beibringt, daß nunmehr eine weitere Zögerung nicht mehr statthaft ist. Dritten Personen, und vor allem dem Kranken selbst, erscheint dann die Verbringung als Rache, oder nach Umständen als ein schlaues Mittel, durch das die Angehörigen eine ihnen unerwünschte Handlung verhindern. Bisweilen wird bei diesen auch wirklich die bewußte Absicht vorliegen, Absonderlichkeiten ihres Verwandten dazu zu benutzen, um ihn unter dem Vorgeben von Wahnsinn unschädlich zu machen. So versuchte nach Zeitungsnachrichten vor mehreren Jahren eine Frau, gegen die ihr Mann eine Ehescheidungsklage angestellt hatte, diesen gewaltsam unter Beistand ihres Bruders, der Arzt war, in eine Irrenanstalt zu verbringen. Der Versuch mißlang, weil der Mann sich mit Erfolg zur Wehr setzte. In der Folge stellte sich heraus, daß der Mann allerdings geisteskrank war, aber nicht in der Art, daß es die Verbringung in eine Anstalt oder die Entmündigung nothwendig gemacht hätte, und daß jedenfalls die Frau die Verbringung nur versucht hatte, um die wohlberechtigte Ehescheidungsklage zu vermeiden. Der Fall zeigt zugleich, wie bedenklich es sogar bei wirklich Geisteskranken ist, wenn ihre Verbringung in eine Anstalt lediglich zum Ermessen der Angehörigen steht.

Abgesehen von den augenfälligen, auch dem Laien sofort erkennbaren Fällen des gemeingefährlichen Irrsinns kann die Frage, ob lediglich Absonderlichkeiten vorliegen oder wirkliche Geisteskrankheit, und die davon getrennt zu haltende Frage, ob die Geisteskrankheit die Unterbringung in eine Anstalt nothwendig macht, überhaupt nicht von einem Nicht-Mediciner gelöst werden. Nicht einmal jedem Arzt ist die Fähigkeit dazu unterschiedslos zuzusprechen, und am allerwenigsten darf es demjenigen, der an der Verbringung ein thatsächliches Interesse hat, freistehen, auf das Gutachten eines von ihm beliebig ausgewählten Arztes zu handeln.

In der Regel gilt gerade dies als ein außerordentlich heikler Punkt für die Besprechung. Von ärztlicher Seite pflegt bei jeder Berührung dieser Frage ein scharfer Protest gegen jedes Mißtrauen gegen den ärztlichen Stand zu erfolgen. Indessen ist es überhaupt verfehlt, in diesem Zusammenhange die Vertrauensfrage aufzuwerfen. Denn selbstverständlich giebt es auch in dem ehrenhaftesten Stande einzelne unehrenhafte Personen, und schon aus diesem Grunde darf den an der Verbringung interessirten Personen nicht die Möglichkeit gegeben werden, den begutachtenden Arzt beliebig zu wählen.

Es ist dabei wohl zu beachten, daß auch die vorläufige Verbringung in eine Irrenanstalt, wenn sie ohne genügenden Grund geschieht, ein schweres Uebel ist, das unter Umständen viel härter empfunden wird, als selbst eine Untersuchungshaft. Denn dem in eine Irrenanstalt Aufgenommenen braucht nicht einmal die Möglichkeit einer Beschwerde gewährt zu werden, die selbst dem überwiesenen Verbrecher unter allen Umständen zusteht. Ganz gewiß muß man dem des Wahnsinns Verdächtigen gleiche Sicherheit gegen ungerechte Vergewaltigung bieten, wie dem eines Verbrechens Verdächtigen. Was würde man dazu sagen, wenn Jemand vorschlüge, es solle das Gutachten eines beliebigen Juristen genügen, um einen Verdächtigen in Untersuchungshaft zu nehmen, und diesen Vorschlag durch den Hinweis auf die zweifellose Ehrenhaftigkeit des Juristenstandes rechtfertigen wollte[3])?

Bei der Frage der staatlichen Fürsorge für die Geisteskranken ist vor allem Anderen mit voller Schärfe zu betonen, daß der medicinische und der juristische Standpunkt durchaus verschieden sind. So unentbehrlich der Irrenarzt bei der staatlichen Fürsorge ist, so unerläßlich ist es andererseits, daß er sich stets gegenwärtig hält, daß die Zwecke der staatlichen Fürsorge nicht unbedingt mit den ärztlichen zusammenfallen. Jemand kann zweifellos geisteskrank sein und dennoch der staatlichen Fürsorge nicht bedürfen. Auch das B.G.B. hat sich nach dem Vorgang anderer neuerer Gesetzgebungen mit Entschiedenheit auf diesen Standpunkt gestellt. Denn abgesehen von der Entmündigung erklärt es nur denjenigen Geisteskranken für geschäftsunfähig, „der sich in einem die freie Willensbestimmung ausschließenden Zustande krankhafter Störung der Geistesthätigkeit befindet, sofern nicht der Zustand seiner Natur nach ein vorübergehender ist“ (§ 104 Abs. 2). Hiermit ist klar ausgesprochen, daß nicht jede Geisteskrankheit im medicinischen Sinne geschäftsunfähig macht. Freilich suchen viele Irrenärzte dies in das Gesetz hineinzulegen, indem sie behaupten, daß jede Geisteskrankheit die Willensfreiheit im Sinne des Gesetzes aufhebt, selbst wenn dies äußerlich in der Art, wie der Kranke seine Geschäfte besorgt, nicht hervortritt. Damit wäre denn trotz des Wortlautes des Gesetzes jene oben bezeichnete Ansicht für jetzt geltendes Recht erklärt.

Einverständniß dürfte darüber herrschen, daß, wenn das Gesetz von Willensfreiheit spricht, deshalb nicht die philosophische Frage von der Freiheit des Willens hineingezogen werden darf. Unter freiem Willen versteht das Gesetz einen Willen, der in normaler Weise durch Beweg-

[3]) Sch. bemerkt hierzu: Die Frage der Anstaltsverbringung ist in dem Exposé nur hinsichtlich der Unschädlichmachung der Irren besprochen, vergißt aber vollständig den Krankenhauscharakter der Anstalt, die nothwendige Behandlung der Kranken. M. E. ist bei den vorliegenden Deductionen der ausschlaggebende Punkt der, daß thatsächlich Personen als Geisteskranke in Anstalten gebracht wurden, welche nicht krank waren; dagegen aber sprechen die sich über einen Zeitraum von 25 Jahren erstreckenden statistischen Erhebungen für Deutschland, in welcher Zeit kein einziger Fall sich vorfand. — In diesem Punkte scheint allerdings eine Meinungsverschiedenheit zwischen Sch. und mir vorzuliegen, obgleich auch ich auf die gelegentlich von den Zeitungen berichteten Fälle keinen großen Werth lege. Aus allgemeinen Gründen halte ich es für unabweislich, daß ein so flagranter Eingriff in die persönliche Freiheit, wie es die zwangsweise Verbringung in eine Irrenanstalt ist, nur auf Grund gesetzlicher Vorschrift erfolgen darf, und daß dabei auch der Schein jeder Willkür zu vermeiden ist. Allerdings kann gerade bei Geisteskranken ein Heilverfahren gegen ihren Willen nothwendig werden, aber die Frage, wer dies zu bestimmen hat und wie die Bestimmung erfolgt, muß gesetzlich geregelt sein.

gründe bestimmt ist; unfrei ist der Wille also, wenn der Handelnde z. B. unter dem Einfluß fixer Ideen stand, oder wenn er in Folge seiner Krankheit außer Stande war, gewisse Umstände so in Erwägung zu ziehen, wie es ein Gesunder gethan haben würde. Wenn er dagegen ganz in der Art eines Gesunden handelt, darf man seinen Rechtsgeschäften nicht die Wirksamkeit absprechen. Thatsächlich würde dies, wie das oben angeführte Beispiel zeigt, garnicht durchzuführen sein. Es würde unmöglich sein, überhaupt noch mit Jemandem mit einiger Sicherheit Rechtsgeschäfte abzuschließen, weil immer die Möglichkeit vorliegt, daß nachträglich aus späteren Handlungen von ihm festgestellt wird, daß er schon zu jener früheren Zeit geisteskrank war. Auch ist nicht zu übersehen, daß die Entziehung der Geschäftsfähigkeit an sich ein großes Uebel ist und deshalb nicht in weiterem Umfang, als unbedingt nothwendig, erfolgen darf.

Selbst die Entmündigung darf nicht wegen jeder Geisteskrankheit erfolgen, sondern nur, wenn der Kranke in Folge seiner Krankheit „seine Angelegenheiten nicht zu besorgen vermag“ (§ 6 unter 1). Daß hierzu der der Willensfreiheit Beraubte, also an sich Geschäftsunfähige stets gehört, bedarf keiner weiteren Ausführung, offenbar können aber auch noch andere Geisteskranke entmündigungsbedürftig sein. Und so erhalten wir nach dem B.G.B. drei Klassen von Geisteskranken: solche, die der Willensfreiheit beraubt und daher auch ohne Entmündigung geschäftsunfähig sind; solche, die nicht der Willensfreiheit völlig beraubt sind, aber ihre Angelegenheiten gleichwohl nicht zu besorgen vermögen, die also vor der Entmündigung geschäftsfähig sind, aber entmündigt und damit geschäftsunfähig gemacht werden sollen, endlich Geisteskranke, die ihre Angelegenheiten zu besorgen vermögen und daher weder geschäftsunfähig noch entmündigungsbedürftig sind.

Wollte man der oben bezeichneten psychiatrischen Ansicht folgen, so würden alle diese drei Klassen in eine einzige zusammenfallen, die ohne Weiteres geschäftsunfähig wäre. Daß dies thatsächlich undurchführbar ist, ist oben dargethan; den Bestimmungen des B.G.B. widerspricht es offenbar. Ich kann mich aber auch auf medicinische Autoritäten, insbesondere auf meinen Collegen Schuchard dafür berufen, daß es allerdings Geisteskrankheiten giebt, die dem Kranken die Fähigkeit zur Besorgung seiner Angelegenheiten nicht nehmen, also keine Entmündigung nothwendig machen. Auch die Praxis stimmt damit überein, denn mehrfach ist in derartigen Fällen die Entmündigung von den Gerichten abgelehnt worden[4]).

---

[4]) Thatsächlich wird — wenigstens hier in Mecklenburg — relativ selten die Entmündigung vorgenommen. Es besteht von ärztlicher Seite die Praxis, daß sogar

Sehr zu bedauern ist es, daß in dem B.G.B. der wegen Geisteskrankheit Entmündigte schlechtweg für geschäftsunfähig erklärt wird. Es hätte vollständig genügt, ihn für beschränkt geschäftsfähig zu erklären. Da viele der Entmündigung Bedürftige ihre Handlungsfähigkeit nicht ganz verloren haben, so ist es eine unnöthige Härte, sie ihnen von Gesetzeswegen abzusprechen. Viele Irrenärzte pflegen den Kranken, die dazu fähig sind, kleinere Summen zur selbständigen Verfügung zu überlassen, selbst Juristen als Vormünder von Geisteskranken pflegen dies, wie mir in mehreren Fällen bekannt geworden ist, zu thun, obgleich es nach der Anschauung, von der das Gesetz ausgeht, ein völliges Unding ist. Denn da der Geisteskranke gänzlich geschäftsunfähig ist, so können die von ihm abgeschlossenen Rechtsgeschäfte auch durch keine Einwilligung oder Genehmigung Wirksamkeit erhalten. Gleichwohl fordert das Bedürfniß des Lebens gebieterisch die Anerkennung beschränkter Geschäftsfähigkeit bei denjenigen Irren, die der Willensfähigkeit nicht völlig beraubt sind. Leider ist aber in der Commission für die Bearbeitung des B.G.B. ein hierauf gerichteter Antrag offenbar aus Unkenntniß der thatsächlichen Verhältnisse abgelehnt worden.

Bei der juristischen Behandlung der Geisteskranken sind drei Fragen völlig zu scheiden:

1. Ob der Kranke im strafrechtlichen Sinne zurechnungsfähig ist.
2. Ob der Kranke der Entmündigung bedarf.
3. Ob der Kranke in Sicherheitshaft genommen werden muß, weil er seine oder anderer Personen Sicherheit gefährdet.

Die beiden letzten Fragen hat man bisher durchweg mit einander verquickt, indem man auf dem Wege der Entmündigung zugleich das Bedürfniß nach einer Sicherheitshaft zu befriedigen suchte. Selbst das B.G.B. hat noch in gewisser Weise unter dem Einfluß dieser Anschauung gestanden. Zwar der Geisteskranke kann nur deshalb entmündigt werden, weil er seine Angelegenheiten nicht zu besorgen vermag, und die Gefährdung der Sicherheit wird bei ihm nicht als Entmündigungsgrund

---

ein großer Theil der in der Anstalt befindlichen Kranken in gewissem Umfang Rechtsgeschäfte erledigt, z. B. die Gehaltsquittungen unterschreibt, Vollmachten ausstellt bezügl. Capitalveränderungen oder Zinserhebungen. Von ärztlicher Seite wird vollständig der Standpunkt festgehalten, daß neben der geistigen Erkrankung, im medicinisch-technischen Sinne, wohl die Handlungsfähigkeit bestehen kann; selbstverständlich ist die Entscheidung in jedem einzelnen Falle nöthig. Es wird von ärztlicher Seite streng getrennt die Geschäftsunfähigkeit, bezügl. die Entmündigungsbedürftigkeit und die Geisteskrankheit. Es ist nach meiner Ansicht eine unglückliche Anschauung, wenn man eo ipso Geisteskrankheit sich mit Geschäftsunfähigkeit decken läßt. Sch.

bezeichnet. Aber der Trunksüchtige kann auch dann entmündigt werden, wenn er die Sicherheit Anderer gefährdet (§ 6 unter 3), und hier tritt klar hervor, daß man durch die Entmündigung ein Mittel schaffen wollte, ihn in Sicherheitshaft nehmen zu können. Daraus ergiebt sich dann die seltsame Folgerung, daß ein Trunksüchtiger aus Gründen entmündigt werden kann, aus denen ein Geisteskranker nicht entmündigt werden önnte.

Thatsächlich ist nun die Entmündigung nicht geeignet, zugleich als Vorbereitung für die Sicherheitshaft zu dienen. Vor allem ist darauf hinzuweisen, daß sie häufig zu spät kommen wird, da das Verfahren immerhin eine gewisse Zeit, unter Umständen, wo eine längere Beobachtung des Kranken nöthig, sogar eine beträchtliche Zeit in Anspruch nimmt. Eine übermäßige Beschleunigung ist im Interesse der Sache nicht einmal wünschenswerth.

Noch mehr aber fällt in's Gewicht, daß ein Bedürfniß nach Sicherheitshaft entweder im Interesse der Sicherheit des Kranken oder anderer Personen häufig besteht, ohne daß ein Grund zur Entmündigung vorliegt. Kranken, die an periodisch wiederkehrenden Tobsuchtsanfällen leiden, Melancholiker mit Selbstmordgedanken können zur Besorgung ihrer Angelegenheiten sehr wohl im Stande sein. Sie dürfen dann nach B.G.B. nicht entmündigt werden, und eine Entmündigung wäre auch in der That ein entschiedener Mißgriff, durch den ihr und ihrer Familie Interesse möglicherweise schwer geschädigt wird. Gleichwohl aber muß die Möglichkeit bestehen, sie auch gegen ihren Willen in eine Anstalt zu bringen.

Es ist oben geschildert worden, wie die Verwandten sich bei dem Fehlen gesetzlicher Bestimmungen bisher zu helfen gesucht haben, aber auch, welche Uebelstände die Folge davon gewesen sind. Man hat durch ministerielle Verordnungen versucht, eine Ordnung zu schaffen, indem man die Voraussetzungen regelte, unter denen eine Verbringung in eine Anstalt auch wider Willen des Kranken statthaft sein soll[5]). Ein Rechtsboden ist aber auch dadurch nicht geschaffen worden. Denn über die Freiheit kann nur durch Gesetz verfügt werden. Jemand, der in eine Irrenanstalt gewaltsam verbracht werden soll, obgleich er in Wirklichkeit gesund ist oder sich auch nur für gesund hält, braucht sich nicht

---

[5]) Leider ist es mir nicht gelungen, das betreffende Material in der Vollständigkeit zusammenzubringen, die erforderlich ist, wenn es Werth haben soll. Die Bestimmungen weichen sehr von einander ab. Für den vorliegenden Zweck kann ich von einer Kritik absehen, da ich die Regelung der Frage durch Ministerialverfügungen für unzulässig halte.

zu fügen, und so tritt denn wieder jener oben geschilderte trostlose Zustand mit allen seinen schweren Unzuträglichkeiten ein.

Eine gesetzliche Regelung ist daher ein unabweisliches Bedürfniß. Dieser muß sich auch Derjenige fügen, der zu Unrecht für geisteskrank gehalten wird, ebenso wie sich Derjenige der Untersuchungshaft fügen muß, der zu Unrecht eines Vergehens beschuldigt wird. Aber es sind auch ähnliche Garantien zu schaffen wie bei der Untersuchungshaft.

Die Sicherheitshaft soll da eintreten, wo sie zur Sicherheit des Kranken selbst oder anderer Personen erforderlich ist. Es ist gleichgültig, ob eine Entmündigung erfolgt ist oder überhaupt auch nur beabsichtigt ist. Die Beurtheilung steht dem Arzte zu. Es muß aber auch hier vermieden werden, daß die Verwandten selbst den Arzt bestimmen, der darüber entscheidet, und daher empfiehlt es sich dringend, die Ausstellung der erforderlichen Bescheinigung nur dem Physikus des Wohnortes oder dem Physikus des Aufenthaltsortes des Kranken zu übertragen. Richtig ist, daß meist der Hausarzt in der Lage sein wird, am besten über den Zustand des Kranken zu urtheilen. Aber abgesehen davon, daß viele Familien keinen Hausarzt haben, daß oft auch zweifelhaft sein kann, ob ein bestimmter Arzt als Hausarzt anzusehen ist, ist es bei dem schweren Eingriff, den die Sicherheitshaft in die persönliche Freiheit bildet, nothwendig, die Entscheidung in die Hand einer Person mit amtlicher Eigenschaft zu legen. Es kann der Gewissenhaftigkeit des Physikus überlassen werden, die erforderlichen Erkundigungen bei dem Hausarzte einzuziehen. Im allgemeinen wird es sogar vortheilhaft sein, wenn der Fall einem zweiten Arzte zur Beurtheilung vorgelegt werden muß. In Fällen unmittelbarer Gefahr kann eine vorläufige Sicherheitshaft auch ohne Physikatsbescheinigung eintreten, doch muß diese unverzüglich nachgesucht und nachgebracht werden, widrigenfalls die Entlassung aus der Haft erfolgt. Gegen die Verweigerung der Physikatsbescheinigung können der Polizeibehörde und den interessirten Personen Rechtsmittel gegeben werden. Aehnliche Rechtsmittel müssen andererseits auch dem angeblich Kranken zu Gebote stehen.

Als Ort der Verbringung müssen staatliche Anstalten gewählt werden. Bei allem Vertrauen, welches auch Privatanstalten verdienen, giebt doch die Erwägung den Ausschlag, daß die Fortdauer der Freiheitsbeschränkung ständig von Beamten überwacht werden muß. Auch empfiehlt es sich schon im Interesse des Ansehens des Dirigenten der Anstalt nicht, daß er an der Verlängerung der Freiheitsbeschränkung irgend ein Interesse hat. Mag auch in Wahrheit kein Grund zu einem Mißtrauen vorhanden sein, so muß doch alles vermieden werden, was von dem großen Publikum so aufgefaßt werden könnte. Auch hier bieten die dem Richter gesetzten Schranken eine treffende Analogie[6]).

Eine besondere Beachtung fordern diejenigen Fälle, in denen der Kranke bereits Verbrechen oder Vergehen begangen hat und nur wegen seiner Unzurechnungsfähigkeit nicht zur Strafe gezogen werden kann. Die Gemeingefährlichkeit des Kranken ist hier bereits offen zu Tage getreten, und der Schutz der Gesammtheit gegen ihn ist ein unabweisliches Bedürfniß. Die Sicherheitshaft könnte in ähnlicher Weise geregelt werden wie die Zwangserziehung Minderjähriger. Freilich empfiehlt es sich aus verschiedenen Gründen nicht, Kranke dieser Art in den gewöhnlichen Irrenanstalten unterzubringen. Denn einerseits würden diese Anstalten dadurch in den Augen des Publikums herabgesetzt werden und man würde noch mehr als jetzt Scheu tragen, Verwandte dorthin zu bringen, andererseits fehlen ihnen auch meist die Einrichtungen, die für Irre mit verbrecherischen Instinkten nothwendig sind. Es müßten also besondere Anstalten errichtet werden, die dann auch zur Aufnahme solcher Personen dienen könnten, welche eine Strafthat begangen haben und beobachtet werden sollen, damit ihre Zurechnungsfähigkeit festgestellt wird. Vielleicht würde sich überhaupt bei sorgfältigerer Prüfung der Frage der Zurechnungsfähigkeit zeigen, daß viele Personen, die jetzt zu schweren Zuchthausstrafen verurtheilt werden, in Wirklichkeit in diese Anstalten gehören.

---

[6]) Hier bewege ich mich auf anderem Boden, weil ich nicht von der „Sicherheitshaft" ausgehe, überhaupt „Haft" für Kranke nicht kenne. Es wird sich doch bei dem Arzt nur um die Heilung bezw. Besserung der Krankheit handeln oder um die Verpflegung Kranker in den für sie allein geeigneten Heimstätten. Meines Erachtens wird man die Stellung der Irrenanstalt dem großen Publicum gegenüber ganz erheblich bessern, wenn man **nicht** mit der Anerkennung der Haft und der zwangsweisen Internirung kommt, sondern wenn man nur den Standpunkt der specialistisch eingerichteten Krankenhäuser vertritt. Sch. — Ich bemerke hierzu, daß ich im Vorstehenden das Wort „Haft" nur für eine gegen den Willen eintretende Freiheitsbeschränkung, nicht aber etwa in dem Sinne einer Strafe gebraucht habe.

XIII.

Gutachtliche Aeußerungen

über die Frage:

Empfiehlt es sich, das Universitätsstudium und den Vorbereitungsdienst der Juristen gemeinsam für das Deutsche Reich zu ordnen?

---

1. Herr Senatspräsident Späing in Königsberg i. Pr.:

Auf die mir von der ständigen Deputation des deutschen Juristentages vorgelegte Frage spreche ich mich dahin aus, daß es sich m. E. empfiehlt, das Universitätsstudium und den Vorbereitnngsdienst des Juristen gemeinsam für das Deutsche Reich zu ordnen.

Durch eine Gleichmäßigkeit der Ausbildung wird die Einheitlichkeit der Rechtsprechung und damit die Rechtssicherheit gefördert.

2. Herr Präsident des Ober-Landes-Culturgerichts Rintelen in Berlin:

Ich glaube die Frage verneinen zu sollen.

1. Es ist nicht recht abzusehen, welcher praktische Zweck mit der Neuerung erstrebt wird. Die in den §§ 2—5 des Gerichts-Verfassungsgesetzes (gesetzlich) vorgesehene Freizügigkeit der Richter hat schon kaum praktischen Erfolg gehabt, nur kleine Staaten, die gelegentlich ihren Bedarf nicht selbst produciren, machen, soviel bekannt, einigen Gebrauch davon, die größeren verhalten sich ablehnend und nicht ohne Grund. Theils wäre es unbillig, das in manchen Staaten bestehende Ueberangebot einheimischer junger Kräfte noch durch Zuzug von außen zu mehren, theils muß jede Staats-Justizverwaltung großen Werth darauf legen, daß die neu anzustellenden Richter nicht nur in dem gemeinsamen, sondern auch in dem Partikularrechte Vorkenntnisse mitbringen. So lange die Rechtseinheit sich nur auf das Verfahren, das Strafrecht und gewisse

Theile des materiellen Civilrechts beschränkt, das ganze Staats- und Verfassungsrecht, wie eine Menge civilrechtlicher Materien aber ausschließt, muß dieser Gesichtspunkt von großer Bedeutung bleiben. Die bekannte „Verlustliste" des B.G.B. hat die Schwierigkeit nicht vermindert, sondern vermehrt. Gerade dadurch, daß für die allgemeinen Lehren des Civilrechtes, u. s. w. das Studium des B.G.B. in den Vordergrund tritt, wird es dem jungen Juristen um so schwerer, das Partikularrecht auf dem aufrecht gebliebenen Geltungsfelde kennen zu lernen und in seinem Gerichte anzuwenden. — Selbst in der Rechtsanwaltschaft hat die Freizügigkeit von Staat zu Staat wenig Boden gefunden.

2. Würde schon aus diesem Grunde neben dem, was für Studium und Vorbereitungsdienst einheitlich von Reiches Wegen angeordnet und reglementirt werden könnte, den Justizverwaltungen der Einzelstaaten ein weites Gebiet überlassen bleiben müssen, würde also schon aus diesem Grunde die einheitliche Anordnung sich auf sehr allgemeine Grundzüge beschränken und deren Ausgestaltungen je nach den Sonderbedürfnissen den Einzelstaaten überlassen bleiben müssen, so kommt hinzu, daß die Auszubildenden selbst nicht der Aufsicht des Reichskanzlers, sondern der der einzelstaatlichen Justizverwaltungen unterstehen. Die Durchführung aller von Reichs wegen zu treffenden einheitlichen Anordnungen würde also doch wieder den Einzelstaaten überlassen bleiben müssen, und je mehr die Reichsverwaltung bemüht sein müßte, ihre Anordnungen so allgemein zu halten, daß kein einzelstaatliches Bedürfniß darunter leide, um so bunter würde sich nothwendig wieder die Ausführung solcher Anordnungen in den Einzelstaaten gestalten. Nach Umständen wären sogar unliebsame Conflicte zwischen der Reichsverwaltung und den Einzeljustizverwaltungen zu fürchten.

Das nothwendige Minimum allgemeiner Anforderungen an die juristische Vorbildung scheint mir in den §§ 2 ff. des Ger.-Verf.-Ges. gegeben zu sein, und ich glaube kaum, daß man mit einer Neuordnung weit über dieses Minimum würde hinausgehen können.

Gewisse Conflicte könnten auch entstehen oder doch eine gewisse Verschiedenheit in der Behandlung der Sache könnte auch bestehen bleiben, soweit für das Studium die Universitätslehrer in Betracht kommen. Auch ihnen würden die Anordnungen des Reichs nur durch Vermittelung der Verwaltungen der Einzelstaaten und nur mit Zustimmung dieser Verwaltungen zugehen können.

3. Von besonderer Wichtigkeit scheint mir die Erwägung, daß aus den angehenden Juristen auch die Beamten der höheren Verwaltung sich rekrutiren. Im Einzelnen wird das in den Staaten sehr verschieden

gehandhabt. Soll eine und dieselbe Schlußprüfung zum Justizbeamten wie zum Verwaltungsbeamten qualificiren, so muß, wie das Ger.-Verf.-Ges. freiläßt, und wie es namentlich in den größeren süddeutschen Staaten vorgesehen ist, dem Examen auch ein Studium und ein Vorbereitungsdienst bei der Verwaltung vorausgehen. Es hat dies den großen Vorzug, daß der junge Beamte sich erst nach dem letzten Examen für einen Dienstzweig zu entscheiden habe. Dieser Weg wird aber sehr erschwert, wenn von Reichswegen für die Richter, Anwälte u. s. w. ein Bildungsgang vorgezeichnet wird, dem die Einzelstaaten das, was ihnen für ihre Verwaltungsbeamte weiter nothwendig scheint, wohl oder übel einfügen sollen.

In Preußen hat die Ausbildung der höheren Verwaltungsbeamten geschwankt. Grundlage ist immer das juristische Studium, das erste juristische Examen und einige Vorbereitungszeit bei den Gerichten geblieben. Dazu ist dann eine weitere Ausbildung bei der Verwaltungsbehörde und eine letzte Verwaltungsprüfung in älterer Zeit vorgesehen gewesen; zeitweilig hat man diesen Weg fallen lassen und die Verwaltungsbeamten einfach aus den Justizassessoren genommen. Seit längeren Jahren ist man auf das alte System zurückgekommen, hat es aber nicht vollständig durchführen können. Die Vorbereitung und Schlußprüfung „für höhere Verwaltungsbeamte" findet thatsächlich fast nur Verwendung für die Beamten der sog. allgemeinen Verwaltung und auch diese stellt neben den „Regierungsassessoren" noch Gerichtsassessoren an, keineswegs bloß als Justitiarien. Große Specialverwaltungen, die Eisenbahnen, die indirecten Steuern, die Auseinandersetzungsbehörden, haben nur oder fast nur Gerichtsassessoren. Dieses bunte Bild, das allerlei Unzuträglichkeiten hat, wird auf die Dauer nicht bestehen können. Gewichtige Stimmen sind dafür, das besondere Verwaltungsexamen wieder fallen zu lassen. Dann ist es aber für die Bedürfnisse der Verwaltung unerläßlich, daß die zur Verwaltung zu übernehmenden Justiz-Assessoren nicht einseitig für den Bedarf der Gerichte ausgebildet sind, und eine einheitliche Regelung der preußischen Verwaltungs-Vorbildung in dem angedeuteten Sinne kann also nur erschwert werden, wenn von Reichswegen die Vorbildung der Justizbeamten auf den Justizdienst allein zugeschnitten wird.

4. Den hiernach von mir befürchteten Nachtheilen:

zu 1. ungenügende Ausbildung für den Justizdienst der Einzelstaaten,

zu 2. Schwierigkeiten zwischen der Reichsbehörde und den Einzelstaaten,

zu 3. ungenügende Rücksicht auf den Verwaltungsdienst der Einzelstaaten.

stehen, soweit ich übersehe, besondere Vortheile nicht gegenüber.

Der Bedarf der Reichsverwaltungen an juristisch vorgebildeten jungen Beamten kann aus den jungen Juristen der Einzelstaaten mit dem guten Erfolge gedeckt werden, daß die Kunde des Sonderrechts, wenigstens der größeren Staaten durch Heranziehung junger Kräfte aus verschiedenen Staaten, je nach dem Bedürfniß des Einzelfalles für die Reichsverwaltung nutzbar gemacht werden kann. Daß für Beamte, die erst nach langjähriger Dienstzeit in höhere Reichsstellungen, insonderheit beim Reichsjustizamt und beim Reichsgericht, heranzuziehen sind, ein Bedürfniß dahin bestände, daß schon ihre Vorbildung von Reichswegen einheitlich habe geordnet sein müssen, will nicht einleuchten.

Ich halte mich verplichtet, hervorzuheben, daß Vorstehendes nur die Eindrücke sind, die ich im Laufe des Zeit, ohne besonderes Studium der Frage habe gewinnen können. Ein eingehendes Studium, namentlich auch der etwa schon vorhandenen Litteratur, war mir, seit mir der ehrenvolle Auftrag wurde, mich zur Sache zu äußern, leider nicht möglich; um so mehr: Salvis melioribus.

3. Herr Wirklicher Geheimer Ober-Regierungsrath Nöll in Berlin:

Von dem Schriftführer bin ich im Auftrage der ständigen Deputation des Deutschen Juristentages um eine kurze Meinungsäußerung über die Frage eingeladen: „Empfiehlt es sich, das Universitätsstudium und den Vorbereitungsdienst der Juristen gemeinsam für das Deutsche Reich zu ordnen?"

Meine Auffassung ist folgende. Im Interesse der Kürze bezeichne ich mit Justiz die Justizverwaltung, mit Verwaltung die Verwaltung im engeren Sinne und mit Verwaltungsbeamten die höheren Beamten der Verwaltung.

Nach § 5 des Gerichtsverfassungsgesetzes ist Jeder, der in einem Bundesstaate die Fähigkeit zum Richteramte erlangt hat zu jedem Richteramte innerhalb des Deutschen Reichs befähigt, soweit dieses Gesetz keine Ausnahmen bestimmt. Die im § 11 vorgesehenen Ausnahmen sind keine wesentlichen. Gemäß den §§ 127, 149 das. wird von den Mitgliedern des Reichsgerichts u. s. w. keine andere Befähigung als die zum Richteramte in einem Bundesstaate erfordert.

Es liegt auf der Hand, daß diese Bestimmungen Vorschriften zur nothwendigen Voraussetzung haben, welche eine gewisse Garantie dafür gewähren, daß die in den einzelnen Bundesstaateu zuerkannte Befähigung zum Richteramte nicht nur dem Namen, sondern auch der Sache nach im Wesentlichen ein und dasselbe bedeute. Die bloße Thatsache der Zuerkennung der Befähigung kann nicht genügen. Schon bei der Berathung des Entwurfs des Gerichtsverfassungsgesetzes wurden deshalb Stimmen laut, welche auf die Nothwendigkeit des Erlasses einer einheitlichen Prüfungsordnuug für die Juristen hinwiesen. Das Gerichts.-Verf.-Gesetz begnügte sich mit den in seinen §§ 2, 3 gegebenen Vorschriften. Die Nothwendigkeit derselben war nach Erlaß der Rechtsanwaltordnung und im Hinblick auf die §§ 1, 26 derselben um so mehr begründet.

Wenn nun jetzt, nachdem die Einheit des Rechts im Reiche zu dem ersehnten Abschlusse gelangt ist, die zur Beantwortung gestellte Frage von Neuem in den Kreis der Erörterungen gezogen wird, so scheint mir das Ergebniß dieser Erörterungen lediglich vom Standpunkte der Justiz kaum ein anderes sein zu können, als die Bejahung der Frage. Denn je gleichmäßiger das Universitätsstudium und der Vorbereitungsdienst der Juristen geordnet wird, um so vollkommener sind die Garantieen für die gleichmäßige Befähigung der Juristen. Wiewohl ich nicht glaube, daß die Ueberwanderung der Juristen aus einem Bundesstaate in einen anderen von großer praktischer Bedeutung ist.

Wesentlich anders scheint mir jedoch die Beantwortung der Frage vom Standpunkte der Verwaltung zu liegen.

Die in den Bundesstaaten bestehenden Vorschriften über die Befähigung für den höheren Verwaltungsdienst weichen erheblich von einander ab. In Bayern, Baden und Hessen sind die Prüfungen für Juristen und Verwaltungsbeamte dieselben; folglich auch Universitätsstudium und Vorbereitungsdienst. — In Preußen ist das Universitätsstudium der Kandidaten der Justiz und der Verwaltung im Wesentlichen einheitlich geordnet, indessen haben die letzteren sich, um dereinst die Befähigung für den höheren Vermaltungsdienst zu erlangen, über ihr Studium der Staatswissenschaften (Staatsrecht, Verwaltungsrecht, Nationalökonomie und Finanzwissenschaft) besonders auszuweisen. Die erste Prüfung der Kandidaten der Verwaltung ist die erste juristische; in Gleichem findet der Vorbereitungsdienst für diese Beamten während der ersten 2 Jahre bei den Gerichten statt. Dann scheiden sich die Wege. Die zukünftigen Juristen verbleiben in diesem Vorbereitungsdienste und haben nach Beendigung desselben ihre zweite Prüfung vor der Justiz-Prüfungs-Commission abzulegen, wogegen diejenigen Gerichtsreferendare, welche Befähigung für den höheren Verwaltungsdienst erwerben wollen, ihre Ernennung zum Regierungsreferendar nachzusuchen und nach einem 2jährigen Vorbereitungsdienste bei den Verwaltungsbehörden ihre Prüfung vor der Prüfungs-Commission für den höheren Verwaltungsdienst abzulegen haben.

Neuerdings ist jedoch äußerem Vernehmen nach in Preußen von maßgebender Seite in Anregung gebracht, daß das in Bayern, Baden und Hessen bestehende System auf Preußen übertragen werde. Und ich meinerseits kann nach den Erfahrungen, welche ich während einer mehr denn 40jährigen Beschäftigung im unmittelbaren Staatsdienste erworben habe, nur wünschen, daß die gegebene Anregung Erfolg haben möge.

Die weiteren Folgen für die Beantwortung der gestellten Frage aber ergeben sich daraus für mich von selbst.

Während die Organisation der Behörden der Justiz und die Zuständigkeit dieser Behörden im Reiche einheitlich geregelt sind, bestehen in Ansehung der Organisation und der Zuständigkeiten der Verwaltungsbehörden zwischen den Gliedstaaten des Reichs erhebliche Verschiedenheiten. Wenn es nun auch möglich sein sollte, das Universitätsstudium für die Beamten der Verwaltung im Reiche einheitlich zu ordnen, so macht die angedeutete Verschiedenheit eine einheitliche Regelung auch des Vorbereitungsdienstes für diese Beamten unmöglich. Wenn also Universitätsstudium und Vorbereitungsdienst für die Juristen gemeinsam für das Deutsche Reich geordnet werden, so kann dies lediglich vom Standpunkte der Justizverwaltung aus geschehen und in den Bundesstaaten würde damit der Einheit der Prüfungen für die Juristen und Verwaltungsbeamten entsagt werden müssen. Vom Standpunkte der Verwaltung kann ich ein solches Ergebniß nicht für wünschenswerth erachten und gelange ich somit zu einer Verneinung der Frage.

Und ich möchte glauben, daß eine einseitige juristische Ausbildung auch für zahlreiche Juristen etwas Bedenkliches hat. Ich denke hierbei namentlich an diejenigen, die aus dem einem oder anderen Grunde den Wunsch hegen, in die Verwaltung einzutreten, an die Rechtsanwälte, die vielfach auch in Fragen des Verwaltungsrechts um Rath und Auskunft angegangen werden u. s. w.

Dies meine Auffassung zur Sache.

4. Herr Oberverwaltungsgerichtsrath Schultzenstein in Berlin:

Seit 29 Jahren ist das lange Sehnen der Deutschen nach einem gemeinsamen politischen Vaterlande gestillt, seit einem halben Jahre auch das nach einem gemeinsamen deutschen Rechte. Dort wie hier fehlt an dem wünschenswerthen Maße der Einheitlichkeit freilich noch Manches. Immerhin dürfen wir uns jedoch jetzt rühmen, ein Reich und ein Recht zu haben. Wenn da die Frage gestellt wird:

> Empfiehlt es sich, das Universitätsstudium und den Vorbereitungsdienst der Juristen gemeinsam für das Deutsche Reich zu ordnen?,

so kann die Antwort darauf nur ein ebenso nachdrückliches wie unbedingtes Ja sein. Eine solche Antwort ist weiter nichts als die nothwendige Folge davon, daß wir endlich ein Reich und ein Recht haben. Diejenigen, denen obliegt, in dem einen Deutschen Reiche das eine deutsche Recht zu handhaben, müssen dazu durch die gleiche Art des Universitätsstudiums und des Vorbereitungsdienstes in der gleichen Weise befähigt worden sein. Gründe, die das auszuschließen vermöchten, kann und darf es nicht geben, giebt es auch nicht. Bloße Schwierigkeiten, die der gemeinsamen Ordnung allgemein oder in Folge der besonderen Verhältnisse eines einzelnen Bundesstaates in den Weg treten — und das Vorhandensein derartiger Schwierigkeiten ist nicht zu bestreiten — müssen überwunden werden und lassen sich überwinden.

Das Alles sind Dinge, die für mich so selbstverständlich sind, daß ich garnicht im Stande bin, mir vorzustellen, es könne Jemand anderer Ansicht sein, und es könne namentlich ein deutscher Jurist die gestellte Frage verneinen.

Die Frage soll jedoch wohl zugleich noch die umfassen:

> Nach welchen Grundsätzen sind das Universitätsstudium und der Vorbereitungsdienst der Juristen gemeinsam für das Deutsche Reich zu ordnen?

Dies ist natürlich schwieriger zu beantworten. Hierüber wird man indessen schwerlich etwas von mir hören wollen, der ich zwar früher eine lange Zeit hindurch selbst Jurist gewesen, seit 9 Jahren aber es nicht mehr, sondern Verwaltungsbeamter oder, wenn man lieber will, Verwaltungsjurist bin, das ist eben doch nicht eigentlicher Jurist. Dem, was ich in soweit ausführen könnte, wäre mit Recht der Einwand der nicht oder wenigstens nicht mehr vorhandenen Sachlegitimation entgegenzusetzen. Nach jenen Grundsätzen darf ich mich um so weniger für gefragt ansehen, als über sie nur ein eingehend begründetes Gutachten, nicht eine bloße kurze Meinungsäußerung, zu der ich aufgefordert worden bin, möglich erscheint oder doch allein Anspruch auf Beachtung erheben könnte. Allgemein möchte ich daher bloß mit Hilfe der Erfahrungen, die ich als jahrelanges Mitglied einer besonders stark beschäftigten Kommission für die erste juristische Prüfung zu sammeln Gelegenheit hatte, bemerken: ich halte für das Zweckmäßigste einerseits wegen, andererseits ungeachtet der später zu erwähnenden Forderung nach Berücksichtigung der Staats- und Verwaltungswissenschaft und der Volkswirthschaftslehre ein in angemessenem

Umfange dem Staats- und Verwaltungsrecht und der Volkswirtschaftslehre mit zu widmendes Universitätsstudium von drei Jahren und einen, theilweise auch bei Verwaltungsbehörden zurückzulegenden, Vorbereitungsdienst von vier Jahren, letzteren ohne Zwischenprüfung, aber unter Verwendung ausschließlich für die Vorbereitung und Fernhaltung alles dessen, was der Vorbereitung nicht zu dienen vermag, sondern sich als eine Ausnutzung behufs Ersparung von Subalternbeamten u. dgl. darstellt, beide ohne Anrechnung der Militärdienstzeit und je mit Abschluß durch eine auch auf das Staats- und Verwaltnngsrecht und die Volkswirthschaftslehre sich erstreckende Prüfung. Alles Weitere setzt ein näheres Eingehen auf die bereits anderweit gemachten ebenso zahlreichen, wie unter sich abweichenden Vorschläge voraus, die sich nicht mit wenigen Worten abthun lassen.

Nur Eins, was bisher verhältnißmäßig wenig Berücksichtigung gefunden hat und worüber man vielleicht gerade wünschen möchte, die Ansicht Jemandes zu hören, der Beides, die Justiz und die Verwaltung, kennen gelernt hat, und der neben einer langen Praxis in beiden sich in ihnen auch theoretisch beschäftigt hat, läßt sich in Form einer bloßen Meinungsäußerung behandeln, nämlich die Frage, welche Bedeutung die nahen Beziehungen zwischen Justiz und Verwaltung dafür haben, ob und wie das Universitätsstudium und der Vorbereitungsdienst der Juristen gemeinsam für das Deutsche Reich zu ordnen sind.

Dreierlei ist möglich, hat in Deutschland rechtliche Geltung und wird befürwortet: vollständige Einheitlichkeit der akademischen und praktischen Vorbildung einschließlich der Prüfungen für die Juristen und die Verwaltungsbeamten; gänzliche Zwiespältigkeit derselben, nach anfänglicher Einheitlichkeit Trennung, sei es schon innerhalb des Universitätsstudiums, sei es erst innerhalb des Vorbereitungsdienstes (sog. Bifurkation, Gabelung).

Was hiervon auch das Richtigste sein mag, das Eine ist wieder sicher, daß es niemals ein wirkliches Hinderniß bilden kann, das Universitätsstudium und den Vorbereitungsdienst der Juristen gemeinsam für das Deutsche Reich zu ordnen. Ginge es nicht anders, so dürfte man im Interesse einer solchen Ordnung sogar davor nicht zurückschrecken, der Verwaltung selbst zu überlassen, daß und wie sie sich ihre Beamten ausbildet. Die Rücksichten auf die Verwaltung können niemals so weit gehen, daß um ihretwegen von der gemeinsamen Ordnung für die Juristen abgesehen wird.

Allein es bedarf eines derartigen rücksichtslosen Egoismns der Justiz überhaupt nicht. Denn das Verhältniß der Verwaltung zur Justiz bildet nicht nur keinen Hinderungsgrund, sondern nicht einmal einen Erschwerungsgrund für die gemeinsame Ordnung.

Als ein überwundener Standpunkt kann die Annahme angesehen werden, Verwaltung und Justiz seien Gegensätze derart, daß es dort auf die Erreichung des Zweckmäßigen, hier auf die Verwirklichung des Rechts ankomme. Das ist niemals richtig gewesen. Bezüglich der Verwaltung ist es jedenfalls seit dem Uebergange vom Polizeistaate zum Verfassungs- und Rechtsstaate nicht mehr richtig und ganz besonders wenig richtig, seitdem die Verwaltungsjustiz — diese im weitesten, nicht bloß das sog. ordentliche Verwaltungsstreitverfahren begreifenden Sinne verstanden — angefangen hat, eine so große Rolle zu spielen, und berufen ist, eine noch größere zu spielen, da sie örtlich sich über immer weitere Theile Deutschlands ausbreitet und sachlich immer mehr Materien erfaßt. Unter dem Einflusse der Verwaltungsjustiz, die in der Hauptsache eine Rechtskontrolle ist und zu einer ungeahnten Vertiefung des Verwaltungs- und sonstigen öffentlichen Rechts geführt hat, hat sich die gesammte Verwaltung rechtlich verfeinert, und das Recht hat in ihr eine früher nicht gekannte Bedeutung erlangt. Die weitere Folge davon ist, daß die Verwaltungsbeamten, weil sie zu einem großen Theile jederzeit in die Lage kommen können, an der Verwaltungsjustiz theilzunehmen, und weil im übrigen die meisten ihrer Anordnungen der Nachprüfung durch die Verwaltungsgerichte unterliegen, und, wenn sie dabei häufiger des Rechtsirrthums überführt werden, leicht in ihrem Ansehn bedenklichen Schaden leiden, durchweg einer gründlichen juristischen Schulung bedürfen. Diese Schulung aber kann, ganz abgesehen davon, daß mehr, als man vielfach denkt, selbst rein privatrechtliche Fragen von den Verwaltungsjuristen und übrigen Verwaltungsbeamten zu beantworten sind, jetzt und für absehbare Zeiten allein die — nicht ausschließliche, aber doch vorwiegende — theoretische und praktische Beschäftigung mit dem Civilrecht und Civilproceß, dem Strafrecht und Strafproceß und den Angelegenheiten der freiwilligen Gerichtsbarkeit geben. Das liegt an dem gegenwärtigen und auch künftig noch lange so bleibenden, sich durch die geschichtliche Entwickelung erklärenden Zustande unserer Rechtswissenschaft, in Folge dessen ihr zwar nicht für jene Materien, wohl aber für andere die Durchbildung und Ausgestaltung abgeht, die unentbehrlich ist, um zur Schulung zu dienen. Man denke hierbei etwa nur einmal an die Verwaltungsproceßrechtswissenschaft, von der kaum erst Anfänge vorhanden sind, und daran, wie wenig den Verwaltungsproceß richtig zu verstehen und anzuwenden vermag, wer nicht den Civilproceß, den Strafproceß und das Verfahren in den Angelegenheiten der freiwilligen Gerichtsbarkeit gehörig kennt. Was von den genannten Materien die Juristen und wie sie an ihnen zu lernen haben, so viel müssen daher auch die Verwaltungsbeamten von ihnen und an ihnen lernen, sollen sie den Aufgaben genügen, die im Durchschnitt — und mit dem Durchschnitt ist zu rechnen — ihnen ihr Amt stellt.

Umgekehrt dürfen auch die Juristen jetzt nicht mehr bloß reine Civil- und Strafjuristen sein, wo einmal die wirthschaftlichen und socialen Fragen so sehr in den Vordergrund getreten sind, und wo ferner das öffentliche Recht doch immerhin schon soweit entwickelt ist, um daraus auch für das Civil- und Strafrecht und den Proceß, ihre Handhabung und ihre Fortbildung nicht bloß Vereinzeltes, sondern recht viel lernen zu können. Letzteres namentlich wird noch viel zu wenig gewürdigt. Ich glaube nicht zu weit zu gehen mit der Behauptung, daß eine große Anzahl von den Streit- und Zweifelsfragen des Civilrechts, welche die Juristen lebhaft beschäftigt haben und in Anlaß des Inkrafttretens des Bürgerlichen Gesetzbuchs und seiner Neben- und Ausführungsgesetze jetzt wieder besonders beschäftigen, garnicht entstanden wäre, wenn eine genauere Kenntniß des öffentlichen Rechts den Gesichtskreis der Juristen erweitert hätte, und daß ferner die Civilproceßordnung und ihre Anwendung im Interesse der Parteien und der Sache selbst nie ein so formalistisches Gepräge angenommen hätten, wie sie es gethan haben und zum Theil noch thun, wenn der Verwaltungsproceß in seinen verschiedenen Gestaltungen Beachtung gefunden hätte und zur Vergleichung herangezogen worden wäre. Leider muß ich mir versagen, diese Behauptung im Einzelnen durch genügende Beispiele zu belegen. Nur eins möchte ich anführen: für den in letzter Zeit so viel behandelten Unterschied zwischen Siegel und Stempel, für den es an allem praktischen Bedürfnisse fehlt, und dessen Nichtbeachtung die verhängnißreichsten Folgen für die unschuldigen Betheiligten hat, dürfte Jedem, der nur ein wenig in Wesen und Geist des öffentlichen Rechts eingedrungen ist, schlechtweg das Verständniß mangeln. Unbestreitbar hat ein solches Eindringen und selbst schon die nähere Beschäftigung mit dem öffentlichen Rechte den Vortheil, nicht leicht kleinlich und formalistisch werden zu lassen. Kleinlichkeit und Formalismus aber sind gerade Gefahren, welche dem ausschließlichen Civil- oder Strafjuristen drohen.

Die Juristen brauchen mithin, wollen auch sie nicht Stümper in ihrem Berufe bleiben, ein nicht unerhebliches Maß staats- und verwaltungswissenschaftlicher sowie volkswirthschaftlicher Kenntnisse. Dieses aber müssen sie sich, da nachher regelmäßig die Zeit und die Gelegenheit fehlen, um die Lücke noch auszufüllen, bereits während des Universitätsstudiums und des Vorbereitungsdienstes erwerben. So, das solches geschieht, daß z. B. auch die Rechtsanwälte, auf die wegen ihrer Nothwendigkeit und großen Zahl gebührende Rücksicht zu nehmen ist, in den Stand gesetzt werden, dem Publikum in den Angelegenheiten des öffentlichen Rechts mit Erfolg dienen zu können, woran es jetzt leider noch sehr fehlt, sind Universitätsstudium und Vorbereitungsdienst der Juristen bei ihrer gemeinsamen Ordnung für das Deutsche Reich unbedingt einzurichten.

Das Maß staats- und verwaltungswissenschaftlicher und volkswirthschaftlicher Kenntnisse, welches sonach für die Juristen unentbehrlich ist und, wie nochmals zu betonen, kein geringes sein soll, ist allerdings für die Verwaltungsbeamten noch keineswegs ausreichend. Aber es reicht in Verbindung mit der übrigen juristischen Schulung aus, um sie zu befähigen, dasjenige, was sie außerdem noch nöthig haben, einschließlich des für sie ganz besonders in Betracht kommenden Landesverwallungsrechts, sich aus eigener Kraft während einer kurzen Uebergangszeit mit angemessener Schnelligkeit und Sicherheit anzueignen. Und gerade hierauf ist das entscheidende Gewicht zu legen. Nicht das muß ja das Ziel sein, das Jeder alles, was er einmal braucht, schon im voraus gelernt hat, sondern, daß er in den Besitz der Fähigkeit gelangt ist, es bald zu lernen und sich leicht in das Neue hineinzuarbeiten.

Juristen und Verwaltungsbeamte können daher jedenfalls ein gutes Stück zusammengehen. Meiner Ansicht nach, die sich aber wieder nicht im Rahmen einer bloßen gutachtlichen Aeußerung ausreichend begründen läßt, können sie nicht bloß bis zur letzten Prüfung den nämlichen Weg wandern, sondern es ist dies sogar für beide Theile das Beste, indem durch Anpassung des Universitätsstudiums und des Vorbereitungsdienstes an die Bedürfnisse Beider Einseitigkeit verhütet wird. Es ist das Empfehlenswertheste für die Verwaltung, die in der Lage ist, die Auswahl der sich für sie eignenden Beamten mit größerer Sicherheit als in einem früheren Stadium vorzunehmen, und die, um diese vielfach besonders hervorgehobene Einzelheit kurz zu erwähnen, auch in dem Vorbereitungsdienste bei den Verwaltungsgerichten nichts dem Vorbereitungsdienste bei den ordentlichen Gerichten Gleichwerthiges zu bieten vermag. Aber auch für die Justiz empfiehlt es sich, obwohl ihr bei jener Auswahl leicht gerade die tüchtigsten Kräfte genommen werden können und sie die Last der Ausbildung der Beamten für einen anderen Dienstzweig hat. Selbst in dem Falle dieser vollständigen Einheitlichkeit und noch mehr natürlich, wenn im Interesse der Verwaltung eine Gabelung vorgezogen wird, verlangt die Rücksicht auf die Verwaltungsbeamten nichts Besonderes.

So glaube ich denn zum Schlusse als meine Ueberzeugung aussprechen zu dürfen: Die gemeinsame Ordnung des Universitätsstudiums und des Vorbereitungsdienstes der Juristen für das Deutsche Reich ist ebenso nothwendig wie möglich. Sie ist gewiß nicht ganz leicht, aber doch auch nicht gar zu schwer ausführbar. In keinem Falle wird sie durch die Rücksicht auf die Verwaltung gehindert oder auch bloß erschwert. Sie ist deshalb schleunigst in Angriff zu nehmen, damit dem einen Deutschen Reich und dem einen deutschen Rechte recht bald zum Heile unseres theuren Vaterlandes, zum Segen der gesammten Rechtspflege in ihm und zum Besten des deutschen Juristenstandes eine deutsche Ordnung des Universitätsstudiums und des Vorbereitungsdienstes der Juristen hinzutritt.

Druck von Leonhard Simion in Berlin SW.

FSC
www.fsc.org
MIX
Papier | Fördert gute Waldnutzung
FSC® C083411

Kolibri 360 GmbH
Ferdinand-Jühlke-Straße 7
99095 Erfurt, Deutschland
produktsicherheit@kolibri360.de